天皇学入門

●われわれ日本人は、天皇をどう捉えてきたのか

安達史人

●批評社

はじめに

かつて、思想家の吉本隆明さんが、生前に、「天皇はやがて無化する」という意味の言葉を書かれたことがあった。わたしの若かった時代、知識的な青年たちの多くが、あるいは学生運動の活動家の青年たちが、吉本ファンであり、わたしもまた彼の言説に心酔していたので、吉本氏の本はなるべくしっかり読み、理解しようと努めてきた。それ以来、じつは天皇について深く考えたことはなかったのだが、最近になって、天皇および天皇制は、吉本さんの予言通りに無化されていないではないか、現実的にも健在で、福島原発事故のさいなども、年老いた天皇夫妻は、被害者のまえに現れ、彼らへの慰撫の言葉や仕草が、テレビなどのメディアで映像化され、日本社会に配信されているではないか。決して無化などしないのが、やはり、日本の天皇制の固有性ではないのか、と感じたことがしばしば、あった。

しかし、落ち着いて考えてみれば、果たして、慰撫の言葉を、福島の人びとははたして待ち望み、そして、現前の天皇夫妻のまえで感涙にふけったりしたであろうか。むしろ、全国から送られてきた救援物資のほうが、現実的に彼らの窮乏に応えるものではなかったか。わたしは、天皇制が形式として、しっかり残存しているが、それが民衆社会の希求や願望に対応していたのかどうか、と考えるようにもなった。考えてみると、天皇を報道しているのが新聞やテレビという、いわゆるマスメディアであって、はたしてテレビ映像や新聞活字のなかの天皇が、日本人の感情に本当に深く滲透しているのだろうか、と改めて考えるようになった。

こういったことが、天皇と民衆の関係をもう一度、古代から現代へと辿りながら、確認作業に取り組んでみたいと考え、本書を書き下ろす決意が生れてきたのであった。ほぼ二年間を、すべてこの書のための作業に費やし、原典を読み返しながら考え続けたのであった。充実した二年間であった、と言える。このような作業が、ほかの人たちにとって何らかの意味があるだろうか、いろいろと考えたりしながら、作業を終えたのであった。読者諸氏の本書へのご意見を待ちたいと考えている。

二〇二一年、春　著者

天皇学入門●目次

○凡例

一　本書は、古代から現代にいたる文学作品、歴史書、日記、論文などをテクストとして、そこに描かれた天皇像、天皇観を取り出し、それぞれの時代に人びとは天皇をどのように捉えていたかを提示するものである。

一　テクストおよび出典名は、それぞれの章題の後に記し、必要に応じて本文行頭の◉以下に書誌学的説明を施した。

一　本文行頭の★は、以下の文章が原文からの引用であることを示す。本文中の引用文は《　》で括って明示した。

一　行頭の◉以下は、その章の論点、主題などを述べたものである。同様に◎以下は、筆者による引用文の解説であり、かつ筆者の考えなどを述べたものである。また、引用文字でルビのない語に、推定の読みを入れたところもある。

一　引用文中の〔　〕は、筆者による補足の文章、語句であることを示し、／（スラッシュ）は改行を示す。

一　引用文中の［　］は、原文にある割書きを示すもので、原注である。

一　引用文中の（　）は、引用原文に使われているカッコである。なお、引用文の一部を省略した場合も、たとえば（中略）などのように慣用的な（　）記号を用いた。

一　読みやすさをはかって、引用文中の旧漢字は新漢字に改めた。同様に、送り仮名、ルビ、助詞、句読点を補った箇所もある。

一　引用文の中には、今日の人権意識に照らして不当、不適切と思われる語句や表現が見られるものもあるが、当該作品の歴史的性格と作品の価値とに鑑み、そのままとした。

一　文中で扱う書名に関して、煩雑を避けて近代以降の書籍は『　』でくくり、近代以前の書籍は「　」でくくることにした。

古代篇

◉第一章

「続日本紀」時代における天皇像を再読すると……

●テクスト

菅野真道、藤原継縄ほか撰「続日本紀」

●出典

『続日本紀』(上、中、下)全現代語訳、宇治谷孟、講談社学術文庫、一九九二、一九九五

『続日本紀』(一~五、別巻一)新日本古典文学大系、岩波書店、一九八九~

◉「青丹《あおに》よし　寧楽《なら》の京師《みやこ》は　咲く花の匂ふがごとく　今さかりなり」　小野朝臣老《おののあそんおゆ》

この章のために使用した、宇治谷孟氏現代語訳の『続日本紀』の著者前書きの冒頭にこの歌が掲げられている。奈良時代を、あたかも光輝く花のような社会が築かれていたかのように、この歌は謳歌している。日本では、花というと、まずは桜の花を意味していたようである、と本居宣長も書き、彼自身、「敷島の　やまと心を　人問はば　朝日に匂ふ　山さくら花」と詠んだのだが、この歌の時代以降の桜は山桜が主で、いわゆる染井吉野という現代も咲き誇る桜は、関東の桜と、伊豆大島の桜を掛け合わせた花であった、と、むかし読んだ水上勉の小説『桜守』だったかに書かれていた。山桜は、案外、山中にひっそりと咲いているもので、豪華絢爛という形容にはあたらないような気もする。上記の歌の桜もまた、山桜であり、奈良京の盛時を示すというより、案外、暗示的に暗い面をも示唆していたのかもしれないという気がする。

◎わたしが、この『天皇学入門』と題した本を、分析を「古事記」や「日本書紀」から始めなかったのは、それだと天皇の成立過程だとか、神話から史実への交代とか、内包される問題は煩瑣になる。そのために、天皇王権が天智、天武のあたりで確立され、持統天皇の時代あたりにしっかりと王権の構図が決定されていた時代以降を書いた「続日本紀」から始めようと考えたのである。「続日本紀」は「六国史」と総称されている日本の国史とも言える六つの本（「日本書紀」、「続日本紀」、「日本後紀」、「続日本後紀」、「日本文徳実録」、「日本三大実録」）の二番めの本になる。前置きとして「邪馬台国と大和国論」を掲げたしだいである。これらの書は、中国の国史書である、「漢書」とか「後漢書」などに影響されて書かれた本で、天皇や朝廷の歴史を中心として書かれた歴史書である。中国の本では、ひとつの王権が終わったとき、つぎの王権が、まえの王権の歴史書を作ったわけだが、日本では一応、王権は変ることなく続いたと考えられているので、やや、違った本になった。本の形式も、本紀、志、列伝などで構成されていたのだが、日本のばあい、簡略化されて天皇紀と列伝が一体化したような本として成立している。わたし自身は、「六国史」を揃えてはいるが、実は「続日本紀」までしか読んでいなかったのだ。それはともかく、「続日本紀」は先の「古事記」、「日本書紀」両書のように造形されたような部分は少なく、事実がそのまま述べられている、というふうに感じられたのであった。ただ、時どき起こる、天皇への反逆事件があると、その起こった要因などはほとんど触れずに、いきなり、何某が反逆した、だから斬殺した、あるいは流刑にした、のように結果のみが書かれていることが多いのではないか、とは感じていた。その辺は読みなおしながらできるだけ解明していきたいと考えるが、天皇の位置づけを探ろうという目的に合致しないところでは、飛ばし読みになってしまうかもしれない。

◎「日本書紀」の持統天皇の記事には「宣命」なるものがあり、天皇の言葉が、漢文というよりやや日本文に近いような感じで、つまり、「○○を」とか、「○○に」などの「を」や「に」などの助詞が万葉仮名で書かれていたのだが、これは漢文にはないことで、宣命はできるだけ、天皇の言葉をそのまま残したいという願望があったのではないか、と思われる。「続日本紀」では、天皇がしばしば、「○○天皇、詔（みことのり）す」、と書かれて天皇の言葉が伝えられる。わたしが初めて読んだ岩波の『新日本古典文学大系続日本紀』は、本文が漢文の読み下し文になっており、たとえば《冬十月庚午、詔したまはく》として以下に天皇が語ったか書いた文章が載せられている。この詔（みことのり）は、しばしば現れ、大皇が政治にタッチしていたその度合いが、持統天皇の時代よりしだいに多くなっていくような感じがするのである。主として摂関時代の天皇を視て、天皇は暇な時間が多いな、と感じていたのだが、詔がしばしば出るということは、天皇はこの時代、それほど暇でもなかったかもしれないなどと、改めて考えたしだいである。では、この辺で前置きをやめて、本文を覗いてみよう。下記の★以下が宇治谷孟氏の現代語訳をそのまま、引用したもので、氏の書かれた文章のなかの漢字表記や平仮名に関してそれぞれかってに自己流に改めさせていただいたところもずいぶんあるし、天皇に関する過剰な丁寧語はふつうの言い方に改めたところもある。

巻第一——

◆文武天皇　天之真宗豊祖父天皇《あめのまむねとよおじのすめらみこと》（第四十二代）

●文武天皇元年（六九七）

★八月一日　持統天皇から位を譲りうけて、皇位についた。

◎宇治谷訳では、つかれた、とあるが、原文は漢文で、禅を受けて位に即（つ）くとあるので、丁寧語あるいは敬語はできるだけやめることにした。しかしすべてを改めるのもどうかと考えたので、恣意的に書き換えさせていただいた。「日本書紀」の最後の持統天皇は、天武天皇の妻が即位して天皇になったのだが、文武天皇はその持統天皇から譲位されて天皇になったのである。日本の天皇制は男系を原則として継承されてきたが、初期には女性天皇も何人か出現している。譲位は父から子へ、を原則にしてはいるが、兄から弟へ、母から娘へ、という系譜もあった。文武天皇の父は天武天皇の子、草壁皇子であった。

★八月十七日　天皇は詔《みことのり》して、次のように述べた（宣命体）。

現御神《あきつみかみ》として大八嶋国《おおやしまぐに》（日本全国）をお治めになる天皇が、大命《おおみこと》として仰せになることを、ここに集まっている皇子たち、王《おおきみ》たち、百官の人たち、および天下の公民は、皆うけたまわるようにと仰せられる。

◎即位した天皇の宣命体による最初のあいさつであった。天皇は、現御神として大八嶋国を治めるものであり、以下に自分の考えを述べるからよく聞き給えと宣言し、ほかの親王（前天皇の息子たち）や皇族、朝廷の幹部らを集めて、自分のセクションというか、天皇としてのアイデンティティを述べ、以下、自分の言うことはしっかり聞き、守るべきであると宣言するのである。現御神、あきつみかみはふつう、天皇のことと理解されているが、ここでは天皇が神である自分に対して、敬語を使っていることになる。ここは宇治谷孟氏の過剰な丁寧語的現代語訳で、岩波の「新日本古典文学大系」の原文では、《現御神〔止〕大八嶋国所知天皇大命〔良麻止〕詔大命〔乎〕、集侍皇子等・王等・百官人等、天下公民、諸聞食〔止〕詔。》とある。もしわたしが読み下せば、つぎのようになる。「現御神（あきつみかみ）と大八嶋国知ろしめす天皇の大命、らまと、大命を詔す。集まりはべる皇子ら、王ら、百の官人ら、天下の公民、もろもろきこしめせと詔す」ということになる。大八嶋国は日本国を表す古代的用語であり、大命、は意味がよく解らない。らまと、は宣命体の文章に入ってくる意味不明の古い言葉である。結局、現御神と天皇の関係はよく解らないのであるが、とりあえず、集まった皇族や朝廷の官人、それから一般の人民たちよ、これからわたし〔天皇〕の言う言葉をしっかりと聴けよ、と言ったところであろう。こんなふうに、集まった人びとに神として語りかける、という天皇儀礼があったのだろう。これは天皇王権のごく初期のことだったと思う。たぶん、なくなった儀礼であったと思う。文武天皇はれっきとした前天皇、持統天皇を継承したのであるから、このような面倒な儀礼は不要であると思われるのだが、なぜ、わざわざ、こんなことを言っていたのだろうか。これは、逆に天皇王権が誕生したばかりで、まだある種の不安定さをも同時させていた存在のようにも感じられる。天皇王権を安定させ、いつまでも永続させるための自己確認作業でもあったのだろうか。

◉この文章は「続日本紀」をもとにして書いているものであり、これは朝廷の作った歴史書であるから、天皇のことだけが書かれているわけではない。たとえばこの年の十月十九日の記事は、陸奥《みちのく》の蝦夷《えみし》のこと、同じく、二十八日には、朝鮮半島の新羅からの使いの話が出ていて、わたしが関心を持っているふたつの領域に関する報告であるが、そこで足をとどめている時間はないので、相当に大きな事件として書かれていない限り、一応とばしていくことになる。わたしの考えでは蝦夷は東北に残った縄文人の子孫であり、これは南九州の隼人も同じで、わたしが関心のあるところなのだ。朝鮮半島は、この時代、百済、新羅、高句麗の三国時代が終わり、新羅が半島全体を支配した時代だった。半島からの使者は新羅がほとんど、高句麗のあった北西に起こった渤海も使者を送ってくる半島から中国にかけての国であった。そんなことも頭の片隅に置いて、読み続けることにしよう。

●**文武天皇**二年（六九八）

★春正月一日　天皇は大極殿に出御して（出席して）、朝賀を受けた。文武百官と新羅の朝貢使が拝賀した。

◎大極殿は大内裏の中央の最も重要な建物で、儀式的なことが行われた。この時は太極殿で正月の官人たちへの朝賀（新年のあいさつと、官人たちの拝賀）、新羅からの使者との会見があった。朝貢、というのは小国が、たとえば中国のような大国へお土産などをもって「挨拶」に行くことであるが、たぶん、新羅は、日本国と同等であるか、あるいは中国本土に近いだけ、上位にあると考えていたであろう。こんな国からの使者はふつうは朝貢使とは言わないはずなのだが、日本国および日本人というのはなぜか、自分たちは相当に偉いのだ、上位にあるんだ、と考えがちな国であり国民なのであった。さすがに中国に派遣する使者は、朝貢使と書いているが、ほかの国、古代は朝鮮半島の国くらいしかなかったのであるが、使者は朝貢に来たとされていた。この日本国あるいは日本人の過剰な意識は、中世には北畠親房が日本は「神国」であるという理念を提出した。近代以降は、日本を中心にしたアジア連合とでもいったような「大東亜共栄圏」のような思想を生み出したのであった。

★正月三日　新羅使が調物《みつぎもの》を献上した。

◎これも、献上と書いているが、国家間の使者は、当然、かんたんなおみやげくらいは持って行ったであろう。すると貰った国はお返しをする。特産品の交換がふつうであろう。

★六月十四日　越後国の蝦狄《えみし》が土地の産物を献上した。

◎越後など日本海側、関東地方から東北にかけて蝦夷が多く生息していた。わたしは蝦夷の祖先は縄文人であろうと考えている。かれらはもとは日本列島全体に住んでいたのだが、朝鮮半島を経由してやって来た弥生人が北九州から畿内に進出し、さらに関東へと展開したとき、先住民たる蝦夷たちは列島の南北へと棲み分けていった。その一人である越後の蝦夷は、ヤマト朝廷に早く靡《なび》いた、つまり服属した人びとだったとされている（南九州の隼人《はやと》や熊襲《くまそ》と同様、「熟《にぎ》えびす」とよばれた）。その蝦夷が朝廷に土地の産物を献上したとある。十月二十三日には、東北の蝦夷がやはり土地の産物を献上したとある。東北は金の産地であり、蝦夷たちは馬を飼い、これを京都に送ってきたのはずっと平安時代まで続く。しかし、朝廷に長く反抗したのも東北の蝦夷であり、南九州の隼人ら縄文人の子孫は比較的早く、朝廷に靡いたようである。そんな記事は以下に続出する。

★十一月二十三日　大嘗祭《だいじょうさい》を行なった。

◎大嘗祭は、天皇が前天皇から譲位され、即位した年の、あるいは翌年の十一月ころ行なわれることになっていた。この儀礼のベースに、秋にその年取れた稲などを神に捧げる「新嘗祭」があり、天皇が即位した年の新嘗祭を大嘗祭とよんだのである。こんな天皇儀礼は、こんな時代からすでに始まっていたのだ、と改めて確認させられた。二〇一九年十一月、大嘗祭が行なわれたが、なんと日本では、重要な天皇儀礼として、一五〇〇年以上、同じことが続けられてきたのだ。まあ、天皇制が続く限り、これらの皇室儀礼は続けられるであろう。

●**文武天皇**三年（六九九）

★二月二十二日、天皇は難波宮より藤原宮に移った。

◎奈良の平城京時代が始まる少し前の時代であった。当時、天皇が代わると遷都するという慣例がかなり前からあって、大都市的平城京ができてからは暫くは、遷都もなくなり、また平安京ができてからはこの慣例はなくなった。こういった遷都には、ひょっとすると、「穢れと浄め」という日本社会の上層で絶えず連続してきた思想に関係していたのかもしれない。今ふと思いついた考えに過ぎないのだが。
★五月二十四日　役《えん》の行者《ぎょうじゃ》小角《おつぬ》〔岩波本では、をづの、とルビしている〕を伊豆の島に流す。初め小角は葛木山に住み、呪術をよく使うので有名であった。
◎役の行者は、修験道の祖とされる山岳修行者であったが、民間伝承のなかに残る人気者でもあり、その幻術、妖術によってふつうの人間のできないことをやってのけ、伝説の人となった。空を飛ぶことができたなど逸話が多い。そのため、常識的な領域から排除されたのである。

巻第二――

●大宝元年（七〇一）＊聖武天皇の時代……

★五月七日　入唐使《にっとうし》の粟田《あわた》朝臣真人《まひと》に節刀を授けた。
◎おや、遣唐使の話が出ている。遣唐使っていつ始まったのかな、と考えたが「続日本紀」では見かけていない。そう思って広辞苑を見ると、六三〇年、犬上御田鍬《いぬがみのみたすき》が最初であるとある。そうなると「日本書紀」の時代になる。そんなに古くからやっていたのだ、と改めて思った。ふつうには遣隋使が、隋の滅亡とともに終り、遣唐使が唐の台頭以降に始まったのであろう。そして、後、菅原道真の提言によって遣唐使は中止されたのだ、とされている。日本では、朝鮮半島に、国家という先蹤《せんしょう》としてあり、彼らが中国とつきあっていたため、これを見習ったか、早くから中国との交流を始めていたのだ。「邪馬台国論」でも触れた通りだ。ところがこの記事では、「節刀」を授けたとあるが、これは、のちの時代、平安時代などに、東北の蝦夷を征討するために派遣された征夷大将軍が出発するとき、天皇が将軍に手渡しにしたのだが、広辞苑では、遣唐使の長官にも与えたと書いている。しかし、節刀は、武器ではないくらい儀式的なものだったかもしれないが、武器を象徴はしているだろう。征夷大将軍などが征討をまえにこれを拝受するというのは理解しやすいが、もとは、唐に渡るという友好的な交渉に旅立つ人にも与えたのだ。節刀は、神の象徴、あるいは天皇自身のようなもので、自分のかわりに行って来てくれ、ということだったのかな。

★六月十六日　天皇は王親や側近の臣下を従えて、西の高殿で宴を催した。参会者には御器《ごき》〔天皇の常用するものか?〕の膳《ぜん》と薄絹が、身分に応じて授けられた。

◎たいしたことのない記事であるが、天皇はしばしば、関係官僚や上級貴族を集めて宴会をやったのである。これは天皇が日常生活においてすることがあまりなく、暇をもてあまして饗宴の場を設けたのだと解釈していた。そして、しばしば、天皇自身のものや、朝廷の物品をおみやげにしていた。この贈答のことをある時代、現代思想の領域で話題にして、未開社会などで使われていたポトラッチという用語でよんでいたのだが、これはやはり他民族などとの交友関係を形成するための重要な役割を帯びていたというテーマを思い出したのだ。親近関係を築くには、このポトラッチ、贈答が重要なキイとなるのだ。少し違うかもしれないが、古代日本の朝廷からの使者が中国にあいさつに行くときなど、おみやげを持参するのだが、大国の中国は倍返しというのか、使者が帰るとき、たくさんのおみやげをくれるのだ。このような、天皇主催の宴会と贈答の記事は頻出する。これは、朝廷における上位、下位の順位を認識させるという、つごうのいい役割を果たしていたであろう。もちろん最上位が天皇自身であった。そして、官位を定めることができるのは天皇であった。たとえば、六月二十一日の記事に《天皇は詔して、従五位の調忌寸老人《つきのいみきおきな》に、正五位の位を賜った》とあるが、このような位の中位クラスの人でさえ、官位認定は天皇がやっていた。もちろん、その言葉によって、天皇制下の政務機関である太政官が代弁することはあったであろうが。たとえばつぎのような記事があった。

★十一月十七日　太政官が次のように処分を下した。

従来、天皇の恩恵によって罪を許す日には、慣例として、罪人たちを引きつれて、朝廷に集めて赦免した〔罪を許した〕。（中略）赦令が下ったならば、所司〔それぞれの官庁〕の官人に罪人を放免〔獄舎から解放すること〕させよ。

◎恩赦といって、天皇になにかいいことがあったり、あるいは病気平癒などのため、天皇が犯罪者を赦《ゆる》すことが時どきあったのだが、この記事によると、恩赦の命令が獄舎に伝えられると、役人がこれをすみやかに行なったのだ。官位の認定のほか、このような恩赦も天皇の権限のひとつであった。

●大宝二年（七〇二）

★三月十二日　大安殿の鎮《しず》め祭をして大祓《おおはらい》をした。

天皇は新宮の正殿に出御して斎戒し、幣帛《みてぐら》を畿内と七道のすべての諸社に頒布した。

◎大安殿と書いて、おおやすみどの（天皇の寝所か）と読み、大内裏の大極殿、一説には内裏の清涼殿（天皇のふだんいる殿）という、と広辞苑にある。あまり聞かない言葉だが、鎮め祭というのは鎮魂祭《たましずめのまつり》だろうか、ともかく魂魄《こんぱく》を祀るところであろう、天皇はそこで大祓えの儀式を行なった。「祓え」は、「浄め」とほぼ同じで、平安時代の貴族たちの心情のなかでも大きな問題としてあった「穢れ」を「浄め」ることを大祓えといった。天皇は新宮、たぶん火事で焼けたあとなどに建て直した大安殿のもっとも大事な部屋で、浄め祓えの儀式のため、斎戒沐浴《さいかいもくよく》したのであろう。身を浄めたわけだ。そして畿内および諸国の大神社に「みてぐら」（神に奉るもの）を贈ったという。この何気ない行事は、貴族社会にとっては重要で、穢れから逃れるためにいつでも身を浄める作業を怠らなかった。つぎの項に入れる予定だった大貴族藤原道長の日記を読んでも、当時さかんだった陰陽道の教えに従って、そんな日は物忌《ものい》みといって終日、自宅に籠って自粛していたことがしょっちゅう書かれている。これも同じことであろう。

「穢れ」は人間の死体に触れることから始めて各種の穢れがあった。動物の死体や、月経中の女性と接することも穢れのもとであり、慎まねばならなかった。そんな穢れ観念が抽象化し、日常化して、天皇の生活にも及んだのであろう。しかし、天皇は一方で神とされていたわけだから、神が神に「みてぐら」などを贈るのも変だ。天皇の概念がなかなか定まらなかったことを暗示しているのではないだろうか。
★秋七月四日　勅《みことのり》が出され、親王が乗馬のまま宮門に入ることを禁じた。
◎天皇は当時、土を踏んだことがないと言われており、外出するときは鳳輦《ほうれん》といって二十人近くの人びとが担ぐ最上等の輿《こし》に乗って移動した。そこで天皇の息子たちはそれに準じて乗馬で移動していた。宮本常一の『絵巻物に見る日本庶民生活誌』（中公新書）に、絵巻を見ると、貴族たちが馬で移動していたことが解る。騎馬はふつう、武士の乗り物のように思われていたのだが、そうではなくまず、貴族たちの日常の乗り物であったというのだ。親王たちはほおっておくと人数が増えて、維持費が大変なので、源とか平という姓をもらって臣下に降ることが多かった。そうすると彼らは上級貴族となり（官位は五位くらいのあまり高くない人も多かった）、そこで騎馬での移動が多かったのだろうか。もっともこれは平安時代の話であり、この「続日本紀」の時代（奈良時代以前）にすでに、親王が降下する以前から騎馬の習慣があったというのだろうか。おもしろい話である。親王は宮門に入るときは、騎馬でなく、輿に乗って入るような決まりがあったようだ。
★十月十日　太上《だじょう》天皇（持統）が参河国《みかわのくに》に行幸した。そこで関係諸国は、今年の田租を免じた。
◎太上天皇とは、現在の天皇の父である前天皇を指す言葉である。持統天皇は女性であったが、それはともかく、政治権力は息子の現天皇に譲っていたが、なんのためか書かれていないが、行幸といって地方へと出かけたというのだ。そしてそのおかげで、参河地方の人びとは税金を免除されたという。喜んでいいのか、いいよね、免税というのなら。しかし、この行幸は、十一月十三日は尾張へ、同月十七日は美濃へ、二十二日は伊勢へ、と続く。ふつう行幸というと、どこかのお寺に参ったとか、半日か一日かかける、そんな程度なのであり、ただ、都から遠い高野山や吉野や熊野に出かけると長い旅行になるのだが。お寺巡りでもない長期旅行の記事は初めてお目にかかったといえる。ついで、

★十一月二十四日　伊賀国に到着、行幸の途中に通過した尾張、美濃、伊勢、伊賀〔畿内から東部地方全体である〕の国の郡司と人民とに、位階や禄〔お礼のお金のようなもの〕を身分に応じて賜わった。

◎そして二十五日に参河から帰還された、とある。ちょうど半月くらいの旅行であり、しかし、各地の役人の位階を上げたり、ご褒美をあげたり振舞っている。これはいったいなんのための行幸であったのだろうか。天皇王権の確立のための巡幸であったか。遥か後のことだが、江戸末期、天誅組という尊皇主義の団体が、尊王攘夷を叫んで天皇の御旗を掲げて畿内を巡ったとき、その辺の農民たちは、天皇と聞いてもだれか解らなかった、とある小説家が書いていたのを想い出す。畿内でさえ、長期にわたった徳川幕府時代の後期には、天皇の存在を民衆は知らなかったのだ。文武天皇のころ、天皇王権は確立し、自己確認と諸国に天皇の正統性を認知させる時代であったと思う。持統天皇の行幸は、そのための布石であったろう。

★十二月十三日　持統太上天皇の病いが重くなったので、平癒を祈願して全国に大赦した。

◎太上天皇の病気が重くなったので諸国に命じて大赦を行なったという。大赦とは、拘留されていた犯罪者たちを放免することで、天皇の病気が重くなったばあいなど、しばしば大赦は行なわれた。恩赦ともいうが、恩賜公園のように、「恩」がつくのは天皇のお情けによる施しである、ということを示している。天皇のおかげである、恩にきろ、とでも言っているかのようだ。諸国の民衆はどのように受け取ったであろうか。広辞苑によると、現行法ではさすがに「恩」の字はなくなって、大赦、特赦、減刑、

刑の執行免除、復権の五種があるという。二十二日には、持統天皇は崩御している。その遺言にはつぎのようにあったという。《素服(麻の白い無地の喪服)を着たり、挙哀《こあい》(死者を悼んで泣き叫ぶ儀礼)をすることがないようにせよ。内外の文官・武官は任務を平常の通り行なえ。葬儀の儀礼については、つとめて倹約にせよ》と。これは結構なことである。天皇が国家の主権者でなく、国民統合の象徴になったという戦後、即位式に莫大な費用を、結局は国民の税金から捻出しようとしている。常軌を逸していると言うしかないであろう。なお、素服や挙哀《こあい》は、ずっと続いてきた儀礼の一部だったのではないだろうか。古い韓国を視ていると、死者を送る家族の男女は白の素服で、女性たちは一日中、泣き叫んでいたものだ。葬式儀礼は日本と朝鮮でかつては共有されていたのではないか。天皇の葬礼のさいの殯《もがり》の宮という儀式は、死体にある一定期間、寄り添っていることを言うが、これは中国に始まったようだが、朝鮮半島の国に関してはあまり聞いたことがない。

巻第三――

◆文武天皇　天之真宗豊祖父天皇《あめのまむねとよおじのすめらみこと》

●大宝三年(七〇三)

★閏四月一日　全国に大赦した。新羅の使節を難波の館《むろつみ》(外国の使節を接待する施設)で饗応した。そして次のように詔した〔天皇の命令である〕。

(前略。使者は新羅の王の死を告げている)朕《ちん》〔天皇の自称〕が思うに、番夷《ばんい》〔周辺の野蛮な国々、他国を貶めて言う中国の言い方をまねている〕の君主は異境にあるけれども、朕が庇護し育てるということではまことに愛児と同じである。(後略)

◎なんという発言であろうか。新羅の王を天皇が庇護しているので愛児と同じであるとは。日本国が新羅を庇護したことなど、まったくない。新羅はれっきとした独立国であり、中国の唐と組んで、百済や日本と対立したことはあったが。『日本書紀』では、日本は百済から救援の依頼が来たとき、援軍を送ったことは一度もなかったのである。当時は玄界灘を渡っての海戦に自信がなかったのであろうか、と考えたことがあった。

★秋七月五日　次のように詔した。

戸籍・計帳を設けることは、国家の大きなきまりである。しかし時がたつにつれて改変していけば、偽りが起こってくるだろう。庚午年籍《こうごねんじゃく》を基準とし、また改変することのないようにせよ。

◎戸籍を作る国家的作業は天智天皇の時代に始まり、この初めての戸籍が庚午の年にできたので「庚午年籍」と言う。それ以降は六年ごとに書き換えていったことになっている。この戸籍は、律令の定めた調、庸、雑徭《ぞうよう》（人頭税、個人個人が国家に払う税金や一定期間の労役などをいう）を実施するためには、人口や成人の全体数を国家は把握しておく必要がある。これによって律令国家は成立していたのだから、天皇の詔にあるように国家運営にとって必然的な要素であった。戸籍・計帳はそのような人頭税の帳簿であった。

★十月二十五日　天皇は大安殿に出御し、詔を下して遣新羅使の波多《はた》朝臣広足《ひろたり》と額田人足《ぬかたのひとたり》に、それぞれ衾《ふすま》〔夜具〕を一領宛《あて》と、衣〔衣類〕一かさね宛を賜った。また新羅王には錦〔金銀糸を使った豪華な布〕を二匹と絁《あしぎぬ》〔粗い目の絹の布〕四十匹を賜わった。

◎文中、四十匹とあるのは、布の大きさの単位を示す。しかし「賜う」というのは上位の者から下位の者に与える贈与であり、遣新羅使に賜うというのはよいとしても、新羅の王に賜わった、という言い方は対等な国同士の関係から言えば、不遜であろう。新羅と日本は同等国なのであるから。古代のこの時代から、いわば「日本主義」とでもいったような、日本は特別に優秀な国なのだ、という国家意識が生まれていたのだ。このような認識がなにに由来するのか、よく解らないのだが、仏教的な領域でも、天竺（インド）、震旦（中国）、日本の三国を古代における優秀国家と考え、仏教の伝来した道を示すとき、朝鮮半島の国やほかの諸国は割愛していたのだが、本当はシルクロードを通って中国に辿りつき、そこから、南方アジアを経て小乗仏教が伝わり、他方、朝鮮半島を経て、大乗仏教が日本に伝わったとされる。
●慶雲元年（七〇四）
★秋七月一日　正四位下の粟田朝臣真人《あわたのあそんまひと》が、唐から大宰府に帰った。
◎この記事には、遣唐使粟田真人らが唐に着いたとき、ここはどこかと土地の者に訊いたとある。この当時、日本の航海術はたいしたことがなく、中国に渡海するのは大変困難な作業であったという。中国にうまく到着できても、その地がどこか判別できなかった。あるいは山東半島に着いたり、あるいは、もっと南部の上海のあたりに着いたり、と不確定の要素が大きかった。この粟田真人も「唐」に着いた、と思っていたのだが、王朝がよく変わった中国は、当時女性皇帝になった則天武后が治める「周」に代わっていたという（この辺、後に詳述）。そんな日本の航海時代で、朝鮮半島では新羅が航海術に優れており、遣唐使らは新羅の船で日本へと帰国した、と誰かの本で読んだ憶えがある。この粟田真人が周に着いた時、彼らが言うには、《しばしば聞いたことだが、海の東に大倭国《やまと》があり、云々》と。たしかに「日本」という国号ができたのもそんなに古くはなく、中国の史書のひとつ「旧唐書」の「日本」という項に《日本国は、倭国の別種也。其の国、日の辺《かた》に在るを以っての故に日本を以って名と為《な》す。或いは曰《いわ》く。「倭国自ら其の名の雅《みやび》やからなざるを悪《にく》み、改めて日本と為《な》す」と》（『倭国伝』中国の古典17、学習研究社、一九八五）とあり、これは唐の時代であるから、日本の国名を知らなかった中国人は、やや知識不足であったと言える。ちなみに「日本」という国名の由来は、日（太陽）が上るあたりを「日のもと」とした、という説が有力だが、日の上る方向という言い方は中国から見たときの言い方であり、日本列島の人間から「日のもと」を見ると、太平洋の東、ハワイのほうでも指すことになる。だから、日本と名づけたのも中国人か朝鮮半島の人ではなかったか。そんな気もするのである。
★八月三日　遣新羅使・従五位上の波多朝臣広足ら

が新羅から帰った。
◎この時代は、朝鮮半島の三国（高句麗、百済、新羅）時代が終わり、新羅が「統一新羅」といって、朝鮮半島の全体を一国としていたようだ。そして日本も遣新羅使を新羅に送っていたようである。『世界史年表・地図』（亀井高孝・三上次男・林健太郎・堀米庸三編、吉川弘文館、一九九五）を視ると、六七五年に新羅が百済を、とあり、翌年、統一新羅が成立、とあった。日本は天武天皇の時代で、そうであれば、「日本書紀」にも、その記事はあったはずだが、失念していた。
★十月九日　帰国の粟田朝臣真人たちが、天皇に帰朝の挨拶をした。
◎この帰国は、遣新羅使らの帰還ではなく、中国の唐から帰国したのである。しかし正確に言うなら、大周という国から帰ったことになる。周が唐に戻ったのは、七一二年以降、玄宗皇帝によったと、前掲年表にはある。それはともかく、この年、秋七月一日の記事に、粟田真人が唐から、九州の太宰府に帰ってきたとあった。真人らの報告によると、彼らが唐に着いたとき、ここは唐の何州の国か問うと、ここは大周の楚州の塩城県《えんじょう》だと答えたという。『世界史年表・地図』（亀井高孝・三上次男・林健太郎・堀米庸三編、吉川弘文館、一九九五）で見ると、八、九世紀ころの塩城は、現在の淮河と長江の真ん中あたりの海に面した都市であり、遣唐使は山東半島を目指して航海していたので、かなり南部に到着した。この中国への渡海がいかに危険で冒険的な航路であったかは、遣唐使について中国に渡った円仁《えんにん》という僧の『入唐求法巡礼行記』（東洋文庫、平凡社、一九七〇）に詳しい。古代における大型の船と船を太い綱で結んで、四、五艘連ねて出発するのだが、玄界灘を出たあたりでもの凄い大波となり、船はばらばらになってしまい、遠くタイやフィリピンあたりに着く船もあり、難破する船も多かった。そのなかの幸運な一艘がようやく山東半島の南部あたりに辿りついたのだったから、弘法大師や最澄らがよく無事で日本と中国を往復できたものだと感心するのである。ともかく遣唐使は何度も渡海し、のちに菅原道真が廃止するよう主張するまで続いたのだから恐れ入る、というしかない。この辺のことは、大林太良編『海をこえての交流』(日本の古代3、中公文庫、一九九五)の各章に詳しい。

◎話が脱線してしまったが、この「大周」というのは、周という国であろう。周はもっと昔の国であるが、六八三年に唐の高宗が死に、六九〇年に皇后の則天武后が皇帝位についたとき、国名を周とした、とある(前掲『世界史年表・地図』)。この帰国のあいさつに先立つ秋七月の記事があった。

●慶雲三年(七〇六)

★正月十二日〔新羅の使者〕金儒吉らが帰国した。使者に託して新羅王に次のような勅書を送った。天皇は敬《つつし》んで新羅王にたずねる。(中略)王が国を領して以来、多く年がたったが、その間朝貢に欠けたことがなく、使人もつぎつぎに送られた。忠実なまごころはすでにはっきり現れている。自分はいつもこれを喜んでいる。

◎まず、天皇はみずからを、天皇と名乗っている。

天皇の称号がいつ成立したか、という疑問が提出されたのは十年くらいまえだろうか。かつては天皇という称号になんの疑問も持たれていなかったのだ。日本という国名もいつ成立したのか、同様の疑問も初めて生まれてきたのだ。「日本書紀」は神武天皇から、天皇と称するように書かれているが、近年は、天皇以前の称号は大王と書いて、管見の限り、大王にはルビをふらない本が多かったが、熊谷公男『大王から天皇へ』(日本の歴史03、講談社、二〇〇一)では、《また大王はオオキミと訓み、王のなかの大なるもの、すなわち首長のなかの最有力者という意味である》と書いていて、この著者は「大王」を「おおきみ」と読んでいたが、その辺は「邪馬台国論」で書いたので参照してほしい。天皇号の問題については、吉田孝『歴史のなかの天皇』(岩波新書、二〇〇六)に詳しい。吉田孝氏が大王をどう読んだかには触れていないようだ。つまり、ルビなしに書いているので、漢字音で、「だいおう」と読むしかないと考えているのか、不明である。「日本書紀」は同時代史料とは言えず、あとで成立したものであり、天皇号が成立したあとで編纂されたと思う。だからわたしとしては「続日本紀」のこの記述が、同時代的な呼称なのか、天皇がみずから天皇と言ったのか、さまざまに疑問を感じたわけだ。

◎天皇号以下に書かれた文章は、新羅王が朝貢してきたように書き、上位の天皇が下位の新羅王を見下していると感じられ、これはやはり不遜ではないのかな、と思うのである。その辺のことはすでに何度か触れてきたのであるが……。

★二月十六日　河内《かわち》・摂津《せっつ》・出雲《いずも》・安芸《あき》・紀伊《き》・讃岐《さぬき》・伊予《いよ》の七ヵ国に飢饉があったので、それぞれに物をめぐみ与えた。

詔して次のようにのべられた。

◎とあり以下に、三位以上の官位と俸禄の問題についての規定を述べている。彼らには食封《じきふ》というものが与えられていたのだが、これは封戸《ふこ》と言って、ある土地が与えられる。律令に従って、この土地の住民は朝廷に調と言って、米などで税金を払うわけだが、この食封では、税金の調の半分と、残りの義務であった租や庸（税金や特産物のようなもの）を、食封の主となった者が貰うことができたのであり、これらがいわば俸禄であり、それは官位によって決められていたわけだ。

★〔同日〕また次の七ヵ条のことを制した。

◎とあって、以下に【一】から【七】まで項目があげられ、律令について概説されている。「律」は後に法律という言葉ができたように、多くは犯罪と罰則などの刑法、「令」は行政に関する規定を言う。中国から輸入された制度である。このうち、【七】には、以下のようにあって皇室に関するものである。

★【七】令（継嗣令）によると、天皇から五世代の孫に相当する王は、王という名を得ているが、皇親の枠にははいらない。現在五世の王は皇親の籍から切り放し、臣下の扱いにしている。しかし親族をいつくしむ情からは、戸籍を断ってしまうことに、心の痛みを覚える。今後は五世の孫も、皇親の範囲に入れることにせよ。その摘系の者も相ついで王とせよ。

◎天皇の息子たちは親王、娘たちは内親王とされ、その息子、娘たちのさらに子どもたち、またそのさらに子どもたちを王、とよび、彼らはいわゆる皇親（天皇一族）であった。しかし、この時代、五世の子どもたちは皇親の枠から外されていたのを、もとに戻せ、と規定しているわけだ。皇親をどの程度にするか、これはひとえに天皇の収入の多寡が問題であり、無尽蔵の財産があれば、五世であろうと、六世であろうと、皇親にしておくこともできたであろう。この当時の天皇の所得がどのくらいであったのか、この日の最初にある飢饉の民へのプレゼントとか、それから朝廷に運ばれる人民の調、庸、租と言ったものは天皇の収入でもあったわけで、やはり日本一の富裕者であったのだろう。ここで五世も皇親にもどせ、と言っているのは、単に情だけでなく、経済的裏づけがあったからではないだろうか。中世以降は天皇家の収入は減少傾向にあり、武家たちの援助で天皇および朝廷の経済はなんとか維持できたようだから、この当時はまだ充分であったのだろう。

こんな細かい規定が、必要とされるような天皇をかこむ環境になって来始めたのであろうか。

★三月十四日　京の内外にけがれた悪臭があるという。これらまことに担当の役所が取締りを行なわないからだ。（中略）厳しく違反者を拘束し、その行為に応じて罰を加えよ。

◎と文句を言っている。たぶん、街のあちこちに人間をはじめとする動物の死体などが捨てられており、悪臭が立ちこめていたのであろう。当時の都市の光景であったろう。後世には検非違使庁がこれら街の清浄の保持に関しての取締りを担当し、被差別民などを動員して死体処理をさせている。これに関しては、丹生谷哲一『検非違使——中世のけがれと権力』（平凡社選書102、一九八六）が参考になる。

★（同日）高位高官たちは、みずから耕作しないかわりに、しかるべき俸禄を受けており、俸禄のある人びとは、人民の農事を妨げることがあってはならぬ。（中略）この頃、王〔親王〕や公卿・臣下たちが、多く山沢を占有して、自分では農耕や播種〔種まき〕

することなく、きそって貪《むさぼ》ることを考え、いたずらに土地利用の便宜を妨げている。

◎これは多分に官人たちによる私有地が増え、律令の班田制度を妨害していることを責めているのであろう。班田制度は人びとに一定の土地を貸しつけ、そこからの上がりを朝廷は税金として収奪しているわけだから、私有地が増えると困るのである。たとえば、平安時代の半ばを過ぎたころから、荒れ地などを開墾すると、開墾した人の土地になるという慣習ができ、関東でもこの開墾地主が増え、彼らが土地の豪族になり、そこから、武力を持った武士たちが発生したというのが通説なのである。天皇王権と朝廷幹部たちは、農民を収奪することでその経済的基盤を維持していたわけだから、農民が困窮するのは困ったことだったのだ。一見、農民の味方のような発言だが、実質的には、彼ら自身を守るための指示であり、命令であったというわけだ。

★十一月三日　新羅国王に次のような勅書を賜わった。天皇は敬《つつし》んで新羅国王にたずねる。朕《ちん》は才薄きにもかかわらず、あやまって大いなる恵みをうけ皇位にある。昔の女媧《じょか》〔中国神話の女神〕のように石を練って天を支える才能もなく、いたずらに鏡〔三種の神器のなかの鏡、天皇の自己証明になる〕を握って天下を統《す》べる任についているのは、慚《は》ずべきことである。

◎文中、朕は、以下の過剰な反省じみた言い方は完全に自己韜晦ともいうべき嘘の塊りの言説である。このようにへりくだった態度をみせ、つぎに新羅国王の安否を尋ね、これからのちもよろしく頼んますよ、と言っているのだ。空々しい虚言の連なりで、本当にこんなことを書いたのかどうか疑わしい。残念ながら、朝鮮半島の古文書の類いは、たび重なる戦禍によるのか、まったく残っていないとされる。当時の情況をむしろ、日本の古書、六国史などから辿ろうという研究もあるらしい。

●慶運四年（七〇七）

★二月六日　諸国の疫病のため、使者を遣わして、臨時の大祓《おおはらい》を行なわせた。

★二月十九日　諸王、諸臣の五位以上の者に詔を下し、遷都のことを審議させた。
◎「大祓え」は主として、穢れの発生と関係がある。古代社会において、全国を襲う疫病などで人が大勢死んだことは何度もあったのではないだろうか。そのため大祓えをし、さらに遷都しようと考えている。この遷都は奈良時代以前は、天皇が代わったりしたとき、都をほかの土地に遷したのであるが、これは穢れからの逃走の一種でもあったのではないだろうか、というのが私の推論である。疫病の話は続く。
★四月二十九日　全国の疫病と飢餓のため、詔して物を恵み与えた。丹波、出雲・石見の三国は特に被害が甚しかったので、幣帛《みてぐら》を諸社に奉らせた。
◎丹波以下の地域は山陰地方であり、この地帯で疫病がひどかったようだ。農作業ができないから、食物も減り、飢餓状態が続いたのであろう。
★六月十五日　天皇が崩御された。遺詔されて〔遺言としての詔〕、「挙哀《こあい》は三日間、喪服をつけるのは一カ月だけとせよ」と言われた。
◎文武天皇の死にたいして、かつて文武の前の天皇である持統天皇がやめるように遺言した、挙哀と喪服の制度は、期間は短かったがやはりしっかりと継承されていた。そして、遺体の横で死者を祀る儀礼である殯宮《もがりのみや》行事も行なわれた。
★十一月十二日（前略）遺体はその日、飛鳥《あすか》の岡で火葬にした。
★十一月二十日　遺骨を檜隈安古山稜《ひのくまあこのみささぎ》に葬り申し上げた。
◎火葬にするまで、ほぼ五か月を要している。そしてその十日後に山稜に埋めたのである。挙哀と喪服の制度は堅持され、たぶん、これらの記事より長くかかったのではないか。天皇の死にたいする儀式と違って、京の一般人民などは、多くが街や鴨川の河原などに捨てられていたのである。仏教が民衆化する鎌倉時代まで、富裕者は別にして、人民の葬儀などはなかったであろう。死にそうな病人が出ると、残った家族は病人を家の外に放置したとされる（勝田至『死者たちの中世』吉川弘文館、二〇〇三。『日本葬制史』

吉川弘文館、二〇一二など参照）。

巻第四――

◆元明天皇《げんめい》　日本根子《やまとねこ》天津御代《あまつみしろ》豊国成姫《とよくになりひめの》天皇《すめらみこと》（第四十三代）

◎元明天皇は、文武天皇の母であった。天皇の妻や娘が皇位を継承する例はあったが、母親に譲位するというのは珍しい。文武天皇には親王や皇太子がいなかったのだろうか。このあたり、文武紀を読んでもよく解らない。皇太子の話はなかったので、子どももいなかったし、だいたい結婚の話もなかったようだ。母親の元明天皇は最初は固辞したが、即位した。最初は固辞するのは、なぜか天皇譲位時における儀礼のようでもあった。このような母親への譲位はすでに決まっていたのであろう。

●慶雲四年（七〇七）

★六月二十四日　天皇は東楼に出御して、詔《みことのり》を下し、八省の卿と五衛府の督率《かみ》〔長官〕らに、文武天皇の遺詔によって、すべての政務をとる旨を告げた。

◎元明天皇はこの異例の譲位と即位について、八省の長官である上級貴族（上卿たち）と五衛府の長官たちに、自分が文武天皇の遺言で、即位したのだと説明したわけだ。八省というのは、当時の朝廷の政治担当の部門における太政官（現在の総理大臣と内閣のようなもの）の下に、中務省、式部省など、八つの省があったのだが、現代の文部省とか法務省などは、この古代の官名を継承している。古臭い、というしかないであろう。そして衛府というのは主として軍事や警察的仕事をする機関で、衛士府、左右の衛門府、また左右の近衛府など五つの部門があった。それらの長官をまえに、自分の即位が前天皇の意思によるものであることを宣言し、そしてつぎのような詔を下した。

◎かつて天智天皇が近江の大津宮で宣言した言葉、天地とともに長く、日月とともに遠くまで、改《か》わることのない常《つね》の典《のり》（「不改常典」）として定められ、実施された法を、わたしは受け継いだのであるから、正当な継承者であると言ったわけだ。譲位と即位の関係を固定化する狙いでもあったが、この聞きなれない「不改常典」の語で、自分の即位の正当性を保証しようとしたのである。男の天皇から女の、しかも母への譲位は、それだけやはり異常な例であったのではなかったろうか。まあ、そこまで深く詮索する必要はなく、多くの女帝と同じく、次の男の天皇への中継ぎの天皇の役目を、妻のいない文武の母が引き受けたと理解すればいいのかもしれないが。

★〔同日〕このようなわけであるから、親王をはじめ諸王〔天皇に近い皇族の男〕、諸臣、百官の人たちが、浄《きよ》く明《あか》き心をもって、ますます務め心をひきしめ、自分を助け補佐してくれることによって、この天皇の統治する国家《あめのした》の政《まつりごと》は、平安で長く続くであろうと思う。また天地とともに永遠に改《か》わることのない掟として、立てられた国家統治の法も、傾くことなくゆるぎなく続いてゆくであろうと思う。

◎この最後の言葉も、「不改常典」の法によって、自分の即位後の存在を支援してほしいと訴えている。やはり不安だったのだろうか。ただし、即位後の宣命は多く同様の趣旨で書かれていたと思うのだ。

●和銅元年（七〇八）

★春正月十一日　武蔵国《むさしのくに》の秩父郡《ちちぶのこおり》が和銅《わどう》（精錬を要しない自然銅）を献じた。これに関し、天皇は次のような詔を下した（宣命体）。

（前略）治めているこの国の東方にある武蔵国に、自然に生じた熟銅《にぎあかがね》が出たと奏上して献上してきた。（中略）そのため慶雲五年を改めて和銅元年として、和銅を御世の年号と定める。

◎銅は弥生時代の初期からあり、農具や武器として用いられていたが、すぐに金属としてもっと強靭で加工もしやすい鉄器に変わっていったのだが、今度発見された銅に、とくに和銅と名づけたのは、精錬しなくても使用できるとか、利便性に富んでいたのであろう。ともかく元号を途中で変えるほどの発見だったようだ。そして、全国に大赦した、とあるから、

天皇や国家の喜びが解るであろう。それは続いて、
★二月十一日　初めて催鋳銭司《さいじゅせんし》（銭貨の鋳造を監督する役人）をおいた。
◎この宣命により、日本でも貨幣が作られることになったのであろう。有名な和同開珎《わどうかいちん》（一般には和同開宝）であり、これに関する記事はもう少し後に出てくるかもしれない。
★二月十五日今、平城《なら》の地は、青龍、朱雀《すざく》、白虎《びゃっこ》、玄武の四つの動物が、陰陽の吉相に配され、三つの山が鎮護のはたらきをなし、亀甲や筮竹《ぜいちく》による占いにもかなっている。ここに都邑〔都と村〕を建てるべきである。
◎白虎、青龍、朱雀、玄武（亀）の四つの動物が四方の壁に描かれていた墳墓が、一九七二年に、奈良の明日香の村に発見され、日本中の古代史ファンが狂喜したことがあった。有名な高松塚古墳である。この四つの動物は東西南北を守護する聖なる存在とされていた。古墳の発掘は、古墳が大規模になるに従ってその発掘が宮内庁などの要請か命令によって禁じられているのは、天皇の系譜やルーツが解ると、天皇一族の祖先が朝鮮半島へと繋がっていくことを怖れたからである。しかし高松塚古墳は小規模の古墳で、これが発見されたときは日本中の度肝を抜いたニュースとなって報道された。天皇と言わずとも皇族に関係ありそうだったからだ。だから、結局は当時解らなかった被葬者名は永遠に封鎖されてしまったようだ。壁に残った壁画の女人群像は明らかに古代朝鮮の高句麗あたりの風俗を露わにしていたとされている。
◎しかし、ここではそうでなく、中国の大都市、大都城は四方をこの四種の動物が守っているという観念が生まれ、日本にも伝わったのであろう。とりあえず、この地を平城、すなわちのちの奈良として都を作ろうと、天皇は提言している。ちなみに、「なら」という言葉は朝鮮語では、国を指す言葉らしい。朝鮮半島からの渡来者たちが、この地をわれわれの国にしようと考えたその痕跡なのであると。多分、正鵠を得ているであろうと思う。

★七月二十六日　近江国に和同開珎の銅銭を鋳造させた。
★八月十日　初めて銅銭を使用させた。
◎日本における最初の金属貨幣が流通するようになったというわけだ。しかし農本主義的日本国家は米を税として納めさせてきたせいもあってか、貨幣はあまり通用しなかったとされる。中世以降流行ったのは中国の宋銭など、大中国製の貨幣のほうが信用されたのであろうか。一九九九年に明日香村の飛鳥で大量の「富本銭」が発見され、「和同開珎」が最古の貨幣という定説が覆ったのであった。教科書も書き換えられたという。
★九月二十日〔天皇は〕平城《なら》に巡幸して、その地形をご覧になった。
◎構想としての奈良の都はあったが、まだ実現してはいなかったのだ。
★九月二十八日　天皇は藤原宮に遷《うつ》った。
◎当時、天皇が代わるたびに遷都していたらしいのだが、元明天皇は藤原宮を都城とした。この地はどこだったか推定されており、復元図を見たことがあったように思う。宮城都市の痕跡が奈良県橿原市高殿に発見されたのだ。奈良の都以前の最後の宮城の地であった。
★十二月五日　平城宮の地鎮祭を行なった。
◎いよいよ、遷都が決まったようだ。

●和銅二年（七〇九）
★正月二十五日　次のように詔を下した。（中略）さきに銀銭を頒布して、前に通用していた地金の銀に代えた。また銅銭を同時に通用させた。ところがこのころ姦《よこしま》な悪党が利を貪り、偽の銭をこっそりと鋳造して、公の銭と紛らわせ使用している。今後、隠れて偽銭を鋳造する者は、身柄を官の賤民におとし、その財産は告発した人に与える。
◎最初の銭貨ができたと思った翌年には、早くも贋金造りが登場したわけだ。現在の紙幣を偽造するのは印刷など高度化して、ほとんど無理だが、この当時の貨幣など、銅を溶かして鋳型に流しこめば簡単に複製できたと思う。しかし贋金を作るという発想が早くも現れたことに驚かされる。また日本古代には、「良賤制」という制度があって、農民などの良民と、諸工芸に携わる人びとを賤民として、良民の下に位置づけていた。賤民のもっとも下位にあるのが、奴婢であり、古代ローマなどでいう奴隷の日本版(あるいは東アジア版)であった。たがいにほとんどの自由を奪われた人格を喪失した存在であったのだが、奴隷と奴婢は少しだけ違っていて、日本の奴婢は家族を構築することができたとされる。それはともかく、犯罪者は、人格を奪われて賤民とされたというわけだ。

★八月二十八日　天皇が平城宮に行幸した。

◎平城宮が完成したようだ。完成の記事はなかったように思われるが、都市としての平城京(奈良市)はまだできていないのだろう。広辞苑によると、元明天皇の七一〇年(和銅三)に藤原京から平城京に遷ったとあるので、現在の記述の一年後に完成したようだ。むかし、個人的な話であるが、朝日新聞社主催の「平城京展」という展覧会の図録をこしらえたことがあり、奈良文化財研究所が編集、執筆を担当し、その編集会議のために奈良に行ったことがあった。この研究所は平城宮址に建てられた仮設事務所であり、あまりかつての宮城の跡とは思えなかった。朝日新聞社の主催で、この奈良文化財研究所の研究員である、考古学の坪井清足氏とか田中琢さん、『騎馬民族は来なかった』で有名な佐原真さんほか、古代史研究者のそうそうたるメンバーが集まっており、彼らに挟まれて編集会議の前にはすき焼き大会がある旅館で開かれた。当時は古代史の知識もなく、質問ひとつできずに惜しかったと思う。しかし、今想い出すと懐かしい。この研究所のあった平城宮址から大量の木簡が出土し、以後、木簡は古代史研究の重要な史料になったのだ。佐原真氏は、戦後、「騎馬民族征服王朝国家」論をひっさげて登場した東洋史の江上波夫氏の理論に反対した理論をかかげて対抗したのだが、いま考えても、「邪馬台国畿内説」のように閉鎖的な発想で、くだらん学者であった、佐原氏は。

★十月十一日　造平城京司に勅して、もし工事中に古墳の発見されるものがあったら、埋め戻し、発《あば》いたまま放置してはならぬ。すべて酒をそそいで祭り、死者の魂を慰めよ、と命じた。

◎先に、畿内の主要な古墳の発掘を宮内庁などが禁じていると書いたのだが、これは伝統的というのか、古代からそうだったことが解る。「勅して」と書かれているので、天皇の命令であった。ただし、ここでは死者の魂を慰めるとあるので、それはある種もっともな理由であり、発掘したまま途中で放置するのは、墓暴きとでもいった蛮行に思われたのであろう。しかし、畿内やその他の地域の巨大な古墳は、死者の魂魄《こんぱく》というより、そこには副葬品として古代的宝物が埋まっていたので、古代のある時期から盗掘が行なわれてきたようだ。だから、主要古墳を発掘しても、高松塚古墳のような壁画は発見される可能性は大だが、その他の遺品は盗掘されていると考えたほうがいいのではないだろうか。

★十月二十八日　この頃、遷都のための移住などで、人民が動揺しており、鎮撫《ちんぶ》を講じてもまだ充分安堵することができぬ。これを思うたびに、朕は大そう哀れを感ずる。今年の調と租をともに、悉《ことごと》く免除することにする。

◎遷都というのは、たんに新たな都市を造って朝廷を移動することと捉えていたが、朝廷に仕える上、下級の官人から、工芸などの職能者たちのみならず、都市の住民も移動させたのであろう。「平家物語」は中世の話であるが、平清盛による福原遷都があって、貴族たちが動員され、福原にゆく夫と、京都に残る妻や子どもなど、家族のなかのこもごもの別れなど悲劇的な物語もあったが、京都の多くの住民が総動員されたようには書かれていなくて、そう考えると、かえって天皇や朝廷の古代的専制には驚かされると言うしかない。ここでは、天皇が民衆を憐れみ、調や租などの税を免除したという美談めいた話になっているが、平城京の工事に莫大な費用がかかったと思う。まあ、大寺社や上級貴族たちがカンパしたのではあろうが。はたして本当に税金を免除したのかどうか。疑問を感じざるをえない。
★十二月五日　天皇は平城宮に行幸された。
◎これは、たぶんに平城宮建設を見物したのであって、引っ越ししたのではあるまい。

巻第五――

◆**元明天皇《げんめいてんのう》　日本根子天津御代豊国成姫天皇《やまとねこあまつみしろとよくになりひめのすめらみこと》**（第四十三代）

●和銅三年（七一〇）
★春正月一日　天皇は大極殿に出御して、朝賀を受けられた。薩摩の隼人《はやと》と蝦夷《えみし》らも参列した。（中略）皇城門（朱雀門か）の外の朱雀大路に東西に分れて、各々騎兵が先頭に立ち、隼人や蝦夷を率いて進んだ。
◎正月一日の儀礼。注目されるのは、南九州の隼人や、関東、東北の蝦夷たちが儀礼に参列し、朱雀通りの行進には騎兵に引率されて、大路を歩いたというのである。この隼人や蝦夷は日本列島の先住民であり、縄文人の子孫であった、というのがわたしの持論であるが、その根底には人類学の埴原和郎氏の、新モンゴロイド（弥生人）と、旧（古）モンゴロイド（縄文人）論という一大研究がある。この著者の本は何冊も読んだ（たとえば『原日本人――弥生人と縄文人のナゾ』朝日新聞社、一九九三、とか埴原和郎編『日本人と日本文化の形成』朝倉書店、一九九三など多数）。朝鮮半島から、弥生人系の人たちが続々と移動してきたとき、先住縄文系人たちは列島の南部や北部へと棲み分けていった。南九州から琉球（沖縄）まで、関東から東北、北海道まで、縄文系の人びとは棲み分け、隼人や琉球列島人、蝦夷、アイヌらがそれぞれ生き残ってきたのだが、隼人のほうが割合早くヤマト朝廷に帰属し、蝦夷はかなりの間、朝廷との抗争を持続していた。早く帰属した蝦夷を熟《にぎ》えびす、いつまでも抵抗した蝦夷たちを荒えびすと朝廷はよんでいた。東北蝦夷の後裔は奥州平泉の、若き日の源義経を養育したとされる藤原秀衡一族であり、彼らは源頼朝の征討戦争によって滅びたとされている。北海道アイヌは明治以降も超少数民族となって生き残って現在に至っている。

★正月十六日　天皇は重閣門（朝殿院の南門）〔平安時代の大内裏の建物には見当たらないので、平城京独特の施設だったか〕に出御して、宴を文武〔文官と武官〕の百官と隼人、蝦夷に賜わり、諸方の楽を演奏させた。（中略）隼人と蝦夷らもまた位を授かり禄を賜わった。

◎このような儀式の場に、蝦夷と隼人らが招聘され、饗宴の時を過ごすことはしばしば、記録されている。そして、その功績によって官位や報奨金をもらった。このような天皇の儀式の場に隼人や蝦夷がよびだされたのは、大和朝廷が日本全土を制覇したのだというデモンストレーションだったのでもあろう。何度か触れてきたが、蝦夷と隼人は、天皇や朝廷官人たち弥生人の後裔たちの先住民であった。

★正月二十七日　播磨国《はりまのくに》が銅銭を献上した。日向国《ひゅうがのくに》〔「ひむか」と訓んでいたかもしれない〕が采女《うねめ》を、薩摩国が舎人《とねり》を貢じた。

◎播磨は朝廷圏のなかの大国であったが、この地方は銅を産し、かつ貨幣を造る専門地域のひとつであったのだろう。日向は九州の東部海岸地帯の国で、九州中北部から南部の薩摩（鹿児島県）にかけての国であり、南部には縄文系の人びとが棲んでいたと思われる。薩摩は縄文人生活地帯の本拠地であった。これらの国の人びとが、隼人《はやと》とよばれていたのである。

★正月二十九日　日向の隼人の曽君細麻呂《そのきみほそまろ》が、地方の粗野な習俗を改めさせようと人々を導き、徳化に馴れ従わせることに努めたので、詔を下して外《げ》従五位下を授けた。

◎日向の隼人が、九州南部の、朝廷側からみると野蛮な生活を送っている人びとを、天皇に靡いていくべくいろいろ教育したという。蝦夷に、早く朝廷に靡いた熟《にぎ》エビスがいたように、隼人にも早く靡いたひとたちと、そうしなかった人びとがいたと思われるが、歴史的には明らかではない。考古学的な報告があるのかもしれないが、そこまで、わたしは把握できていない。いわば制服民族の畿内の勢力がなお抵抗する人びとを飴と鞭で屈服させた例は、日本のいろんなところにあったであろう。もし、文化というものが、中央における支配者側の世界を指すのだとすれば、支配者の押しつけた文化がしだいに一般化していったであろう。しかし、地方の文化こそが大切なんだ、という人びとにとっては、支配者たちは、地方の固有文化の破壊者ということになる。わたしはマイノリティの側に立ちたい人間なので、彼らを擁護するであろうが、現実の場にさらされると、そんな簡単には発言や行動ができなかったに違いない。ふがいない人間なのであった。

★四月二十一日　陸奥《みちのく》の蝦夷らが君《きみ》の姓《かばね》を賜わり、編戸《へんこ》（五十戸一里制の戸籍に入ること）の数に入り、公民の扱いを受けたいと申請し、許可された。

◎今度は列島北部の蝦夷の一団であるが、君という姓をもらったということは、朝廷の支配構造の一員になったということで、班田制度という律令国家制度を受け入れ、公民、すなわち、まだ日本人化とは言えないから（日本国は成立していなかった）、皇民化というのだが、天皇中心の政治構図の一部として公認された、ということで、これはいわゆる熟エビスになった蝦夷の一群ということになる。

◉まだまだ出てくるであろうが、とくにこの年、東北蝦夷や南九州隼人らの皇民化の記述が多かった。隼人たちより蝦夷たちのほうが、長く抵抗勢力であり続けたという印象を持っているが、もちろん両者ともに、熟エビス的な人びとと、いつまでも抵抗する荒エビスのように、二者がいたことになる。これはしょうがない。彼らのおかれたさまざまな条件が、彼らの態度を決定していったのだ。北海道アイヌもそうで、彼らは蝦夷であったのだが、明治時代まで、二者に分かれて江戸幕府や明治政府との二重の関係性をもってきたであろう。個人的な考えであるが、わたしは沖縄に関して、アメリカから日本に返還された時、沖縄は独立するべきだ、と考えていたのだが、沖縄人にもアメリカ軍やその基地を容認する人たちと、断固反対する人たちが拮抗しているようである。ただ、日本から独立しようという発言はあまり聞かないな、と思っていたところ、何年か前に沖縄の大学の先生であったか、沖縄独立論の本が出たことがあってほっとした。著書名、著者名、失念してしまったが、ひそかに応援したい、と考えたけれども実行力が備わっていなかった、情けない話だが、このわたしには。

●和銅五年（七一二）

★五月十七日　天皇は諸国の主典《さかん》以上と朝集使らに、次のように詔した。

律令を制定して以来、久しい年月がたっているが、まだ律令に習熟せず、過失が多くある。今後もし令に違反する者があったら、その犯罪を法に照らし、律によって処断せよ。

◎律令制度は中国から輸入された政治制度であり、大宝律令（七〇一年）以前から制度化されたことになっているが、列島全体に波及したのはずっとあとのことであろう。「律」は法律の律で、犯罪と刑罰などが書かれているが、「令」は政治的領域の支配の構造の根幹となるような法律の一種であり、これが文字化され、大和朝廷の拡大とともに普遍化されていった。班田制度などはそのひとつであり、人民を戸籍で把握し、一定の土地を貸し、そこからの年貢を政府、朝廷が要求していたのであるが、この時代、まだ完全ではなく、施行が全国化し、完璧な存在になることを願った、いや焦って命令しているような詔であった。主として人民を支配、統轄している地方の役所に文句を言っている例である。天皇や朝廷の狙いは人民から確実に収奪することであり、その強化を命じているのである。それだけ、定着するのに時間がかかったということであろう。

巻第六――（元明天皇、続き）

●和銅六年（七一三）

★五月十二日　（前略）管轄下の寒川《さむかわ》郡の人、物部乱《もののべのみだる》ら二十六人は、庚午年籍《こうごねんじゃく》（天智九年）以来、良人として戸籍にのせられてきました。それが庚寅（持統四年）の戸籍校《あらため》の時、誤って飼丁《してい》（馬を飼う使丁——良民より低い身分）の籍に入れられてしまいました。そこで自分が繰返し検討し、みずから証明させましたところ、証拠ははっきりと明らかになりましたが、その後まだ正しい戸籍につけられていません。（中略）どうか、良人の籍に編入されることを申請します。〔天皇は〕これを許可した。

続日本紀

◎庚午年籍など、戸籍を作った話は先に出た。戸籍に載る人民は良民と賤民に分けられていたらしい。というのは、『寧楽遺文』（竹内理三編、八木書店、一九四三）という奈良時代の文献を集めた本に、奈良時代以前の戸籍がいくつかの地方ごとに、かなりの家族名が収載されている。この本の解説に「庚午年籍」は平安時代まで残っていたらしいのだが、以降、散逸してしまったと書かれているので、そこに良民と賤民と表記されていたかどうか不明なのだ。むしろ、家族の人名が凄く多いばあいもあり、家族といってもひとつの家にくらしていたのではなかったので

は、と考えたこともある。解説にはまず、戸籍の年齢に関して、つぎのように書かれている。

緑　年齢三歳以下の男女を緑兒・緑女とす。養老令ではこれを黄とす。

小　年齢十六歳以下の男女を小子・小女とす。令ではこれを少丁・少女とす。

少　年齢　二十歳以下の男女を少丁・少女（次女）とす。令ではこれを中男とし、また次丁ともいう。

丁　年齢二十一歳以上六十歳以下の男女を正丁・丁女とす。

老　年齢六十一歳以上の男女を老丁・老女とす。次丁ともいふ。

耆　年齢六十六歳以上の男女を耆老・耆女とす。

◎まず以上のように年齢の書き方を明示している。この年齢は税金（租、調、庸）を取るかどうか、年齢別にその額などが違うので重要なのである。そして最初の戸籍を見ると、

下総國飾郡大嶋郷戸籍　　養老五年

甲和里戸主孔王部小山、年肆拾捌歳、正丁　課戸

妻孔王部阿古賣、年伍拾貳歳、　丁妻
妾孔王部小宮賣、年参拾捌歳、　丁妾
男孔王部忍羽、年貳拾貳歳、　正丁　兵士、嫡子
男孔王部忍秦、年漆歳、　小子　嫡弟
男孔王部廣國、年伍歳　小子
女孔王部大根賣、年貳拾漆歳　丁女　嫡女
女孔王部古富根賣、年拾伍歳　次女
（以下略）

とあって、合計十四人の家族である。下総とあるが、現在の東京都の葛飾区のあたりではないだろうか。戸主は年齢四十八才だから若い戸主である。妻は五十二才だから少し年上の妻ということになる。妻と妾とあるのは、こんな田舎の男でも妻がふたりいたのであろう。長男は二十二才で正丁だが、軍務にあるので家をあけて京都か北九州の防人にでもなっているのかもしれない。長男、長女を嫡子、摘女と言ったようだ。あとの家族は緑、つまり赤ん坊の娘がふたりおり、あとは従父妹とあるので父の兄弟、つまり叔父の妹とある。姪がひとりいた。孔王部というのは、くおべ、とでもいう苗字だったのか、この郷の住民は殆どが孔王部と名乗っているので、孔王部一族がこの辺に住んでいたらしい。

◎最初期の戸籍をあげてみた。日本古代社会は律令の規定によって人びとは、良民と賤民に二分されていた。良民とは主として農民をさし、賤民は職能人たちであったが、中世以降になると差別された人びとでもあった。職能人全体が差別されたのではなく、職能の種類などによっていた。この良民たる農民が税金（主として米であるが）を課される対象で、賤民は無税であったように思う。日本国は農業国家であったので、農民から収奪するため、身分的に上位とし、のちの「士農工商」なども武士的な人びとが最上位であったが、残りの人民のなかでは農民がうえに置かれた。しかしそれは建て前であって、恩典があったわけではない。むしろ過酷な徴税が彼らを待っていたのである。

◎戸籍は六年ごとに書き換えられたことになっている。正丁は二十一歳から六十歳までを指したので、

年が過ぎていくと一家族のなかの成員は年齢が代わり、徴税の対象から外れたり、あるいは十六歳だった少年が二十一歳になって徴税の対象になったりしたから、戸籍は六年ごとに書き換えることになっていたのである。正確には守られなかったようであるが。娘たちは結婚して籍が変わると徴税の地域が変わったりもしたから、六年ごとの書き換えが必要だったのだ。しかし、上記の例では、戸籍の書き換えの時、良民から、一段低い馬飼い人として登録されてしまったので、もとに戻してほしいと言っているわけだ。良人は良民と同じ意味であろう。

★十一月十六日　次のように詔した。

正七位上の按作磨心《くらつくりのとごころ》は、工芸の技が他の人からとびぬけており、彼の織りなす錦や綾は麗妙というべきである。よって磨心の子孫に、雑戸《ざっこ》の身分を免じて良民とし、姓を柏原村主《かしはらのすぐり》と賜わる。

◎やはり、良民と賤民の話である。くらづくり、鞍作りというと馬の鞍を作る人だが、本文では「按作」と書かれ、織物職人であったという。彼は雑戸（諸官庁に付属した手工芸品を作るような人びと）であり、賤民の一種であったのだが、技量が優れていたこの男の子孫は良民とされ、柏原の村主《すぐり》という姓《かばね》を貰ったという。中近世の差別では、織物でなく染め物の紺屋（紺色に染めることか）は差別されていた、とされる。やはり手工業的な工芸者一般が賤民として位置づけられていたようだ。ただし、雑戸と賤民は同一概念ではないのかもしれない。

◎これに似た記事は、のちの霊亀二年（七一六）九月二十一日の条に、京都山背《やましろ》の甲作《よろいつくり》〔鎧づくり〕客《まろうど》小友《こども》という人たち二十一人が雑戸の身分から良民にされた記事があった。

●霊亀元年（七一五）

★五月一日　諸国の朝集使に次のように勅した。

天下の人民の多くは、その本籍地をはなれ他郷に流浪して、課役をたくみに忌避している。そのように浮浪して逗留が三ヵ月以上になる者は、土断（現地で戸籍に登録）し、調・庸を輸納させることは、その国の法に従わせよ。
◎朝集使とは、国司から朝廷に提出される文書などを運んだ人である。税金逃れのためかどうか、本籍地を離れて浮浪する（後世だと浪人と言われ、京都、大坂や江戸などの都市に彼らは集住したようだが）例が多かったようだ。そういう人たちは放浪地で戸籍に登録し、税を本籍地に送るようにするさいは、地元の法に従え、と。あくまで、納税義務から逃れることはできないんだよ、と釘を刺しているような天皇の勅であった。おちおち浮浪もしていられないのであった。次項も同じような例である。
★五月十四日　次のように詔した。
すべて諸国が調・庸を運び納めるのに、それぞれ期限が定められている。しかしいま国司らの怠慢で、納期はおくれ、農耕の障害にもなっている。
◎調、庸、租は、律令による徴税の三種であり、それぞれ、米やその地の特産物や布が税として人民に課せられ、この詔では、調や庸の納入が遅れるのは、その作業を怠っている役人のせいであり、彼らに人民を叱咤し、さらに朝廷への納入を遅れるなと釘を刺しているというわけだ。
★八月二十五日　京の人が畿外に流浪したときは、その国の戸籍につけ、課役に従わせるようにした。
◎京の人というのは、手工業の人たち、織物や染物、各種工芸などの職能者をさすか。彼らもときに地方に流浪した。そんな人物をみつけたら、その地の戸籍に登録して漏れなく徴税しろというわけだ。課役とあるのは、律令では課が調、役は庸と雑徭（雑役、工事などの労役）があった。地方に流れても、戸籍をその土地に登録させられた。あくまで律令的義務は追っかけてくるのだ。逃れることができなかった。
★九月二日　天皇は位を氷高内親王（元明天皇の娘で、文武天皇の姉）に譲った。
◎天皇の譲位である。しかし男の相続者がいなかったためか、現在の女性天皇の娘に譲位したので、女性天皇が二代続いたわけだ。しかし元明天皇は女性だったが、優しい政治が行なわれたようではまったくない。結局、政治は太政官を中心に朝廷でやっているから、天皇の個性が反映されることはほとんどないのかもしれない。

巻第七――

◆元正《げんしょう》天皇　日本根子高瑞浄足姫天皇《やまとねこたかみずきよたらしひめのすめらみこと》（第四十四代）

●霊亀二年（七一六）

★五月十五日　次のように詔した。仏の教えを尊び、崇《あが》め飾るにはつつしみを根本とし、寺の建物のおさめ守るには、清浄が第一である。今聞くところによると、諸国の寺家は多く法に従わず、粗末な堂を建てたばかりで、争って寺名を入れた額を賜わろうと求め、寺を飾る旗や幟《のぼり》をわずかばかり寄進して、寺田を賜わるよう訴え、あるいは僧尼の住む建物を整備せず、牛馬が寺内に群れ集り、境内が荒れ果て荊棘《いばら》が繁茂し、ついに尊い仏像が塵ほこりをかぶり、奥深い仏の教えの経巻を、風雨から守ることができないでいる。

◎あるころから、天皇は日本国の宗教的な領域を牛耳っていたはずなのに、なぜ、他国から来た仏教をかんたんに受容したのだろうか、と考えるようになったのだが、この記事を見ると、仏教は宗教というより、ある尊い「教え」であったのである。最初に仏教が日本に伝えられたときの話は「日本書紀」にあり、朝鮮の百済の王だったかが、「よい法《のり》があります」と言って、仏教を日本の天皇に紹介したように書かれていた（「法」とは「真理」であり「道理」であり、だから用語としても原初的には仏教ではなく「仏法」という言葉のほうが定着していたのかもしれない）。しかしわたしは、キリスト教が日本に来たときを考えると、時代は室町から戦国時代のあたりで、まずヨーロッパ人たちが九州の薩摩あたりに入って来て、最初は貧民救済と病気治療などの事業を少しずつ丹念に始めたのであろうと思っているが、仏教もまた、天皇を介して入ってきたというより、実際はむしろ民衆世界に潜りこんできたのではないか、と考えたことがある。
◎しかし、仏教が民衆化するのは鎌倉時代以降であり、それ以前は天皇や貴族たちのための、きらびやかな印象の寺院建築と同様、装飾的な儀礼を伴った荘厳のありようを持っていたのではないかと思う。この記事を読むと、しかし、やはり崇高な理念として入ってきたのであり、蘇我氏ら崇仏派と物部氏ら排仏派が抗争したように、天皇を介して入ってきたのかどうかは不明であり、かつ、日本の土着的な呪術的宗教として発展してきた神道や天皇の固有の宗教とは、次元が異なっていたのではないか、と思われた。天皇は、仏教が崇高な理念の教えであるとすれば、それほど抵抗感を覚えなかったかもしれない。時代が少し下るかもしれないが、仏教は日本的観念であった「穢れ」を体現する死体の葬式をやってくれる宗教であり、民衆はそんなレベルで仏教を理解していたのかもしれない。この記事は、そんなことを考えさせてくれたのであった。
★〔同日、続き〕このことについて考えてみると、仏の教えをあがめ敬うことに極めてそむいている。今そこで数寺を合併して一つとすべきである。願わくば協同して共に寺を造立し、すたれた仏法を興隆させねばならぬ。
◎話が逆戻りしてしまうのであるが、実際に見たこともないし、正確な記録もないので、この辺は想像でしかないのだが、仏教もまた、キリスト教のように民衆世界に潜りこむように渡来したのだ、と考えると、北九州のあたりに小さな仏教の寺がたくさんあったのかもしれない。そこで、朝廷はこれを統一し、少数の大寺にしたかったのかもしれない。そのほうが管理しやすかったろう。のちの諸国の国分寺なども同じ目的で造られたものかもしれない。つぎのような記事もあった。
★〔同日、続き〕近江国主〔のちの国司に相当するか〕で従四位の藤原朝臣武智麻呂《むちまろ》が言上した。管内の諸寺は、多く境域を分け取るだけで、造営をせず、偽りの僧侶の名籍を差し出している。（中略）寺の所有の田園について、専ら利益をひとり占めしようとするためと思われます。
◎武智麻呂は、言葉を重ねて天皇に訴えているが、基本的には多くの寺社が利益をほしいままにしていることを説き、寺院の統一と興隆が天皇の願いでもあるでしょうと説得し、天皇はこれを承認している。寺社はたぶん、税金などは課せられず、貴族たちからの喜捨によって利益をあげていた団体であったから、朝廷はこれを規制したかったに違いない。律令か「延喜式」だったかの「僧尼令」も結構厳しい言葉で充ちていたように記憶している。この仏教に関する記述はつぎの養老元年の四月の記事にあったので、参照されたい。
★九月二十三日（前略）従四位下の太朝臣《おおの》安麻呂《やすまろ》を氏長《うじのかみ》に任じた。
◎意外なところで、でもないか、「古事記」の序文を書いた太安麻呂が出てきた。一九七九年に奈良で、彼の墓誌銘のある古墳が見つかっているので、実在の人物と考えてよい。この記事はしかし、安麻呂の事績はなにも語ってはいず、「古事記」と関係したかのような記述はゼロである。「古事記」は序文が書くように、稗田阿礼がそらで暗唱するように語った記事を、安麻呂が文字化したという「古事記」の序文が述べる説には従えないと思っている。というのは、わたしは大和岩雄『古事記偽書説の周辺』（名著出版、一九七九）が書いているように、「古事記」は、古い伝承を後の時代に朝廷の大歌所で、太安万侶の子孫が書いたものだという説を信用しているのである。「古事記」はずっと後年にできた偽書である、という説がかつてあったという。確かに「古事記」は「万葉集」などに引用はされているのだが、原本は現存せず、写本が名古屋市の真福寺で発見されたのは後世で、一三七一年に新たな写本が作られたのだが、古代、中世とあまり読まれていたという痕跡がないらしいのである。「古事記偽書説」が出てくるのもよく理解できる。大和氏は、「古事記」には歌謡が多いので、宮廷の奥の女性たちが纏めたのではと想像していたが、一種、謎の本と言ってもいい。そして大和氏が言うように「古事記」は偽書ではなく、太安万侶は「古事記」の序文を書いたのではないか、と思う。いずれにしろ、「古事記」という本は伝承と史実がないまぜになっているのではないか、とわたしなどは考えている。

●養老元年（七一七）

★四月二十三日　およそ僧尼〔男の僧と女の僧である尼〕は、しずかに寺の中にいて、仏の教えを学び、仏の道を世に伝えるのがつとめである。僧尼令によれば、（中略）小僧（つまらない僧）の行基〔有名だ〕とその弟子たちは、道路に散らばって、みだりに罪業と福徳のことを説き、徒党を組んでよくないことを構え、指に灯をともして焼いたり、臂〔腕、もしくは動物の前足〕の皮を剥《は》いでそれに経を写したりして（古いインド仏教で行なわれたという）、家々をめぐり、いい加減なことを説き、無理に食物以外のものを乞い、いつわって聖道であるなどと称して、人民を惑わしている。

◎行基で思い出したが、朝廷は仏教そのものというより、後世の時宗のように民衆仏教として活動した僧などを厳しく規制し、排除しようとしたのである。日本古代の仏教は天皇や上級貴族の援助によって成立していたのだ。この規制を朝廷は守りたかったのであろう。

★九月十一日　天皇は美濃国に行幸した。

◎以下に、この行幸がやはり地方廻りの巡幸であったことが書かれている。

★九月十二日　天皇は近江国に到着し、淡海《おうみ》〔琵琶湖〕を観望された。山陰道は伯耆《ほうき》よりこちら、山陽道は備後よりこちら、南海道〔四国〕は讃岐よりこちら、の諸国の国司らは天皇の行在所《かりみや》に参上し、それぞれの地方の歌や舞いを披露した。

◎行在所はふつう、「あんざいしょ」とよばれているところで、これは天皇の行幸先での宿泊所などを言うのであるが、そこもまた仮の内裏であり、かりみや、とも言ったのであろう。その行在所に山陰、山陽、四国の国司たちがやって来て、それぞれの地方の音楽や舞踊を披露したというのだが、巡幸中の天皇の行在所までやって来て、そこで音楽や舞踊を演じるというのもなんだかおかしい気がする。そんなに披露したいのであれば、京都の内裏に行けばいいのである。旅先まで追っかけてくるとは不思議な話だ。まあ、旅先の天皇をお慰めする、という趣旨であろうか。しかし、この話は続く。

★九月十八日 〔天皇は〕美濃国に到着した。東海道は相模よりこちら、東山道は信濃よりこちら、北陸道は越中よりこちらの諸国の国司らが行在所に参上し、それぞれの地方の雑伎（いろいろなわざごとや踊り）を披露した。

◎やはり各地の国司が行在所を訪問し、雑芸を披露している。やはり、女だてらの長い行幸の慰みにとでも思ったのであろう。

★九月二十八日 天皇は平城宮《なら》に還った。

◎やはり半月に及ぶ長い行幸であった。前述した文武天皇も長い巡幸をやったが、やはり畿内の東部であり、かつては東国とよばれていた地域巡りである。この地域は畿内以外の朝廷の拠点としたのだろうか。伊勢神宮、熱田神宮など、天皇にとって重要な施設ともいうべき神社があった。近江は神功皇后を出した息長氏の根拠地であり、天智天皇の拠点であった。なんとなく神話的領域にあったような気もする。天智天皇にはそんな話はないが。

★十一月八日 高麗《こま》、百済二国の士卒が、本国の戦乱（唐・新羅と高麗・百済の戦い）にあって、天皇の治下に帰服した。朝廷では遠隔の地から来たことを憐れんで、終身〔〕租税負担を免除とした。

◎ここで高麗《こま》と書いているのは高句麗のことで、高麗《こうらい》はのちの国名である。唐という中国の大国が、朝鮮半島の新羅と組んで、高句麗、百済と戦ったのは六六〇年前後であり、百済を救援するために出陣した、日本からの派遣軍がいわゆる白村江《はくすきのえ》の戦いで敗れたのは六六三年とされているので、現在（この記事の）から半世紀くらい前の話である。この白村江という所は、現在も不明で、果たして日本が朝鮮半島に軍隊を送ったのが史実かどうか、疑う研究者もいる（井上秀雄氏）。「日本書紀」には、日本が百済の救援なり、朝鮮半島に進撃したことはまったく書かれていない。架空の存在であると思われる神功皇后が新羅に遠征した話があるが、魚群が船を持ち上げて、瞬時に新羅に運んでくれた、など神話のような物語があるだけだ。

★十一月十七日　天皇は宮殿の端近くまで出て、次のように詔した。

朕は今年九月、美濃国の行宮〔行在所〕に赴き、数日間逗留した。その時、当耆郡《たきのこおり》の多度《たど》山の美泉〔水の美しい温泉か〕を見、手や顔を洗ったところ、肌が滑らかになるようであった。また痛いところを洗うと、痛みが全く除かれてしまった。私の体にとって大きな効き目があった。また聞くところによると、これを飲んだり浴びたりする者は、白髪が黒くなったり、禿げ髪にあらたに生えたり、あるいは見えない眼が見えるようになったという。（中略）朕は凡庸で劣っている。天の賜物を無視してはならぬ。天下に大赦を行なおう、霊亀三年を改めて養老元年とし、（後略）

◎最初は温泉に感動するとはやはり女性らしいなどと思いながら読んでいたのだが、要するに改元の号を養老と改めたという話であった。養老と温泉はとくに関係もないであろう。

白髪が黒くなったり、禿げ頭に毛が生えてきたとか、老人にやさしい温泉であったという話を織り交ぜたのであろう。元号を決めるときは、現代の話だと、学者連中が集まってああでもない、こうでもないとか言いながら漢字を選んでいるようだ。かつてもそうだった。これはだから寓話の類いであろう。霊亀改元のときは、なんだかありがたそうな亀を献上したものがいたので、こんな元号にしたのかと思ったが、そんな記事はなかったようだ。ただし、翌年の二月に美濃の醴泉《れいせん》に行幸した、とあるので、この温泉をまた訪れたのであろう。

巻第八――（元正天皇、続き）

●養老四年（七二〇）

★二月二十九日　大宰府が奏言した。
〔南九州の〕隼人が叛乱を起こして、大隅国守《おおすみのくにのかみ》の陽《や》侯《こ》史《さかん》麻呂《まろ》を殺害しました。

★三月四日　中納言、正四位下の大伴宿禰旅人《たびと》を、征隼人持節大将軍に任命し、（後略）

◎九州の縄文人、隼人は、東北の蝦夷らより早くに皇民化したのだと考えていたのだが、「続日本紀」の記事にはしばしば隼人の叛乱の話は出ている。やはりこの時代は朝廷の派遣軍としっかり戦っていたのだな、と解る。熊本あたりの熊襲はあまり登場していないから、案外早く朝廷に靡いたのは熊襲だったか。しかし、のちの話では、隼人は朝廷に連れてこられて、軍事的な仕事などにたずさわっていたのにたいし、熊襲に関しての情報はあまり聞かないのだが。そして、征隼人軍の大将軍にあの「万葉集」の歌人、大伴旅人が任命されていた。当時の貴族は軍事的活動も命じられていたようだ。

★五月二十一日　一品《いっぽん》の舎人《とねり》親王は、勅をうけて日本紀の編纂に従っていたが、この度それが完成し、紀（編年体の記録）三十巻と系図一巻を奏上した。

◎これは「日本書紀」成立の話である。朝廷では、編集委員会のようなものを作って、この歴史書作成作業を完成したのである。中国史書では、代々の皇帝に関する記述のほかに、編年を追う「紀」や、さまざまな人物を描く「列伝」など、三つの形式の本があったのだが、日本では「日本書紀」を作るのが精いっぱいで、三つの記事が一体化して「紀」を構成している。当初は「日本紀」とよばれていたらしい。この書のあとは「続日本紀」など合わせて六つの史書が書かれたので、併せて「六国史」と総称されている。

★八月三日　この日、右大臣正二位の藤原朝臣不比等が薨じた。天皇はこれを深く悼み惜しまれた。

◎藤原不比等は藤原鎌足の息子で、のちの摂関政治のボスとなる藤原氏の系譜の二代めであった。鎌足や不比等は中学の歴史の教科書にも載っているのでだれでも識っているであろう。

★十一月八日　南嶋《みなみのしま》（南西諸島）の人二百三十二人

に、それぞれ身分に応じた位階を与えた。遠方の人々を手なずけるためである。

◎手なずける、と公言している。南西諸島とは、奄美から琉球までをさしていうのだが、琉球（沖縄）まで、支配していたのかどうか。沖縄は一三〇〇年ころ王国として成立したとされ、それ以前に関する史料はないようなのだが。日本国はこんな時代から、支配領域を広げようとしていたのだ。ただし、北海道までは手を伸ばさなかった。これは南九州の隼人の征討にたいして、東北蝦夷の征討が思うように進まなかったせいであろう。北海道の地図ができたのは江戸時代の伊能忠敬によるもので、それ以前は、渡りの島などとよばれて、ほとんど把握されていなかった。

●養老五年（七二一）

★正月五日　正三位の長屋王《ながやのおおきみ》に従二位を授け、正四位下の巨勢朝臣祖父《こせのあそんおおじ》、大伴宿禰旅人《すくねたびと》、藤原朝臣武智麻呂《むちまろ》、従四位上の藤原朝臣房前《ふささき》にそれぞれ従三位を授け、（以下略）

◎藤原武智麻呂は不比等の長子、藤原氏が四家に分かれたとき、南家の祖となり、房前は不比等の次子で北家の祖となった。この房前の系譜から、後の藤原道長などが出てくるのである。長屋王は天武天皇の孫、高市《たけち》皇子の子で、右大臣となり藤原氏と対抗したが、藤原氏の陰謀で自害（長屋王の変）した。彼の話はまた出てくるであろう。

★三月九日　次のように詔した。

節度を守りおごりやふしだらを防ぐのは、政事を行なう際にまず優先すべきことであり、代々の天子の不変の政道である。王公や公卿及び富豪の民が、多く丈夫な馬を飼って、さらに競って求めることには際限がない。これでは家財を損失するだけでなく、ついにはたがいに争い乱闘するまでに至るであろう。そこで条例を作って制限し、禁止することにせよ。（中略）

馬の所有について、親王及び大臣は二十匹を越えてはならない。諸王、諸臣で三位以上の者は八匹、四位の者は六匹、五位では四匹、六位以下庶民までは三匹。
◎貴族たちが馬を愛好したことは、「年中行事絵巻」などを見ても、外での行事のさいは貴族や官人、武将たちが乗る馬がたくさん描かれている。一般民衆は徒歩が多く、馬を飼うことができなかったのかもしれない。まあ、馬は生きた自動車であり、貴族たちが占有したのであろう。生き物だから病気や死も多く、中世では馬の牧は畿内に少し、関東から奥州に多かったが、この時代はどこで飼われていたのであろうか。天皇や上級貴族たちは東北から何頭もの馬を買っていた。関東や畿内の武士たちも多く所有していた。その傾向はすでにこの時代から始まっていたのだ。戦争時には欠くことができなかったし、騎射（馬に乗って駆けながら的を射る遊び）は貴族たちが大好きで、この風習が関東豪族にも伝染していったとして、日本中世史の高橋昌明氏などは、武士の発生を関東でなく、朝廷などから拡大していったとされているのである。

★七月二十五日　次のように詔した。
およそ天子の座につき、天下に君主として臨めば、仁愛が動植物にまで及び、恩情は鳥や獣にまで及ぶべきである。故に周公、孔子の教えでは仁愛を優先し、老子、釈尊《しゃくそん》の教えでは深く殺生を禁じている。そこで鷹司の鷹と犬、大膳職《だいぜんしき》の鵜、諸国の鶏と猪をことごとく元《もと》のところに放って、その本性を全うさせたい。（中略）鷹司の官人と大膳職（鵜を飼う）の長上らは廃止せよ。
◎やはり仏教が入ってきてから、動物の殺生や食肉の禁止が謳われるようになったのだろう。しかし天皇は魚肉などは食べていたろうし、菜食主義ではなかったように思われる。民衆も犬の肉などは食べていたとされる。動物性たんぱく質の摂取も重要だった。
★十月十三日　太上天皇（元明天皇）が右大臣、従二位の長屋王と、参議従三位の藤原朝臣房前を召し入れて、次のように詔した。
朕が崩じたのちは、大和国添上郡《そうのかみ》蔵宝山《さほやま》（佐保山）

の北の雍良《よら》の峰に、竈《かまど》を造って火葬に付し、改めて他の場所に移してはならない。諡号〔のちにつける天皇号〕は簡単に「某国某郡の朝廷に馭《あめのしたしろしめしし》宇天皇」とだけ称し、後世に伝えるようにし、〔現在の〕天皇は通常と同じように政務万般をとり行ない、皇親や公卿および文武の百官は、簡単に職場を離れて、柩車につき従うべきでない。

◎太上天皇は、現天皇の前の天皇であり、元明天皇である。彼女が言うには、自分が死んだら火葬にして、古墳を造って入れる必要はない。現天皇は普段通りの政治活動に励み、皇族や各庁の長官は職場を離れて、死体の柩車につき従うべきではない。もはや巨大古墳を造る時代ではない。単なる火葬でよい。死体を運ぶ車にもつき従う必要はない、と明言する。女性らしい配慮であろうか。以後、天皇の葬儀は簡略化されたであろうか。三日後の詔でも、葬儀は全面的に簡素に質素に行なえと言っている。

★十二月八日〔元明太上天皇は前日死亡し〕従二位の長屋王、従三位の藤原朝臣武智麻呂らが、喪儀の御装束のことをとり行ない、従三位の大伴宿禰旅人が、御陵《みささぎ》造営の役に従うことになった。

◎同月十三日には元明天皇は大和の国の椎山《ふらやま》の陵《みささぎ》に葬ったとある。葬儀を行なわず、太上天皇の言葉通りに従ったのだ。ともかく、この天皇の葬儀だけは簡略化されて行なわれたようだ。

巻第九――(元正天皇、続き)

●養老六年(七二二)

★七月七日 次のように詔した。

この頃、陰陽が乱れて、災害や旱魃がしきりにある。(中略)国司、郡司に、無実の罪で獄舎につながれている者がないか詳しく記録させ、路上にある骨や腐った肉を土中に埋め、飲酒を禁じ、屠殺をやめさせ、高齢者には努めて憐れみを加えさせよ。

◎ここにある路上の骨や肉は、人間の死体が放置されていたものである。庶民は家族の死体などを路上に遺棄していたと勝田至『死者たちの中世』(吉川弘文館、二〇〇三）に詳しいが、さらに同氏の編『日本葬制史』（吉川弘文館、二〇一二）には、古代以降の死体処理の歴史が書かれている。《古代以来、一般民衆は風葬《ふうそう》、すなわち地上に死者を置いてそのまま帰るのが普通だったと思われる。〔中略〕しかしその後の死体は犬や鳥に食われるので、京都では犬が死体の一部をくわえて貴族の屋敷に持ってくることが多発した。このような場合、当時の制度では屋敷が「五体不具穢《ごたいふぐえ》」（死体の一部だけが存在する場合の穢）に汚染されたことになり、七日間は穢《けがれ》の伝染に注意を払う必要があった》とある。天皇はこの死体の路上放置を取り締まるよう詔している。また犯罪者にも細やかな視線を送っている。この辺に女性天皇の発想が現れているのだろうか。

◎養老七年の正月十日の授任のとき、文武天皇夫人《ぶにん》の藤原宮子に従二位を与えている。宮子は藤原不比等の娘でもあったが、女性で二位の位は珍しい気がする。また、皇族の女性たちを従四位下にし、他田《おさだの》舎人《とねり》直刀自売《とじめ》に正五位上を与え、大宅《おおやけの》朝臣諸姉《もろね》に従五位上を授けている。つまり元正天皇は、多くの女性たちに官位を与えたのである。ただし、この叙位のときは大勢の人が対象となっており、その中のわずかの女性を拾い出したものであるが。

◇**勝宝感神聖武天皇　天璽国押開豊桜彦天皇《あめしるしくにおしはらきとよさくらひこのすめらみこと》**

◎聖武天皇は文武天皇の息子、母は藤原宮子である。二代、女性天皇が続いたあとの男の天皇であった。即位の詔では、従二位右大臣の長屋王に正二位を授け、左大臣とした。臣下として最高の位だった。

●神亀元年（七二四）

★五月十三日　従五位上の薩妙観《さつみょうかん》に河上忌寸《かわかみのいみき》の姓《かばね》を〔与えた〕。

◎以下、朝鮮半島からの渡来人たちに日本名を与えている。忌寸《いみき》は渡来人たちに与えられた姓《かばね》である。王吉勝→新城連《にいきの》、高正勝→三笠連、金宅良、金元吉→国看連《くにまぎの》などなど。これらは一種の日本人化であったが、天皇の民になったということでもあった。いつまでも渡来人であることに拘った人たちも少なくなかったのであるが、王や金の字を苗字に残した人はあまり見かけない。「今昔物語集」に金なんとか、という名まえがあったが、こがねの、のようにルビが振ってあったが正確には憶えていない。

●神亀四年（七二七）

★九月三日　井上内親王（聖武帝の娘）を派遣し、斎宮《いつきのみや／さいぐう》として伊勢大神宮に侍らせた。

◎垂仁天皇のとき、娘の倭姫《やまとひめ》を伊勢神宮に送ったのが斎宮《いつきのみや》の最初とされる。天皇の未婚の娘や姉妹などを伊勢神宮や上賀茂、下賀茂神社に送って、女神官とした。この女性たちは一生を未婚のまま過ごすことを義務づけられた、ある意味では気の毒な存在であった。しかし現実には京に戻った人もあったようだ。伊勢神宮はアマテラス神を祀る神社であり、天皇家の主要な神社となった。天皇と上賀茂、下賀茂神社の関係はよく解らない。

★十二月二十日　渤海郡王の使者の高斉徳ら八人が入京した。

★十二月二十九日　使者を遣わして、高斉徳らに衣服と冠、はき物を賜わった（衣服の下賜は臣従させたことか）。渤海郡は、もと高麗《こま》国である。淡海朝廷《おうみのみかど》（天智朝）の七年十月、唐の将軍李勣《りせき》が高麗を伐ち滅ぼした。その後、この国の朝貢は久しく絶えていた。

◎渤海郡とあるのは当時、渤海国は中国に支配されていたのかな。高句麗が唐によって滅ぼされたあと、渤海国ができ、日本への交通が始まったのであり、「郡」と書くのはおかしい気がする。ここに高麗とあるのも、高句麗である。この東アジア観は日本の外国交通がいかにだめだったかを示しているようだ。渤海からの使節は長く続いたのである。朝鮮半島と中国の間の内海のような湾を渤海湾というのは、それだけ渤海が強国であったからに違いない。しかしのちに中国北東部の女真族が進出して、女真という国になっている。女真族は近代に満州に大清帝国を建設し、後に中国全土を支配した。この記事の終わりには、この渤海の使者らの船が漂着して蝦夷の地に行ったために十六人が殺されたとあるが、これはたぶん、北海道蝦夷つまりアイヌ人の地域に入ってしまったのであろう。翌年の正月の記事につぎのようにあった。

●神亀五年（七二八）

★正月三日　天皇が大極殿に出御し、親王、諸王、臣下百僚と渤海の使者らが拝賀した。

★正月十七日　天皇が中宮に出御し、高斉徳らが渤海王の書状と土地の産物を奉った。

◎十七日の記事では渤海王とあるから、国家として認めているわけだ。だから先の渤海郡とあるのはおかしい。渤海王は、朝鮮半島北部を統括して渤海国を造った旨を述べ、今後、友好関係を結びたいと言っている。しかし、この年四月の記事ではまた渤海郡王に書状を賜わったと逆戻りして表記している。

●天平元年（七二九）

★二月十一日（前略。舎人親王ら数人を）長屋王の邸に遣わし、その罪を追求し尋問させた。

★二月十二日　長屋王を自殺させた。

◎突然のような長屋王攻撃である。妻子も死んでいる。「続日本紀」のこのような個人的叛乱にはなぜ反乱したか、その理由の説明なしに書かれることが多いのだ。これは無罪、あるいは微罪の人を排除するとき、叛乱や叛逆という言葉ですべて片付いたからではないだろうか、と考えている。二月十三日の記事によると長屋王は天武天皇の孫としている。天武→高市皇子→長屋王と続く。聖武天皇も天武天皇の直系であるが、天武→草壁皇子→文武→聖武と続く。血縁的には長屋王のほうが一代分、天武に近い。そんな関係にあったために、両者のあいだに確執があったのかもしれない。しかし今はその乱の原因は不明である。二月十五日の詔の記事につぎのようにあった。

★二月十五日（前略）左大臣・正二位の長屋王は、残忍邪悪な人であったが、ついに道を誤って悪事があらわれ、よこしまの果てに、にわかに法網にかかった。そこで悪事の仲間を除去し、絶滅させよう。国司は人が集まって何事かをたくらむのを見逃してはならぬ。よって二月十二日付で常例にしたがってこれを処理した。

◎これは長屋王にたいする悪口であり、その自殺に至る原因は書かれていない。続いて十七日の記事には、上毛野《かみつけの》朝臣宿奈麻呂《すくなまろ》ら七人は、長屋王と通じていたため、流罪になったとある。しかし翌日の記事につぎのようにあった。

★二月十八日　（前略）長屋王の兄弟姉妹と子孫、およびそれらの妾のうち連座して〔長屋王の犯罪に加担した〕罰せられるべき者たちは、男女を問わずすべて赦免〔罪を許す〕する。

◎これではなんのことかまったく解らない。罰せられるべき関係者らが全員許されたというのだ。

★二月二十一日　長屋王の事件のため動員された人民の雑徭（労役）を免除した。

◎なぜか、連座した人たちも労役から解放された。これでは、長屋王を自殺に追いこんだのはまちがいだったということではないのか。しかし、続く記事では告発者たちには褒賞を与えている。ただし、その告発者、漆部駒長には従七位下を授けたとあり、身分の低い官人であったことが解る。左大臣という長屋王を告発した者が、そのようなもと六位の下級官人というのは変だ。謀略という言葉が浮かんでくる。二月二十六日の記事では、長屋王の弟、姉妹と子どもたちのうち生きていたものには禄（給料）を与えたとある。

◉こうして、この、一国のもっとも上位の官人の自殺事件の報告は終焉を迎えてしまうのだ。そしてこの事件は「今昔物語集」に残ったのである。仏法部の巻第二十の「長屋親王《ながやのみこ》、沙弥〔少年の僧〕を罰《う》ちて現報〔仏教的に報いを受けること〕を感じたる語《こと》第二十七」がそうである。少し長いが、現代語ふうに読んで、紹介してみよう。

☆聖武天皇の時代、天平元年に、天皇が大きな法会を行なった。長屋親王（ここでは王でなく親王と書かれている）が諸僧を供養。そのときひとりの沙弥がご飯を盛る調理場に来て飯を要求した。長屋親王これを見て、沙弥の頭を打つと血が流れた。沙弥は泣きながらどこかに行ってしまった。法会に参加した僧や人びとが、この事を聞いて長屋王をそしったという。そしてそのひとりが、天皇に密告して、長屋親王は、王位を傾け、その位を奪おうとしたのか、こんな悪いことをしましたと告げた。天皇は怒って兵を出して長屋親王の家を取り囲ませた。長屋親王は、自分は罪なくしてこんな咎を受けている、と嘆いて人に殺されるより自分で死のうと決意して毒を盛って子や孫に飲ませて殺し、自分も飲んで死んだという。天皇これを聞いて、長屋親王の死骸をもってこさせ、城の外に捨て、そのあと焼いて海に投げた。骨は土佐に流れ着いた。その国の百姓が大勢死んだ。百姓たちは長屋王の悪心の気によって、仲間が死んだのだ、と言った。王はこれを聞いて、長屋王の（つぎの字が欠字□になっているが、たぶん、骨）を紀伊国のはじかみの奥の島に捨てたという。

◎聖武天皇も大変な悪役になっているが、「今昔」の仏教的見地では、因果応報とでもいうのか、長屋王が沙弥の少年の頭を殴って血を出させたのだから、このようなむごい死も当然である、としているのだ。たぶんに聖武天皇は立派な天皇とされているのであろう。長屋王の惨死の原因がこんな行為にあったかどうかは明確ではないが、「今昔物語集」の読者はこれで納得したのだろうか。その点も不明である。

★四月三日　次のように詔した。
内外の文官、武官と全国の人民のうち、異端のことを学び、幻術を身につけ、種々のまじない、呪いによって、物の命を損ない傷つけるものがあれば、主犯は斬刑〔首切りによる死刑〕に、従犯は流刑に処する。もし山林にかくれ住み、偽って仏法を修行するといい、自ら教習して業を教え伝え、呪符を書いて封印し、薬を調合して毒をつくり、様々のあやしげなことをして、勅命〔天皇の命令〕の禁ずることに違反する者についても、その罪は同罪である。その妖術、妖言の書物についていては、この勅が出てから

五十日以内に自首せよ。（後略）

◎この詔が禁じている呪術のようなことは、すでに登場した役行者《えんのぎょうじゃ》（役小角《えんのおづぬ》）の行動に似ているようだ。あるいは後に現れた陰陽道の安倍晴明のようなことをする人物が現れたのであろうか。名まえが出ていないので、世の風聞から反仏教的な民間宗教を規制しているのであろう。しかし役行者は六〇〇年代、安倍晴明は九〇〇年代の人であり、時代が合わない。やはり、民間や山岳宗教にはこのような妖術的宗教がいつでも存在していたということだろう。日本には修験道という山岳宗教があった。吉野や熊野などの山岳地帯、あるいは南アルプスのあたりから東北まで続く山脈の連なりの地域を修験者たちは移動していたともかつて言われていた。このような民間宗教を日本仏教は排除したかったのであり、天皇はそのお先坊を担わされていたのではないかな。

★八月五日　天皇が大極殿に出御して、次のように詔した（宣命体）。

現御神《あきつみかみ》として天下を統治する倭根子天皇《やまとねこのすめらみこと》（聖武天皇）が仰せられるお言葉を、親王たち、諸王たち、諸臣たち、百官の人たち、および天下の公民はみな承《うけたまわ》れと申しのべる。

◎このいわゆる宣命体は、持統天皇の項によく出て来て、話言葉的な言い方が定着した。天皇の自称と言える現御神《あきつみかみ》という言葉は、「続日本紀」では初出ではないだろうか。「日本書紀」にもあったのかどうか、失念した。この現御神という漢字による表記を、どう読んでいたのかも今では解らないのではないだろうか。吉田孝『歴史のなかの天皇』（前掲）では、大宝律令の公式令《くしきりょう》（一条）からの引用として、《明神御宇日本天皇……》とあり、「アキツミカミ　ト　アメノシタ　シラス　ヤマトノ　スベラガ」と読んでいる。この「明神」がどこかで「現御神」になったのではないだろうか。そのほうが少しだけ解りやすい気がする。それはいいとしても、吉田孝氏は「アキツミカミ　ト」と読んでおり、天皇と明神を並列している。ところが「続日本紀」では天皇をアキツミカミと同一化しているように思われる。つまり、天皇によるみずからの神格化がなされているのである。

◎このように、この時代、天皇は神そのものではなかった。天皇やその周辺の人びとが、天皇の神格化を企図してこのような表現になったのではないかと思うのだが。そしてこの八月五日の詔の中ほどに、藤原朝臣麻呂らが背に文字のある亀を献上したとあった。これは現天皇のよい行ないのため現れた「大瑞の物である」とあるのだが、「大瑞」は意味不明である。岩波の「新日本古典大系」の『続日本紀』はこの「大瑞」を「大きな瑞《しるし》」と読んでいる。そしてそんなめでたいことがあったので、

★〔続き〕この大瑞の物は、天におられる神と地におられる神が、わが政治をともによいとし、祝福されることによって、現れてきた尊い端《しるし》であるから、治世の年号を改正しようと思う。神亀六年を改めて、天平元年とし、天下に大赦の令を下し、（後略）

◎とあり、改元の年とした旨が書かれている。聖武天皇（自身かどうかは不明）は自己を神格化しつつも、天と地の神によって自分が祝福されているとしている。天と地以外に存在した神もいたのであろうか。日本や世界の神話には、海の神も出現するが、まさか天皇は海神ではあるまい。朝鮮半島を経て日本列島に渡ってきた弥生民族が生み出した神だとしても。やはり天皇は不思議な存在であるというしかないのである。

★八月十日　天皇は詔して正三位の藤原夫人《ふじわらのぶにん》（光明子、安宿媛《あすかべひめ》）を皇后に立てた。

◎この藤原夫人という人は、光明皇后として有名な女性であり、藤原不比等の娘であった。私見では、藤原不比等のあたりから、藤原氏は天皇の妻のひとりとして自分たちの娘たちを入内させ、その方法は延々と平安時代後期まで続いた。その間、藤原氏の天皇との濃い関係によって成立した、藤原氏全盛時代が展開したのである。そう考えると、天皇家には藤原氏の血がいやというほど入っていたわけで、平安時代の天皇家は藤原氏であった、と言ってもまちがいはないと思う。男系で繋げてきたとはいえ、天

皇家は血縁的には藤原氏だったといっておかしくはないのだ。藤原道長の日記を読むと、道長にとって天皇は娘婿であって、父親の慈愛の眼で息子の天皇を見ているような感じなのである。その続きを示そう。

★八月二十四日　知太上官事、一品の舎人親王が天皇の勅〔天皇の言葉〕を次のようにのべた（宣命体）。この平城《なら》の宮にあって、現御神《あきつみかみ》として大八洲国《おおやしまぐに》〔日本国のこと〕をお治めになった倭根子天皇、すなわちわが祖母である天皇（元明天皇）が、はじめてこの皇后を朕に賜わった日に仰せられた「女といえば皆同じであるから、自分がこのように言うかといえばそうではない。この女の父である大臣（藤原不比等）が、助力して天皇をお助けし、（後略）

◎聖武天皇は、臣下である、すなわち皇族ではない民間の藤原氏の女性を妻にした。ずっと原始、古代に戻れば、事実かどうかは別にして、天皇族は親族である皇族間で婚姻を持続してきたと思う。しかし、いろんな氏族が天皇一族の系譜の持続のために功労があった。そこで天皇は時代の覇者であるような一族との婚姻によって、天皇一族自身の平穏を保ってきたのではないか。それは古い時代以降の天皇家が、決して安泰というわけではなく、権力を持つ富裕一族に、みずからの存続を依存してきた、ということにほかならない。しかし「続日本紀」の時代にすでにそんな現象が始まっていたとは。天皇一族の以後の運命はどう展開するのであろうか。

巻第十一――

●天平三年（七三一）

★十一月十六日　天皇が平城京《ならのみやこ》の中を巡幸の途上、獄舎の近くを通られたとき、囚人たちの悲しいうめきや、大声で叫ぶ声を耳にし、天皇は憐愍《れんびん》の情を催し、使者を遣わして犯した罪の軽重を再審させた。その結果天皇はこれらの人びとに恩恵を与えて、死罪以下の罪をすべて許し、あわせて衣服を賜わり、行ないをみずから改めさせせられた。

◎これは天皇の善意の話ではないのである。つまり、天皇が自己主張できる場所はもうあまりなかったのである。と断定するのは早いかもしれないが天皇の権限は非常に弱められていたのではないだろうか。

★十二月二十一日　次のように詔した。

朕は君主として全国に臨み、すべての人びとをはぐくみ、日が傾くまで食事をとることも忘れ、夜は寝るのに床をのべるのを忘れるほどである。

◎これは前例どおり、天皇の慈悲の心を代弁しているのではなく、天皇は人民のため寝食を忘れて努力している、と言うのであるが、何をしていたか、書かれていない。

●天平四年（七三二）

★秋七月五日　天皇は次のように詔した。

春より日照りが激しく、夏まで雨が降らなかった。すべての川は水が減り、五穀は痩せた。これはまことに朕の不徳のせいである。人民に何の罪があって、こんなに甚しく灼け萎《やな》えることであろうか。

◎この天皇の言明は、旱魃や飢饉のさい、何度も何度も繰り返されてきた。これは天皇が天の神でもあり、天上、すなわち地上の晴れの日や雨の日を管轄していたのだ、という長い幻想の歴史による発言である。天皇の祖先は天の神とされたアマテラスであり、天が支配している領域はすべて天皇の領域にあると幻想されてきたのである。それは天皇の罪ではなく、日本天皇をそのように位置付けた古代以来の日本人民の共同幻想の結果であるとも言える。

★（同日）また詳しく寃罪で獄にある者がいないか調べ、野ざらしの骨や腐った屍体を穴に埋め、飲酒や屠殺を禁止し、（後略）

◎この辺は前の天皇の宣言の繰り返しである。もはや、新たな言葉を喪ったかのようである。

★七月六日　天皇は詔して、畿内の人びとが私的に飼育している猪四十頭を、合意のうえで買い取り、山野に放ってその寿命を全うさせた。

★八月二十二日　天皇は次のように詔した。

東海，東山二道および山陰道の諸国の兵器、牛馬は、いずれも他所に売り与えてはならない。これは一切禁断して国の界から出させてはいけない。
◎この記述は、天皇の発言権の最後に残ったものではなかったろうか。一般論で言えば、仏教に深く帰依し、その領域でいろんな功績があったとされている。この死んだあとの諡号である「聖武」に「聖」という字が冠されているのも仏教への貢献という実績から出てきたものであろう。仏教をしっかり勉強したことがないので、このような生物の命を大切に、とブッダが言ったのかどうか、わたしには解らない。しかし、とりあえず、聖武天皇は熱心な仏教の徒として、生きているあらゆる動物たちの生命を重視したのかもしれない。それはいいのだが、聖武天皇の発言の範囲がこのように、仏教的地平へと追いやられていた、という側面も考えられるのではないだろうか。仏教的には開明でも、政治的領域においては逼塞したありようを余儀なくされていたのではないのかな。
◎ただ、兵器、牛馬と並列して書かれている点は重要かもしれない。牛馬はふつう農耕の大切な労働力として重視されているが、また、戦争時に大きな役割も果たしていた。ここで言っている牛馬は、仏教的な生命というより、国家的軍事活動の担い手として描かれているのかもしれないのである。そうすると、ここでは軍事的な領域への提言であり、しだいに逼塞していった天皇にも、そのような軍事的領域への発言力はまだ持っていたことになるのだろうか。この辺はもう少し、聖武天皇の事績を辿らなければならないであろう。
★八月二十二日の続き〔聖武天皇宣旨の続きである〕
また節度使〔京都から派遣された役人〕が管轄する諸国の軍団の、天幕や釜の数が不足している場合は、その国から今年中に京に進上する官物の一部を留保し、それを代金に充てて購入し速かに補充させよ。また四道の兵士は令《りょう》〔律令〕の規定によって徴発し、人数は国内の正丁数の四分の一程度とせよ。〔後略〕
◎天皇は、軍隊の兵士を、諸国から集める正丁から選ぶなどの律令の規定を宣旨として告知しているが、これは乱れていた徴兵制度を確認するように、と言っているのだろう。このような管轄権も持っていたのではあろう。しかしあくまで確認事項のひとつであり、とくに政治的活動とも言えない気もする。

●天平五年（七三三）

★正月二十七日　吉野監《よしののげん》（吉野は離宮があったため特別の行政区として扱われた）・讃岐・淡路などの国は去年不作であった。人民は飢饉にあっていたので、天皇は勅を出して無利息で稲を貸しつけた。

◎農民に朝廷などが保有する稲を貸し出し、収穫時に利息を取る制度を、出挙《すいこ》といったのだが、のちには豪族などが行なうこともあり、これを私出挙といっていた。ここでは天皇みずからが出挙を行なった。飢饉に喘いでいる農民を救ったかのような印象であるが、それ以上に朝廷では税金の一種であり、それによって朝廷の経済が衰退することは自殺行為である。ここではあたかも農民の飢饉からの救済のようでもあったが、朝廷維持のためにも飢饉を放置しておくことはできなかったのだ。

★八月十七日　天皇が朝堂に出られて、初めてもろもろの政治を聴取された。

◎天皇は太政官をはじめとする諸官庁から、現在の政治の問題点などをいろいろと聴いたのであるが、そしてそれが天皇の仕事と言えば仕事なのであるが、「初めて」とあるのはどうしてだろう。天皇位についてから長いし、八月だから、初めて聴いたというのはおかしい。意味不明である。岩波の大系本では、脚注に《正月の県犬養《あがたいぬかいの》三千代《みちよ》の死によって、一時政務を離れていたか》とあった。この年正月、妻、光明皇后の母親の犬養三千代の死が報じられていたが、三千代が実力者だったとしても半年以上、政務を離れるというのもどうか。

★十二月二十八日　天皇は、一品の舎人親王、大納言・正三位の藤原朝臣武智麻呂〔ほかの人名略〕を、県犬養橘宿禰の邸に遣わして、詔をのべさせ、従一位の位を三千代に贈った。（後略）

◎この県犬養三千代は藤原不比等の後妻であり、天皇はこの藤原氏二代めを尊重し、このような処置をとったのであろう。

●天平六年（七三四）

★二月一日　天皇は朱雀門《すざくもん》に出御して歌垣をご覧になった。参加者は男女二百四十余人で、五品（五位）以上の風流心のある者は、皆その中に入りまじった。

◎歌垣とは、民俗学では、山野や市などに、男女が集まって歌を歌いあい、夜半には男女が求愛するという習俗であり、これが平城京の朱雀門のあたりで行なわれたのだろうか。性的開放空間であり、乱交的光景が繰り広げられたとされているが、まさか、平城京の朱雀門のあたりで行なわれたとは思えない。まあ、都市における健康的な儀礼としての遊戯だったと考えておこう。

巻第十二――

●天平七年（七三五）

★二月十七日　新羅使の金相貞らが入京した。

★同月二十七日　中納言・正三位の多治比真人県守《たじひのまひとあがたもり》を、兵部省の庁舎に遣わし、新羅使入朝の趣旨を尋ねさせた。しかし新羅国は国号を軽々しく改めて王城国と名乗った。これによって礼を失するものとして、その使者を追い返した。

◎この「王城国」という国名に関して、岩波本では、脚注にこんな名称は朝鮮、中国の史書に見えないと書いているが、朝鮮半島では何度も内乱があったせいか、古代の文献資料はほとんど失われているとされている。中国史書にもないというのは不思議である。わたしも王城国という名は初めて聞いた。しかし、この使者が京に入った十日後に、来朝の趣旨を訊きに行ったというのもひどいし、つまり十日間もほったらかしにしておいたのである。さらに、隣国が国名を変えたからといって追い返すというのもひどいではないか。まさか使者が冗談を言うわけではなかろうから、この話は不思議だというしかない。つまりは天皇が朝鮮半島の国を小ばかにしていたともとれる。なぜ、自分の意見を聞いてから国名を変えなかったのか、とでも言いたかったのであろうか。同等の国家であれば、新羅が日本に関係なく国名を変えることなどできたはずなのだから。ただし、この後もまた、新羅からの使者は来るので、結局国名は変えなかったのであろう。

●天平八年（七三六）

★八月二十三日　遣唐副使、従五位上の中臣朝臣名代《なしろ》らが、唐人三人・ペルシャ人一人を率いて、帰国の挨拶のために天皇に拝謁した。

★冬十月二日　天皇は唐の僧、道璿《どうせん》、波羅門《バラモン》僧（インド僧）菩提《ぼだい》らに時節にかなった服装を施した。

★十一月三日　天皇は朝殿に臨御し、詔して、（中略）唐人の皇甫《こうほ》東朝、ペルシャ人の李密翳《りみつえい》らにはそれぞれ身分に応じて位階を授けた。

◎外国人が大勢（と言っても八、九人だが）登場している。遣隋使や遣唐使が制度化されてから、外国人の到来は多くなったのであろう。隋や唐には仏教の伝来前後にたぶん多くの外国人が来ていたのであろう。ペルシャ人に李密翳という中国風の名まえがついているのは、彼らが中国に帰化していたのかもしれない。中国の近代の小説に、シルクロードあたりから成都だったかに、駱駝に乗って帰ってきた男の話があったが、中国は交易、商業活動が盛んで、ペルシャ人も往来していた。マルコ・ポーロの『東方見聞録』以降に、ヨーロッパ人たちも金の国、日本を識ったのであろう。

●天平九年（七三七）

★八月二十二日　この日、筑紫《ちくし》に赴いている防人《さきもり》を停止し、出身地に戻し、代って筑紫の人に壱岐《いき》、対馬《つしま》を守備させた。

◎これは、防御体制の一大変換である。防人は、人民に課せられた雑徭〔雑役、労働〕のひとつで、三年間の期限つきで北九州に配置して、外国（中国以西）からの侵攻を防御させたのだが、彼らを防人と言っていた。しかし、これをやめたというのは遣唐使の派遣などによって中国への警戒心が薄れたということか。これを壱岐や対馬に配置したというのは、むしろ、新羅への防備のつもりであったか。さきの記事以後、新羅からの使者は途絶えているのだ。

★十二月二十七日　大倭国を改めて、大養徳国と書くことにした。

◎もともと「倭」という固有名詞はたぶん、自称ではなく中国人によってつけられたもので、「魏志倭人伝」では、国名がなかったのか、日本のたぶん北九州のあたりを倭人の住む国と認識していたようだ。当時から邪馬台国をヤマト国と日本では読んでいて、このヤマトを畿内への移動とともにこの地に持って来たのだというのが私見である。しかしよく調べると、漢字の「倭」という字は好字（よい意味の字）ではなかったので、このヤマトに大和と漢字をあてがったのだ。大和で「やまと」と読ませるのも漢字音としては相当に苦しいが、さらに好字にするべく、大養徳国などとつけたのであろう。徳を養う国、徳を重視する国とでもいうのだろうか、その漢字のあてはめは不自然過ぎよう。しかし、天平十三年の正月二十二日の記事に、大養徳宿禰《やまとのすくね》小東人《こあずまんど》という人物が出ている。大和という苗字の人物が国名を崇めてこんな字をつけたのであろうか。大養徳はのちに大倭に戻し、さらに大和に戻し終えている。

●天平十二年（七四〇）

★春正月一日　天皇は大極殿に出御して、朝賀を受けた。渤海郡の使者・新羅の学語（日本語を学ぶ者）もまた同じく列席した。

◎先述したが、渤海は六九八年ころもと高句麗のあたり（朝鮮半島北部）にできた国であり、日本に使者を送って来ている。新羅人は、さきに王城国と名乗って送り返されたので、久しぶりに見かけるが、使者ではなく一種の留学生、あるいは通訳のような人を送ってきたのだろうか。新羅にとって日本語を学ぶことになんらかの意味があったのか、文化的には中国に近い分だけ先進国であったのだから。

★十月二十六日　天皇は大将軍大野朝臣東人《あずまびと》らにつ

ぎのように勅した。

朕は思うところがあって、今月の末より暫くのあいだ、関東（伊勢、美濃以東の地）に行こうと思う。行幸に適した時期ではないが、事態が重大でやむを得ないことである。

◎要するに天皇の畿内の東側の地方への巡幸である。文中、「事態が重大」である、というのは、九月に九州の大宰府で藤原広嗣の乱が起こったが、それとは逆に関東へ行こうというのはよく解らない。宇治谷孟氏は訳文のなかの（　）内に、《何故、この時期に敢て行なわねばならぬか問題であるが、翌年一月広嗣の与党を多数断罪しているから彼に与する者の動きがあったのであろうか》と書かれている。岩波本の脚注には、避難か、未詳、とある。たしかに広嗣の乱を聞いて東に避難しようとしたのかもしれない。

◎以下、伊勢、伊賀と巡って、伊勢に戻って十日間滞在し、伊勢神宮に奉幣している。苦しい時の神頼みであるとすれば、天皇は一般の人間と同じ行動をしているということになる。

★十一月三日（前略）この日、大将軍東人の言上があった。
進士（官吏試験の合格者、無位の安倍朝臣黒麻呂が今月二十三日丙子《ひのえね》の日に、逆賊の広嗣を肥前国松浦郡値嘉島《ちかのしま》の長野村で捕えました。

★十一月五日　大将軍東人らが次のように言上した。
今月一日、肥前国松浦郡において、広嗣と綱手《つなて》の斬刑を執行、終了しました。

◎あえなく広嗣らは殺された。斬刑は首を切られる刑である。与党の者たちも連行されたが、その仲間が言うには、《広嗣の船は値嘉島《ちかのしま》から出発し、東風を受けて四日間往って、島を見つけた。船の人がこれは耽羅嶋《とむらのしま》（済州島の古名）であると言った》とある。これはおもしろい。古代において現在の済州島は耽羅島（たんらとう）と言われていた。この島からの使者は日本国にも来ていた。藤原広嗣の乗った船は、済州島についたが、波が荒く着岸できず、また今度は西風に送られて九州へと帰ってきたというのだ。実際に古代、中世の日本の航海者たちは済州島に渡ったことがあるのではないか。記録はないと思われるが。値賀の島は五島列島の北側の島で、現在は小値賀島となっている。五島列島から済州島まではニ百キロほどありそうだ。
★十二月十五日　天皇は先発して恭仁宮《くにのみや》に行幸し、初めてここを都と定めて、京都の造営にかかった。
◎天皇は以前から遷都したかったようだ。そこで、京都府南部の木津川沿いの盆地に恭仁宮を造り、この地を都と決めたという。ただしこの地にいたのは三年くらいであった。

●天平十三年（七四一）
★春正月一日　天皇が初めて恭仁宮において朝賀を受けた。宮の垣がまだ完成していないので、帷帳《とばり》を引き回らして垣のかわりとした。
◎なんだか、天皇は焦って行動しているようだ。やはり広嗣の乱によって発生した穢れを払拭したかったのであろうか。死者たちは穢れを生み出す要因のひとつであったから。正月二十二日の記事によると、死罪が二十六人、流罪《るざい》四十七人、徒罪《ずざい》三十二人、杖罪《じょうざい》百七十七人となった、とある。杖罪は鞭などを打つことで罪の重さにより、その回数が変わる。死者たちは都に穢れを運んだ。これは祓わねばならないし、あまりの多数だったから、京を移さねばならなかったのであろうか。
★十一月二十一日　右大臣の橘《たちばな》宿禰諸兄《もろえ》が「ここの朝廷はどのような名称で万代に伝えましょうか」と奏上した。天皇は勅して「大養徳恭仁大宮《やまとのくにのおおみや》と名づけよう」といわれた。
◎天皇周辺は、大という字が好きだったようだ。この大養徳恭仁大宮には大の字が二度出ている。というより、倭という字を、国名やまと、に宛てていたのだが、これを大和と書くようになったのだが、ある時、大養徳をやまとと読ませていた。そのころから日本人は大の字を好んだようだ。これは中国に対する後進国のコンプレックスの表れでもあろう。

●天平十四年（七四二）

★正月五日　大宰府を廃止した（広嗣の乱に関係があったと思われる）。

◎岩波本では、脚注に、《広嗣が大宰府の機構を利用して反乱を起こしたための処置》とあったが、大宰府は九州、壱岐、対馬を管轄するところで、日本国の防衛システムにとって不可欠の官庁だったのではないか。天平十七年六月には再び設置されたとある。

★二月三日（前略）大宰府が「新羅の使節の沙飡《ささん》（新羅の第八位の官位）金欽英ら百八十七人が来朝しました」と報告してきた。

★二月五日　詔があって、新京（恭仁宮）の草創でまだ宮室が完成しないため、とりあえず右大弁、紀朝臣飯麻呂らを遣わして、金欽英らを大宰府で饗応させ、そこから帰還させた。

◎これを読むと、大宰府は廃止、とあったが、施設などはまだそのまま残って機能していたようだ。そして久しぶりに新羅からの使者の団体がやって来たのだが、新京は完成していなかったので、大宰府でもてなして帰ってもらったという。大宰府には鴻臚館といって外国からのお客を接待する施設があったのだ。これはのちに京都や難波にもあった。

◉聖武天皇の治世はあと三、四年続く。この天皇は仏教の興隆のため大きな役割を果したことになっている。国分寺や国分尼寺を全国的に造り、また東大寺を建立。有名な奈良の大仏、毘盧遮那仏を造った。しかしむかし「続日本紀」を読んだ時の印象で言えば、なんだか落ち着かない天皇だな、ということだった。遷都が好きで恭仁宮、難波京、紫香楽宮《しがらきのみや》など、何度も移動したのはどうしてだったのか。なんとなく不思議な感じがした想い出がある。天皇の権限が非常に大きかった時代であり、摂関もいなくて独裁政治を行なえた時代を象徴する天皇であったろう。天皇の時代は終わることなく、奈良時代、平安時代へと展開した。この章では、ごく古代の天皇たちを眺めてみた。過剰な表現もあまりないが、天皇たちの個性をわずかに伝えているのではないだろうか。この辺で章を改めて別の本によってつぎの時代の天皇観を探ってみたいと考える。

◉なお、日本の国名をどう名づけ、どんな漢字をあてはめてきたか、という問題に関しては、岩橋小弥太『日本の国号』(吉川弘文館、一九七〇)が、詳細に考察している。中国による「倭」から始まって「倭奴国」など、さまざまに表記されてきた。そして「ひのもと」という日本語をもとに「日本」という国名が確定してきたと考えている。

◉また、わたしの考えでは邪馬台国は「ヤマト」国と読まれていて、朝鮮半島を経て日本列島に辿りついた日本人が北九州にあった「ヤマト国」を継承するべく、機内に移動したあと、このヤマトを国名のように使ってきた、と考えている。『類聚名義抄』の地名編を詳しく捜したが、畿内に「ヤマト」に近い地名は発見できなかった。これは「ヤマト」が他地方から持ちこまれた言葉/地名であったことを意味していると思う。天皇論に触れて、『邪馬台《やまと》から大和《やまと》へ』という文章を書いたことがある。

◉第二章

天皇と藤原氏が繰り広げる、華やかで、艶なる光景

●テクスト

「大鏡」、「今鏡」

●出典

『大鏡』石川徹校注、新潮日本古典集成、一九八九

『今鏡』板橋倫行校註、日本古典全書、朝日新聞社、一九五〇

◉天皇がもっとも華やかな艶聞を残した時代というのは、じつは、政治的領域から幾分遠ざけられ、その領域は藤原氏が独占していた時代でもあった。この章の天皇たちはまさしくそのような時代のシンボルでもあったのだが、それは天皇という存在にとって幸福な時代であったのか、あるいは、不幸な時代であったのか。これはなんとも言い難い問題で、政治などと無縁に、后や中宮やその他、後宮の女性たちとの交流を（時には男性との交流を交えて）、放恣に繰り広げられるというのも悪くはない。しかし、天皇の存在のなかに包含される「王」という称号とは無縁にならざるをえないのだ。この時代とは少し下るのだが、伊藤喜良『南北朝の動乱』（集英社版日本の歴史⑧、一九九二）という本を読んでいると、天皇が南朝と北朝に分かれたような時代、《動乱の中で、天皇の持つ権限もほとんど奪われ、王としての地位は失われたに等しかった。わずかに宗教的、イデオロギー的な権威が残されるのみとなり、天皇制が危機的な状況に陥ったのもこの時代のことである》（傍点、引用者）とあった。しかし、承久の乱を起こした後鳥羽上皇や、南朝を始めた後醍醐天皇などが一時的に持った疑似政治的指導者の位置も、それ以前だと、鎌倉幕府ができた時の後白河法皇以外に、持ちえた天皇がいたであろうか。もちろん神武天皇から、天智、天武天皇の時代までは除いての話である。平安時代に、摂政、関白などが政治権力を握り、天皇が時代のシンボルでしかなかった時代は、開始されたと思うのだ。この時代、天皇は「政治性」的領域から解放され、歌や管弦、女性たちとの奔放な性の世界を満喫できるセクションへと追いやられていたのではなかったか。「大鏡」から「増鏡」までの、いわゆる「鏡もの」と称される歴史物語の世界に登場する天皇たちは、多くは個人的事績はなく、いい人であったとか、美しい人だったと書かれるだけのばあいがほとんどであった。そして、「日本書紀」が始めた、天皇の名まえのあとに続けて、父母や妻子を明記するという図式が、この時代にも継承されていたのだが、へたをすると、天皇を産んだある母親の話がおもに語られることのほうが多いばあいもあった。なぜなら、彼女たちの父親は、権勢家の藤原一族たちであったからだ。彼らが摂政、関白として政治を行ない、娘を天皇に嫁がせて外戚となる。この時、その天皇の妻である娘について詳述されることがあるのだ。以下に上記の「鏡もの」のうちの「大鏡」を読んでいくのだが、ここに現れる天皇は、「日本書紀」と「続日本紀」が網羅している天皇たちのずっとあとの天皇たちである。なお、この章では、人名、地名その他のルビは読みやすいように現代仮名遣いに改めたこと、句読点、送り仮名を加えた箇所もあることをお断りしておく。

「大鏡」

◉「大鏡」としてまとめられた本は、天皇に関する記述（「天皇本紀」）だけでなく、「大臣列伝」を掲載し、大臣列伝の後半は藤原道長伝になっている。読んでいくとよく解るが、この本はじつは藤原道長讃歌の本でもあり（とは限らない記述もある）、天皇と、天皇を娘たちに生ませ、かつその天皇の背景として、あるいはバックアップする存在としての藤原諸氏を紹介し、そして、道長記述へと進行している。多くの天皇たちは個性が乏しく、それは彼らから、藤原氏が政治的活動を奪ったからでもあるが、天皇自身への言及のほとんどない節もある。序文は、百九十歳になろうかという長命の老人、大宅世次《おおやけのよつぎ》（本によっては世継、と書くのもある）という人物が、遠い昔からの話を語り、重木《しげき》という老人があいの手を入れながらこれを聞き、かつ質問するという、いわばプラトン的対話法で開始されている。しかし本文は主として世次が話している。五十五代の文徳天皇から六十八代後一条天皇までが語られている。

文徳天皇から村上天皇まで ——摂関政治前夜

●五十五代　**文徳天皇**〔在位八五〇〜八五八〕

★「文徳天皇」と申しける帝《みかど》は、仁明《にんみょう》天皇御《おん》第一の皇子なり。御母《おんはは》、「太皇太后宮藤原順子《じゅんし》」と申しき。その后、左大臣贈正一位太政大臣〔藤原〕冬嗣《ふゆつぎ》のおとどの御むすめなり。

◎仁明天皇は、文徳天皇の父であり、前代の天皇。天皇は基本的に、親から子へと天皇位を譲っていくのだが、兄弟が継承することもあって（後世では、従弟や叔父などへの譲位もあった）、それは古代天智、天武天皇が兄弟だったように、例外も多く出現している。母の名まえ、順子に「じゅんし」と振りがなをふってあるのは、日本のばあい、女性名の訓読みが不明の事が多いため音読みにしていると研究者は説明している（実際には、当然ながら、「じゅんこ」、のように訓でよんでいたであろう）。ただ、国文学、古代史の角田文衞氏は、女性名も訓で読めるのだ、と発言されており、彼の文章では、訓読みのルビが女性名につけられている。わたしは気になって、氏の『日本の女性名』（上、中、下、教育社歴史新書〈日本史〉、一九八〇、八七、八八）を買い需《もと》め興味深く読んだのだが、女性名がなぜ訓読みができるのか、という根拠は示されていなかったように思われた。しかし、逆に、男の名まえはなぜ訓読みが可能なのだろうか。たとえば、「尊卑文脈」のような本の系図を見ても、男の名まえに振りがながつけてあるわけでもない。これがわたしの最近の疑問である。

◎しかしここでは、そんな詮索以上に、母の父親が藤原冬嗣というのが大きいのである。藤原氏は大家系集団で、いろんな流派があって、それぞれの流派が何代か続くと別の系統に交替することも多い。いろんな政治的理由があるのだろうが。藤原氏は鎌足、不比等と続いたあと、四つの家系に分れたのであるが、その北家の系譜、冬嗣から道長に至る系統が、平安時代中期から後期の主流になったのである。

それはともかく、冬嗣の肩書が示すように、左大臣であり、死後、太政大臣になった。当時、大臣や大納言などを官職というなら、ほかに官位というのがあり、ふつう、正、従と、上下があり、同じ五位でも正五位上と正五位下、従五位上、従五位下があるから、五位でも四つの階級があったのである。五位だと、地方の国司クラス、たとえば信濃守、のような官職につく人びとの官位である。冬嗣が「贈」正一位とあるのは、死後に贈られた官位で、生前は正二位だった。そして、それぞれの官位、官職によって、貴族たちは、ある系統の上位、下位が区分けされていく。貴族たちにとっては面倒な世界であるし、過剰な階級世界であったとも言える。そして官位、官職によって、ある系譜の権威、権力は増大した。

★この帝、（中略）御心明らかに、よく人を知ろしめせり。

◎この天皇は、心あるいは頭が聡明であり、人を、その人の人格や性格などを見る眼があった。この天皇に関してはこれが説明のほとんどであり、あとは履歴が簡単に記されているのであるが、多くの天皇の説明も同様である。ほかの天皇も同じで、それは政治権を藤原氏に奪われており、天皇は政治的にはすることがなにもなかったからである。あとは冬嗣の娘である母親の話であった。それによると、母親の順子は、文徳の父の仁明天皇がまだ天皇位についてないとき、十六歳で婚姻関係を結び、二十四歳のとき、夫が天皇になったので、正式の皇后になった。そして十九歳のとき、文徳天皇を生んだ。そして、のち出家した。この人のことを「五条の后」と言う、とある。つまりこの項における話は、冬嗣の娘たる順子に限られているのである。そしてこの話には続きがあるのである。

★〔在原業平の書いた〕伊勢物語に、業平《なりひら》の中将の、「宵々《よひよひ》ごとに、うちも寝ななむ」と詠みたまひけるは、この宮〔五条の后の住んでいた家〕の御事なり。「春や昔の」なども。

◎頭注によれば、「伊勢物語」の「人知れぬわが通い路の関守は　宵々ごとにうちも寝ななむ」という歌は、《業平が五条の后邸の土塀の崩れから忍び込んで後《のち》の二条の后、藤原高子（順子の姪）の寝所に通ったので、高子の兄たちが通い路に番人を置いて業平が侵入できないようにしたことをさす。『伊勢物語』五段参照》とある。すなわち当時の色好み男の代表だった業平が通っていた女のひとりが、五条の后の姪だったというわけだ。つまり天皇の周辺の女性たちには、隠れた艶っぽい話がいろいろとあったようなのだ。在原業平を単なる好色男と考えてはいけない。彼は五十一代平城天皇の息子、阿保親王の息子であったから、天皇の孫であり、れっきとした皇族であったのだ。のちに在原の姓をもらって臣下となるが、皇族もまた好色人間の仲間であった。五条の后について書いた「伊勢物語」の四段には業平の歌「月やあらぬ春や昔の春ならぬ　わが身ひとつはもとの身にして」とある。大意は「月が毎日少しずつ変わるように、春もまた昔の春ではない。そんな時自分自身だけはもとの自分である」であり、業平のある女性への愛は変っていない、とでも言っているのであろうか。

●五十六代　**清和天皇**〔在位八五八～八七六〕

★御母、皇太后宮明子と申しき。太政大臣〔藤原〕良房のおとどの御むすめなり。

◎この天皇は、文徳天皇の第四皇子であり、母親は太政大臣良房の娘であることが書かれている。最重要項目のひとつである。良房は冬嗣の息子で忠仁公とよばれていた。この、皇太后の明子には、この項では名まえに振り仮名がなく、「大鏡」の第二の藤原氏長者列伝のようなところの、良房の項では、明子の名まえに「あきらけいこ」と振りが仮名がしっかり書かれている。このルビ、振り仮名をつけているのは、このテクストの校注者の石川徹氏であろうが、この明子が「大鏡」の清和天皇の記述に現れるのが最初であるのに、あとに出たほうにルビがあるのは不思議な気がした。「明」という字は名まえで出現する時、たとえば、親王であったが、臣下となって源氏の姓を名乗った、有名な源高明の読み、「みなもとのたかあきら」のように、ふつう日本の貴族の名まえは漢字二字で「たかあき」のように四字で読むことが多いので、やや不思議な印象を与えるのだ。まして「あきらけいこ」の読みはさらに印象的であるのに、一冊の本のなかのあとで出てきた名まえの方にルビを振っていることに少しひっかかったのであるが、雑談が過ぎたようだ。「明」の字は、源高明のように、男の名まえでも「あき」のような二字でなく、「あきら」と三字で読んでいることが多い。「明」にはなにか特別の意味があったのだろうか。また源氏の系統には、名まえを一字にした系譜があり、源順《みなもとのしたごう》のような一字名まえが続くものもある。

★この帝は、御心いつくしく〔優しく〕、御かたちめでたくぞおはしましける。

◎まずは天皇を誉めるのが常道である。

★この〔清和天皇の〕御末〔末裔〕ぞかし、今の世に源氏の武者《むさ》の族《ぞう》は。

◎賜姓源氏の大きな流れのひとつを、「清和源氏」と言い、これは清和天皇の孫、経基が源という姓を貰って、臣下となり、そのなかの一派が文官から武者となり、のち武家となって、やがて頼朝や義経らへと継承されてきたのである。平安時代の源氏は藤原氏と並ぶ二大氏族でもあり、藤原氏は源氏をライヴァルとして捉えていた時代もあった。そういえば、平氏もまた、天皇からの賜姓であり、源氏と平氏がライヴァル関係になったことは誰もが知っているだろう。話が長くなるが、天皇の子どもである皇子に姓を与えることを、賜姓と言った。天皇から姓を賜ったわけである。この時、姓には源氏と平氏の、「源《みなもと》」と「平《たいら》」のふたつがあり、賜姓を行なった天皇の名まえを取って、源氏では宇多源氏、村上源氏、清和源氏などがあった。前二者は文官の系統で、清和源氏から、満仲、頼光、などの民間伝承を持った武将や、頼朝、義経らが生まれた。他方、平氏は、桓武平氏、坂東平氏などが生れ、桓武平氏から、平清盛らの武官貴族が出現している。天皇家は一夫多妻で、皇子が大勢誕生することもあった。そんな時、賜姓の人たちはある意味で、皇子の数を少なくする必要があった。多分に経済的事情もあったのであろう。僧になる人たちも多く、法親王《ほっしんのう》とよばれていた。皇子は親王とされることが多かった。また、物語の世界では、紫式部の「源氏物語」の主人公、光源氏もまた、賜姓源氏であり、正式の名まえは、「源光《みなもとのひかる》」であったろう。しかし、源氏になることで、皇子であるより、よほど自由な生き方ができ、その生涯の前半は波乱万丈でもあった。後半は堂々たる貴族となってしまうのだが。

●五十七代　**陽成院**〔陽成天皇、在位八七六〜八八四〕

★御母、「皇大后宮高子」と申しき。

◎この天皇は（「天皇」でなく「院」と表記されているのはどうしてであろう。これについては、校注者も触れていない）。清和天皇の第一皇子で、先に出た在原業平との密通で有名な（?）高子が、母である。皇族が性的放縦な領域にいたことは、平安女流文学の流れを汲む鎌倉時代成立の「とはずがたり」などが描きだしている。この高子の描写を眺めてみることにしよう。頭注にもあるように、この高子は「たかいこ」と読んだのかもしれない。そんなふうにルビを振った本を見たような気もする。

★この后《きさき》の宮の、宮仕へし初《そ》めたまひけむやうこそ、おぼつかなけれ〔はっきりは解らないのだが〕。いまだ世籠《よごも》りておはしける時、在中将〔在原業平〕忍びて率《い》て〔こっそり連れ出して〕隠し奉りたりけるを、御せうと〔御兄弟たち〕の君達《きんだち》〔貴族の子息〕、（中略）取り返しにおはしたりける折、〔業平が〕「つまも籠れり、我も籠れり」と詠みたまひたるは、この御事なれば、（以下略）

◎この高子が天皇のそば近く仕えるようになったころで、この本の語り手である世次にも、あまり正確に把握できていないのだが、まだ、彼女が実家に住んでいたころ、在原業平がこっそり忍びこんで連れ出して、関係を持ったのが初めらしい。それを知った兄弟たちが取り返しに行ったとき、業平の有名な「武蔵野は今日はな焼きそ若草の　つまも籠れり我も籠れり」という歌ができたのであると。この武蔵野は、焼き畑農業が盛んだった関東の野原あるいは畑に、妻（女性）と我がこもって逢っているのだから、今日は火をつけないでくれ、とでもいった歌であろう。つまり土地の歌謡として残っていたものを、業平が適度に完成したのかもしれない。関東はかつて水田が少なく、山野の畑作が多かったとされる。野原に火を放つ焼き畑の慣習は、雑草などを焼いて、これを自然の肥料としたのであろう。野原に火をはなつ話は、ヤマトタケルの東征の物語にも出てくる。「伊勢物語」で業平が関東に来たときの歌だろう。しかし、この歌には高子との情交が潜んでいたのだ。そして、以下、高子が天皇の后になってからの密通ではなく、まだ嫁入りするまえのできごとだったと、世次の言葉を借りて、「大鏡」の著者は高子をかばっているようだ。

●五十八代　**光孝天皇**〔在位八八四〜八八七〕

★次の帝、「光孝天皇」と申しき。仁明天皇の第三の皇子なり。御母、贈皇大后宮藤原沢子、贈太政大臣〔藤原〕総継《ふさつぎ》の御むすめなり。

◎この天皇の外祖父である総継《ふさつぎ》はそれほど有名な貴族ではなかったような気がする。日置昌一編の『日本歴史人名辞典』に載っていない。同じ著者の『日本系譜綜覧』（講談社学術文庫、一九九〇）によれば、藤原氏北家の系譜に、房前─魚名─末茂─総継─沢子、とあった。多分、この藤原氏の一系譜は、中級貴族であったようである。だから外戚としての権力は持てなかったようだ。だから、文徳天皇の異母兄といっても、皇位には遠かった。この天皇は親王時代、ほかの皇子が経験していないようないろんな官職を経験している。肥後和男編『歴代天皇紀』（秋田書店、一九七二）によると、まえの天皇である《陽成天皇が皇子の生まれる前十七歳で退位したので、当時五十五歳の式部卿時康《ときやす》親王が、引き出された、といってよいように迎えられた。それまでは賜姓の事もなくひっそりとした生活であったらしい》とある。

ほったらかしにされていたある親王が、五十五歳のとき突然、天皇の位が転がりこんできた、というわけだ。だから以下に記すようにいろんな官職を経てきたのであろう。

★御親の深草の帝〔仁明天皇〕の御時、(中略)四品《しほん》したまふ。御年十七。

◎四品は親王のなかでは一番低い地位になる。一品から四品まであり、一品が上位であった。

★中務卿《なかつかさ》になりたまふ。御年二十一。(中略)三品《さんぼん》に昇りたまふ。御年二十二。(中略)上野大守《こうづけのかみ》かけさせたまふ〔兼任した〕。御年三十五。(中略)大宰権帥《だざいのごんのそち》に遷《うつ》りならせたまふ。(中略)二品《にほん》に昇らせたまふ。御年四十一。

◎卿や守はそれぞれの役所の長官ではあるが、こんなにいろいろ経験している例も珍しいのではないか。そして、そのあと、二品、一品に昇り、また大宰権帥《だざいのごんのそち》を兼任したあと太宰帥となり、その後すぐ帝位についたとある。この大宰権帥というのが曲者である。「大鏡」第二に、大宰権帥に左遷された菅原道真の話が出てくるが、この項の頭注には、大臣が大宰権帥に左遷されるというのは流罪である、と書かれている。親王とはいえ、流罪に等しいような官職を与えられているのはなぜか。この「大鏡」からは読み取れない。前掲『歴代天皇紀』も触れていず、むしろ《窮迫の生活から出て帝位につくという飛躍をさせる幸運を》云々、と書いていて、この帝位への道程を飛躍としている。確かに時間をかけて昇進しているが、突然、帝位が転がりこんできたわけだ。自分でもびっくりしたであろう。そして「大鏡」はこの条の最後に、

★「この御時〔天皇位についたとき〕に、藤壺〔清涼殿〕の上の御局《みつぼね》の黒戸《くろど》はあきたる〔開けて使うようになった〕と聞き侍るは、まことにや。

◎と書かれているのだが、意味不明である。頭注によれば、天皇は、黒戸とよばれるこの部屋を料理に使ったらしい。庶民的な感性の持ち主だったと説いているのだが。

●五十九代　**宇多天皇**〔在位八八七〜八九七〕

★この帝、（中略）元慶八年四月十三日、源氏になりたまふ。御年十八。仁和三年丁未《ひのとひつじ》八月二十六日に、春宮《とうぐう》に立たせたまひて、やがて同じ日に、位に即《つ》かせたまふ。御年二十一。（中略）昌泰元年戊午四月十日、御出家《すけ》せさせたまふ。

◎一度、源の姓をもらって臣下になったのだが、三年後に春宮、つまり皇太子になり、同じ日に即位したという。平安時代の半ばから、天皇の幼少化が始まっているが、この天皇のばあい、年齢的にはまあまあ、ふつうのコースを辿ったと言っていいだろう。しかし、一度臣下になってから天皇になる例はそれほど多くはない。そして三十二歳のとき出家したという。出家はふつう仏道に入ることをいうが、優婆塞《うばそく》という言葉もあり、これはお寺に入って仏教修行をするわけではなく、在俗のまま、日々誦経などをして過ごす男の仏教信者のことを言う。まあ、髪を切って、僧俗に近くして生きる人もいると思うが、当時の富裕者の優雅な遊びのようなものだったのではないだろうか。常々、神道を背景にした「天皇教」のトップである天皇が、仏教を信ずるのはおかしくないか、と思っていたのだが、これは「日本書紀」では、朝鮮半島の百済の王が、よい法《のり》があります、と言って、天皇に仏教を紹介したことになっていた。いわば道徳、倫理のような、人の生きる「道」のひとつとして仏教がある、という理解だったのであろう。百済の王は「神」ではなかったから、仏教を信ずるのは問題ないのだが。それはともかく……。世次は言う。

★この帝の、ただ人《びと》になりたまふほどなど、おぼつかなし。

◎この天皇がただ人、すなわち神でもなく、天皇でもない臣下になった経緯などはよく識らないのだ、と世次は言う。続けて、

★この帝の、源氏にならせたまふ事、よく知らぬにや。「王侍従」とこそ申しけれ。

◎この宇多天皇が一時臣下にくだって源氏となったいきさつもよく知らないというわけだ。臣下として、

天皇に仕える立場にあったときは「王侍従」とよばれていたという。孫王で侍従だから、王侍従といったわけだ。侍従というのは、律令制のもとでは中務省に属し、天皇に直接仕える役職を言う。天皇の日常の仕事の細かいお手伝いというわけだ。彼は侍従として、先々代の陽成天皇に仕えていたのである。完全な臣下と言い得る。源氏や平氏となって臣下になる、というのは、皇族があまりに増加すると、皇室も経済的にやや苦しくなって、皇族の数を制限するようなシステムだったのではないか。天皇の経済生活に関する本をあまり見ていないので、その実態はわたしには解らないのであるが。

★陽成院〔天皇〕の御時、殿上人にて、神社行幸には、舞人《まいびと》などせさせたまひたり。

◎陽成天皇に仕え、この天皇が神社などに出かけるときは、舞人となって、天皇のまえで踊っていたのだ。臣下である以上、仕事はこなさねばならない。それに管弦や舞踏などの技芸は、貴族全体にとって重要な領域であったのだ。

★位に即《つ》かせたまひて後〔宇多天皇として即位した後は〕、陽成院〔陽成天皇が退位したあと住んでいた邸宅であったか〕を通りて行幸ありけるに、〔陽成上皇〕「当代は家人《けにん》にあらずや」とぞ仰せられける。さばかりの家人、持たせたまへる帝も、有り難き事ぞかし。

◎引退した天皇である陽成天皇が、孫にあたる宇多天皇が自分の家のあたりを通ると、なんだおれの家人だった男ではないか、と蔑んだように言ったというのであるが、普通は老人は孫を可愛がるものなのだから、この陽成天皇は意地悪な性格だったのかもしれない。家人とは、律令制のもとでは、奴婢的な存在でもあったから、まあ、ここでは、宇多天皇が即位したあと、陽成上皇の邸の前を通ったとき、陽成上皇が、ちらっと、あいつはおれの奉公人だったではないか、と皮肉を言ったと解しておこう。そして世次は、孫のいつか天皇になる男を家人に持つような天皇もめったにいないのではないか、と驚きの言葉を投げかけている。

●六十代　**醍醐天皇**〔在位八九七〜九三〇〕

★御集《ぎょしゅう》など見たまふるにぞ、いとなまめかしう、斯《か》くやうの方さへおはしましける。

◎この天皇には、とくに事績が書かれていない。そして最後に上のようにあり、「醍醐天皇御集」という和歌集を作ったようだ。そこで、それを詠むとなまめかしく、こんな天皇さえおられたんだ、という気分になる、と世次。つまりは「大鏡」の語り手（すなわち作者）はほかに褒めることがないことを露呈するかのように、書いている。しかし一般的には、醍醐天皇の時代を「延喜の治」とよんで、村上天皇の天暦時代とともに、後世、もっともよい時代だったとされているのである。そこでまた『歴代天皇紀』を覗いてみると、この天皇の時、菅原道真が右大臣になったとあり、またこの時代に多くの学者、文人が輩出した。紀長谷雄《きのはせお》、紀貫之、ほかさまざまな人材が現れたとある。この天皇の時「古今和歌集」が編まれた。しかるに「大鏡」の無関心さは何を意味しているのか。

●六十一代　**朱雀院**〔朱雀天皇、在位九三〇〜九四六〕

★次の帝、「朱雀院天皇」と申しき。

◎この天皇にも事績はない。記事もわずか五、六行ですませている。醍醐天皇の第十一の皇子、次の村上天皇が第十六の皇子とある。朱雀天皇は本文に、上記のように、朱雀天皇ではなく、朱雀院の天皇と言ったとある。そのため、六十一代　朱雀天皇と書かずに、朱雀院、と書いたのであろうか。しかし三字の名まえの天皇はいない。公式的な天皇系譜を見ても、朱雀天皇、と書かれている。この時代から、天皇を記述する時、〇〇天皇でなく、〇〇院とよぶのが一般化し始めたのであろうか。ともかくこの天皇は、実際になにもしなかったようだ。ただ、藤原忠平が外戚で幼少時は摂政をしていた。藤原時代が花開く時節であった。また、社会的には大きな事件が勃発する時代であり、「武士」の登場を告げるような平将門の乱が関東で展開し、それに呼応するように、瀬戸内海では藤原純友が海賊的活動を開始していた。京都の街には群盗が横行し、疫病が人びとを苦しめていた。動乱の時代の始まりでもあった。これらは、天皇や朝廷の治政の力と拮抗するような構造であったと言える。そのためには、この時代の勉強をしっかりしなければなるまい。

●六十二代　**村上天皇**〔在位九四六〜九六七〕

★御母、朱雀院の同じ御腹におはします。

◎この天皇の項は母親、藤原隠子《おんし》（藤原基経の娘）の話で満ちている。朱雀天皇を生んだ女性である。醍醐天皇の女御になったのが遅く、三十六歳の時だった。四十二歳でこの村上天皇を生んでいる。なんと書いていいのか解らない。

冷泉天皇から後一条天皇
——藤原道長の時代へ

●六十三代　**冷泉院**〔冷泉天皇、在位九六七〜九六九〕

★次の帝、「冷泉院《れいぜいいん》天皇と申しき。これ、村上天皇の第二の皇子《みこ》なり。御母、「皇后宮安子」と申す。

◎朱雀院天皇とともに、冷泉院天皇とよばれている。頭注を見ると、同様に、天皇や前の皇后などが住んだ建物、あるいは建物のある区画を、〇〇院とよんだことは長い慣例になっているのだが、その朱雀院や冷泉院に居住していた天皇だから、冷泉院天皇と称するようになったと理解されるが、頭注にはそれだけしか書いてないので、ほかの天皇についていない「院」という言葉には、違和感もともなう。天皇の名まえは死後に贈られたものであるから、生きている天皇は自分が何天皇とよばれるようになるか、生前は知らない、というわけだ。親王時代の、実名で生前はよばれていたのだろうか。もっとも天皇を実名でよぶ人は、妻である皇后をはじめ、大臣などでもいなかったと思うが。近世だと、藩主などは「上様」とよばれていたようだし、代名詞しか表面には出なかったであろう。なんだか、淋しい日常ではある。

★康保四年五月二十五日、御年十八にて位に即かせたまふ。世を保たせたまふ事、二年。

◎巻末の系図で見ると、二代前の朱雀天皇には昌子内親王〔冷泉后〕という女性しか生まれなかったようだ。そこで弟の村上天皇に譲位され、つぎは村上天皇の子どもの冷泉天皇が即位している。つまり男兄弟からその息子へ、と天皇位は継承されていた。

しかし、冷泉天皇は、その即位後、二年間、天皇の位にあっただけで、退位。亡くなったのは六十二歳とあるから、その残りの人生四、五十年、上皇をしていたのであろうか。そんな記事も書かれていない。ただし、短い天皇時代であったが、外祖父は、摂関家の祖とされる右大臣藤原師輔で、母は師輔の娘の安子であったから、冷遇されたわけではない。やはり、時の運のような偶然性に左右されることも大いにあったのである。

●六十四代　**円融院**〔円融院天皇、在位九六九〜九八四〕

◎この天皇も「円融院」と「院」号でよばれている。院は、ある女性などが住んだ邸宅を言うことがあり、そこで生まれた天皇なので、通称、円融院の天皇、とよばれたのであろうか。天皇名は普通、この天皇が死んだときつけられる名まえであり、生前は実際の名まえでよばれていたのかもしれない。ここで何人かの天皇が、院と表記されているのはそういうことだろうか。推測してみたのである。

★御母、冷泉院の同じ腹におはします。

◎円融天皇は、前の冷泉天皇と同母の兄弟であったというわけだ。天皇位は親子、兄弟の関係で継ぐことが多かった。こういうばあい、つぎの天皇は時に、前の天皇の息子が継承することも多かった。現実的に、円融天皇のつぎの花山《かざん》天皇は冷泉天皇の息子へと譲位されている。そしてさらに次の天皇は、円融天皇の息子へと移っている。不思議な関係だ。こういう継承は、一般の人びととの系譜にもあったのだろうか。もっとも天皇家だけが、「天皇」という特別の位置を継承していくのに対して、一般の人びとのばあい、そのような特別の位置はない。藤原氏などを見ていると、「氏の長者」という特別の位置が、兄弟の息子間で動いていることもあるようだから、「天皇」と少し似ている感じもする。

◎円融天皇に関して事績が書かれていず、この天皇の時、聞き苦しいいろんな事件が起こったとある。『歴代天皇紀』によれば、藤原氏のいくつかの系統の覇権をめぐる視えない闘争があり、そんなできごとを指しているようである。藤原氏の「氏の長者」が藤原道長の系統に統一されていく時代であった。

●六十五代　**花山院**〔花山天皇、在位九八四～九八六〕

★〔安和〕二年八月十三日、春宮に立ちたまふ。御年二歳。天元五年二月十九日、御元服。御年十五。永観二年八月二十八日、位に即《つ》かせたまふ。御年十七歳。

◎二歳のとき春宮になったという。赤ん坊だし、この天皇より年上の皇位継承候補者もいたであろう。結局は母親の父の権勢によって決まる。この天皇の外舅（外戚）は太政大臣藤原伊尹《これまさ》であった。十七歳で即位。皇位継承の年齢は下がっていくが、さらに幼少化してゆく。いったい天皇とはなにか、という疑問もわく。言ってみれば天皇とは藤原氏政権の象徴に過ぎないのだ。言ってみれば「お飾り」なのだ。天皇に関して、「王権」などと言われることもあるが、少年、あるいは幼年の天皇になにができるのか。しかし、以下にあるように、早い出家もあった。

★あさましくさぶらひし事は、人にも知らせさせたまはで、みそかに花山寺《はなやまでら》におはしまして、御出家入道せさせたまへりしこそ。御年十九。世を保たせたまふ事、二年。

◎人びとがびっくりしたのは、人には何も言わず、そっと花山寺に行って、出家し僧になってしまったことだ。すなわち、天皇位に二年いただけで、退位して仏教僧になってしまった。このような異例の早い退位には、なにか政治的理由があったに違いない。あるいは世をはかなんでのことか。前掲『歴代天皇紀』によると、花山天皇が即位したころ、《母懐子《かいし》の父伊尹《これまさ》はまだ権大納言であった。しかし二年に安和の変があって、左大臣源高明《たかあきら》が斥けられ、三年には摂政藤原実頼《さねより》が死に、伊尹は天禄二年、太政大臣摂政となり、後見十分であった。それが、伊尹は天禄三年に薨去し、天皇即位の時には力となる後見は全くなかった。父冷泉上皇は物狂いの病気で、花山天皇は孤立の少年天子であったといえよう》とあり、後見人であった母の父の出世と早い死がこの少年天皇に無力さを提供した。つぎの天皇の早い即位を待っていた外戚の藤原兼家とその息子の道兼の芝居で花山天皇は出家させられた、と前掲書は語っているのだが、結局、後見者たる母の父親が死んだことが大きかったであろう。出家後、その陰謀を聞いた天皇は《我をば謀《はか》るなりけり》と言って泣いたと「大鏡」は書いている。しかしふと思ったことだが、天皇になってみると、案外政治権力はなく、外戚の藤原氏の言うとおり生きていく自分の存在にふと疑問を感じ、出家して仏教の力を借りて落ち着いた生活をしようと、決意した天皇が結構、多かったのではないだろうか。

●六十六代　**一条院**〔一条天皇、在位九八六～一〇一一〕

★これ、円融院第一の皇子《みこ》なり。御母、「皇后詮子《せんし》」と申しき。これ、太政大臣兼家のおとどの第二の御むすめなり。

◎事績はとくにない。しかし、この天皇の外祖父は、藤原道長の父、兼家であり、兼家、道長と続く藤原氏のひとつの大きな系譜の頂点にあった存在であった。そして妻のひとりは藤原道長の娘、彰子であり、こんな外祖父や外戚を持った天皇は、朝廷でも、上級貴族に対しても大きな顔ができたであろう。わたしは、倉本一宏『一条天皇』（人物叢書、吉川弘文館、二〇〇三）をおもしろく読んだ記憶があるが、妻の父である道長との談笑のひと時は、世間の仲のよい義父と息子、といった図と変わることはなく、微笑ましいシーンがしばしば描かれていた。しかし、一条天皇はしっかりした男でもあったようで、道長の治政に反対するような光景もあり、まあ、親しさのなかでのライヴァル精神でもあったのだろう。この項に関して、藤原道長の「御堂関白記」が参考になる。

●六十七代　**三条院**〔三条天皇、在位一〇一一〜一〇一六〕

★これ、冷泉院第二の皇子《みこ》なり。御母、「贈皇后宮超子《ちょうし》」と申しき。太政大臣兼家のおとどの第一の御むすめなり。

◎妻の父親が、やはり藤原兼家の娘であり、先先代の天皇すなわち花山天皇の異母兄弟ということになる。やはり、巨大な権勢のもとにあった天皇である。しかし、後述するように、哀しい天皇であり、「大鏡」の帝王本紀の中でもわれわれが最もシンパシーを持ち得る天皇でもあったと言える。

★寛弘八年六月十三日、位に即かせたまふ。御年三十六。世を保たせたまふ事五年。院にならせたまひて〔この三条天皇が退位して上皇になったとき〕、御目をご覧ぜざりしこそ、いといみじかりしか。

◎三条天皇は上皇になったころから、眼が悪くなって視えなくなった。本当に気の毒なことであった。見た目にはふつうで、むしろ《御眼《まなこ》なども、いと清らかにおはしましける。いかなる折にか、時々は御覧ずる時もありけり》とあり、澄んだ綺麗な眼だったのに盲目となった。ときに視えることもあったという。

★「御簾《みす》の編緒《あみお》の見ゆる」なども仰せられて、一品宮〔禎子、のちに後朱雀天皇の皇后〕の昇らせたまひけるに〔天皇のいるあたりに来たとき〕、弁の乳母《めのと》〔禎子の乳母〕の御供にさぶらふが、挿櫛《さしぐし》を左に挿《さ》されたりければ、「あゆよ〔お前さあ〕。など、櫛は悪《あ》しく挿したるぞ」とこそ仰せられけれ。

◎御簾すなわちすだれの細かい縫い目まで見えたり、禎子の乳母が櫛を頭の反対側にさしているのを目ざとく指摘したりもしたのである。眼が視えるときには。

★〔天皇は〕この宮〔娘の禎子内親王〕を、殊の外にかなしうし奉らせたまうて、御髪《みぐし》のいとをかしげにおはしますを〔可愛く美しく見えるのを〕探り申させたまひて〔手でさぐったのであろう〕、「かく美しうおはする御髪をえ見ぬこそ、心憂《う》く、口惜しけれ」とて、ほろほろと泣かせたまひけるこそ、哀れに侍《はべ》れ。

◎禎子はこの頃、四、五歳だったようだが、髪をなでつけて、その愛くるしいようすを眼で視れないことを嘆いて、ほろほろと涙をこぼしたという。

★この御目のためには、よろづにつくろひおはしましけれど〔眼の治療のためにはさまざまにやってみたが〕その験《しるし》ある事もなき〔その効果がなく〕、いといみじき事なり。もとより御風邪《かぜ》重くおはしますに、医師《くすし》どもの、「大小寒の〔大寒、小寒という寒い時期の〕水を御髪《みぐし》に沃《い》させたまへ〔浴びさせなさい〕」と申しければ、凍《こお》りふたがりたる水を多く掛けさせたまけるに、いといみじく〔気の毒に〕ふるひわななかせたまひて、御色〔顔の色〕も違《たが》ひおはしましたり（以下略）

◎眼の治療のためには昼夜を惜しんで努めたが効果はなく、寒中に冷たい水を髪にかけろ、という医師の言葉に従ったというのだが、ひどいことをさせる医者もいたものだ。当時は医師は薬を調合する程度で、あとは陰陽道的発言に終始したのであろう。ともかく三条天皇は凍った冷水を頭からかぶり、ぶるぶると震えていたというのだ。見守る人びとは哀れがっていたが、天皇には、醍醐天皇のとき比叡山延暦寺の高僧になろうとした男が、なれなかったので恨んで、以後の天皇たちに祟ったという、そんな僧が物の怪（怨霊）となって三条天皇に憑依して、おれがお前〔天皇〕の首に乗って羽根で眼をふさいでいるから視えないんだよ。羽ばたいているときだけ、眼が視えるんだ、と言ったという。

◎こうして不幸のうちに死んだようだが、前掲『歴代天皇紀』によれば、《藤原氏に押えられた歴代の天皇の中でも、三条天皇ほど苦渋を味わった天皇も少ない。それは当時政界に権勢を握っていた力からはなれて孤立していたこと、自身ももう成年になっていて黙従したくない心情のつよかったこと、そして生涯つきまとった病気のため、とまず考えてよかろう》とある。この権勢とは道長を指すのであり、たぶん、興隆してきた道長にへいこらしたくないという強い心と、裏腹の自分を冒す病気のためであった。同書はまた、《三条天皇の病状は目もみえず、耳もきこえず、脚も自由にならない不幸なものになった。それでも内覧道長は天皇を輔《たす》けようとはしなかった》と書いている。「大鏡」は主として盲目について詳述しているが、眼だけでなく、耳も聴こえず、脚の動きも不自由であったようだ。そしてやはり道長は、自分が外戚になれるつぎの天皇の時代が早く来ることを願っており、内覧という官職にありながら、三条天皇を輔佐しなかったのである。「大鏡」は基本的には藤原氏、また道長讃歌の本でもあるので、文中、道長らには触れないでいる。しかしこの三条天皇に対しては、《御心ばへいと懐かしう、おいらかにおはしまして、世の人、いみじう恋ひ申すめり》と結んでいる。

◎「大鏡」その他の本を読んで、ひとりの天皇としてもっとも印象的であったのが、この三条天皇であった。藤原氏などの内部抗争に巻きこまれなかった多くの天皇が多くの女性を妻としてもち、不自由なく暮らした天皇たち。それを考えると、このような不幸な天皇に肩入れしたくなってしまうのが、人情というものであろう。

●六十八代　**後一条院**〔後一条天皇、在位一〇一六〜一〇三六〕

★御母、今の入道殿下〔道長〕の第一の御むすめなり。皇太后宮彰子《しょうし》と申す。

◎この天皇の母は道長の長女彰子であった。道長は母親の父、つまり外戚として権勢を誇ることになるのである。この項には、天皇の記事より、彰子の父である藤原道長や、藤原氏への言及が多く、この本が書かれた道長讃歌の由来や展開を短く説明している文章もある。

★寛弘五年戊申九月十一日、土御門殿にてむまれさせたまふ。同じ八年六月十三日、春宮に立たせたまひき。御年四歳。長和五年正月二十九日、位に即かせたまひき。御年九歳。

◎四歳で春宮、すなわち皇太子、つまりはのちの天皇になることが早くも決まっていたわけだ。これは権力者藤原道長が外戚であり、四歳の子どもは孫であり、この、天皇の後見者がだれかが、もの凄く大きな背景として成立していた時代なのだ。道長の娘は、この彰子をはじめとして三人が皇后かそれに準じた天皇の妻となっており、残りも尚侍《ないしのかみ》といって天皇の世話をする女官の長官になったりしている。道長の後見によって、この後一条天皇は九歳という少年の時、天皇になっているのだ。これはまた、天皇というものが政治的に何の意味もない、シンボルに過ぎなかったことを露呈もしているわけだ。まあ、シンボルであることは、のちの第二次世界大戦の敗戦後にできた「日本国憲法」の規定を先取りしていたとも言えるのであり、日本が帝国主義的国家にならずにすんだ（明治以降から戦前までは別にして）大いに喜ぶべき展開でもあったわけだ。しかし、天皇親政を掲げる天皇も何人か出現したのではあるが。

★昔、一条院〔一条天皇、後一条天皇の父〕の御悩みの折、仰せられけるは、「一の親王《みこ》をなむ春宮とすべけれども、後見申すべき人の無きにより、思ひ掛けず。されば、二の宮〔第二子、後一条天皇〕をば〔天皇に〕立て奉るなり」と仰せられけるぞ、この当代の御事よ。

◎一条院の長子、敦康親王の母は、道長の兄、藤原道隆の娘定子であったが、道隆はすでに死亡しており、かつ生きていても道長の権勢には及ぶべくもなかったので、後見人がいなかったから天皇になれず、道長が後見する第二子の敦成親王を天皇にせざるをえなかった、と父の一条天皇は側近に語ったというのである。この話はつぎに紹介する「今鏡」にも出てくるから、一条天皇や定子は本当にくやしかったのであろう。

★帝王の御次第〔順序〕は、申さでもありぬべけれど、入道殿下〔道長〕のご栄花も何により開けたまふぞと思へば、まづ、帝・后の御有様を申すなり。

◎帝王すなわち天皇の即位の順序については申しあげることもないのですが、なぜ、藤原道長の栄華がなにによってこんなに開けたかを言いましょうと思って、まずはこれまで各天皇と皇后の有様から申したのです。世次は、「大鏡」の構成についてこのように説明している。まずは何代かの天皇や皇后について述べてきたのであると。そして続けて、藤原氏の各流および道長について、この本は書いているのである。

★植木は、根をおほして〔生やして〕つくろひおほし立てつればこそ〔人間たちが心をこめてこれを育てればこそ〕、枝も茂り、木《こ》の実《み》をも結べや〔実も成熟するのです〕。然れば、まづ帝王の御続きを覚えて〔天皇の順序などを思い出して〕、次に大臣〔多くは藤原氏〕の続き〔系譜〕は明かさむとなり。

◎植木の事を考え、これを天皇と藤原氏の関係として捉えれば、根っこである天皇の系譜を、周囲の貴族たちがこれをしっかりと地面に植えて根を生やし、水や肥料を与えて育てる。つまり大臣や摂政、関白として天皇を輔佐することによって、「藤原氏」という存在が確立し、木の実である道長が、誕生したというわけだ、と世次は説明している。

◉ここで、「大鏡」の天皇記述は終わり、以下、「大臣列伝」として、藤原氏の系譜上の重要人物について、藤原冬嗣から師尹まで十一人の名まえをあげて、説明している。菅原道真を左遷した当人かもしれない藤原時平や、傍系の人物たちも入れている。そして、この本の最後は、長い道長論を二編載せて終わっている。世次あるいは世継という語り手によって話されているが、当時の貴族が身近に捉えた「天皇」像を描出している。そして、この形式は「今鏡」「増鏡」へと継承されている。

「今鏡」

◉一般に「四鏡」とよばれる本がある。四鏡とは、上述した「大鏡」のあとに書かれた天皇伝承をつぎつぎに語り継いだもので、「大鏡」、「今鏡」、「水鏡」、「増鏡」のように続いている。天皇を中心にして、貴族社会を書いた本は、物語類を除けば、「栄花物語」あたりを初めとして、さまざまに出現した。「今鏡」は解説によると、「栄花物語」の影響より、「大鏡」との関係を考察する研究が多いという。しかし、「大鏡」と違って、大きな見出しや小見出しが入って、物語文学の体裁をとっているところが特徴的である。しかし、内実、「大鏡」のように、各天皇を巡る挿話（エピソード）がさまざまに、濃く、薄く書き分けてあり、確かに、「四鏡」の名にふさわしく、各天皇が、たぶん実話をもとに物語ふうに描かれているのである。ちなみに広辞苑を見ると、《歴史物語。藤原為経（寂超）の著。一〇巻。一一七〇年成るか。「大鏡」の後をうけて、一〇二五～一一七〇（万寿二～嘉応二）、後一条天皇から高倉天皇まで一三代、一四六年間の本紀・列伝・拾遺を老女の話す体にした書。四鏡の一つ。続世継。小鏡。つくも髪の物語》とある。つくも髪とは老女の白髪のことで、この本の語り手を言う。「大鏡」の語り手、世次あるいは世継は一九〇歳くらいの長命の人であるが、この語り手の老女は一五〇歳あたりらしい。そして、もっともらしく、紫式部が勤めた上東門院の母の局に仕えたあやめという女性だと名乗っている。本紀・列伝などは、中国の史書の基本で、皇帝の年代記、同時代の文人や武人などの話、のように、三つの項目からなっている。日本の「日本書紀」などは、本紀と列伝を混在させた記述になっていて、中国史書を中心に考えると、やや、亜流の本でもあった。しかし、広辞苑の文章で言えば、「今鏡」のほうが本格的な表現である、とも言えよう。そんなことを前置きに、「今鏡」の世界に入ってみよう。

後一条天皇から後三条天皇
——（巻第一　すべらぎの上　第一）

○序

◎すべらぎとは、天皇であり、すべらき、すめら、すめらみこと、すめがみなど、天皇をよぶ言い方にはさまざまあったようだ。その古い言いかたのひとつであろう。広辞苑には《すべらぎ【皇】》とある。しかし、「皇」という項目はないのだから、これはおかしい。古語辞典には、《すべらき【天皇】》とあり「すめらぎ」の転、とある。広辞苑はなぜ、天皇と書かないのだろうか。校閲者の考えだと思うのだが。

★三月《やよい》の十日あまりの頃、同じ心なる友だち〔仏教仲間〕、あまた誘《いざ》なひて、長谷《はつせ》〔長谷寺〕に詣《もう》で侍《はべ》りしついでに、よき便《たより》に寺巡りせむとて、大和の方に旅歩《たびあり》き日頃〔いく日か、と頭註にあるが、何日かかけて旅歩きしたか〕するに、路《みち》遠くて日も暑ければ、木陰《こかげ》に立ち寄りて、休むとて群れゐる程に、みづはさしたる〔年とった〕女の、杖《つえ》にかゝりたるが、女《め》の童《わらわ》の、花がたみ〔花かご〕にさわらび〔芽を出したばかりのわらび〕折りいれて、臂《ひじ》に掛けたる一人具して〔連れて〕、その木《こ》の下《もと》に到りぬ。

◎「序」の冒頭部をすべて引用したので、少し長くなったが、この女童、女の子をともなって現れた老女が何人かの天皇にまつわる話を語ったのであり、「大鏡」と同じ構造をしている。都に百年ほど住み、その後、山城の狛《こま》（山城国相楽郡。高麗という朝鮮半島の国名を継承している）というところに五十年ばかりおり、現在は春日野あたりに住んでいると言い、過去を語るのだが、紫式部が、父親が国司となって越前（当時の国府があった福井県武生市、現在の越前市だとされている）にいた、その式部に仕えていた鷹司殿に勤めていた「あやめ」であると名のった。そのようにして、天皇のそば近く仕えていたので、その間に代わった何人かの天皇たちについて語ることができるというのだ。最初に登場する後一条天皇の項は、「大鏡」の最後の項とだぶるのだが、どんな見方をしているか興味があるので、読んでいくことにしたい。

○雲井

●六十八代　**後一条天皇**〔在位一〇一六～三六〕

★御母、上東門院、中宮彰子と申しき。入道前《さき》の太政大臣《おおきおとど》道長の大臣《おとど》の第一の御娘なり。

◎まずは今をときめく藤原道長の娘彰子の子どもであると書かれている。後一条天皇は、道長が外戚として権威をふるった、その道長の孫にあたる人物であった。また、彰子であるが、「今鏡」のある本では、彰子を「しょうし」と読まず、「あきこ」と読んでいるところがおもしろい。この本が出版された頃は、まだテクスト・クリティーク（文献批判）が盛んでなく、常識的に訓読みにしているのである。しかし「しょうし」でなく「あきこ」の方が読んでいて自然なのである。日本古典全集本にはルビはない。

★一条の院、位退《さ》らせ給ひて〔退位されて〕、御いとこの三条の院、東宮におはしまししゝに、譲り申させ給ひしかば〔譲位されると〕、その御かはりの東宮（皇太子）に立たせ給へりき。かの三条の院、位におはします事、五とせ〔五年〕ばかり過《す》ぐさせ給ひて、長和五年〔一〇一六〕一月《むつき》の二十九日に、位をこの帝〔後一条〕に譲り申させ給ひき。御齢《とし》九つにぞおはしましゝ。さて東宮には、かの三条の院の式部卿〔敦明〕の御子を立て申させ給へりき。

◎一条天皇の第二皇子である後一条がすぐにあとを継がなかったのは、年齢的にあまりに幼かったたせいであろうか。彼は四歳で東宮つまり皇太子になり、九歳で即位している。幼少時に天皇になる例はこの時代、多かった。譲位の仕組みは明確ではないが、ここでは一条の従兄の三条天皇が先に即位している。あるいは、外戚の権勢によって決められることもあったであろう。三条天皇は五年で天皇をやめ、九歳の少年、後一条に位を譲っている。そして東宮（皇太子）には、後一条が若かったせいもあろうが、三条天皇の子ども（式部卿敦明親王）を立てている。この背景には藤原道長がいたのだが、なんらかの画策があったのかもしれない。道長は摂政であり、左大臣であったから、なんでも自由にできたのである。ただし、道長は翌年には、息子の頼通に摂政の位を譲っている。

★その〔寛仁元年〕八月《はつき》九日、東宮〔敦明〕わが御心《みこころ》と、退《の》かせ給ひき〔敦明は自発的に東宮をやめた〕。三条の院も四月《うづき》に御髪《みぐし》剃《おろ》させ給ひ〔出家した〕、五月《さつき》に崩《かく》れさせ給ひぬるにも〔崩御されたのだが〕、世の中淋々《そうぞう》しく思《おも》ほし召すにや、御病《やまい》などきこえて、かく退《さ》らせ〔退位〕給ひぬれば、（以下略）

◎三条天皇の子、敦明親王はこの政治的領域がいやになったのか、すぐに東宮（皇太子）の位を去った。そして三条天皇も髪を切って僧形となり、政界から消えていったのだ。道長の強権がやはり我慢できなかったのであろう。広辞苑によれば、「そうぞうし」にはふたつの項目があり、一方は、ものさみしい、他方は騒がしい、うるさくて不安である、とある。三条天皇が病気と称して退位したのも、たぶん、息子の東宮が早々と退いたのは、その両方の意味合いがあったのであろう。へたに天皇や東宮の位になど、つくべきではないのかもしれない。どんな誤算があるか解らない世界である。東宮には、後一条の弟である次の天皇になる後朱雀を指名している。初めからそうすればよかったのではないか。幼児だったとしても、天皇位でさえ四、五歳で継承した例もある時代なのだ。

★寛仁二年〔一〇一八〕正月《むつき》には、上《うえ》〔後一条〕〔天皇〕の御齢十にあまらせ給ひて、三日、御元服せさせ給へれば、きびは〔幼く〕におはしますに、〔元服のため〕御冠《こうぶり》奉りて、おとなにならせ給へる御姿も美しう、いとめづらかなる、雲井〔皇居〕の春になむ侍《はべ》りける。

◎後一条天皇は十歳あまりで元服し、初冠《ういこうぶり》した。男として認められ冠をかむることになったのだが、どこか痛々しく、美しくはあるが珍しい光景でもあり、皇居に春が来たとも言いうるそんなできごとであった、という。道長など背景にいる大臣や摂政関白の権力しだいで、天皇の位は好き放題にできる時代でもあった。現在は元服とは言わないが、古代から成人式を元服と言って、貴族の息子などの儀礼のひとつであった。そして元服の年齢はだんだん下がって、幼年で元服した例は、天皇の即位年齢の低下とも無縁でなかったかもしれない。そして、多くは元服の頃、最初の結婚をするのだが、妻となる女性は多く年上で、十三、四歳から、時に二十歳近くなることもあった。庶民的に言えば、姉さん女房であるが、年上の女性が性的な手ほどきをした、という。韓国の映画などに、かつて両班《やんばん》といって、村の富裕者とか指導者になるような名家の家系では、幼い息子に年上の女性を妻とさせた習慣が残っていたようで、改めて、日本古代以来の慣習との相似性が興味深い。

★入道大臣《おとど》〔道長〕の四の君は、威子の尚侍《ないしのかみ》ときこえ給ひし、今宵《こよい》女御〔天皇の妻のひとり〕に参り給ひて、藤壺〔天皇の妻たちの住む殿のひとつ〕におはします。十月《かんなづき》の十日あまりの頃、后《きさき》〔皇后〕に立たせ給ふ〔女御から皇后に格があがった〕。国母《こくも》〔皇太后〕〔彰子〕も后〔威子〕も姉妹《あねおとと》におはしませば、いと類《たぐい》なき御栄《おんさか》えなるべし。

◎藤原道長は、多くの貴族がそうするように、活動が終わらぬ先に髪の毛を剃り落とし、僧形となったので、入道、とよばれていたのだが、現役の左大臣であった。その道長の娘、彰子は一条天皇の妻になり、妹の威子は後一条天皇の、最初はまず尚侍〔天皇の寝室に出入りし、床を共にすることもある女官で、その最高位。男の官吏同様、四階級ある〕として天皇に仕え、次は女御となった。当時、天皇の妻とは、后があり、ついで中宮があり、つぎに女御があった。藤壺《ふじつぼ》というのは内裏の飛香舎《ひぎょうしゃ》の別名で「源氏物語」でも有名だが、いわば皇居における後宮であり、このような殿舎が左右あわせて七室ある。それぞれに女性が独占していて天皇の夜の相手を務めていたのだ。藤壺は天皇のいた清涼殿に最も近く、歩いてすぐのところにあった。時の最高権力者藤原道長の娘、威子はここで内侍から女御になり、やがて、后、つまり皇后になったのだ。前の天皇の后を皇太后というのだが、これは天皇の母であり「国母」とされ、日本女性の位では最高位にあった。「日本国の母」なのである。これが道長の長女の彰子であり、皇后は妹の威子であったから、まさに、道長は類ない栄光の最中にあったわけだ。道長は翌年、摂政を息子の頼通に譲った。これからは頼通の時代になるのである。

★〔万寿〕二年〔一〇二五〕八月《はつき》三日、春宮〔後朱雀〕の御息所《みやすどころ》〔嬉子〕、男宮〔後冷泉〔天皇〕〕生み奉り給ひて、五日に薨《かく》れさせ給ひき〔男の子を産むと二日後に死んだ〕。入道大臣《おとど》の六の君〔嬉子〕におはする、御さいはひの中に、あさましく悲しと申すもおろかに侍れど、後冷泉院を、生み置き奉り給へれば、いとやむごとなくおはします。その折の悲しさは、類《たぐい》なく侍りしかども、生きて后に立ち給へる御姉たち〔妍子・威子〕よりも、おはしまさぬ後《あと》のめでたさは、こよなくこそ侍《はべ》めれ。

◎後一条天皇の春宮（東宮）は、つぎの天皇、後朱雀であった。その御息所とはすなわち、女御や更衣など、天皇のその他大勢の妻たちのことで、道長の娘、嬉子は後朱雀の女御か更衣として、男の子どもを生んで亡くなった。かつては子どもを産んだ直後に死ぬ女性も少なくなかった。医療的に未熟だったのか。お産という女性に課された作業が決して簡単な仕事でなかったことを示しているのであろう。しかし嬉子は息子を生み、これはのちの後冷泉天皇になるわけだから、不幸中の幸いだったというのだ！　いやいや、やはり不幸な死と言うしかないであろう。

○子《ね》の日

★三年《みとせ》〔万寿三年〕〔一〇二六〕の正月《むつき》十九日、太皇太后の宮〔彰子〕御様変《さまか》へさせ給ひき〔彰子は出家した〕。〔后の〕御名も停《とど》めさせ給ひて上東門院と申しき。四十《よそじ》にだにまだ満たせ給はぬに、いと心かしこく世を遁《のが》れさせ給ふ。めでたくも哀れにもきこえさせ給ひき。

◎後一条天皇の妻、威子の母であり、太皇太后宮である彰子もこのとき、髪を切って出家した。名まえを上東門院といって太皇太后宮の地位を降りたという。四十歳に満たなかった。その心意気は哀れでもあり、立派でもあったというのだ。しかし出家といっても髪を剃って尼になるわけではなく、当時の貴族女性の長い長い髪を切って、女の栄華を捨てて隠遁し静かな生活を送ることであった。死んだ娘を思う母親なら、ありうることである。しかし、上東門院として政治世界をしっかり見てもいたのであって、天皇も正月の挨拶に彼女を尋ねている。

★〔万寿四年〕十一月《しもつき》には、入道太政大臣《おおきおとど》〔道長〕、御病重らせ給ひて、千人の度者《どしゃ》〔出家をさせる人〕とかやいひて、法師になるべき人の、数のふみ〔出家許可の公文書〕賜はらせ給ふときこえ侍りき。

◎十一月には、道長の病気が重くなり、度者といって僧になる男たち千人を集めて、千人分の許可証を皆に与えたという。その僧になる人たちの数の大きさに、道長の権勢の凄さを感じさせるが、他方、病気というものに対しては、人間たちは無力な時代であった。病気を理由に出家する天皇も少なくなかった。栄華を誇る道長も、病気の前では同様であったのだ。

★十二月《しわす》の四日には入道殿〔道長〕薨《かく》れさせ給ひぬれば、（以下略）

◎あの、平安時代最大の貴族だった道長もついに死んだ。ここでは、この巨人の死を悼むどのような描写も見られない。「今鏡」の著者が道長をそれほど快く思っていなかったのであろうか。その意味で、道長礼讃の「大鏡」の著者とは大いに違っていた。なお、その死んだ人の階層に従って、死の表記も当時は違っており、天皇は「崩（ほう）」、正妻たち、親王たち皇族と、上級貴族は「薨（こう）」、ふつうの官吏は「卒（しゅつ）」、一般民衆は「死（し）」であり、身分階層はここまで徹底していたのだが、現在でも天皇だけは「崩ず」と書かれている。

★同じき九年〔長元〕の三月《やよい》の十日あまりの程より、上〔後一条〕の御悩《なや》みときこえさせ給ひて、神々にみてぐら〔神々に捧げる物の総称〕〔幣帛《みてぐら》〕奉らせ給へる、さまざまの御祈りきこえ侍りき。

◎長元九年（一〇三六）の三月頃から、後一条天皇の病気もすすんで、各神社への奉幣が行なわれ、御祈りの僧を頼んだ。神と仏の両者に祈るのが当時の貴族や皇族、天皇たちの慣習であった。この時、後一条は位を弟の、のちの後朱雀天皇に譲ろうと考えた。系図で見ると、娘はふたりいたのだが、息子がいなかったからだ。まだ生きているうちに譲位したようで、崩御という記事はここでは見えない。平安時代以降、江戸時代初期の明正天皇まで、女性天皇は皆無となった。

○**初春**

●六十九代　**後朱雀天皇**〔在位一〇三六〜四五〕

★後朱雀〔の〕院と申すは、先の一条〔の〕院の第三の皇子、御母、上東門の院〔彰子〕、先帝〔後一条〕と同じ御はらから〔同母弟〕におはします。

◎後朱雀天皇は一条天皇の息子であり、母は、先代の後一条天皇と同じく道長の娘、藤原彰子であった。つまり同母兄弟であったわけだ。当時、上級貴族は一夫多妻であるから、母親の違う異母兄弟が多かった。子どもは母親のもとで生まれ育つから、異母兄弟だと、別の家で育っているから、兄弟といっても親近感を持てないばあいもあった。それはともあれ、時代は、太政大臣も道長の息子の頼通になっていた。同母兄弟の後朱雀は兄と違った行動が取れたであろうか。

★帝〔後朱雀〕の御兄におはしまし﹅故式部卿の親王《みこ》〔敦康〕の女君《おんなぎみ》〔敦康親王の娘〕の、村上の中務の宮《なかつかさ》〔具平《ともひら》〕の御娘〔隆姫〕の御腹《おんはら》におはせしを、関白殿〔頼通〕の御子にし奉りて、女御《にょうご》に奉り給へるなり。

◎難しい文章である。解りやすく言えば、と言っても難しいのだが、直訳すると後朱雀天皇の兄の式部卿敦康親王の娘が、村上の中務の宮の娘の隆姫のお腹の中にいたのを（胎児だったのを出産すると）、つまりは敦康親王の娘を、太政大臣の頼通の養女ということにして、彼女を後朱雀の女御（妻のひとり）にしたというわけだ。後朱雀の兄の子だから姪になる娘だとすると、なんてよぶのか（又姪というらしい）、かなり近い程度の近親婚であろう。皇族や上級貴族の社会において、このような例は多くあったと考えられている。

★一条の院の皇后の宮〔定子〕〔皇后、つまり第一の妻〕の、生み奉り給へりし一の御子〔敦康〕におはしませば、〔敦康親王は〕東宮〔皇太子〕にも立ち給ふべかりしを、御後見《おんうしろみ》おはしまさずとて、二の御子《みこ》にて、先帝〔後一条〕、三の御子にて、この帝〔後朱雀〕、ふたり、御堂〔道長〕の孫《むまご》、関白〔頼通〕の御甥におはしませば、うち続き〔天皇の位に〕即《つ》かせ給へるなり。

◎要するに、藤原道長が外戚である後一条と後朱雀は天皇の位につけたのであるが、敦康親王には有力な後見人がつかなかったために、天皇になりそこねた、という話なのである。天皇の何人かの男の子どもたちも、後見人の権勢しだいで、天皇になったり、なれなかったわけであるから、藤原氏一門でも主流でなければ、権力者になれなかった。道長以前の藤原氏はいろんな権力者を登場させていたが、道長以下はすべて道長流が太政大臣になるなど、この位置をずっとキープしていたのである。ただし、道長から何代めから、藤原氏も権力を喪失してゆく。つまり貴族の時代も、しだいに終焉に向かうことになる。そういう意味では、道長は、藤原氏の最後の王者であったとも言えるだろう。天皇と藤原氏は同じ経路を辿っていった。まるで二人三脚のようでもあったのだ。

◎またこの藤原氏時代、道長や道長以前の大貴族、道長の息子の頼通など、有力藤原氏の後見人（外戚、つまり妻の父）がいないと天皇になれなかったということは何度か書いたと思う。ここは明確に解らないのだが、式部卿、後朱雀天皇は多分、母親が内親王で、天皇の娘だったのだから、天皇や前天皇は、藤原氏のような有力後見人になれなかったのではないだろうか、という想像もできる。天皇はある種の最高権力者ではあったが、財力、政治力では、有名氏族にはまったく勝てなかったのかもしれない。

★かの一条の院の皇后の宮〔定子〕は、御兄《しょうと》の内の大臣〔伊周〕〔道隆（道長の長兄）の息子〕の、筑紫におはしましゝ事どもに、思《おぼ》し歎かせ給ひて、御様《おんさま》変へさせ給へりし後に〔出家した後で〕、その式部卿の親王《みこ》〔敦康〕は生み奉らせ給へるなり。

◎一条天皇の后だった定子は兄の伊周が筑紫に左遷されていたので（大宰権帥であり、閑職であった。菅原道真もそうだった）、これを嘆いて髪を切って、つまり出家して感業寺という寺で暮らしていたのだが、そこで、一条天皇とのあいだにできた敦康親王を生んだのだという。離婚後に別れた男の子どもをみもごっていた、という話は韓国テレビドラマなどにも現れるが、別におかしくはない。ましてこの時、定子は、九州に行った兄が不在で心細く、出家したのであろう。なお、伊周は、ある時代、道長のライバルのように行動したが、結局、道長には勝てなかった。定子の悲しい物語は、中国の有名な則天武后の物語に仮託されて、語られているように思われる。

★唐《から》の則天武后の、御髪剃《ぐしおろ》し給ひて後に王子生み給ひけむやうにこそ覚え侍りしか。

◎突然、唐の皇帝の妻だった則天武后の話が出てくる。話は下記のように続くのだが、ともかく、皇帝太宗が死ぬと尼になったという伝承があった、とニッポニカ（『日本大百科全書』）に書かれている。ただし、策謀家でいろいろと画策したようだ。

★されば彼〔則天武后〕は前の帝〔太宗〕の女御《にょうご》にて、かの帝かくれさせ給ひにければ〔死亡すると〕、世を背きて、感業寺とかいふ寺に住みたまひけるを〔要するに日本風に言えば出家して〕、前の帝の御子〔高宗〕位に即《つ》き給ひて、かの寺におはして〔則天武后〕を見給ひけるに、御心や寄り給ひけむ〔心から魅かれたのであろう〕、さらに后に立て給へりけるを、これは同じ御代の元《もと》の后なれば、いたくかはり給はぬ様にて〔とくに変わったようすもなく〕、なのめなる様〔尋常なようすで、つまり昔と変わることなくて〕にて侍りき。

◎則天武后は太宗《たいそう》の女御だったので、この皇帝が亡くなると、感業寺という寺に籠って隠遁生活を送り始めたのだが、そこに来合わせた太宗の息子の高宗《こうそう》が見初めてしまったというわけだ。ニッポニカによると、当時二十二歳だったという。そこで高宗は、則天武后を連れて来て、妻とした。つまり、親子で一人の女性を愛したわけだ。則天武后もまだ若かったのか、そのようすは大して変わらず、美しいままであったとしても、世間的には大っぴらにできないような関係であった。

◎突然、唐の太宗の妻だった則天武后の話が出たのは、この女性の夫と、夫の息子との二重結婚のような話が、日本天皇の妻であった定子にも起きたことを、婉曲的に書いているのではないか、と思われる。しかしさすがに、定子自身の物語としては描かれていない。

★かの皇后の宮〔定子〕の女房、肥後守元輔と申すが娘の清少納言とて、殊に情けある人に侍りしかば、［この本の語り手の媼《おうな》と］常に罷り通ひなどして、かの宮〔定子〕のことも承《うけたま》はり習《な》れ侍りき。

◎この話を物語る老女は、皇后の定子に仕えていた清少納言といういわば有名人の女性と交流があり、定子のことは、彼女から聞いた実話なのだ、と清少納言を出して、話の真実性を強調しているのであろう。美人が現れると、親子でも、兄弟でもこの女性を獲得しようとして争う話は、天皇の周辺で珍しくない話だったのだろう、当時は。「源氏物語」のいわゆる「宇治十帖」とよばれている最後の物語は、皇女の大君、中君、浮舟という女性を巡る、ある皇族と、皇族出身の源氏（光源氏の息子、薫）である、ふたりの男という、多角関係を描いていて印象的な光景を出現させていた。

◎続いて、老女は、藤原道長その人ではなく、娘の彰子にページを割いて物語っている。やはり藤原氏の権力的呪縛から逃れられなかったようだ。わたしもつられるように、吉川弘文館の人物叢書の『藤原彰子』（服藤早苗著、二〇一九）を買ってしまった。まだ読み始めたばかりであるが。

○**菊の宴**

●七十代　**後冷泉天皇**〔在位一〇四五～六八〕

★後朱雀院の第一の皇子、御母《おんむ》、内侍の督《かみ》〔尚侍〕・贈皇太后宮嬉子ときこえき。入道太政大臣《おおきおとど》〔道長〕の第六の御娘なり。上東門院の同じ御はらから〔同母の姉妹や兄弟〕におはします。

◎後冷泉天皇は父、後朱雀天皇の子どもで、母は上東門院、藤原彰子の妹の嬉子（よしこ、と読むか）であった。道長の七人の娘たちのうち、六人が、天皇の后、中宮、女御になっているのだが、皇后となったのはこの嬉子であった（『日本系譜綜纜』）。この道長の権勢ぶり、日本国の治政も道長の思った通りのことができた。しかしその治世になにか特別に書かねばならないようなできごとはあまりなかったようだ。つまり、政治家としては案外、凡庸だったのではないか、道長は。山中裕『藤原道長』（教育社歴史新書、一九八八）はパラパラと読んだが、道長が書籍蒐集を熱心に行なったことが書かれていたが。道長という人物に、あまり人間的魅力を感じられないという気がする。

★〔永承元年〕七月《ふみづき》十日、中宮〔章子〕立たせ給ひき。東宮の御時より御息所《みやすどころ》にておはしまし〻、後一条院の姫宮なり。（中略）〔翌年の〕十月《かんなづき》に、関白殿〔頼通〕〔道長の息子〕の御弟の右の大臣《おとど》〔教通〕〔同じく道長の息子〕、女御《にょうご》〔歓子〕〔皇后として〕奉り給ふ。（中略）五年〔寛徳〕十二月《しわす》、関白殿〔頼通〕の御娘〔寛子〕女御に参り給ふ。これ四条の宮と申し〻御事なり。六年二月《きさらぎ》十日、后に立ち給へり。皇后の宮と申しき。

◎後冷泉天皇には、あっという間に三人の妻ができてしまった。最初の后は、伯父の後一条天皇の姫とあるから、姪になる。たがいに皇族で、血縁的に濃い関係だ。つぎの后が現在の第一人者頼通の弟の教通の娘であった。だが、最後に皇后になったのは頼通の娘であった。やはり、道長の長子である頼通の時代であり、彼の娘が皇后になっている。それはともかく、道長、頼通、教通の父子三人から、いったい何人の娘たちが天皇の妻になったことか。藤原氏、ここに極まれり、といった感じである。

○**司《つかさ》召し**

●七十一代　**後三条天皇**〔在位一〇六八～七三〕

★まだ親王《みこ》におはしまし丶時、父の帝の後朱雀院、さきの年〔寛徳元年〕の冬より患はせ給ひて、正月《むつき》〔寛徳二年〕の十日あまりの頃、位去らせ給ひて〔退位されて〕、御子の宮〔後冷泉〕に譲り申させ給ふ事ばかりにて、東宮立たせ給ふ事は、ともかくも聞えざりけるを、〔(下記に続く)〕

◎父の後朱雀天皇の病気が重くなって、後冷泉に譲位することは決めたのだが、東宮（皇太子）についてはまだなにも言わなかった。後冷泉の弟、後三条天皇は父親からあまり好かれていなかったのか、東宮、すなわち次期天皇にしたいという気がなかったようだ。そこで、

★能信《よしのぶ》と聞え給ひし大納言は、宇治殿〔頼通〕などの御弟《おとうと》の、高松〔明子〕の御腹におはせしが、御前《おまえ》〔後冷泉〕に参りて、「二の宮〔後三条〕をばいづれの僧にか附け奉り侍るべき」と、聞え給ひけるに、「坊〔春宮、皇太子〕にこそは立てめ。僧にはいかゞ附けむ。関白〔頼通〕の『東宮の事はしづかに』といへば、後にこそは」と仰《おお》せられけるを、「今日立たせ給はずば、かなふまじき事に侍り」と申し給ひければ、「さは今日」とてなむ東宮には立たせ給ひける。

◎頼通の異母弟の能信が来て、のちの後三条天皇である二の宮は、どこかの僧に預けて、僧にさせるべきではないか、と言ったのだが、これは、皇族から離して僧にするということは、皇族をあまり増やすと経済的な支援も大変であった、ということもあったのだが、ここではどういう意味があったのだろうか。しかし、頼道は、いや二宮は皇太子にしよう。《僧にはいかゞつけむ》というのはどういう意味か。修行するのはいいが、僧にするつもりはない、と言ったのだろう。そして、東宮のことはゆっくり考えようと言った。重ねて、能信はいや、皇太子にするなら、早いにこしたことはない。今、そうしなかった

ら、できないことだ、と主張したので、後三条は東宮に立ったのだという。要するに、藤原氏のトップであった兄と弟が、天皇の即位などについて、天皇家以上に力を持っており、彼らによって天皇が決められていた、ということだ、当時は。皇族からの離脱は、賜姓源氏や平氏にさせることがひとつの方法であったのだが、他方、どこかの寺院に入れて仏教の修行に励ませ、やがて、天台宗座主など、僧綱のトップに立てる、という方法があったわけだ。

◎藤原時代の天皇は、後見人として背後で応援ないし操る人の権力その他にただ、左右されていたというしかないと思う。気の毒なことである。結局、後冷泉天皇は渋っていたが、まずは後三条天皇を東宮にしたというわけだ。東宮（春宮とも言う）すなわち皇太子になれば、次代の天皇になれるという、一種の即位の保証であり、要するに、彼ら皇族にとって保険的な担保に過ぎなかったのだ。藤原氏は権威としての天皇を大事にしたが、天皇もまた、藤原氏に自分の命運を託すしかなかったのだ。だから本文でも能信は大納言になり、左大臣への道を歩き始め、《君の御ため、たはみなく〔この話を〕勧《すす》め奉り給ひけむ、いとありがたし》とある。弟の能信は兄である頼通とそんな権勢への道を競争するつもりがあったのだろう。系図で見ると、能信流は主流になれず、頼通は弟の教通の方に関白の位を譲っている。またその後を自分（頼通）の息子の師実に譲らせている。この道長流＝頼通流の系図は当分継承されていた。ただし、その何代めかで、道長流は衰退し、藤原氏の権勢も同じく衰退の一途を辿るのであるが。ただ、藤原氏の時代は日本歴史の上でも長かったと言える。

★〔後三条天皇は〕世を治めさせ給ふ事、昔かしこき御世〔延喜・天暦の時代、良い治政の時代とされる〕にも恥ぢずおはしましき〔延喜・天暦の時代にひけをとらかった〕。御身の才《ざえ》は、やむごとなき博士〔学者〕にもまさらせ給へりけり。

◎この天皇の治世は、かつてのどんな立派な時代にも負けない立派なもので、かつみずからの学問は有名な博士などよりも優れていた。そして当時の大学者の大江匡房を見出し、世に出す手引きをしたことがつぎに書かれている。

★東宮におはしましける時、中納言〔大江〕匡房《まさふさ》まだ下臈《げろう》〔身分が低い人〕に侍りけるに、世を恨みて「山の中に入りて、世にも交らじ」など申しければ、経任《つねとう》と聞えし中納言の、「われは〔あなた匡房は〕、やむごとなかるべき〔優れた〕人なり。しかあらば、世のため身のため〔世の中や自分自身のため〕、くちをしかるべし」と諌《いさ》めければ、宇治の太政大臣《おおきおとど》〔頼通〕心得ず思《おも》ほしたりけれど、東宮〔後三条〕に参り給ひければ、宮も喜ばせ給ひて、やがて殿上して〔殿にのぼって〕人の装《よそい》など借りてぞ〔正式の装束を借りて着用し〕、簡《ふだ》にもつきける〔殿上人として名札に名まえを記された〕。

◎後三条天皇が東宮だったころ、のちに大学者になった大江匡房は生まれつきの身分が低かったのか、下臈の身分であった。しかし当時から、学問は菅原・大江両家によって成立しているとされており（菅原道真や大江匡房はその代表的人物）、そんな生まれからか、現在まだ下っ端に過ぎない自分を顧みて、世の中を恨んで、山の中に籠って人とは交わらないで生きるんだ、などと言っていたのだが、匡房の才能を知っていた経任の中納言という人が、あんたには類まれなる才能が眠っているんだから、世の中にとっても、あんた自身においても残念なことだと、口を酸っぱくして言ったのであろう、しぶしぶと、装束を整えて、東宮のちの後三条天皇のもとに出かけて行くと、やがてのちには殿上人と言って、天皇と宮廷で交われるような位置へと昇っていったのだと言う。つまり、大江匡房の才能を発見し、学問への道を開いたのは、この後三条天皇だった、というわけだ。このあとに後三条天皇との親交が語られている。

★さて、〔大江匡房は後三条天皇の〕夜昼、文の道の御友にてなむ侍りける。位に即《つ》かせ給ふ初めに、つかさもなくて〔官職もないため〕五位の蔵人になりたりければ〔つまり、五位の蔵人という官位・官職を貰ったわけだ〕、蔵人の式部大夫とてなむ、空《あ》きたるに従ひて〔欠員ができたので昇進して〕中務少輔《なかつかさのしょう》にぞなり侍りける。

◎官位というのは一位から七位まであり、それぞれ、正、従、と二段階あったから十四段階があった。ある人が初めて官人になる時は父親の官位によって、その位がまず決まるようだが、従五位だと国司クラスの中級貴族の官位だが、匡房は無官位であり、まずは蔵人として朝廷、天皇に仕えることになったのだ。蔵人は、天皇に近侍して日々の世話をする役職であった。以下、出世が早いのであるが、これは、直接書いてないが、後三条天皇の推挙によっていたのであろう。吉川弘文館の人物叢書の『大江匡房』（川口久雄、一九六八）を見ると、《新参の蔵人匡房は、二十三年の長い東宮時代のあとに即位した後三条院に近侍しうる日々を迎えて、心は躍動したにちがいない。／彼の生涯を見通してみると、この後三条院に登用されたということは、儒卿〔儒学の専門家の上卿〕として生涯を貫き通しえた彼の一生の重要なきっかけとなったと考えざるをえない》、《散位の五位蔵人たる青年官僚匡房は翌一〇七〇年（延久二）正月の除目に、蔵人・東宮学士のまま式部大夫から左衛門権佐に遷任する。衛門府のことをユゲヒノツカサというから、彼が靫負佐《ゆげいのすけ》となったのはこの時のことをさす》などと、後三条天皇との深い関わりやその後の出世の展開を書いている。やはり、後三条天皇と大江匡房との間には大きな関係があったのだ。大江匡房は、後三条天皇との出遇いがなければ、あのような大学者になれなかったと思われる。天皇と近づきになれたとしても、この天皇が知識的な人物でなかったとしたら、大江匡房のような活躍ができたかどうか。非常な幸運児でもあった、匡房は。わたしは彼の「本朝神仙伝」や「江談抄」などの文章が好きである。

後三条天皇から近衛天皇
――（巻第二　すべらぎの中　第二）

○御法《みのり》の師

●七十一代　後三条天皇

★〔後三条天皇が〕東宮におはしましける時、世のへだて〔帝位につくまでの支障〕多くおはしましければ、危くおもほし召しけるに、検非違使《けびいし》の別当〔長官〕にて、経成《つねしげ》といひし人、直衣《なおし》に柏夾《かしわばさみ》して〔やや乱暴な恰好をして〕、白羽の胡簶《やなぐい》〔肩から吊るして矢を束ねて入れる箱〕負《お》ひて参りて、中門の廊にゐたりける日は、如何なる事の出できぬるぞと、宮の中、女房よりはじめて、隠れ騒ぎけるとかや。おはします所、二条東洞院《ひがしのとういん》〔京都の二条通りと東洞院が交差するあたり〕なりければ、そのわたりも、いくさ〔軍兵〕のうち廻《めぐ》りて、つゝみたりければ〔守っていると〕、「かゝる事こそ侍れ〔昔もこんなことがあった〕」など申しあへりける程に、〔検非違使の〕別当の参りたりければ、東宮も御直衣《なおし》奉りなどして〔着用して〕、御用意ありけるに、別当の検非違使を召して、「犯《おか》しの者〔犯罪者〕は召し捕りたりや」と問はれければ、「すでに召して侍り」と、いひければこそ、ともかくも申さで罷《まか》り出でられにけれ。重く過《あやま》ちたる者の、おはします近きあたりに籠りたりければ、うちつゝみたりけるに〔犯罪者を捕らえようととり囲んでいたが〕、もし〔かして〕東宮に逃げ入ることもやあるとて〔別当経成が〕参りたりけるなりけり。

◎長い引用になったが、東宮のいる宮のあたりに騒ぎが起こったか、検非違使別当が来たので、天皇もおどろいて詳細を尋ねると、犯罪者がこの辺に逃げこんだので捕らえに来たのだといって、別当をはじめ、多くの人びとが騒ぎ立てていた。平和な宮廷における一大事であって、男女ともに騒ぎ立てたのであろう。この話にはもう少し続きがあって、

★かやうにのみ危《あや》ぶませ給ひて、東宮をも捨てられやせさせ給はむずらむとおもほしけるに〔こんな危

険なことがあって、後三条天皇が東宮を辞退されるのでは、と人びとが心配したのだが〕、殿上人にて衛門権佐行親《ごんのすけゆきちか》と聞えし、人の相よくする〔人相を観てさまざまに判断する人を相人と言った。そんな相人の優れた男が〕覚えありて、いかにも天《あめ》の下しろしめすべき由申しけるかひありて〔相人がこの方は、天の下をしろしめすお方だ、と予想したので甲斐があって〕、かく雙《なら》びなくぞおはしましける〔このように、並ぶもののない立派な天皇になられたのだ〕。

◎後三条天皇は、こんなふうに東宮時代、危険な目に会いそうになったのだが、かえって立派な天皇になられたのだ、と人びとは語り合ったのであろう。ともかく、この天皇には賛辞だけがおくられ、延喜、天暦の時代の再興のように思われたのだ、という話であった。

○**紅葉《もみじ》の御狩《みかり》**〔いわゆる「紅葉狩り」の意味か〕

●七十二代　**白河天皇**〔在位一〇七三～八六〕

★延久元年〔一〇六九〕四月《うづき》二十八日、東宮に立たせ給ふ。御齢《とし》十七。同じき四年十二月《しわす》八日、位に即《つ》かせ給ふ〔即位した〕。御齢二十にやおはしましけむ。位譲り奉らせ給ひて、次の年〔五年〕の五月《さつき》に、後三条院崩《かく》れさせ給ひしかば、国の政事《まつりごと》、二十一の御齢《とし》より自《みずか》治《し》らせ給ひて、位におはします事十四年なりしに、三十四にて位降りさせ給ひて後、七十七までおはしましゝかば、五十六年、国の政事をせさせ給へりき。

◎二十歳で皇位に即き、翌年から政治を見るようになったが、三十四歳で退位し、しかし七十七歳までおはしました、というのは、退位後、つぎの堀河天皇に譲位したあと、上皇としていわゆる「院政」を施行していたわけだ。日本の院政はこの白河上皇から始まったとされる。院政時代は概して、つぎの天皇が若くして即位するので、上皇が政治を行なうことも多かった。上皇は、まず現天皇の父親である太上天皇である。これはいつしか「太上皇」ともよばれ、そこから「上皇」の言葉が独立して使われるようになったのではないかと考えている。ある時代から上皇を「院」とも言い、これは居住の殿を、〇〇院と言っていたので、この院の字が、上皇や、ときには天皇や皇后などの呼称ともなっていた。そこで上皇が行なう政治を、院政と言うようになった。院政は、用語としては新しいのかもしれない。
◎院政は、藤原氏の摂関政治と対立するものであり、いわば天皇自身が政治を行なう「天皇親政」の上皇版とも言える。摂関政治は天皇の直截な政治への関与を大きく制限し、天皇は宗教的権威のシンボルとして存在し、実際の政治は上級貴族が行なうという方式であった。親政を望んだ自立的な天皇はそれほど多くはなく、摂関政治のほうが楽だったのであろう。承久の乱の後鳥羽上皇や、のちの南北朝時代の幕を開けた後醍醐天皇は親政を行なおうとしたとされる。どちらがいいのか、現在の天皇のシンボル性と、藤原氏時代ではだいぶ違っているのだが、やはり現代は民主主義の時代であり、国の政治は民衆の選んだ人びとが代表として行なうのが当然であろう。そこで天皇とはどういう存在になるのか、という問題になる。また、最近疑問に思っているのは、民主主義における多数決、すなわち数の多い方がすべてを決定するというあり方には、全面的に賛成しかねる気もしている。なぜなら、この民主主義の政治は、少数者の意見や意思をどのようにくみ取っていくのか、ということが重要だからだ。絶えず、少数者の意思や意見をくみ取っていく社会、そんな新たな民主主義や体制が待ち望まれる。
★白河の院、御弓なども上手におはしましけるにや、池の鳥を射たりしかば、「故院〔後三条〕のむづからせ給ひし」なむど、仰せられけるとかや〔父の後三条院が、生きている鳥を射るとは、と怒ったということだ〕。まだ東宮の若宮など申しける時よりなるべし。／よろづの事道重くせさせ給ひて〔弓などだけでなく、すべての遊びを重要なものとして〕、位にても〔天皇になってからも〕後拾遺〔藤原通俊撰、後拾遺和歌集〕集めさせ給ふ。院の後も〔上皇になってからも〕、金葉集〔藤原俊頼撰〕撰ばせ給へり。〔中略〕また、唐国の歌〔漢詩〕をも、翫《もてあそ》ばせ給へり。

◎当時の上級貴族、また皇族など、騎馬による弓術や、詩歌管弦がもっとも得意な芸であったのだが（高橋昌明『武士の成立　武士像の創出』東京大学出版会、一九九九、など参照）、天皇のばあい、そんなに容易に山野に出て狩りをすることもできなかったのだろう、白河天皇は、身近な皇居の庭の池の鳥を射て、父の後三条天皇を怒らせたという。しかしこの天皇は、騎射のようなスポーツのみならず、文学のほうもよくする天皇であったという。文武両道というわけだ。さらに和歌だけでなく、漢詩をも得意にしていたようだ。藤原公任による「朗詠集」（「和漢朗詠集」）の撰に漏れた和歌を集めて、これを「後拾遺和歌集」として編ませたという。漢詩も好んだとあるが、この時代の上級貴族たちは、和歌と漢詩の両者を学んでいたのかもしれない。事項の「釣りせぬ浦々」に出てくる顕隆の中納言という人は、夜の関白（宴会などの主役級だったというのだろうか？）と言われるくらいの人だったのだが、「詩、作らではいかゞならむ」と思って漢詩の世界の勉強を始めたとある。和漢の古典に強いというのが、彼ら上級貴族の特技であった。

○釣せぬ浦々

★この御時ぞ、昔の跡《あと》を興《おこ》させ給ふことは多く侍りし。人の官《つかさ》なむどなさせ給ふ〔官位などを復活させた、か〕、よしありて、たはやすくもなさせ給はざりけり〔そんな作業はよく調べたうえで行なっていた〕。

◎またこの白河天皇は、長く失くなっていた朝廷や宮廷の儀礼などを復活させ、また学芸なども復活させたという。金泥の一切経を書かせたのも、中国でも少なくなっていたからという。中国では、ある時代から「道前仏後」といって、仏教より道教が中心的な宗教あるいは理念として捉えられるようになったことは昔、なにかの本に書かれていた。中国では、このような仏教的美術作品が生まれなくなっていたのだろうか。この天皇の時、仏教興隆にかんしてさまざまな貢献をしていることが、この項に書かれている。また、つぎのようにあった。《金泥の一切経書かせ給へるも、唐土《もろこし》にも類《たぐい》少くやと聞えし。その後こそ、この国にもあまた聞え侍れ》。日本の仏教美術を再興させた天皇ということになる。

★位におはしましゝ時は、中宮〔賢子〕の御事〔中宮の死のこと〕歎かせ給ひて、多くの御堂ども造らせ給ひき。院の後《のち》は〔上皇になってからは〕、その御娘の郁芳門の院〔媞子〕崩《かく》れさせ給へりしこそ、限りなく歎かせ給ひて、御髪《ぐし》も剃《お》ろさせ給ひしぞかし。

◎天皇の時代、中宮が喪くなるとこれを嘆き、その娘郁芳門院が死ぬと、髪を下ろして、僧形となった。ただし、かたちだけの僧になり、上皇として院政を始めたわけだ。美川圭『白河法皇――中世をひらいた帝王』（NHKブックス、日本放送出版協会、二〇〇三）によると、この中宮とは、村上源氏の源顕房の娘、賢子であった。摂関家の藤原師実の養女となり、東宮時代の白河天皇の中宮になったとある。やはり、藤原氏が後見人として必要だったのだろう、いったん、藤原氏の養子となってから、入内した。そこで、藤原氏が後見人となったのである。ともかく、さまざまに称揚された天皇であった。

○**玉章**《たまづさ》

●七十三代　**堀河天皇**〔在位一〇八六～一一〇七〕

★この帝、御心ばへあてに〔上品であり〕やさしくおはしましけり。その中に、笛を優れて吹かせ給ひて、朝夕に御遊びあれば、（中略）笛吹き給ふ殿上人も、笛の師なども、皆「かの御時給はりたる笛なり」などいひて、末《すえ》の世まで持ちあはれ侍るなり。時元といふ笙《しょう》の笛〔雅楽の竹の管楽器〕吹き、御覚えにて夏は御厨子《みずし》所〔貴人の家の台所〕に氷《ひ》召して賜ひ〔氷をくださった〕、（後略）

◎この天皇は上品で優しかったが、とりわけ笛がうまかった。笙を吹く殿人は大事にされた。よほど笛というものが好きだったとみえ、笛を吹き始めると陽気になって、時元という笛吹きに氷をくれたりしたという。この種の挿話がさまざまに語られる。和歌もよくしたとある。
★〔この天皇を慕う〕女〔たち〕は、周防《すおう》の内侍、四条の宮〔寛子〕の筑前、高倉の一の宮〔祐子〕の紀伊、前《さき》の齋宮〔伊勢神宮の祭主、内親王がなる〕の百合花《ゆりはな》、皇后宮〔篤子〕の肥後、摂〔つ〕津の君〔たぶん、この人だけ遊女であろう。後述〕などいふ、所々《ところどころ》の女房、われもわれもと返しあへり。
◎この天皇に出遇った女性たちの数の多いこと、相当な好き者かもてもて男だったのか。周防の内侍の「内侍」は、天皇の生活の面倒をさまざまにみる人。天皇の愛人となる女もいた。斎宮というのは内親王で、伊勢神宮に出向して巫女を勤める女性で、一生を斎宮として暮らすのかと思っていたが、ある期間が終わると京都に、あるいは内裏に戻っていたようだ。この斎宮の名はゆり花という。上の「摂津の君」というのはたぶん遊女であろう。摂津などの港町には遊女が多かった。ただし、遊女というのは基本的には宴席をともにし、歌を歌ったり、和歌をつくったり、という女性で、客が気に入れば、床を共にしたこともあった女性である。宴席に遊女がよばれることはふつうであった。しかしはたして、天皇自身が遊女と関係できたろうか。東宮ないし親王時代に夜遊びに出かけることはできたと思う。たとえば「源氏物語」のいわゆる「宇治十帖」には、このような男君が登場する。つまりは好き者の親王たちは、上級貴族の友人たちと、遊君を集めて管弦をはじめとする宴会を愉しんだのであろう。その遊君遊びはさらに、女が、去っていった男を恨んで出す歌を書いて男のもとに届けさせたり、また本文中にある「堀河院の艶書合《けそうぶみあわせ》」といった歌会もよくやったようだ。まあ、このばあい、題は大江匡房中納言が出したというから、艶書といっても男女の恋情を詠んだ歌なのであろうが、質の高い遊びでもあったろう。前天皇の白河院の宣旨によって成立したとされる「金葉集」という和歌集もこの時代にできたようだ。
★さてこの御時に、御息所《みやすどころ》は、これかれ定められ侍りけれども、御叔母の前《さき》の齋院《さいいん》〔篤子〕ぞ、女御に参り給ひて、中宮に立ち給ひし。殊の外の御齢《よわい》なれど〔篤子三十四、帝十五、と頭注にある〕、幼《おさな》くより類《たぐい》なくみとり奉らせ給ひて、ただ、四の宮をとかや思ほせりけるにや侍りけむ〔天皇は美人の叔母として見ていたのだろう〕。参らせ給ひける夜も、〔篤子は〕いとあはぬ事にて〔気が進まなくて〕、御車にも奉らざりければ〔お迎えの車に乗らなかったので〕、〔天皇は〕暁《あかつき》近くなるまでぞ心もとなく侍りける〔心細く待っていた〕。
◎御息所としてきた内親王は、年齢があまりにも違っていたのだが、天皇は子ども時代からなじみの叔母だったせいか、彼女が好きだったようだ。斎院というのは、皇女時代、伊勢神宮に奉仕するのが斎宮で、京都の上賀茂神社下鴨神社の巫女となった内親王をこう言った。こんな女性がのち中宮になったという。年齢的には、頭注によると十九歳違って年上だったから、ふつうは考えられない。『歴代天皇紀』によると、天皇が《元服すると、叔母に当る前斎院の篤子《とくし》内親王が副臥《そいぶし》で上がって妃となった。内親王は三十四歳とも三十二歳ともいわれている。後に中宮になった。こういう不自然な夫婦生活のなかでこの妃が皇子を生むことはあるまい。事実、篤子内親王は皇子女を生まなかった》と書いている。副臥《そいぶし》というのは、幼い天皇とともに寝て、いわば性的な指導をするようなことを言った。ここではあまりにも年齢が離れすぎており、子どもが生まれることはなかったという。
◎しかし、堀河天皇の位置はゆるぎないものであった。彼の周辺には、《左の大臣《おとど》〔俊房〕、物書く宰相にて〔大江〕匡房《まさふさ》・通俊《みちとし》、蔵人の頭《とう》にて季仲《すえなか》ある、昔に恥ぢぬ世なりなどぞ、仰せられける。道々の博士《はかせ》も、優れたる人、多かる世になむ侍りし》と書かれているところを見ると、この天皇の周辺には当時の学者や藤原氏の文化人たちがいたようだ。しかし、後見人のいない淋しい後半生であったようだ。この天皇の内侍だった典侍《すけ》の讃岐という女性が「讃岐典侍日記」を残していると、本文は紹介している。
◎最初に年上の内親王が女御として現れたときから、この天皇は後見人もなく、結局、淋しい一生を送るのでは、と危惧されたが、その生活そのものは充実していたようだ。遊君（?）との交流や、大江匡房ら当代随一の学問的領域での付き合いは広く、たとえ後見人がいなくとも、気持ちよく時代を生きることができたのではないか。そして、道長やその子どもたちの時代を頂点に、藤原氏が好き放題、権力を振るう時代はそろそろ幕を閉じかけていたのだ。世界は少しずつだけ、中世へと向かいつつあった。そうなると藤原氏に代わる勢力は、武家以外はなくなり、上級貴族たちのかつてと違う地味な生活が、都の周辺を覆っていたように思える。そんな時代が始まっていたのだ。あとは、続く天皇を凝視していきたい。

○白河の花の宴

●七十四代　**鳥羽天皇**〔在位一一〇七～一一二三〕

★この帝〔鳥羽天皇〕、（中略）十六年位におはしまして、一の親王《みこ》〔崇徳〕に譲りまさせ給ひき。白河の法皇のおはしまし〻限りは、世の中の御ま〻なりしに、かの院失せ給ひて後は、ひとへに世を治《し》らせ給ひて、二十八年ぞおはしまし〻。白河の院おはしまし〻程は、本院〔白河〕新院〔鳥羽〕とて、一つ院に御かたがたにて、三条室町殿におはしまし〻。

◎鳥羽天皇は、父、堀河天皇の死後、五歳で即位し、在位十六年ほどで崇徳天皇に譲位した。しかし祖父の白河上皇〔＝院〕はいわゆる「院政」をやったので、その間、息子の堀河や孫の鳥羽天皇は政治をみずから行なうことができなかった。院政というのはそういうことである。つまり今上天皇は何もできない状態である。白河法皇は、施政者として、上皇＝院として、実際の政治を牛耳っていたのである。そんなシステムを生み出したひとつの要因は摂関政治、つまり藤原氏の好き放題の政治時代を終焉させることにもあったろう。そしてこのばあい、天皇親政、いや上皇親政、すなわち上皇自身が日本国の主人公として、好きに政治を展開するというものだった。以下に、強力な天皇は譲位した後、つぎの若い天皇に代わって上皇政治を行ない、天皇時代以上の独裁政治を行なったのだ。これが、この院政の始まりの時期の特徴であった。

◎白河上皇がいたころは、祖父と孫の仲がよかったのか、祖父が強いたのか、白河上皇と鳥羽天皇はひとつの建物内で同居し、本院、新院としてかしずかれ、仲良く暮らしていた。三条通り室町あたりにあった殿舎に住まっていたという。鳥羽天皇の皇后の待賢門院もいっしょで、鳥羽天皇の子どもたちもそこでじゃれあって暮らしていたのだという。本院〔白河上皇〕と新院〔鳥羽上皇〕は出かける時も一つ車で出かけた。白河上皇の花を観る日の行列の華やかさが、いやと言うほど優美に高雅に華やかに描かれており、天皇や上級貴族的時代の最後の日々が描かれている。もちろん、この日や、この天皇でそんな時代は終わったわけではないが。この頃から、源氏や平氏が「武力」をもった中級貴族として登場し始め、前九年、後三年の役の源義家らが朝廷貴族として昇殿を許され、彼らも貴族社会で力を持つようになり始める。清盛の父、正盛などもつぎの崇徳天皇の時代には昇殿を許され、源氏と平氏を中心にする武士の時代が幕を開けようとし始めた時代なのであった。もちろん、天皇の領域にまでは届いていなかったが。

◎以下に書かれている挿話を写し取ろうとしたのだが、なかみがなかなか理解しがたくて結局割愛した。鳥羽天皇はなにか画策し、実行しようとしたらしいのだが、それが何か解らない。『歴代天皇紀』もあまり書いていず、ただ、《白河法皇が崩じたことは、鳥羽上皇の院政期が来たというばかりでなく、鳥羽上皇にとっては祖父の法皇に抑えられていたものをはね返す時でもあった。同時に、それは崇徳天皇にとっては不安をもたらすものでもあった。ことに待賢門院璋子の地位はおのずから弱められて来た。そして新たに藤原長実《ながざね》の女得子《とくこ》（後の美福門院）が上皇の妃として寵を得るようになる。上皇はその愛におぼれ、保元《ほうげん》の乱〔一一五六年〕の因をつくっていたといってよい》と述べる。つまり、以下、鳥羽天皇はなにか不安を抱えて、自信なく社会に対して政治を行なったのだが、まずはその初期の時代にあったのだ。「今鏡」が、この辺に書いているのは、こんな事情をなんとなく示しているように思われる。

○鳥羽の御賀

★かくて次の年〔永治元年〔一一四一〕、御髪を剃《お》ろさせ給ひき。御年四十にだにまだ満たせ給はねども〔三十九〕、年頃の御本意《ほい》も、また御慎しみの年にて。年頃は御随身《みずいじん》〔平安時代、内裏で天皇の護衛のために武装していた朝廷武人〕など止《とど》めさせ給ひて具せさせ給はねど〔とどめて連れて歩かないが〕、(以下略)

◎鳥羽天皇の後期、朝廷上層部で位を争うできごとがあり、崇徳天皇が即位していた。鳥羽天皇はそんな空気に嫌気がさしたのか、髪を下ろして僧形の上皇となり、随身の連中も連れないで出かけた、という。天下のまつりごとをやめたとは書いてないので、上皇位はそのままだったようだ。僧形になった天皇や上皇は少なくないから特別ではないが、心に思うところが大きかったのであろう。その後、仏教への接近が強まり、寺を建て、供養した。

★五十日御仏事とてさせ給ふ程に、大路に歩《あり》く犬や、木積み歩く車の牛なむどまで養はせ給ふ。御堂《みどう》の池どもの魚にも、庭の雀、鳥など飼はせ給ふ。山々寺々の僧に浴《ゆあみ》し〔僧たちに沐浴させ〕、御布施なむどはいひ知らず、たゞの折も、かやうの御功徳は常の御営《いとなみ》なり。

◎仏教に力が入ったのはいいが、その慈愛の対象は、仏寺の建立や仏像の造立に止まらず、大路を放浪する犬や、木を運ぶ牛車にもほどこし、池の魚にも庭の雀や鳥などにも餌を与えて飼わせたという。こんなことはお安い作業だが、本格的に京都中で行なおうとしたら、良寛さんなどの日がな仕事ではおっつかない。どのくらい本気だったかは、問わないでおこう。それより各寺に配るため御所にある財宝を惜しげなくばらまいたというのだが、こんなこともやりだせば限りがない。つまり、動物愛護の精神で、日ごろのうさを晴らしていたのであろう。作者の物語的叙述の一環でもあるに違いない。あるいは著者は、稀有な天皇として褒め称えたのであろうか。

○春の調《しらべ》

●七十五代　**崇徳天皇**〔在位一一二三〜四一〕

★仁和寺の女院〔待賢門院〕〔藤原璋子〕の御腹の一の御子〔崇徳〕は、位、降りさせ給ひて、新院〔崇徳〕と聞えさせ給ひし。後に讃岐におはしましゝかば、讃岐の帝とこそは聞えさせ給ふらめな。御母女院は中宮璋子と申しき。

◎讃岐にいたとあるから崇徳上皇の話である。崇徳上皇は保元の乱後に一種の流罪にあって讃岐に流されていたことは有名だが、その保元、平治の乱が近づきつつあった。やはり武士の時代が展開し、古色蒼然とした天皇の世界も武力の世界に巻きこまれざるをえなかったのだ。しかし、以下に続く記述は、保安四年（一一二三）正月二十八日、即位し、大治四年（一一二九）十一歳で元服、とある。元服より先に天皇になっていたわけだ。和歌が好きで、その遊びをさまざまに行なったことが書かれている。保元、平治の乱の話など、一行も現れていない。この「今鏡」の著者は、どう考えていたのだろうか。

○八重の汐路

●七十六代　**近衛天皇**〔在位一一四一〜五五〕

★〔崇徳天皇の父、鳥羽天皇は〕元の女院二所《ふたところ》〔待賢門院・高陽《かや》院〕も、かたがた軽《かろ》からぬ様《さま》におはしますに〔天皇は二人を寵愛したが〕、今の女院〔美福門院〕時めかせ給ひて〔美福門院のほうがさらに寵愛を得て〕、近衛の帝、生み奉らせ給へる、内〔崇徳〕の御子になし奉らせ給ふ。東宮に立て奉り、位譲り奉らせ給ふ。

◎この辺、非常に複雑なのであるが、崇徳天皇は曾祖父の白河上皇の子どもであったという噂があったと、「日本歴史大事典」の待賢門院の項にあった。崇徳天皇の父の鳥羽上皇は、寵愛した美福門院の生んだ赤子（近衛天皇）を、崇徳天皇の子どもということにして、すぐに東宮にし、三歳で即位させたのだ。系図で見ると、崇徳天皇には重仁親王という子どもしかなく、近衛天皇は崇徳天皇の弟になっている。「今鏡」の文章を読み違えているのかもしれない。校註者もとくに、説明を入れていない。そして『歴代天皇紀』によると二十六歳で死んだという。まさに短い生涯であった。母親は美福門院、藤原得子であった。

★帝の御養《おんやしな》ひ子《ご》、例なき事にて、皇太弟とぞ宣命には載せられ侍りける。

◎『歴代天皇紀』は、近衛天皇は鳥羽天皇の第九子としている。そして、生後三か月で崇徳天皇の皇太弟となった、とある。ここで養い子としているのはどういうことだろうか。鳥羽天皇の子どもでありながら、崇徳天皇の養子としたわけか。そしてたてまえは、息子なのに皇太弟として弟にしている。

★かくて年経《へ》させ給ふ程に、近衛の帝、崩《かく》れさせ給ひぬれば、今の一院［後白河］の、今宮とておはしますゝ、位に即《つ》かせ給ひにき。

◎近衛天皇の死とともに、兄弟のもうひとり、後白河天皇が即位した。崇徳、後白河、近衛の天皇は兄弟であった。後白河天皇は、なかなか天皇になれず、もんもんとして若き日を送っていた、と別の本にあったが、鳥羽天皇の三人の子どもの間で、即位に関する面倒な関係があったのだ。

後白河天皇から高倉天皇
――（すべらぎの下　第二）

○**大内わたり**

●七十七代　**後白河天皇**〔在位一一五五～五八〕

★過ぎたる方《かた》の事は、遠きも近きも、見及び聞き及ぶほどの事、申し侍りぬるを、今の世の事は〔後白河院の時代は〕、憚《はばか》り多かる上に〔皇位や譲位など、いろいろ問題が多くて〕、誰かはおぼつかなく覚《おぼ》されむ〔誰も予測ができないような不確かな時代であった〕。しかはあれども、事のつゞきなれば、申し侍るになむ〔申し上げましょう〕。当時の一院〔後白河〕は、鳥羽の院の第四の御子、御母待賢門の院、大治二年〔一一二七〕丁未《ひのとのひつじ》の年、〔後白河天皇を〕生み奉らせ給へりしにやおはしますらむ。

◎後白河天皇もしくは法皇はわたしにとってなんとなく懐かしい存在である。わたしは日本中世史の勉強をやりだしたころ、全文、白文の漢文のため苦労しつつ、九条兼実の日記「玉葉」を通読し、関東における武士たちの登場とその展開を、鎌倉幕府みずからが創った文献史料である「吾妻鏡」より、この「玉葉」の記述のなかに探ろうと考え、そんな作業を始めたのだ。関東からのニュースは早馬でも八日はかかると言われている時代であった。そして、兼実の情報は多く、「伝聞」と断り書きされていたのであるが、この日記は、当時の情報を同時的に伝え聞いたことをそのまま記録した文章として、信用度が高いのである。記事の多くが伝聞とはいえ、それなりに正確だったと思われる。この日記において、後白河の院政は微細に、丁寧に描かれていた。これを読んだ人たちは、あまり後白河法皇が好きにはならなかったのではないかな。後白河法皇と、鎌倉幕府の源頼朝は絶えず、書簡をやりとりし、後白河法皇は、この武家による新たな関東政府との折衝にあたっていた。そこには「朝令暮改」のような方法論もあったであろうし、天皇は藤原氏の活動のなかを巧みに泳いでゆく必要もあったから、後白河法皇は老獪な政治家、のような印象があった。人はすべて、菅原道真のようには純粋には生きていけないものであり、後白河の方法論も、この重要な時期を乗り切るために有効であった。はたして、「今鏡」の作者の眼に、後白河はどう映っていたであろうか。

★久寿二年〔一一五五〕七月《ふみつき》二十五日、位に即《つ》かせ給ひき。御齢《とし》二十九におはしましき。（中略）十月《かんなづき》二十六日、御即位ありて、東宮〔二条〕立たせ給ふ。

◎七月二十五日に即位したとあり、続いて、十月二十六日御即位あり、とあるのは、即位式のようなものを改めてやったということだろうか。校註者も解説していない。『歴代天皇紀』は、《近衛天皇崩御の後、主として美福門院の主張が通って後白河の即位と決まった。そして十月二十六日即位したがその前の九月、皇長子守仁《もりひと》親王〔のちの二条天皇〕が皇太子に立っている》と書き、七月二十五日とは書いてないが、この頃、後白河の即位が決まった、と考えているのではないだろうか。だから、十月の即位の前に、九月に皇太子が決まった、としているのではないか。

◎ともかく、後白河天皇は即位するまで、いろいろと難関があり、後白河が即位するまでの経路はそんなに簡単でなかったとされる。時代は、武士の時代が展開し始めていた。『歴代天皇紀』は続いて、《「文にもあらず武にもあらず」、人主の器でないと評されていた四の宮雅仁親王〔後白河天皇〕ではあったが、天皇時代から院政時代にかけて、よくこの大転換の難関を切りぬけ、公家政府の主としての任を果したといえる。全国的に武家の支配権のひろまるのを知りながら、守護地頭の設置を武家に許したことで、公家政治の伝統を守ったということはよくいわれる後白河天皇への評価である》と書いている。「文にもあらず」とあるのは、若き日、親王時代から文芸、芸能などに興味をもち、当時の今様を集めた「梁塵秘抄」を作ったことで有名なのである。しかし、みずから和歌や漢詩になじまなかった、というのであろうか。「武の人」というのは、騎馬による騎射を好む人で、後白河はそうではなかったということを言っているのかもしれない。しかし、文武ともにはっきりしない人間と見られていたのだろうか。その「人主の器でない」という評価が正しいかどうか別にして、天皇候補として四番めにあったことは、相当不利であった。しかし、天皇位は巡ってきて、第七十七代天皇として即位することができた。上述した、九条兼実の「玉葉」を読んだのは、関東武士の興隆を同時代史料によって理解したいと考えたからなのだが。

◎鎌倉幕府が成立し、幕府は日本全国に幕府の決めた守護や地頭を置きたいと要望してきた。これは、諸国に鎌倉幕府の権力を敷衍したかったからだ。権門の有する荘園に配置された地頭は、かつての郡司のように、各地の実力者から選ばれたともいうが、いずれにしろ、鎌倉幕府の威光は全国に及んだわけだ。そんな時代を後白河は、天皇時代から、院すなわち上皇になっても政治を続けた。

★〔保元元年〕五月《さつき》の末に、故院〔鳥羽〕の御悩み〔病気〕まさらせ給ひて、七月《ふみつき》に失《う》せさせ給ふ〔崩御した〕。世に聞《きこ》ゆる事ありて、いひしらぬ軍《いくさ》の事ども出で来て〔保元の乱が起こった〕、帝〔後白河〕の御方、勝たせ給ひしかば、賞ども行はせ給ひき。

◎この頃、鳥羽上皇が亡くなった。そして、いわゆる保元の乱が起こり（一一五六年）、平清盛や源義朝がついた後白河天皇側が、源為義（義朝の父であった）や、有名な源為朝のついた崇徳上皇方を破ることになった。この内乱は、朝廷貴族から出てきた平氏と源氏という武家たちが、大きく世の中に登場した嚆矢となったのである。後に起こった平治の乱（一一五九年）では、清盛ら平氏が勝利し、源義朝は敗れて逃走したが殺された。息子の十三歳くらいだった源頼朝は清盛の兄弟の平頼盛の母、池禅尼の助言で死を免れ、伊豆に流された。その後、頼朝を中心にすえた関東武士集団が鎌倉に幕府を開いた。まさしく、武士たちの活動が社会に大きな意味を持つようになってきた。そんな時代をうまくやり過ごしたのが後白河天皇（のちに法皇）であったわけである。「今鏡」は天皇たちの優雅な生活を描くのが基本であり、このような「いくさ」と天皇の関わりについて書いた記事は珍しい。それだけ、保元、平治の乱は京都貴族社会や民衆たちを脅かしたできごとであり、時代であったということだ。記事は続けて、後白河の行なったさまざまな改革についても書いている。しかしそのあとには、天皇家のさまざまな逸話を載せ、ふだんの調子に戻っている。

○内宴

★かくて年も替《かわ》りぬれば〔保元三年〕、朝覲《ちょうきん》の行幸〔後白河〕、美福門院にせさせ給ふ。誠《まこと》の御子におはしまさねども、近衛の帝おはしまさぬ世にも、国母《こくも》〔皇太后〕になぞらへられておはします、いとかしこき御栄えなり。

◎朝覲行幸というのは、天皇が両親の御所に出かけることだが、この行幸は近衛天皇の母の美福門院に任せたという。この女性は後白河の実母でなく、実母は待賢門院であった。が義母として後白河は仕えていたのであろう。彼女は近衛天皇を生み、崇徳天皇を譲位させてわずか三歳の近衛天皇を即位させた。そして崇徳天皇の親王を斥けて、後白河を即位させたという。そのような政治力のある女性であったようだ。そして、鳥羽天皇の所領を、彼女の生んだ八条院暲子内親王に継承させた。この暲子内親王がつぎに出てくる姫宮である。

★また東宮行啓〔東宮の行幸〕ありて、姫宮、御母にて、拝し奉らせ給ふ。その姫宮と申すは、八条の院〔暲子〕と申すなるべし。二十日内宴〔一月二十一日に行なわれた宮中の私宴〕行はせ給ふ。百年あまり絶えたる事を行はせ給ふ、世にめでたし。題は「春は生《な》る聖化《しょうか》のうち」とかぞ聞え侍りし。関白殿〔忠通〕など、上達部《かんだちめ》七人、詩つくりて参り給ひける。青色の衣〔春を青陽とするので、青衣が春にあうというのである、と頭注にある〕、春の大御遊びにあひて、めづらかなる色なるべし。舞姫十人、綾綺殿《りょうきでん》にて、袖ふる気色《けしき》、漢女《かんじょ》〔中国の女が舞っているように見える、と頭注にある〕を見る心ちなりけり。

◎この辺、優雅な宮廷生活が再現されている。この姫宮が上記の八条院暲子内親王である。この女性が生まれた時だろうか、行なわれた内宴のもようが語られている。文芸に興味のあった天皇だから、漢詩を作ったり、舞姫を集めて宴会を行なった。舞姫たちはあたかも、中国の芸能女性のように思われたという。この席で、尺八という楽器が初めて披露され、皆々を驚かせた。また相撲の節会なども行ない、これも久しく絶えていた宮廷の遊びであった。このような音楽や芸能に夢中であったから、後白河天皇は「人主の器」でないとされていたのだろう。後白河法皇は、天皇になかなかなれなかった頃から芸能の世界が好きで、最終的に当時の「今様」（歌謡）を集めた「梁塵秘抄」を編集している。ここにはなかなかおもしろい歌が多く蒐集されていて愉しい。

★少納言通憲《みちのり》といひしが、後は法師〔信西〕になりたりしが、鳥羽院にも朝夕仕うまつり、この御時〔後白河の時代〕には、ひとへに、世の中をとり行ひて〔政治的領域でも活動した〕、古きあとをも興し、新しき政事《まつりごと》をも速やかに計《はか》らひ行ひけるとぞ聞き侍りし。

◎この少納言藤原通憲という人物はいわゆる信西《しんぜい》とよばれた学者であったとされるが、鳥羽上皇のあたりから、宮廷に伺候し、権力をもつようになった。保元の乱にも関わった。「平治物語」などに出てくる、いわば悪役である。調べたことはないが、後白河上皇と信西（通憲）はある時代、コンビを組んでいたようである。

★かくて八月《はつき》十六日〔保元三年〕、位、東宮〔二条〕に譲り奉らせ給ふ。位におはします事三年なりき。降《お》り居《い》の帝にて〔退位したのだが〕、御心のまゝにて、世を政《まつ》りごたむと思《おぼ》し召すなるべし〔退位すると上皇となって政治をやっていこうと思った〕。さきざきの帝、位に即《つ》かせ給ひ、院〔上皇〕など申せども、わがまゝにせさせ給ふ事はありがたきに〔自分の思ったまま、政治を見ようとされるのはありがたいことだけど〕、（以下略）

◎後白河天皇は退位し、二条天皇が即位したが、後白河は上皇となって、二条天皇のかわりに政治を行なった。自分の思うままに政治の体制を維持しようとして、それは立派なことではあるが、と著者は書いており、後白河上皇が政治のみならず、仏教的領域への肩入れを見守っているのだが、心から誉めているのか、疑問を持っているのか、その辺はどうだろう。

★千体の千手《せんじゅ》観音の御堂造らせ給ひて、天龍八部衆〔仏法を守る八種の異類〕など、生きてはたらくと申すばかりにぞ侍る。鳥羽院の千体の観音をだにありがたく聞え侍りしに、千手の御堂こそおぼろげの事とも聞え侍らね〔並大抵のことではない〕。熊野〔紀伊の熊野三社〕をさへ〔京都へ〕写《うつ》して、都に造らせ給ひつらむこそ〔新熊野として京都に造った」、遠く参らぬ人のためも、いかにめづらしく侍らむ。日吉《ひえ》をも祝ひすゑ奉らせ給ふらむ、神仏の御事、かたがた興《おこ》し立てさせ給へる、かしこき御志なるべし。

◎後白河がいかに神仏、すなわち神道的世界と仏教的世界の興隆に力を振るったかが、ここでは述べられている。『歴代天皇紀』によると《今日、京都市内に新熊野、新日吉《しんひえ》などがあるのは、遠い路を行かず都の内でも詣でられるようにというのではじめられたものである》とあり、熊野を写したと本文にあることの解説である。比叡山、日吉神社もそうだったようだ。千手観音堂は、蓮華王院の本堂の三十三間堂がそれであろう。天龍八部衆とは、仏法を守る、天龍、夜叉、阿修羅などやや異類の神々を顕彰するような像を造らせたのであろう。多くの天皇が神事もさることながら、仏教興隆に力を尽くしてきたのだが、それはいったいなぜだったのだろうか。天皇はむしろ神そのものであり、神の道の側に属していたのではないか、と何度も書いたのだが。「日本書紀」では用明天皇の時代だったか、百済の王から「よき法《のり》があります」と、仏教を紹介されたことになっているが、一種の宗教王としての天皇が、外国から来た仏教をなぜ、やすやすと受容したのか、不思議であった。天皇にとって、仏教は、宗教というより、道徳観念のようなものとして捉えられたのではないかとも思う。この天皇と仏教との濃い関係についてはいまだに疑問であるが、仏教の側から言えば、天皇や上級貴族の帰依がなければ成立できない、という側面はある。キリスト教が日本に入ってきた最初期は、病者や貧民を救済するようなそぶりを見せていたが、すぐに施政者との会見により、社会の上層階級をも取りこんでいったのだったが、仏教はもっと直截的に天皇や上級貴族を信者にすることで広まっていったのだ。以下、同時代のためか、後白河の政治的側面、とりわけ関東武士団との関わりなどはまったく触れられていない。まあ、この「今鏡」の性格でもあるが。

○をとめの姿

●七十八代　**二条天皇**〔在位一一五八～六五〕

★二条の帝〔守仁〕と申すは、この院〔後白河〕の一の御子におはしましき。この幼くおはします新院〔六条〕の御親におはします。

◎つぎの天皇二条は、後白河法皇の第一子であった。即位は、保元三年（一一五八）、十六歳の時であった。後白河は院政を行なったので、この天皇も世の中にはあまり知られていなかったであろう。むしろ、後白河法皇の時代は「平家物語」などにより、平氏の滅亡と源氏の興隆にともなう後白河法皇の孫である、幼年の安徳天皇のはかない死がめだっている。源氏の世の中になると、勃興してきた源頼朝との交流のなかに後白河法皇は活路を見出していくのである。

★その年〔平治元年〕の十二月《しわす》に、あさましき乱れ〔平治の乱〕の都の内に出で来にしかば、世も変りたるやうにて、かの少納言〔信西〕もはかなくなり〔死亡し〕、めでたく聞えし上達部《かんだちめ》、〔右〕近衛の中将《すけ》など聞えし子ども〔源頼朝や義経らか〕、あるは流され、あるは法師になりなどして、いとあさましき頃なり。

◎平治の乱は、それ以前の保元の乱の時、平清盛と組んで後白河天皇の側についた源義朝が、清盛一派と戦って敗れた戦いを言う。義朝は殺され、息子の十三歳になる頼朝は伊豆に流された。信西は自害し、関係した人びとも流罪になったり、出家させられたりした。義経は伝承の人となり、鞍馬山の僧になったが、やがて奥州藤原氏のもとで成長し、頼朝と平氏の戦いに参戦したという。この乱の関係者の藤原信頼は、信西とともに後白河法皇の側近であったが、信西とはふだんから仲が悪く、こんな事件が起こったのだ、と言っている。

○**二葉《ふたば》の松**

●八十代　**高倉天皇**〔在位一一六八～八〇〕

★代々《よよ》の帝の御母、藤波の御流れ〔藤原氏の家系〕におはしますに、堀河の帝の御母后〔賢子〕も、関白〔師実〕の御娘になりて〔養女として〕、女御《にょうご》に参り給へれど、誠《まこと》には源氏におはしませば、ひきかへたるやうに聞えさせ給ひしに〔前とうって変わったように、と頭注にあるが、源氏と平氏の時代になることを予告しているか〕、今また、平《たいら》の御姓の国母〔建春門院〕、かく栄えさせ給ふ上に、同じ氏の上達部《かんだちめ》・殿上人《てんじょうびと》、近衛官《つかさ》など多く聞へ給ふ。この氏のしかるべく御栄え給ふ時の到れるなるべし。

◎この「今鏡」の天皇に関する最後の説明である。堀河天皇の母賢子は、藤原氏から出ていたのであったが、じつは、源氏の出身であった。この源氏というのは、親王などが、皇族を離れて臣籍を得て臣下になったとき、「源」氏という姓を天皇からもらったのであり、「平」氏もまたどうようであった。この賜姓源氏や平氏については、すでに述べた通りであるが、源氏は有名な源高明ら文人と、前九年、後三年の役で有名な源頼義、義家父子や、のちの源義朝や頼朝や義経たち武人たちとは、もとは同じ賜姓の系譜を持っている。つまりは天皇の息子である親王たちと近かったり、遠かったりする血縁関係のあった源氏であり、平氏であった。平氏も、高望《たかもち》流と高棟《たかむね》流という系譜があり、ともに桓武天皇の親王や王から出た人たちである。源氏も平氏も文官系と武官系のちに武家となる、ふたつの流れがあった。平清盛の妻になった滋子はこの高棟流で、「平家物語」時代は有名だった平時忠の妹であった。これに対して、清盛は、高望流の系譜上にある。高望の時、平の姓をもらったのだが、この系譜はまず東国を基盤にした国香、貞盛（平将門の乱に関係している）を出発点に盛んになった武士的存在の平氏として歴史のなかに登場している。ここから、忠盛、清盛と続く系譜の時代以降は、伊勢平氏と言われたように畿内周辺に戻り、やがて忠盛のとき朝廷内に権勢を誇ることになったのである。そしてその背景には武力があった。

◎ここで平氏から出た「国母」というのは、清盛と違う高棟流の貴族平氏の時忠の妹、滋子が後白河天皇の后となり、建春門院と号し、後白河の息子、高倉天皇を生んだのである。この高棟流から、上級貴族で官職も高い人たちが輩出した、と書いている。

しかし、まもなく、朝廷における位置は高望流の正盛、忠盛、清盛の系譜が独占するようになる。そして、清盛の弟である頼盛は生母、池禅尼とともに、殺されそうになった義朝の子、頼朝を死罪から流罪にして、頼朝は伊豆に流されたことになっている。頼盛は、頼朝が鎌倉に幕府を作ると鎌倉まで頼朝を訪ねている。その次第は、鎌倉幕府が作った歴史書「吾妻鏡」に詳述されている。ふたりの友情は長く変わらなかった。

★この氏の〔平氏の〕、しかるべく御栄え給ふ時の到れるなるべし。／平氏〔〕初めは一つにおはしけれど、日記《にき》の家〔文官系〕と、世の固めにおはする筋〔武力によって統率された武官系〕とは、久しう変りて、かたがた聞え給ふを、いづ方も同じ御世に、帝〔高倉帝〕后〔建春門院〕同じ氏に栄えさせ給ふめる。

◎平氏が上に書いたように、もともと桓武天皇から出たと称する平氏としてひとつであったのが、時忠のごとく文官系の貴族としての流れにあったのに対して、武力によって朝廷を守るような武官的な清盛らの系譜のふたつがあった。清盛が登場した頃は、文官系の平時忠は朝廷の重鎮であったし、清盛は時忠の妹の時子を妻に迎えている。しかし、時代は移り、清盛が朝廷の第一人者となったが、周知のように清盛の死後、トップに立った温厚な感じの長男の重盛は早逝し、次男の宗盛が清盛の位置を継承したのだが、源氏との抗争のなかで勝利することができずに、ついに壇ノ浦で滅亡していったのだ。しかし他方、頼朝は、息子の頼家、実朝が征夷大将軍をついだが、実朝は暗殺され、ここで源氏の血は終結し、あとは北条氏が鎌倉幕府を統率していくことになった。武力時代の平氏と源氏はともに消滅していったのである。「今鏡」の主張はそこまで書かれていないが、平氏の隆盛を見ながら、終焉していく。

◉「今鏡」はこの後白河法皇の物語で天皇の項を終わり、「大鏡」同様、第四、五、六の章は「藤波の上」同じく「中、下」として、藤原氏を中心に物語を述べ、終わっている。第七として「村上の源氏」として親王系の物語を載せ、第八「御子たち」としてやはり親王たちを描き、最後に第九「昔語」として、思い出物語を書いている。天皇を一代、一代書いていた前半で、「今鏡」論を閉じることにする。最後の後白河法皇の時代は武士団の登場にともなって、政治や戦争にまつわる話が多くなるが、それ以前はやはり優雅で至福の中にある天皇が描かれている。天皇は実質的にいろんな仕事をこなしてきたのだが、とりわけ道長時代をみると、第一の仕事は、上級貴族たちの論議した結論を「認可」することであったと思う。そして、天皇自身の意思も強く表明される「勅」を出すことであった。その他の時間は、寺社への参詣のための行幸、宮廷内では管弦や文学的遊び、宴会であった。これを何と評価していいものか。考えはすぐにはまとまらない。やはり、特別の存在として、上級貴族たちの上部に位置していたことは確かである。

◉第三章

民衆と天皇は、古代以来、無縁であった！

●テクスト
「今昔物語集」＋「宇治拾遺物語」
●出典
『今昔物語集』佐藤謙三校註、角川文庫、一九五一
『宇治拾遺物語』中島悦次校註、角川文庫、一九六〇

「今昔物語集」

◉民衆と天皇というテーマも必要だと思ったとき、その古代文学篇として「今昔物語集」（作者不詳）をまずは想起したわけだが、しかし以前から、民衆と天皇ほど、無縁の関係はないのではないかという気がしていたのである。現実の天皇グループを構成していたのは、基本的には上級貴族たちを中心に、天皇と直接に関係する朝廷の官吏たち、あるいは高名な仏教の僧たちであったのである。ここに民衆が登場する余地はまったくない。そう思って、「今昔物語集」を改めて繙いてみると、やはり、天皇に関わる説話は、この物語集が収録する説話群のなかでも少数派であった。しかし、自分が考えていたほど、この説話集は、民衆の物語だけを蒐集した本ではまったくなく、貴族たちの話もあり、高僧たちの話もあって、朝廷で働く中・下級の官人たちの話も多かった。つまりなんとなく自分が考えていたように、「今昔物語集」は民衆を中心に描いた本では決してなかったのだ。

◎そこで、補助的にほぼ同時代成立の説話集「宇治拾遺物語」（鎌倉時代初期、作者不詳）も眺めてみることにした。以下にまずは「今昔」から天皇に関する説話を拾ってみる。この本のためのテクストとして、角川文庫本を利用したのだが、この本では、インドや中国の説話は扱わず、日本国の物語を中心に、「本朝世俗部」と「本朝仏法部」の二種に分類している。ほかの本でもそうかもしれないが、講談社学術文庫の全現代語訳「今昔物語集」は、全説話を「天竺篇」、「震旦篇」、「本朝篇」、つまり、インド、中国、日本の三部に分けて構成している。いずれにしても、世俗部、すなわち仏教世界の話でなく、上下の階層の人たちの世界をも含む「世俗部」を覗いてみようと考えた。

◎天皇の文字が現れる例のほとんどは、まず、巻二十二の第一「大織冠《だいしょくかん》始めて藤原の姓《しやう》を賜《たまは》りし語《ものがたり》」の冒頭に（この題名の最後の「語」を何と読むべきか、「はなし」と読むのでは、とも思ったが、ここでは佐藤謙三校註本に従うことにした。ちなみに講談社学術文庫本では、「語」を「こと」と読んでいる）、《今《いま》は昔《むかし》、皇極天皇と申しける女帝の御代に、御子の天智天皇は春宮《とうぐう》にてぞおはしましける》とあるように、天皇の名まえは、この物語が、日本史的にどの時代の説話であるかが簡単に理解できるための「記号」として使われているのである。多くは、《聖武天皇の御代に》のように簡略化されて書かれている。これは、この「今昔」という説話集が民衆のために書かれたというわけではなく、字の読める読者、すなわちある一定以上の階層の人びとのための本であったことを示している。古代以降の書籍のほとんどが識字層の読者を対象に描かれ、かつ読まれてきたのはもちろんである。だから、これら識字層の人たちは、「日本書紀」や「続日本紀」などの歴史書を読んでいたかどうかは別にしても、天皇の名まえを出されると、その時代がほぼ解ったのである。たとえば、聖武天皇の御代、ならば、奈良時代であり、桓武天皇の御代、であれば平安時代の初期であることが理解されたのだろう。ただし、奈良、平安、鎌倉時代などの分類は新しいものであり、奈良の大仏のできたころ、とか京が都になったころ、のような理解であったのだろう。「今昔」では、必ずしも天皇名だけでなく、その説話の主人公の名まえから始める話も多い。同巻、第二話のように《淡海《たんかい》公と申す大臣おはしましけり》、とあって、藤原不比等が主人公の説話である。じつはこのように、古代前期から上代とよばれるような時代の主人公も描かれ、平安末期の同時代人でなく古い時代の人が描かれる例も多いのである。では、具体的な作業を始めてみよう。以下、テクストの旧漢字を新漢字に改め、ルビを加えたところもある。引用文中の□は、原文の闕字を示している。

1 ―― 本朝世俗部

●巻第二十三、相撲《すまい》人成村、常世、勝負の語《ものがたり》第二十五

★今は昔、円融院天皇の御代に、永観二年〔九八四〕と云ふ年の七月□日、堀河院にして相撲の節〔会〕ありける。

◎円融院天皇の世に、有名な相撲取りに、真髪成村《まがみのなりむら》と、海常世《あまのとこよ》という人がいた。宮廷の年間行事に相撲《すまい》の節会《せちえ》という相撲大会があった。この相撲取りの人たちが、朝廷のどこかに属していたのか、全国から有名な相撲取りがいたのか、明確ではないが、ともかく有名な相撲取りたちが一同に集められ、相撲大会があった。天皇のまえで力士たちは左右二組に分けられ、たがいのメンバーが代わるがわる出て来て、何番かの相撲が繰り広げられたのだが（現在の大相撲の場所と同じであろう）、最後の勝負をする相撲人を最手《ほて》といい、この二人が立ちあうことになった。ところがふたりとも過去に何度も勝負したことがあって旧知の間柄であった。そこで上記のふたりは勝負をしたのだが、どちらかが負けることになる、そんな試合がしたくなくて、たがいに逡巡していたのだが、結局、勝負することになった。そしてハラハラドキドキの長い勝負が続いた。そしてついに成村があおむけに倒れた。当時、勝ったほうが負けた側を、手を叩いて笑うことになっていたという。しかし、負けた成村が立ち上がったのに対して、常世は倒れたままで、相撲の長《おさ》たちが彼を担いで相撲屋（相撲取りたちが休む支度部屋か）に連れて行ったのだが、常世は力なく、播磨の国に帰って死んだという。胸の骨が折れていたというのだ。なんだかせつない話である。

★左右の最手《ほて》、勝負すること、珍らしき事にあらず。常の事なり。然るに、天皇の、其の年の八月に位を去らせ給ひければ、左右の最手〔 〕勝負しては忌むと云ふ事を云ひ出でて、それより後には勝負する

ことなし。これ心得ぬことなり。更にそれに依るべからず。

◎最後の横綱のような、最手が勝負することは、珍しいことではない。しかしながら、天皇がその年の八月に譲位するために、最後の最手同士の勝負を忌むということを言いだすものがいたのか、それより後は、最後の勝負をしないことになった。これは理解できないことだ。天皇の譲位とは関係ないことだ。そんなふうに「今昔」の著者は息巻いているように思われる。相撲の好きな観衆にとって、天皇の譲位と最後の横綱勝負は関係ないではないか。原文は案外難しくて誤読しているかもしれないが、大意は天皇の譲位問題と相撲の勝負を結びつけたことに文句を言っているように思われる。ここには、天皇第一主義のような発想はなく、相撲の勝負に熱中する人たちの息吹きのほうが強く聞こえてくるのであるが、どうだろうか。

●巻第二十四、碁打《ごう》ち寛蓮《くわんれん》、碁打ちの女にあへる語第六

★今は昔、六十代延喜《えんぎ》の御時に、碁勢《ごせい》、寛蓮と伝ふ二人の僧、碁の上手にてありけり。寛蓮は品も賤《いや》しからずして、(中略)内〔内裏〕にも常に召して御碁を遊ばしけり。天皇もいみじく上手に遊ばしけれども、寛蓮には先《せん》二つなむ受けさせ給ひけり。

◎「延喜の世」というのは、非常に安定した良い時代の代名詞でもあり、これは醍醐天皇の時の話である。碁勢と寛蓮は別人のように書かれているが、脚注には、同一人であったという説も紹介されている。本文は天皇と寛蓮の碁に関する話なのである。寛蓮は人品も卑しからぬ僧であり、内裏に来てよく碁を打っていたという。醍醐天皇も碁を上手に打ったが、寛蓮には二目置かせて、つまりハンディキャップをつけて戦っていた。寛蓮は、ものを賭けての勝負だったのか、その金の枕を頂戴して帰ったのだが、見ていた若い殿上人たちが寛蓮を襲ってその金の枕を奪い取ることが多くなったのだという。これははっきりとは書いてないが、《奪ひ取らせ給ひにければ》と、

給うと書かれているので、醍醐天皇が殿上人たちの勇ましいのを使って、寛蓮から金の枕を取り戻していたらしい。

★然る間、猶〔 〕天皇負けさせ給ひて、寛蓮、その御枕を賜りてまかり出でけるを、前の如く若き殿上人、あまた追ひて奪ひ取らむとする時に、寛蓮、懐《ふところ》より其の枕を引き出でて、后町《きさいまち》の井に投げ入れつれば、殿上人は皆去りぬ。

◎ここは、訳は不要であろう。寛蓮は金の枕を奪われないために、后町というところの井戸にその枕を投げ入れたのだ。

★其の後、〔殿上人が〕井に人を下して枕を取り上げて見れば、木を以て〔もって〕枕に造りて、金の薄《はく》を押したるなりけり。

◎金の枕はじつは木で造った普通の枕に金メッキを施したようなものだったのだ。そう思って読むと、天皇もさすがにやり手だな、金の枕と偽って寛蓮をとりこにして遊んでいたのか、と。しかし、話の展開はそうではなく、寛蓮が木の枕を造っておき、天皇から賜った金の枕のようにみせかけて、じつは金メッキの偽物を井戸に投げこみ、天皇をあっと言わせ、かつその金の枕を解体して、のちに弥勒寺という寺を建てたという美談になっていた。

★天皇もいみじく構へたりとて笑はせ給ひにけり。

◎と、話の前半は終わっている。天皇は太っ腹に、寛蓮のやつもなかなかやるわい、といったふうに笑っていたというのである。この物語における天皇は、別にいたずら好きというわけではないが、碁を愉しみ、金の枕で碁の名人の寛蓮という男に、結局は寺を建てさせるという功徳を施していたわけだ。ただし、殿上人を唆して、金の枕を何度も取り上げていたというのは、あまりに工夫に凝り過ぎた方法ではないだろうか。物語はこれで終ったわけでなく、この後、碁を打つ女との出遇いや、その女性に敗れた話が続くのであるが、省略した。

●巻第二十八、左京大夫□□、異名を付けられし語　第二十一

◎この話は天皇自身の物語というより、青経《あおつね》というあだ名をつけられた男の哀れな物語なのである。左京大夫は官職名で、左右の京都の警備人の長官のような仕事であった。

★今は昔、村上天皇の御代に、ふるき宮の御子にて、左京大夫□□と云ふ人ありけり。（中略）いみじくあてやかなる〔上品〕様《さま》〔ようす〕はしたれども、有様、姿なむをこ〔をこ、は愚鈍、バカ、の意〕なりける。

◎村上天皇のとき、ふるき宮、は前の天皇らしいのだが、左京大夫□□という人がいた。この□のところは、上に断ったように闕字であり、「今昔物語」が複製されるようになったとき、ここでは、原文に書かれた名まえの部分が、原文が古いため紙魚《しみ》などのせいで読めなくなっていたのだろう、古い資料だったから。なにがしとい大夫（位が五位の人、中級官人である）がいたのだが、上品ではあるが、なんともおかしな風貌の人がいた。脚注によると、この左京大夫は、式部卿重明親王の子で、源邦正、とある。賜姓源氏のひとりだったわけだ。

★頭の鐙頭《あぶみがしら》〔さいづち頭、後頭部がおでこになっている〕なりければ、纓《えい》（冠の後部についている帯状の飾りで下にだらっと垂れている）は背《せ》に付かずして離れてなむ振られける。色は〔顔色は〕露草《つゆくさ》の花を塗りたるやうに、青白にて、眼皮《まかは》〔まぶた〕は黒くて、鼻あざやかに高くて、色少し赤かりけり。唇は薄く色もなくて、笑《ゑ》めば歯がちなる〔出っ歯だったのだろうか〕者の、はじし〔歯茎〕は赤くなむ見えける。声は鼻声にて高かりけり。（中略）歩びは背を振り、尻を振りてぞ歩びける。

◎要するに大変なぶおとこであるうえ日常のしぐさがおかしく、色が青いので、青経の君というあだ名がつけられて、人びとの笑い者になっていた、そんな男がいたというわけだ。青経というのは、常に青い、青白い男とでもいう意味だろう。

★天皇これを聞し召しあまりて、「殿上の男《をのこ》どものこれをかく笑ふ、いと便《びん》なきことなり〔ひどいことだ〕（後略）

◎と言われて、まじめに不機嫌になられたので、殿上人たちも、もう笑いませんと誓ったという。そして青経というあだ名も使うことをいましめた。また、青経とよんだ人間は、酒、肴、菓子などを出して青経なる人物に与えよと命じたという。この天皇はけっこうまじめな人であった。そして、殿上人たちも静かになったころ、堀川の藤原兼道という大臣が、この掟をやぶって、青経の後姿を見て、《かの青経丸はいづち行くぞ〔どこに行くのか〕》と言ってしまったのだ。そこで殿上人たちが、酒や肴で贖《あがな》うべし、と騒ぎたてた。兼道は拒んでいたが、責められて、じゃあ、贖うから殿上人たちは全員、集まってくれ、と言った。そしてその日になり、殿上人たちが集まると、兼道は正式な直衣《のうし》姿で現れたのだが、

★直衣のなよゝかにめでたき裾より、青き出袿《いだしうちぎ》〔直衣のすそから下の着物が少しはみ出る着方〕をしたり。指貫《さしぬき》も青き色の指貫を着たり。随身〔武装して主人を守る人。天皇から貰うことが多かった〕四人に、皆、青き狩衣袴《かりぎぬばかま》〔袖の部分が少し開いて動かしやすくした服とはかま〕、袙《あこめ》（襟のようなもの）を着せたり。

◎要するに、大臣を始め付き人たちが全員、青い衣装を身に纏ったわけだ。すなわち、青経の君である左京大夫を小馬鹿、いや大馬鹿にしたわけだ。いたずらはそれでは終わらず、肴を盛った皿や酒を入れた瓶などは青磁、ある男には、竹の枝に青き小鳥五つばかりくっつけたものを持たせた。すなわち、その悪戯はいたずらの域を超えて悪意に近い。しかるに、

★殿上の人どもこれを見て、皆、諸声《もろごえ》に笑ひのゝしる事おびただし。

◎この集まりに参加した殿上人たちは全員で大喜びして笑いさざめいたというのだから、ひどい。そしてその時、

★天皇これを聞し召して、「これは何事を笑ふぞ」と問はせたまひければ、

◎近くの女房が事のしだいを説明すると、天皇も興味を持ち、そっと覗いてみて、

★え腹立たせ給はで、天皇もいみじく笑はせ給ひけ

る。
◎天皇はこの光景を見て、腹を立てないばかりか、大いに笑い転げたというのである。天皇が幼稚だったのか、無垢だったのか、あるいは、人間なら皆この光景に笑いこけたとでも言うのだろうか。天皇もとりわけ実直というわけでなく、ふつうの人間と同じような感性の持ち主であったのである。頭の「え」の字は古語辞典によると、否定の動詞の時、語頭につける言葉で、「え見えず」のように使う、とあった。ここでは、え腹立たせ給わず、の意である。

●巻第三十一　竹取の翁、女児を見つけて養ひし語第三十三

◎つぎの挿話は、世によく知られた話であるが、天皇の物語が少ないので取り上げておく。
★□□天皇の御代に、一人の翁《おきな》ありけり。竹を取りて籠《こ》〔かご〕を造りて……。
◎要するに「竹取物語」であり、竹取りの翁が竹のなかに女の子をみつけてこれを育てると大層な美人となり世間の評判になった。多くの男たちが求婚したのだが、女は聞き入れず、空にいる雷を捕まえてこい、だの、三千年に一度咲くという優曇華《うどんげ》の花を取って来いとか、不可能な要求をつぎつぎに繰り出すのであった。だから、だれも彼女を嫁にできた人はいない。
★然る間、天皇、この女の有様を聞し召して、この女、世に並《なら》び無くめでたし〔較べる人がいないくらい美しい〕と聞く。我行きて見て、まことに端正の姿ならば、すみやかに后《きさき》にせむとおぼして、忽《たちま》ちに大臣〔、〕百官をひきゐて、かの翁の家に行幸ありけり。
★天皇、これを見給ふに、まことに世にたとふべき者無くめでたかりければ、「これは我が后にならむとて、人には近付かざりけるなめり」と嬉しく思し召して、
◎天皇が皇后にする、と言えば断ることのできた人はいなかったのだろう。その構図は現代でも変わらない。天皇もしくはその周辺が探し出した女性は、最初辞退するのだが、さまざまな手段が展開してい

るのだろう、結婚は成立している。また、女が天皇と結婚するために、ほかの男たちの求婚を拒んできたのだ、と一人合点して喜び勇んで女のもとにでかけるのだ。このような天皇の自信という地平も日本社会が古代以来培ってきたのであろう。そこで天皇は勝ち誇ったようにおまえはおれのものだ、みたいな下品な、ではないにしろ、命令のようにいっしょに宮に帰ろう。そして后にしてやろう、と。しかし女は答える。

★女の申さく、「我〔〕后とならむに、限りなき喜びなりといへども、まことには己《おのれ》人にはあらぬ身にて候ふなり」と。天皇の宣はく、「汝、されば何者ぞ。鬼か神か」と。女のいはく、「己、鬼にもあらず神にもあらず。但し己をば只今〔〕空より人来て迎ふべきなり。天皇、すみやかに返らせ給ひね」と。

◎たぶん初めての拒絶にあって、天皇が驚き見守るうちに天から人びとが大勢やってきて、女を輿に乗せて宙空へと昇っていくというおなじみの光景が展開し、天皇は空しく宮城へと引き返すというわけだ。おそらく天皇の求婚を拒絶した最初で最後の女性だったのではないか。もっとも平安時代の貴族たちの恋愛は、女性たちが外に出ることはないので、美人だと噂に聞いたり、「源氏物語」のように、垣根の隙間から覗いて女性を発見したりした。宮廷などでも女性たちは男と部屋を別にしていたし、男と出遇ってもうつむき加減にして正面から貌を見せないようにしていた。これは「源氏物語絵巻」などで、宮廷の女性たちの目は「へ」の字や、「ノ」の字をさかさまにしたように描かれており、ぱっちりと開けた双眸が視えることはほとんどない。だから、光源氏も噂だけで尋ねていった女性が、ものすごく不細工な貌つきで困惑したこともあった。天皇が噂だけで女のもとに行けた時代も限られていたのではないか。外出がそんなに容易ではなかったから。その意味では気の毒でもあるが、天皇の求婚を了承してくれないような例はなく、しかも何人かの妻を持つことができた存在は、基本的には天皇ひとりだけであった。とは言え、実際には上級貴族たちは、正妻のほかに何人かの妻を持っていたことは明らかである。「一夫多妻」という情況は、裕福な男でないと成立しない形式なのである。

◉以上で、「今昔物語」の「世俗部」を終わるのだが、天皇がほんのわずか登場する話はほかにいくらかあるが、天皇自身の物語が、民衆のあいだで語り継がれることは、「竹取物語」のような例を別にすれば非常に少なかったのであろう。そこで「仏法部」も覗いてみよう。こちらは高僧や一般の僧の話がほとんどなので天皇の話はあまりないだろうと思ったのだが。天皇の領域では、固有の儀礼とつぎに仏教的儀礼が多かった。高僧がよばれて講師となって、いろんな経の講釈を天皇は聴いていた。わたしの持論では、天皇は宗教的地平から王権を構成していたのであるから、仏教が日本に伝わったとき、なぜこれを拒絶しなかったのか、とまえから考えていたのだが、天皇は意外に仏教の徒となることにあまり抵抗しなかった。神社系統神道も仏教の「本地垂迹説」を受容し、日本の古い神々はじつは仏教の神の日本化したものだ、という押しつけ理論に屈服し、大きな神社にはたいてい寺院も併設されている。もっとも、大寺院には小さな神の祠が、あるいは神社があったりするのだが。

2――本朝仏法部

◉仏法部の最初の話は聖徳太子の話で（巻第十一の第一）、ここでは聖徳太子が仏教が伝来した時、天皇にこれを推奨し、仏像が齎されるとこれを受容したと書いている。「聖徳太子はいなかった」という新説もある。要するに、聖徳太子こと厩戸〔の〕皇子という存在はあったのだが、「日本書紀」などに書かれた聖徳太子像は、この時代の偶像として造形されたのではないか、というのだが、わたしはその説に賛成である。聖徳太子そのものを研究したことはないのだが、憲法十七条の件とか、個人の頭脳から生まれたものではないような説話で充ちている。

当時のいろいろな理想が太子像のなかに結晶しているに違いない。まあ、それはともかく、つぎに進もう。
◎巻第十一の第五は、聖武天皇の話で、この天皇が中国（唐）から帰ってきた道慈という僧の信者となり、仏教の日本化に大いに力となったという話である。「聖武」という諡号も、仏教受容の大きな担い手になったことを後世、「聖」の字で形容したものであろう。僧の中にも聖《ひじり》とよばれた人は少なくなかった。以下に、聖武天皇の東大寺のように、○○天皇が○○寺を建立したという話は多く、天皇が仏教興隆に大きな力となったことが、仏法部の前半においては大きなテーマのひとつになっていたようだ。
◎同巻の「元明天皇、はじめて元興寺を作りたる語　第十五」には、《わが朝の元明天皇、この仏の利益霊験《りやくれいげん》を伝え聞きたまひて、この朝に移したまひて、伽藍《がらん》を建立《こんりふ》して、安置したてまつらむとおぼす願《ぐわん》ありけるに、国王の外戚《げしやく》（母方の親類）に僧あり》とあり、天皇を、「国王」とよんでいる。あと三か所、国王の字が天皇に使われていた。こんな例は、世俗部には一例もなかった。時代が変ってもなかったのではないだろうか。なんだか不思議な気がしたのである。しかし、一般的に、天皇というのは、王さまなんだ、という観念が通用していたようだ。王という観念が民衆的にどう捉えられていたのか、あるいは社会的に認知された言葉であったのかどうか、その辺は不明である。
◎以下に、○○天皇が、○○寺院を造った話が続く。推古天皇は、聖徳太子の始めた熊凝《くまごり》の村に寺を完成した。これを舒明天皇が百済河のあたりに移したものが、百済の大寺と言うとある。聖徳太子は仏教の普及に熱心で、法隆寺も造っている。天智天皇は薬師寺を造り、天武天皇は大官大寺を造って、元明天皇が奈良に移したとある。聖武天皇は東大寺を造った。

●巻第十一　天智天皇、志賀寺を建てたる語　第二十九

★今は昔、天智天皇、近江の国、志賀郡、粟津の宮

におはしましける時に、寺を建てむといふ願ありて、寺の所を示したまへと祈り願ひたまひける夜の夢に、僧来て告げていはく。
◎天皇は戌亥《いぬい》（北西）のほうに優れたるところあり、と告げられて眼が醒め、外に出てみると戌亥のほうに、光が見えた。「光」はふつう怪しい現象の記号でもあるのだが、ここでは聖なる地を暗示していた。早速、使いを派遣すると、はたして、谷川に沿って行くと、高い岸（崖か、滝が流れ落ちていたのであろう）があり、その下に洞《ほら》（洞窟）があった。
★洞の口のもとによりて内をのぞきければ、年老いたる翁《おきな》の帽子したるあり。その形すこぶる怪し。この世の人に似ず、まみさかしげにして〔目つきが鋭くて〕極めて気高《けだか》し。
◎そこで使いが、天皇が言われるには、この山のあたりに光があったと。それで見に来たのだと説明した。
★翁つゆ答ふることなし。
◎老人は一言も発しなかった。使いは帰って天皇に報告した。なんだか、威厳のある老人がいたのですがと言って。
★天皇、これをきこしめして、驚き怪しみたまひて、「われ行幸《みゆき》して、自ら問はぬ」と仰せられて、忽ちその所に行幸あり。
◎天皇は輿から降りて、洞窟に近寄った。すると翁がいた。
★いささか畏《おそ》るる気色《けしき》なし。錦の帽子をして薄色（薄紫）の襴衫《なほしのころも》〔裾をつけた衣服と、脚注にある〕を着たり。形かみさび、気高《けだか》し。
◎天皇が驚くくらいに神さびた威厳のある老人であった。ここで、天皇は「神」より一段低い存在だったことが解る。当時、そんな理解があったのだ。そんな老人からこの地の謂われを聞き、ここに志賀寺を建てたのだという。天皇が自分自身を「神」として観念していたのではないことが、この説話から解る。この話は、なんだか不幸な僧たちの話が連続して終わる。やはり「光」は不吉な存在であったのだろう。なぜかは解らない。つぎの挿話にも「光」が登場するのだが……。

●巻第十七、金鷲優婆塞《こんじゆうばそく》、執金剛神《しふこんがうじん》に修行せる語第四十九

★今は昔、聖武天皇の御代に、奈良の京の東の山に一つの山寺あり。その山寺に一人の優婆塞《うばそく》あり。名をば金鷲《こんじゆ》といふ。

◎優婆塞というのは、ふつうは出家するが、一般社会に住んだままの疑似僧で、まあ熱心な仏教徒である。金鷲というそんな人物がいた。聖武天皇がまだ東大寺を造る以前、その地の山寺に金鷲が住んでいたのだが、そこには、執金剛像があった。執金剛像とは、金剛杵《しょ》という一種の仏教的武器を持つ、仏教の守護神である。金鷲はこの像のふくらはぎに縄をかけて（動かなくしたのか、逃げなくしたのか、変だ）、昼夜修行に励んだという。すると、そのふくらはぎから光が放たれたという。そしてその光は天皇の宮殿に飛んでいった。

★天皇この光を見たまひて、これいづれの所より来れる光といふことを知りたまはずして、驚き怪しびたまひて、使いをやりて尋ねたまふに、使い、勅《みことのり》をうけたまはりて、光に付きてかの山寺に行きて見れば、一人の優婆塞ありて、執金剛神のこむら（ふくらはぎ）に縄をかけて礼拝して仏道を修行す。

◎使いが帰って天皇に報告すると、天皇は金鷲をよび、その理由を尋ね、彼が仏道に入ることを許したという。天皇の許可がないと仏教僧になれない？　そんな時代があったのだろうか。中世には、みずから頭の髪を落として出家する人がいくらもいた。奈良時代はまだ、そんな出家を認めなかったのだろうか。たぶんそうではなく、僧の階級を言う僧綱という制度があった。この制度における僧は朝廷から公認されていた。天皇は金鷲を朝廷の認める正式な僧とした、ということだろう。これに対し、私度僧という僧がいて、これは公認されていない僧であった。この民衆社会の私度僧を、天皇が公認した、という物語であったのだろう。

●巻第二十、高市《たけちの》中納言、正直によりて神を感ぜしめたる語　第四十一

★今は昔、持統天皇と申す女帝の御代に、中納言大神《おほみわ》の高市麿《たけちまろ》といふ人ありけり。もとより性心直《ただ》しくして心に智ありけり。また文を学して諸道に明らかなりけり。されば、天皇、この人をもちて世の政《まつりごと》を任《まか》せたまへり。これによりて高市麿、国を治め、民をあわれぶ。

◎高市麿、大三輪の高市麻呂、と注にあるので、実在の人物だったのだろう。天皇は、持統天皇、すなわち天武天皇の妻であり、天武の死後、そのあとを継いだのであった。そして早くも政治の世界は臣下の大三輪氏に任せたのである。しかし「日本書紀」などにはそのように、政治を任せる存在を置いたようには書いてないと思われる。天皇が摂政や関白に政治を任せるようになったのはもっとずっとあとだった。しかし話は続く。

★しかる間、天皇、諸司に勅して〔命令を出して〕、猟《かり》〔狩り〕に遊ばむために、伊勢の国に行幸《みゆき》あらむとして、「速《すみや》かにそのまうけ〔設け〕を営むべし」と下《くだ》さる。

◎歴代天皇は狩りに行くことを慣例としていたのだが、女性天皇であった持統天皇もやはり狩りを行なっていたようである。役人たちに早くその準備をするようにと命じたのだった。行幸、下記の御幸、御行など、「みゆき」は天皇が内裏を出て外に出かけることを言う。

★高市麿奏して〔天皇に言った〕、いはく、「近ごろ、農業のころなり。かの国に御行《みゆき》あらば、必ず民の煩《わずら》ひなきにあらず〔民に迷惑がかかります〕。さらば御行あるべからず」と。

◎賢臣、高市麿は、今時分、狩りに行くのは、農民の春の作業を邪魔することになるので、狩りはやめるべきだと、諫言する。だいたい、天皇や朝廷は農民を収奪して食っているわけだから、農作業の邪魔をするなど、論外のできごとと言わねばならない。

しかし、

★天皇、高市麿の言に随《したが》ひたまはずして、「なお御

行あるべし」と下さる。
◎それでも行くと天皇もがんばったが、高市麿の重ねての諫言に、ついに狩りをやめたという。あとは、この高市麿が、農民のためにいろいろと協力した話が書かれている。天皇は言うことを聞いたが、いったん言い出すとその言葉はふつうは、だれも反対できなかったのであろう。天皇の絶対権力が、持統天皇という早い時代から始まっていたことを、この話は物語っていよう。あるいは天皇自身が、人民にたいしてなんでも要求できる存在なのだ、という自己認識を早くから育てていた、ということにもなるだろう。そんなふうに仕立てたのは、臣下のほうであり、高市麿のような賢臣がたくさん出てくれば、天皇の在り方も変わったであろうし、あるいは天皇自身がばかくさくなって天皇をやめるようなそんな存在も出てきたのかもしれない。天皇の早い退位にはそういうケースもあったかもしれない。
◉やはり、読む前からの予感は当たっていて、民衆的世界にあって、天皇の影は薄かった。それは、やはり天皇という存在が、非常に希薄だった。それは、やはり天皇という存在が、社会の上層にあった貴族たちによって形成され、維持されてきたからであろう。そのメリットがなんだったのか、貴族層自身は語っていないようにも思われる。先に見た「続日本紀」などの天皇中心の世界観や、貴族の構築した世界の構造のなかの天皇の機能が、彼らの世界を存続させるための重要な装置であり、地方武士のような天皇と無縁の存在が社会の中で蠢動し始め、国家を揺るがすような時代になると、天皇王権の持続はしだいに困難になっていったのではないだろうか。ただし、武士たちは天皇制の領域での反体制勢力にはならなかった。それは武士の時代が終っても、武士に替わる人びとも同様であることが、しだいに解ってくるであろう。現在、わたしはそう考えるが、今後の作業がかってな私観にどのような影響をもたらすかが、興味深いのである。しかし、「今昔物語集」の天皇に関わる説話があまりに少ないので、民衆の物語を集めている「宇治拾遺物語」を覗いてみることにした。

「宇治拾遺物語」

◉「宇治拾遺物語」は、万治二年（一六五九）刊の木版本がみつかり、うんぬんと、角川文庫本の解説にあるので、江戸時代初期には本として成立していたものだが、蒐集された物語は奈良、平安、鎌倉時代の説話であろう。ちなみに巻第一の最初の一話は、和泉式部のもとに通った藤原道綱の息子の僧の話であり、やはり古代の物語集であったといえる。ここではそんな詮索は抜きにして早速、天皇に関する話題を探ってみることにする。

●巻第三　一七　小野篁広才ノ事

★今は昔、小野篁《おののたかむら》といふ人おはしけり。嵯峨《さが》の御門《みかど》の御ときに、内裏《だいり》に札《ふだ》をたてたりけるに、無悪善と書きたりける。御門、篁に「よめ」とおほせられたりければ、「よみはよみさぶらひなむ。されど、恐《おそれ》にて候へば、え申《もうし》さぶらはじ」と奏しければ、「たゞ申せ」とたびたび仰《おほせ》られければ、「さがなくてよからんと申〔し〕て候ぞ。されば君〔天皇〕をのろひまゐらせて候なり」と申〔し〕ければ、（下に続く）

◎引用が長くなったが、学者で歌人で、書家としても有名な小野篁がいた。嵯峨天皇のとき内裏に高札を立て、「無悪善」と書いた落書のようなものがみつかったのだ。そこで天皇が小野篁に読め、と命じると、読むのはかまいませんが、なんだか恐れある言葉のようで、読めません、断った。しかし天皇は読むよう、重ねて命じた。文中の「さがなくて」の「さが」は「悪性」と、脚注にあるのだが、篁はしかたなく「悪性がないのがよい」と読み、これは天皇をのろった呪言です、と申しあげた。「無悪善」の漢文的読みかたは、「悪と善なし」と読むのか、「悪なくしてよし」とでも読むのか、難しい。この説話では、「天皇にもし悪心がなければよかった」と読んだから、嵯峨天皇には悪性がある、として、天皇を呪詛している、と深読みしたことになっている。小野篁を天皇がいじめようとしたのだろうか。

★〔天皇は〕「是はおのれはなちては〔これはおまえを離れては、おまえでなければ〕たれか書《かか》ん」とおほせられければ、

◎やや難しいが、天皇が言うには、「この文句は篁、おまえ以外には書けないのではないか」と、たぶん怒っているのだ。

★「さればこそ、申《まうし》さぶらはじとは、申〔し〕て候《さぶらひ》つれ」と申すに、御門「さて、なにも書きたらん物は、よみてんや〔書いた文章は読むんだな〕」と仰せられければ、

◎篁は答える。「そんなふうに思われるのがいやで、読めないと言ったのです」と。天皇はさらに追及して、「では、なんでも自分で書いたものは読めるんだな」と言われる。

★「なにてもよみさぶらひなん」と申〔し〕ければ、片仮名のねもじ〔ネ、の字〕を十二かかせ給て、「よめ」と仰せられければ、「ねこの子《こ》の、子ねこ、ししの子の、こじし」とよみたりければ、御門ほゝゑませ給《たまひ》て、事なくてやみにけり。

◎天皇の追及に、文字で書かれたものなら読めます、と小野篁が答えると、天皇は「ね」の字の片仮名の「ネ」を、十二個書かせて、どうだ読んでみろ、と言う。そこで、上記本文のように、「猫のこは猫、獅子の子は獅子」と読んだというのだが、天皇の怒りは収まり、むしろ笑って、何事なくすんだ、という言葉遊びのような話であった。すなわち、「子」は十二支では「ね」と読むし、「子」は「し」と漢字音では読み、和音では「こ」であるから、むりに読めば読めないことはないという、一種の頓智話のような

話であった。天皇はこの稀代の才人のまえで、みずからの学のあるところを示したわけで、たがいに気分をよくしたのではないだろうか。

●巻第四　一四　白川院、御寝《ぎょしん》〔寝ること〕ノ時、物ニオソハレサセ給事

★是も今は昔、白河院、御とのごもりてのち〔貴人が寝ること〕、物〔物の怪〕におそはれさせ給ひける。「しかるべき武具を、御枕のうへにおくべし」とさた〔沙汰〕ありて、義家朝臣《ぎかあそん》〔武士の源義家〕にめされければ、まゆみのくろぬりなるを〔檀《まゆみ》の木の黒塗りの弓を〕一張《ひとはり》まゐらせたりけるを、御枕にたてられてのち、おそはれさせおはしまさざりければ、御感ありて〔感心されて〕、「この弓は十二年の合戦の時や〔義家の蝦夷との戦い前九年、後三年の役〕」、もちたりし」と御尋《たづね》ありければ、おぼえざるよし〔はっきり憶えてませんということ〕申されけれり。上皇しきりに御感ありけるとか。

◎短い一話なので全部引用したため、少し長くなったが、白河天皇の物語である。天皇が眠ったとき、物の怪に襲われた。物の怪、怪異なるものとは、得体の知れぬなにかで、たいてい人間になにかの障害を齎す存在で、死者の霊魂であるとか、生きている人の怨念であったりわけのわからぬ存在をいう。陰陽道のような世界が導入したものかもしれない。これが天皇が睡眠中に現れ、苦しめたのであろう。そこで当時、もっとも有名な武士であった源義家がよばれて、なんかいい方法はないか、と訊かれ、黒塗りのまゆみの木の弓の糸の張ったものを、枕の上部に置いて寝ることにしたところ、義家の武威を怖れた物の怪は天皇に悪さをしなかった。感心した天皇が、これは前九年、後三年の役とよばれる蝦夷征討戦争で使ったものか、と質問すると、義家はよく憶えていませんと、空とぼけていた、という話である。義家が空とぼけたのは、これが単なる武士たちの戦争や狩りの道具に過ぎないのであり、特別のものじゃない、とでも言いたかったのだろうか。「天皇の物語」というより、新興の武士たちのある種の威

力に敬意を表した物語であったのだろう。ただ、弓を射る時の激しい音にはなにかの呪力がある、と信じられていた古代には、高貴な女性のお産の時は、隣室で弓を弾いて、魔的なものを排除する儀礼が行なわれていたので、天皇が物の怪から身を守るべく、義家のような武将の弓を寝床近くに置いたのは、重要な儀式でもあったろう。

●巻第十五　一〇　秦始皇〔中国の秦の始皇帝〕天竺自リ〔より〕来ル僧ヲ〔ここまで漢文表記〕禁獄ノ事

★いまは昔、もろこしの秦始皇《しんのしくわう》の代に天竺〔インド〕より僧渡れり。

◎天皇の代は不明、というより、本文に御門とあるので日本の天皇の話と思ったのだが、中国の皇帝の話であろう。ここでは「天皇学」からはみ出してしまうが、付録と考え、あるいは日本に仏教が伝わった初期のころの話と考えて読むことにする。昔のある時、もろこし、中国の秦の始皇帝の代（中国が秦と名乗っていたころのその秦国の初代の皇帝のとき）、天竺すなわちインドから仏教僧が渡ってきた。

★御門《みかど》、あやしみ給〔ひ〕て、「これはいかなるものぞ、何事によりて来《きた》れるぞ」。僧、申していはく、「釈迦牟尼仏《さかむにぶつ》の御弟子なり。仏法をつたへむために、はるかに西天《さいてん》より来たり渡れるなり」と申しければ、

◎御門すなわちここでは中国皇帝は、この僧を怪しんで、これは誰なんだ、どうやって来たのだ、と問うた。僧が言うには、自分は釈迦、すなわち仏陀ゴータマ・ブッダの弟子である。西の天から飛んで来たのですと答えると……。秦の始皇帝は紀元前二〇〇年代の人で、もちろん、仏教の日本への伝来のはるか昔の話であった。そしてこの僧は仏教の創始者ブッダの弟子である、というのだから、紀元前五〇〇年代の頃の人であった。

★御門はらだち給て、「その姿きはめてあやし。頭のかみ、かぶろ〔禿。禿げ頭、あるいは坊主頭か〕なり。衣のてい、人にたがへり。仏の御弟となのる。仏とはなにものぞ。これはあやしきものなり。たゞ

に返すべからず。人屋にこめよ。今よりのち、かくのごとくあやしき事いはん物をば、ころさしむべき物也」と、いひて、人屋にすゑられぬ。「ふかくとぢこめて、おもくいましめておけ」と、宣旨をくだされぬ。
◎これを聞いた中国皇帝はなぜかカンカンに怒って、この姿かっこうはなんだ。頭は丸めているし、着ている服も変わっている。仏のお弟子と名乗るが、ほとけとは何者だ。これは怪しいやつだ。獄舎に閉じ込めろ。今後このように言う者は捕まえて殺すべきである、とのたまわり、僧は獄舎に閉じこめられた。そして「しっかり閉じこめて、しっかり縛っておけ」と命令したのである。異人を視て驚くのは日本人だけではないだろう。しかしこの王はあまりにも短気であった。しかしながら、異民族を排除する思想は、アメリカの某大統領だけではない、わが日本人も同様である。自分より優秀そうで偉そうだと、ペコペコし、少しでも下位にありそうだと感じると、とたんに排除意識は拡大する。残念なことだが。獄舎に閉じこめられたインド人の僧は、「悪王」に遇った、と残念がり、ブッダ様、お助けください、と念じた。
★釈迦仏、丈六の御姿にて〔五メートルくらいの背の高さで〕紫磨黄金《しまわうごん》の光をはなちて、空より飛《とび》きたり給て、この獄門を踏《ふみ》やぶりて、此〔の〕僧をとりてさり給《たまひ》ぬ。そのついでにおほくの盗人どもみな逃《にげ》さりぬ。
◎仏陀は巨人の相貌となって光輝き、天から降りてきて獄舎を踏みつぶし、僧を助けて去っていったという。囚われていた盗人たちもおかげさんで皆逃げることができた。
★獄の司〔役人たち〕、空に物のなりければ、いでてみるに、金の色したる僧の、光をはなちたるが、大《おほき》さ丈六なる、空より飛〔び〕来〔た〕りて、獄の門をふみ破〔り〕て、こめられたる天竺の僧を取りて行くおとなりければ、
◎獄舎の役人たちの見守るなか、巨人のていをなしたブッダが、激しい音をたて、光をはなちながら到来したようすを役人たちは眼前に捉え、震え上がっ

たのであろう。光、がここでは文字どおりの光明となっており、物の怪のような怪しい存在の記号ではなくその反対物であった。

★このよしを申〔す〕に、御門いみじくおぢおそり給けりとなん。其〔の〕時にわたらんとしける仏法、世くだりての漢にはわたりけるなり。

◎御門は秦の始皇帝ということになるが、これを聞いておじ怖れた。そして時代は下り、漢の時代に、仏教は中国へと伝来したのである。その後、朝鮮半島を通って日本列島へも仏教は伝来する。そのようすは「日本書紀」に少しだけ述べてある。

◉「今昔物語集」が、奈良、平安時代から中世へという長い時代の説話を蒐集していたのに対し、一般には、「宇治拾遺物語」は鎌倉時代の説話を蒐集した本だと言われている。だが、この長い時代を通じて、民衆の説話、伝承に、天皇があまり姿を現さなかったことは、やはり非常に示唆的ではないだろうか。奈良、平安、鎌倉時代の上位階級は、貴族とのちに成立した武士たちであり、彼らは天皇を護持し、かつ天皇制のもとに上位性を確立できていたのだろう。以下、わたしの視点はまた後世へと辿っていくことになる。

中世篇

◉第四章

平安末期から鎌倉時代初期の天皇たちの生と性

●テクスト

「古事談」＋「続古事談」

●出典

『古事談』上・下　源顕兼撰、小林保治校注、現代思潮社、一九八一

『続古事談』播摩光寿ほか編、おうふう、二〇〇二

◉「古事談」の編者は、従三位刑部卿源顕兼とされ、永暦元年（一一六〇）に生まれ、建保三年（一二一五）に五十五歳で死んだとされている。平安末期の人ということができる。従三位は当時で言えば相当、位の高い貴族であるが、この人の生まれ育った世界は、政治が貴族から武士へとしだいに展開し始めたころであり、最後の貴族世代とも言えるであろう。歌人の藤原定家と同時代であり、定家が朝廷と関わりながら和歌の世界に新風を招来していたのに対し、顕兼は朝廷や天皇たちの世界を逍遥しながら、彼らにまつわる滑稽な物語を紹介している。以下に、その実態を眺めることにしよう。

◎目録によれば、第一　王道后宮、第二　臣節、第三　僧行、第四　勇士、第五　神社仏寺、第六　亭宅諸道、と分類されている。王道は当然、天皇の事績を集めたもので、ここにまずは天皇が〈王〉と位置づけられていることが肝心である。すなわちこの時代、平安時代の終わりから鎌倉時代にかけて、天皇は〈神〉でも〈人〉でもなく、〈王〉として、政治的存在として認識されていたということだ。もっとも〈王〉という尊称は、天皇の息子たちが〇〇親王とよばれていたように、人口に膾炙した用語であったし、古く辿れば、古代のどこかで、天皇という呼称がなかったころは、〈大王〉と書いて、「おおきみ」とよばれていたという。埼玉県行田市の稲荷山古墳遺跡から出た鉄剣の銘にワカタケル大王と書かれていたのだが、この大王をおおきみと読んだというのだが、大王をはたして「おおきみ」と読んだのかどうか。熊谷公男『大王から天皇へ』（日本の歴史03、講談社、二〇〇一）が、この読みかたを研究している。

◎日本列島にまだ文字や漢字がなかった時代に、大きな領域を支配するような首長を、「おおきみ」と人びとが言っていたとする。そこに漢字の体系が輸入されるようになったとき、この「おおきみ」という言葉に、中国の「大王」という漢字熟語をあてはめたのかもしれない。それなら考えられると思う。「古事談」の第一、王道を中心として読んでいくことにしよう。「王道」はその第一として、王道　后宮、と表題をつけてある。凡例に従えば、もとはこのような表題はなく、国史大系本に倣って表題をつけ、全巻を通して、説話に通し番号をつけた、とある。そして原文の漢文に読み下し文があるので、引用はこれを利用させていただくことにする。承久元年（一二一九）成立「続古事談」（著者不詳）は、全編、漢字かな交じり文である。「古事談」を最初に、つぎに「続古事談」から説話を抜粋する。引用文の旧漢字は新漢字に改め、ルビと句読点、助詞を適宜、補った。

「古事談」

1——第一 王道 后宮第二 臣節、第六 亭宅 諸道

●一 称徳天皇ト道鏡ノ事（巻一ノ一）

★称徳天皇、道鏡の陰、猶《なほ》不足におぼしめされ、薯蕷《やまのいも》をもって陰形を作り、これを用ゐしめ給ふあひだ、折れ籠《こも》ると云々。よって腫《は》れ塞《ふさ》がり大事に及ぶ時、小手尼（百済国の医師。その手、嬰子〔嬰児、赤ん坊のこと〕の手のごとし）見奉りて云はく、「帝〔みかど、ここでは女帝のこと〕の疾《やまひ》愈《い》ゆべし〔治るだろう〕」と。手に油を塗り、これを取らんと欲す。ここに右中弁〔藤原〕百川、「霊狐なり」と云ひて、剣を抜き尼の肩を切ると云々。よって療《い》ゆることなく帝、崩ず〔死んだ〕。

◎いきなり、やや猥褻な記述が出てきたのであるが、道鏡という僧は伝説的に有名で、その巨根でもって女性天皇であった孝謙天皇（のちの称徳天皇）を翻弄する愛人として、政界に君臨したとされる。本当かどうかは解らないが、女性天皇を補佐する仕事をしていたことは、太政大臣になったことからまちが

いないであろう。そして次代の天皇になるべく画策したが、宇佐八幡宮の神託が最後にこれを否定したと「続日本紀」にある。「古事談」の説話は猥褻話であるから、山芋でペニスをかたどり、これを使って性的な行為を行なったため、女性天皇が面倒な事態に陥り、百済から到来した医者がこれを治療したとき、右中弁（上級官職）の百川が「霊狐だ」と叫んで、つまり狐憑きか、怨霊がついたものとして、剣を抜いて医者を斬ったが、女帝はあえなく喪くなったというのだ。藤原百川については、「日本紀略」に「百川伝」があり、その記事があると書かれている、と頭注にある。まあ、病没した女性天皇を揶揄する説話であったのだが、これを知った民衆はやはりおもしろかったのではないか、天皇という天上の存在のような方が、人間同様の愚行（性的な遊戯）によって崩御したことは。初めて、天皇が身近に感じられたに違いない。ただし、民衆の多くが多分文字が読めず、この本の読者はやはり貴族や宮廷の官人たちであったのではないか。

●四　陽成天皇、璽ノ筥ヲ開キ、宝剣ヲ脱《ぬ》カシメ給フ事（巻一ノ四）

★陽成院、邪気により普通ならずおはしましける時、璽《しるし》の筥《はこ》を開かしめ給ひたりければ、筥の中より白雲の起《た》ちければ、天皇、恐懼せしめ給ひて、打ち棄《す》てしめ給ひて、紀氏の内侍《ないし》を召し、からげさせられけり〔筥を縛ること〕。紀氏の内侍は筥からげたる者なり。近代〔最近、昨今〕はこのこと無し。また宝剣を脱かしめ給ひける時、夜の御殿の傍の塗籠《ぬりごめ》の中にひらひらとひらめき光りければ、恐れたまひてはたと打ち棄てたまひたりければ、はたと鳴りてみづからさされたりけり〔宝剣がみずから鞘に戻った〕。その後、更《さら》に脱《ぬ》かれざりけりと云々。

◎璽というのは、印鑑のようなものとされるが、天皇の自己証明になるようなものらしい。これと鏡と剣のみっつをいわゆる「三種の神器」と言い、現在の天皇の譲位するとき、次代の天皇に継承されていく、いわば天皇王権の自己証明の証しのようなものである。天皇が移動するときも携行していったのであり、いわゆる源平戦争のとき、壇ノ浦で平家が滅んだとき、携行していた三種の神器も海中へと沈没した。このとき、慌てて拾い上げたのだが、剣だけは拾いきれず、海の藻屑となったとされる。このような三種の神器のひとつである璽の筥を開けるということも、普段は禁じられていたのではないだろうか。その点は不明だが、ともかく悪戯気分で天皇は筥を開いてみたのだろう。すると白い雲がわくように煙が立ち昇ってきたのだ。天皇は仰天し、慌てふためいて紀氏の内侍というおつきの女性にすぐ筥を閉じさせたという。慌て者で悪戯の好きな天皇は、これにこりずに、今度は三種の神器の剣を抜いてみた。すると、天皇の寝室である夜のおとどである塗籠、部屋の天井や壁を漆などで塗り固めた窓や障子のない部屋だが、このなかに光がひらひらと輝いたという。天皇はまたまたびっくりして剣を投げ出すと、はた、と鳴って剣が落下してきてもとの鞘に収まったのだという。悪戯好きの天皇を紹介すると同時にこれらの宝器の禁忌性を証明してみせたのであろう。

●七　宇多法皇、源融《みなもとのとおる》ノ霊ニ御腰を抱カレ給フ事

（巻一ノ七）

★寛平法皇〔宇多法皇〕、京極の御息所《みやすどころ》と同車して、川原院に渡御す。山河の形勢を歴覧して〔見物して〕、夜に入りて月、明かし。御車の畳を取り下げしめ、仮に御座と為し、御息所と房内を行はるるあひだ〔情交しているとき〕、塗籠《ぬりごめ》の戸を開きて出づる声あり。

◎法皇というのは、天皇が退位したあと、太上天皇もしくは上皇というのだが、この上皇が仏教に帰依して髪を下ろして出家すると、法皇とよばれるようになるようである。源平戦争時の後白河法皇も出家した上皇であったのである。また、御息所《みやすんどころ》というのは、天皇が寝るとき、横で世話をする女性であり、女御《にょうご》、更衣《こうい》などを総称していた。天皇から寵愛されれば、天皇の多くの妻のひとりということになる。「源氏物語」に出てくる、六条の御息所もそんな存

在であった。この法皇と御息所は同じ車（牛車《ぎっしゃ》に乗って、川原院を訪れた。頭注によると、川原院とは《左大臣源融が六条河原、六条坊門の南、万里小路の東に営んだ旧邸。庭に奥州の塩がま〔塩釜〕の景〔観〕を移し、池に海水を汲み入れ塩を焼かせるなど、風流の限りを尽くしたとされる。融の没後、宇多上皇に献上されたが、上皇はのちに融の三男仁康に与えて、寺とした》とある。海水を取り入れて塩を焼くなど、京都の街では不可能だが、そんな光景を造形したのであろうか。『日本歴史人名辞典』（講談社学術文庫、一九九〇）の「源融」の項には、《河原院を東六条に設けて、台閣水石すこぶる華麗を極め、之《これ》に住せるを以って世に河原左大臣といふ》とあるので、相当なお金をかけて塩釜の光景を再現するような庭園を造ったようである。

◎それはともかく、宇多法皇と京極の御息所はふたりで同じ牛車に乗り、その塩釜を模した光景を鑑賞し、夜になったので、車の畳を取り出し、仮りの御座として、……この辺、少し解らない。車の絵はたくさん見たが、内部の絵は見たことがないので、解らないのだが、畳というのは当時、部屋全面に敷きつめたわけでなく、蒲団を置く二畳分くらいの畳を置いたのだが、これが車のなかでなぜ畳を取り出したのか。あるいはこうだろうか。車にあった畳を、源融の旧邸であった河原院の部屋に持ってきて敷かせたということだろうか。それなら、つぎの文章にある、塗籠の戸が開かれた、というのは、彼らが畳を敷き、情交をいたしたのが塗籠の部屋であった、と。塗籠は先に述べたように、漆などで塗り固めた暗室のような部屋であったから、情交の場としてふさわしかったのかもしれない。そしてその塗籠の戸がそっと開いたというのだ。

★〔続き〕法皇、問はせ給ふ。対《こた》へて云はく、「融に候ふ。御息所を賜はらんと欲す」と。法皇答へて云はく、「汝は在生の時、臣下たり。われは天子たり。何ぞ漫《みだ》りにこの言を出だすや〔こんな乱暴なことを言うのか〕。早く退帰すべし〔早く帰れ〕」といへり。霊物、忽ちに法皇の腰を抱く。〔法皇〕半死にておはします〔気を失いかけたかのようだった〕。
◎源融の幽霊が出てきたのだ。そして法皇の連れてきた御息所を賜わりたいと言うのだ。幽霊の出現！　しかしそのわりに、法皇はおびえることなく、案外おちついて対応している。自分は天子であり、なんじは臣下であったのに、なんという生意気なことを言うのか、と答えている。すると融の幽霊はいきなり法皇の腰を抱いたというのだ。さすがに強気の法皇も気を喪ったようにくずおれる。以下に、法皇の出御についてきた人たちは外にいるので、叫び声が聞こえず、牛飼い童は牛に餌をやっていた。天皇は気がついたのか、この童を呼び、人びとを集め、御息所を牛車に乗せた。彼女も顔色なく、ぐったりとしていて立てなかった。皇居に帰ってから祈禱などをしてやっと蘇生させたという。
★〔続き〕法皇、前世の行業により日本の王〔！〕となれり。宝位を避《さ》くといへども〔退位して上皇になったが〕、神祇守護し奉り、融の霊を追い退《しりぞ》くなり。件《くだん》の戸の面に打物《うちもの》の跡〔刀の傷跡〕あり。守護神、退き入らしめて押し覆ふなり〔守護神が霊を押し出した跡だという〕と云々。
◎ここでは、ひ弱な天皇ではなく、霊に打ち勝ったかのような書き方になっている。そして文中、「日本の王」とあり、天皇は王であるという発想も見受けられる。守護神という語も見えるので、天皇は「神」ではなく、天子であり、王であった。源融の霊が出現したのは、失脚した菅原道真の霊が怨念の塊になるような、そんな過去があったのだろうか、と上記の辞典を参照したが、そのような記述はなかったから、これは単なる、天皇と霊あるいは物の怪との出遇いという伝承に、源融の名まえが紛れこんでいったのだろう。不思議な話ではある。

●八　醍醐天皇、臨時ノ奉幣ノ日、風ヲ止メ給フ事
（巻一ノ八）

★延喜の聖主、臨時の奉幣の日、南殿に出御す。もとより風あり。笏《しゃく》を把《と》り靴を着《は》きて拝せんと欲するあひだ、風、弥々《いよいよ》猛《たけ》く、御屏風、殆ど顚倒《てんどう》すべし。

仰せられて云はく、「あな見苦しの風や。神を拝し奉る時に何ぞこの風あるや」と云々。即刻、風気俄《にわ》かに止《や》むと云々。

◎醍醐天皇はいつでも、延喜という時代の聖主などとよばれ、延喜の時代が良い時代であったことを明記されるのである。広辞苑によると、摂関政治や武家政治のもとで、天皇親政の古き良き時代として、「延喜の治」と称されるとある。まあ、それはさておいて、この説話では天皇は、悪風を一喝し、神を拝するこの日になんという吹き方をするのだ、とどなると風はたちどころにやんだ、という。天皇の、自然をも自由にする能力というのか、不思議な力の話である。ところがだ、つぎの説話では？

●一一　公忠蘇生シ、ソノ奏ニヨリ延長ト改元ノ事

（巻一ノ一一）

★〔源〕公忠の弁、頓滅し〔突然死し〕、三箇日を経て蘇生す。家中の人に告げて云はく、「われを参内せしめよ〔天皇のところに行かせよ〕」と。家人信ぜず。もって狂言〔うその言説〕と為す。しかれども事甚《はなは》だ懇切なるにより〔熱心に言うので〕、相扶《あいたす》けられて滝口〔内裏の清涼殿の北側の武士の詰め所〕の戸より参りて、事の由を申す。（中略）初め頓滅の剋《とき》、覚悟せざるに冥官の所〔地獄の閻魔庁の役人のいるところ〕に到る。門前に一人あり。長《たけ》一丈余り〔三メートルくらい〕、紫の袍《ほう》〔丸襟の上着〕を衣《き》て、金の書杖〔文書を挟む割れめの入った杖〕を捧ぐ。訴へて云はく、「延喜の聖主の所為もっとも安からず」といへり。堂上に朱紫を紆《まと》う〔着る〕者三十余輩あり。その中、第二座の者咲《わら》ひて云はく、「延喜の主、頗《すこぶ》るもって荒涼なり。改元有るか」と云々。事了《おわ》りて夢のごとく蘇生すと云々。これによりて忽ちに延長と改元すと云々。

◎源公忠は右中弁という官職の貴族であった。弁というのは、役所関係の文書の管理や、天皇への伝達などの仕事に携わる人をいう。この公忠が突然死したのだが、三日後に蘇生した。そして、すぐに朝廷に出仕したい、と言うので家人は嘘だろうと思った

のだが、あまり熱心に言うので、ともかく連れていった。公忠が言うには、自分は死ぬと閻魔庁の役人のまえに立っていた。そして、ここから、主語がないので明確には解らないのだが、「延喜の聖主のやることは安定していない」と言ったという。冥府の役人が言ったのか、公忠が言ったのかが、明確でない。公忠は朝廷の役人であるから、天皇の悪口を言えるわけはないのだが、この時は死んでいるので、あるいは自由にものが言えたのかもしれない。閻魔庁には朱や紫の服を着た者たちが三十人ほどおり、その中の第二座にいた役人が笑いながら、「延喜の聖主は非常にいい加減で怠慢な男だ。改元したほうがいい」と言う。改元とは、昭和や平成といった天皇と関わる元号を変えることであるが、ここでは天皇の退位と譲位のことを言っているのだろうか。天皇が退位して元号を変えることがふつうであった。公忠は閻魔庁から帰ると、あたかも夢から醒めたように生き返った。そして元号は変わった。しかし、年表を調べると、延喜の聖主、醍醐天皇の時代、途中で元号は変わっていたが、天皇は譲位していなかった。やはり、公忠は夢を見ただけだったのだろうか。頭注によると、公忠は光孝天皇の孫とあるので、醍醐天皇と兄弟ということになる。あるいは、自分への譲位を望んでいた人であったかもしれない。ともかく、醍醐天皇は夢のなかとはいえ、いい「かも」になったというわけだ。

●一七　花山天皇、御即位ノ日ノ事（巻一ノ一七）

★花山院御即位の日、馬の内侍、褰帳《けんちゃう》の命婦となり進参のあひだ、天皇、高御座《たかみくら》の内に引き入れしめ給ひ、忽ちもって配偶《まぐはひ》しけりと云々。

◎またまた、天皇に関する猥褻話である。馬の内侍という女性が、即位式のとき、天皇の玉座である高御座（たかみくら）の御帳（のれんのようなもの）を上げたり下げたりする係になった。天皇はその、政治や儀礼を行なうもっとも神聖な場所である高御座のなかに馬の内侍をひきずりこんで、たちまち情交に及んだのだという。羨ましいなどと言ってはいけないであろう。

●二二　賀茂祭ニ花山院闘乱ノ事（巻一ノ二二）

★入道殿〔藤原道長〕、賀茂の祭に桟敷に見物の間、俄《には》かに花山院闘乱の事あり。職事《しきじ》をもって検非違使を遣はすべき由、仰せらる。（中略）仰せて云はく、「かくのごとき急速の大事には、ただ、内侍の宣〔内侍という女性を通じて出された天皇の命令〕を称するなり」と云々。この度、院〔花山天皇〕、下手人を惜しまる。入道殿、使庁の下部《しもべ》に仰せて、院の築垣《ついがき》の上に昇らす。院、これを恐れて下手人を出ださると云々。

◎賀茂神社の祭りの日、道長をはじめ大勢の貴族たちが桟敷で見物していた。このとき、花山法皇のおつきの家人たちが、公任と斉信というふたりの貴族に乱暴したと訴えてきた。道長はこんな時は勾当の内侍といって内侍の長官を通じて、内侍の宣という天皇の命令書を貰うのが一番いいと言ったのだが、天皇は下手人を渡したくなかったので渋ったのである。そこで道長は検非違使（京都の警察機構を担う役人）の下っ端の人たちを天皇の居宅の築垣に登らせた。天皇はしぶしぶ、下手人を出したという。なんだか子どもの喧嘩のような話であり、天皇の幼稚さを描いていると言えよう。

●三四　一条天皇、寒夜ニ御直衣《なうし》ヲ脱ガセ給フ事（巻一ノ三四）

★知足院殿〔摂政・関白、藤原忠実〕仰せて云はく、帝王〔！〕は慈悲をもって国を治むべきなり。（中略）先の一条天皇は、寒夜にはわざと御直衣を推し脱ぎておはしましければ、女院（皇后）、「などかくては〔どうしてそんなことを？〕」と申さしめ給ひければ、「国土の人民、寒かるらんに、吾《われ》かくあたたかにて寝たる、不便〔不憫〕なれば」とぞ仰せられける。

◎王と観念されていた天皇は、ここでは「帝王」とよばれている。帝王は国を治めるのに慈悲心が一番大切だと、忠実が言った。一条天皇は、冬の寒い夜、着物を脱いで寝たという。そこで皇后がどうしてそんな、と驚いて尋ねると、人民が寒い時に自分だけあったかくしてはおれない。不憫であると、言ったという。ここでは、一条天皇は慈悲深い天皇としてたたえられている。「古事談」の著者は、天皇を上げたり下げたり手玉に取っていると言っていい。

●九七　二条天皇ノ御宇《ぎょう》ノ郭公ノ怪ノ事（巻二ノ九七）

★二条院〔二条天皇〕の御宇〔天皇の治める世のことをいう〕、郭公、京中に充満す。頻りに群れ鳴きて、剰《あまつ》さへ二羽喰ひ合ひて殿上に落つ。これを取りて獄舎に遣わさると云々。この怪異によりて月中に天皇位を避《さ》り、次の月、崩じ給ふと云々。

◎二条天皇の時代、京都の街に郭公が溢れ、群れて鳴き喚いていた。二羽が闘って内裏の殿上に落ちてきた。これを獄舎に入れた、というのは冗談のように聞こえるが、罪ある者は鳥であろうと罰するという原則があったのであろうか。しかし、これがきっかけで、二条天皇は退位し、翌月には亡くなったという。迷信が深く人びとを捉えていた時代ということの寓話であろうか。

2――第二臣節

●一五三　白河天皇、中宮賢子ノ屍ヲ離レザル事（巻二ノ五四）

★賢子中宮は〔白河天皇の〕寵愛他に異なれるゆゑ、禁裏〔宮中〕において薨じ給ひけるなり。御悩〔病気〕、危急たりといへども、〔天皇は〕退出を許されざるなり。閉眼〔臨終〕の時、なほ御屍《しかばね》を抱きて、起ち避けしめ給はずと云々。時に〔源〕俊明卿、参入して申して云はく、「帝者〔帝王〕、葬送の例いまだ曾《かつ》て有らず候ふ。早く行幸有るべし〔ここを出るべきである〕」と云々。仰せて云はく、「例はこれよりこそは始まらめ」と云々。

◎白河天皇の、中宮（皇后以外の妻）賢子への寵愛は度を超えていた。それで中宮は宮中において死亡した。病気が盛んだったときも、退出することを許さなかった。偏愛とでもいうのだろうか。眼を閉じ、死亡が確認されたあとも死体を離さず、そのあげく死体を抱き続けていたという。このとき、中宮大夫といって中宮の世話などもした源俊明が入って来て、天皇が葬礼に関わったことはかつてなかったことです、と注意した。しかし天皇は死体から離れようとせず、「例というのは、だれかが始めてから開始されるものだ」と嘯《うそぶ》いていたという。愛とも言えるが、執念深いとも言えよう。まあ、哀れな話ではある。天皇は、死者の葬礼の席には出なかったようだ（この点については実は調べたことがなかったのであるが）。ともかく「死穢」にあたる。いいのかな。

●一五四　鳥羽院、崇徳院ヲ実子トシテ遇セザル事（巻二ノ五五）

★待賢門院〔鳥羽天皇の中宮の藤原璋子。崇徳、後白河の二天皇の母〕は、白河院の御猶子の儀にて入内せしめ給ふ。その間に、法皇〔白河院〕〔璋子と〕密通せしめ給ふ。人皆これを知るか。崇徳院は白河院の御胤子〔血統を受け継いだ子ども〕と云々。鳥羽院もその由を知ろしめして、「叔父子」とぞ申さしめ給ひける。これによりて大略《おおよそ》不快にて止《とどめ》ましめ給ひ畢《おわ》んぬ。（後略）

◎まず、いつからか、天皇と天皇の父（上皇）をともに「院」と短く書くようになった。『日本歴史大事典』では、平城以降の天皇号は院名を用いる、と書かれている。ほかの歴史辞典では、上皇を、その住む建物になぞらえて院とよんだ、などとある。皇后や中宮のばあいは上東門院とか住んでいる建物名でよばれたことが多い。しかし、この「古事談」が書かれた当時は、現在の天皇もまた、院、と読んだらしい。

◎上記の文章に戻ると、この時代は孫や甥などを自分の猶子（戸籍上の養子）として扱う話が少なくなかった。このような制度のなかでは、というより、とりわけ宮廷では、世間には視えないさまざまな不義密通が起こっていたようだ。ここでは、そのことが赤裸々に描かれている。まず、権大納言藤原公実の娘、璋子の入内であるが、父親の官職がそれほど高くなかったためか、白河天皇の猶子、すなわち擬制の子どもとして、鳥羽天皇に嫁ぐことになった。しかし入内するまえから彼女は、白河天皇（いや、上皇か）と密通していたのだ。そして白河天皇は孫である鳥羽天皇に、この璋子を嫁がせたのである。だから、鳥羽天皇はその由を知っていて、自分を「叔父子（＝祖父子）」と自虐的に言っていた。そしてその後は不愉快な人生を送ったのである。当然、父、堀河天皇の子どもだと思っていた自分が、実の父でなく、祖父の子であることを知って愕然としたであろう。さらに鳥羽天皇の息子であるとされる崇徳天皇も白河院の胤であるという。崇徳天皇はいろいろな憂き目を見て死後、世に祟る悪天皇とされたが、その精神的原点はこの辺から生じていたのかもしれない。なかなか天皇の位置も巡ってこなかったし。

3——第六　亭宅諸道

●四三六　或ル相者、醍醐帝、保明親王、時平、道真、忠平等ヲ相スル事（巻六ノ四八）

★延喜の御時〔醍醐天皇の時代〕、人相を相《そう》する者〔人相を見ていろいろと判断し予言などする人〕参来せり。天皇は簾中〔すだれの中〕に御《おは》したり。〔醍醐天皇の〕御声を聞き奉りて〔相人が〕云はく、「この人は国主たるか。多上少下の声〔高音が主で、低音が少ない声、か〕なり。国体に叶へり」と云々。天皇恥ぢ給ひ、〔部屋から〕出で給はずと云々。ついで、先の坊（保明太子）、左大臣（時平）、右大臣（菅家）〔すなわち菅原道真〕、三人列座したり。勅によりて〔天皇の命令によって〕相せしむるに云はく、「第一の人（先の坊）は容顔、国に過ぐ〔優秀であるが盛りを過ぎている〕、第二（時平）は賢慮、国に過ぐ。第三（菅家）は才能、国に過ぐ。各々《おのおの》この国に叶はず、久しかるべからざるか〔長生きしないか〕」と云々。

◎相人《そうにん》というのは人相見の人間で、古代、中世では社会的に信用があった。いろんな経験が背景にあり、このような人物は人相を見ただけで、彼らの人格から過去、未来まで予知したようである。ここでは、ある相人が醍醐帝の内裏に現れた。そして、ここでは人相でなく、醍醐天皇の声を簾越《すご》し、つまり簾《すだれ》を通して聴いて言った。この人は国主、つまり我が国の天皇か。その声がとてもよい。この国に叶っていると。そして、そのときいた、前の親王、保明と、藤原時平（のちに政敵、菅原道真を九州の大宰府に左遷した男）と当の菅原道真がいた。相人はその人相を観て、それぞれを酷評した。あるいは誉めたのかもしれない。しかし、この国にはもったいない、長くはもたないだろうと言ったのであろう。

●四六一　碁勢、碁ノ懸物ニテ一ノ堂ヲ建立スル事

（巻六ノ七三）

★延喜の聖主〔醍醐天皇〕、碁勢法師を召し、金の御枕を懸物にて囲碁を決せしめ給ふに、しばしば御勝負無し〔勝ち負けが決まらなかった、か〕。或る日碁勢勝ち奉り、御枕を賜はりて退出のあひだ、蔵人をもって召し返されたるところ〔もう一度、勝負して、金の枕を取り返そうとしたのか〕、申して云はく「年来《としごろ》一堂建立の宿願候ふ。これを思ひて日を渉《わた》りつるあひだ、早うこの懸物を賜はれり。帰参して、もし打ち返させられ参らせもぞする〔負けて枕を取り上げられたら苦しいので参らない〕」とて、やがて退出し、翌日より一宇の堂をぞ建立したりける。仁和寺の北に弥勒寺と云ふ堂は、この碁勢の堂なり。

◎この話はすでに「今昔物語集」に出ていたもので（前章を参照）、ひとつのできごとが、同時代の二、三の本に収録されたことがあったことを示している。延喜の聖主、すなわち醍醐天皇は囲碁が好きだったようだ。碁勢法師といういかにも碁の強そうな人と、金の枕を賭けて、つまり天皇が負けたら法師に枕をあげるという約束で囲碁を打っていたのだろう。ずっと互角であったのだが、ある日負けてしまい、金の枕を渡すことになった。そして枕をもって意気揚々と帰っていく法師を、蔵人に追いかけさせたのだ。この説話は、「今昔物語集」にもあったのだが、そこでは話が少し違っていて、蔵人に取りかえしに

行かせた時、碁勢法師が頓智を発揮して、法師は無事、枕を返さずにすんでいた。「古事談」では、「蔵人をもって召し返された」とあるので、よび戻してもう一度勝負し、枕を取り返そうとしたようだ、天皇は。しかし法師はこの金の枕で、念願のお寺を造るのだと言って枕を返さなかったとある。そして弥勒寺がそうだというのだ。一種の美談で終わらせているところが「今昔」と違うところである。

「續古事談」

1――第一　王道・后宮

●一六　道綱、落冠を笑った顕光に悪口の事（第一ノ一六）

★一条院〔一条天皇の〕御時、台盤所にて、地火炉《ぢくわろ》ついでと云〔ふ〕事有りけり。左大臣〔道長〕、傅大納言〔道綱。道長の兄〕なんど、つかうまつられけり。

◎一条天皇のとき、天皇の食べ物を調理する台盤所で、「地火炉ついで」ということが行なわれたという。これは頭注によると、竈で温かい料理を作って貴族たちに御馳走する遊びらしい。そのため、左大臣の藤原道長や、その兄の道綱らが集まった。道綱は、平安女流文学の「蜻蛉《かげろう》日記」の著者の息子である。この作品は、夫の藤原兼家（道長、道綱の父）が、しだいに来なくなるのを嘆き暮らす女の哀しい日々を描いた日記文学である。道綱は弟の道長と違ってあまりにも不出来だったのか出世もできず、以下にあるようにある種のろまな男であったのかもしれない。道綱が活躍する話は、まったく見あたらないのは、逆に不思議な気もする。なにか理由があって不当に貶められているのではないか、という気もする。
◎ここでは、天皇でなく道綱が主人公なのだが、哀しい話なのであえて紹介した。傅大納言とある「傅《ふ》」は、皇太子などを育て教育する役職であるから、教養がなければ務まらない。一般の評価のように道綱が本当に愚鈍な男だったとすれば、名まえだけの傅であったか。

★大納言〔道綱〕は銀にて土鍋を作りて、ひさご〔杓子〕をたてゝ、いもがゆをいれたりけり。〔中略〕人びとの衝重《ついがさね》〔食器をのせる脚つきの台〕するゑて、御酒《みき》しきりにまゐらす。管絃を奏す。酔〔い〕にのぞみて、大納言たちて舞ほどに、冠おちにけり。人々咲《わらひ》あへるに、広幡《ひろはた》のおとど、〔道綱が〕あざけられけるをきゝて、この大納言〔道綱〕「何事いふぞ。妻を人にくなかれて〔寝取られて〕」といはれたりける。きく人、「はぢをしらず。うたてき事也」とぞいひあひける。

◎この話、頭注に内容を説明して《台盤所で料理の饗応があった時、酔った道綱が落冠したのを顕光に笑われると、「妻を寝取られて何を笑うか」と抗弁して顰蹙を買った》とあるのだが、本文は非常に解りにくいのである。まず、道綱は大納言であった。そして酔って冠を頭から落とした。そこには広幡のおとど（藤原顕光）もいた。彼は右大臣であったと、頭注にはある。大納言道綱は銀の鍋で芋がゆを作ったりいろいろと働いた。宴の場では、酒も進み、管絃も始まった。道綱は立ち上がって、音曲にあわせて踊りだした。気分がよかったのだろう。ところが、冠っていた烏帽子（貴族のかぶる帽子）を落としてしまったのだ。一同は笑い転げた。当時、貴族たちは寝るときもこの烏帽子を冠ったままであったとされているから、烏帽子はそれくらい重要なものだったのだろう。この場に同席していた広幡のおとどという右大臣は、抗弁する道綱に対して、自分は奥さんを寝取られたくせに、と抗弁したのである。周りの人たちは、道綱を、恥を知らない男だ、と非難した、という話であった。とされているのであるが、この場には弟の道長もいたのである。そんな席で、権力者藤原道長の兄を、ののしることが果たしてできたであろうか。おかしくても、せいぜい、下を向いて苦笑するくらいしか、人びとはできなかったのではないか、と思うのである。しかし道綱は以後も出世できず、右大将で終わってしまった。なんとなく哀しい話である。道長も異母弟であったのか、手を差し伸べようとしなかったのだ。この物語のあと、一条天皇は中宮彰子の所に行き、また管弦の遊びが始まったのだが、道綱はなでしことという草を折って、中宮の髪飾りとして差し上げたという。本当はあくまで優しい男であったのだろう、道綱という人は。

●二二三　信頼、範家に悪態をつく事（第一ノ二二三）

★鳥羽院、宇治に御幸《ごかう》ありて、経蔵〔「大蔵経」を納めてある建物〕をひらきて御覧じけるに、（中略）富家殿《ふけどの》〔藤原忠実〕、御前に候給ひて、播磨守《はりまのかみ》〔藤原〕家成、時の花にてありければ、〔鳥羽天皇の〕御気色にかなはんとやおぼしけん〔家成が鳥羽天皇の気に入るんじゃないかと考えて〕、召〔し〕入れられけり。

◎この話はどうやら、男色の話で、天皇の気を引こうとしていた若い貴族が少なからずいたのであろう。男同士の嫉妬なども起こったに違いない。ここでは、鳥羽天皇が宇治にゆき、経蔵を開いて御経を称えていた時の話である。いあわせた藤原忠実、さきの太政大臣が、やはりそこに来ていた家成が、若い男として時めいていたので、この男なら、鳥羽天皇の気に入るだろうと思い、経蔵に召し入れたという。鳥羽天皇は男色趣味の人であったのかもしれない。つまりいわば密室のような部屋に、前の太政大臣は気をきかせて、今を時めく色男の家成を導きいれたのである。補注を見ると、中世史研究の五味文彦は鳥羽上皇と家成は男色関係にあったと言っている（『院政期社会の研究』）。

★後白河院、御幸ありける時、この事をや聞〔き〕およべりけん、右衛門督《うえもんのかみ》信頼〔後白河のホモの相手か〕召しあらんずらんと思ひけるに、法性寺殿《ほうじやうじどの》〔関白、藤原忠通〕、いとさやうの気おはせで〔つまり、さきの太政大臣のように気を遣わなかったので〕、召す事なくてやみにければ、人知れずむつけはらだてけるなごりにや、範家の三位《さんみ》といひける人を軽慢して〔ばかにして〕、「にやくり三位」、（中略）など〔と〕はやしたりけるとぞ、世の人いひ、わらひし。まことにや。

◎後白河法皇がどこかに行った時は、この家成の話を聞いていた右衛門督信頼という男が、後白河法皇が自分をよんでくれるのではと、密かに期待していたのだが、後白河法皇の行幸に同伴した関白の、藤原忠通がまったく気を利かせてくれなかったために、なにごともなく終わってしまった。そこで腹立ちまぎれに、いっしょに御供していた同僚の〔平〕範家の三位という人を、「にやくり三位」（この言葉のもとは、「若気」ということで、男色関係を指しているという。つまりホモ野郎の三位め、とののしったわけだ）、など、さんざん、悪態をついたという。しかし、この文章をよく読むと、天皇に対する敬語がやや雑で、わたしの読み方はまちがっているのかもしれないと思うのだが、それには主語を変えねばならず、現在、以上のようにしか自分には読めないことを断っておきたい。ただ、天皇から上級貴族、いやそれ以降の武士たちの社会でも江戸時代後期まで、妻を持ちながら、男色家であった人たちは少なくなかったとされているので、この話も少しも不思議ではないのである。

●二五　実資、穏座《をんざ》にて謀って返歌を免《まぬか》るゝ事（第一ノ二五）

★藤壺の中宮〔藤原道長の娘威子〕、后《きさき》に立ちたまふける日、上達部《かんだちめ》、穏座《をんざ》〔儀式のあとの第二宴会場の席〕にうつりて後、大殿《おほとの》〔藤原道長、前の太政大臣〕かはらけ〔さかづき〕とりていで給ひければ、摂政〔藤原頼通、道長の長男〕座をさりて、右大臣〔藤原公季〕に向かいてゐたまひけり。大殿たはぶれて、右大将〔藤原実資〕に仰せられける、

◎ここでは、天皇の話でなく、権勢をふるう道長の娘、威子が後一条天皇の中宮になる日の話である

が、有名な歌が載っているので紹介した。この時代の文章が、個人名を出さず、摂政だの右大将だの役職名で語られているから、専門家でないわたしなどは、頭注を読まなければ理解できないことが多いのだ。以下、道長を中心に献杯が進み宴会もたけなわになった。

★「わがこ〔藤原頼通〕さかづきすゝめたまへ」。大将〔実資〕かはらけ〔さかづき〕取りて、摂政〔頼通〕にすゝむ。摂政とりて、左大臣〔藤原顕光〕につたへたまふ〔手渡した〕。左府〔左大臣顕光のこと〕、大殿〔道長〕にたてまつる。大殿、大府〔右府とあるべきところ、右大臣公季〕につたへ給ひけり〔献杯が続く〕。

◎さしつさされつ、という状況で、道長、実資、顕光の間をさかづきが行ったり来たりしている。だんだん、酔ってきたであろう。そこで、

★大殿〔道長〕、(中略)又、右大将〔実資〕にのたまふ、「歌を読〔ま〕んと思ふに、かならず返し給ふべし」。大将、「などかつかまつらざらん」〔どうして、返歌をしないことがありましょうか、必ず、歌をお返しします〕と申さる。大殿、仰〔せ〕らるゝやう、「ほこりたる歌にてなんある〔自信のある歌だ、の意か〕。たゞしかねてのかまへにはあらず〔ただし、今思い浮かんだ歌だ〕」とて、

此世《この》をば我〔が〕よとぞおも〔思〕ふ望月《もちづき》の
かけたる事もなしとおもへば

◎道長の娘威子が天皇の正妻のひとり中宮になった日で、道長の、この世はまさに自分の世の中なのだ、という得意満面の顔が思い浮かぶようである。なお中宮とは、天皇の第一の正妻を皇后と言うとすれば、その第二の正妻を中宮と言ったのである。ほぼ、皇后と同格に近い。酔った道長は、右大将の実資(道長の従弟にあたる)に絡むように、歌を詠むから、ちゃんと返歌してくれよ、と。この問いかけには、返歌できないだろう、という自信と自慢がほのみえているのだ。「源氏物語」など平安女流文学を読むと、男が歌を贈った翌朝、女もお返しの歌を使いに持たせてくる。その時は、貰った歌の文句を

織り交ぜ、同じ趣旨の返歌であることがよく解るように返すのである。「古今集」などでは、返歌はあまり多くないが、安倍清行朝臣が贈った歌、「つつめども袖にたまらぬ白玉は　人を見ぬ目のなみだなりけり」に、小野小町が返した歌がつぎのようにある。「おろかなる涙ぞ袖に玉はなす　我はせきあへず　たぎつ瀬なれば」、涙と玉という言葉を共有し、涙が白玉となって落ちるが、消えていきます、と歌ったのにたいして、小町は、わたしも涙がたぎつ瀬のようにあふれ出ます、と返歌している。しかしここでの、「この世をば我が世とぞ思ふ望月《もちづき》の　かけたる事もなしとおもへば」という歌は、自分の得意絶頂の心を欠けたところのない満月のように歌い、これにはきみもさすがに返歌などできない歌であろう。自信満々であった。さあ、どうする？

★大将〔実資〕申さる、「此御歌めでたくて、返歌にあたはず〔返歌できません〕。たゞこの御歌を満座、詠ずべきなり〔皆で合唱すべきです〕。元稹〔古代中国の詩人〕が菊の詩、〔白〕居易〔同じ〕、和せず、ふかく感じてひねもすに詠吟しけり。かの事を思ふべし」と申さるれば、人びと饗応して、たびたび詠ぜらるれば、大殿〔道長〕うちとけて、返歌の〔ないことの〕せめ〔責め〕なかりけり。

◎望月とは満月のことで、道長および藤原氏の栄華は欠けることはないという、自己讃歌の歌であった。実資は、道長が権勢の絶頂期にみずから酔ったかのような歌を聞いても臆することなく、実にうまく即答した。凄い歌だから、返歌などとんでもない。この座で、みんなで読みあげましょう、と。中国の元微之〔元稹〕の歌った菊花の詩にたいして、あの白居易でさえ返歌することができなかった。そんな例をあげて、自分にはちゃんとした返歌など無理です、と難題から逃れることに成功したというのである。実資の機転がこの場を救い、かつ道長の自己満足の歌をけなす必要もなく、これを称えたのであった。満座の人たちもこの歌を吟唱したという。道長も本当に自分の歌と酒に酔ったことであろう。

●二九　菅丞相、善宰相の諫言を用ひず左遷さるる事（第一ノ二九）

★寛平《かんぴょう》法皇〔出家した上皇のこと〕の御位の時〔天皇だった時〕、菅丞相〔菅原道真右大臣〕、君をいさめたてまつり給ふ事、漢土〔中国〕の賢臣の諫言をたてまつるにことならず。

◎寛平法皇というのは、宇多天皇のことである。菅原道真は天皇に嫌がられるのも知っていたのだが、天皇を諫めることをやめなかったという。これは中国の賢臣と同じであった。中国で王に諫言した賢臣の話はいろいろある。それはともかく……。

★或〔る〕時、ことに殺生禁断おこなはれたりける次の年、君みづから鷹狩りをし給ひければ、丞相申〔し〕給ひけり、「今年は鳥獣なにのあやまちあればか、たちまちに是をか〔狩〕りたまふぞ」と申されければ、御門《みかど》ことわりにつまりて〔返答ができなくて〕、狩をやめさせ給ひにけり。すべてかやうの器量を御覧じとりたりけるにや、首尾わづかに九ヶ年の間に、讃岐守《さぬきのかみ》より右大臣〔、〕内覧の臣までに、なしたてまつり給ひたり。

◎仏教が一般化するにつれて、鹿や猪などの動物の狩猟が禁止されるようになったのだと思う。上級貴族たちにとって、狩りはもっとも愉快な遊びであったのだろう。ある時、たぶん、宇多天皇白身が殺生禁断を世に命じたその翌年、宇多天皇が鷹狩りをした。道真はすぐ、鳥獣にどんな悪いことがあったというのでしょうか、狩りによって彼らを殺生したというのは、と諫言したという。しかし、寛容な天皇はそこまで自分を諫めるような賢臣道真を讃岐守《さぬきのかみ》から右大臣の位まで昇らせたというのである。美談のように聞こえるがさて……。讃岐守というのは国司という官職で、ふつうは五位くらいの中級官吏職であったから、これをさらに右大臣にしたというのは大変な出世コースを用意して道真を厚遇したわけだ。「内覧」というのはやはり要職で、天皇が視る下からの報告書のような文書を前もって読み、天皇にいろいろと報告し、助言する役割であった。

★さるほどに、醍醐《だいご》の御門《みかど》の御時、延喜元年に事はいできにけり。

◎天皇が寛平法皇（宇多天皇）から醍醐天皇に移ったとき、事件は起こったのである。通称を善宰相、本名三善清行（宰相すなわち参議、大、中納言につぐ官職）が、易の一種で算木を投げて吉凶を占うことを得意にしていたのか、これをやって、道真に来年はきっとよくないことがある。たぶん、あなたに関係しています、身を慎んでください、などと諫言したのだが、道真はこれを無視したのだ。そして、結局、好敵手の藤原時平に大宰権帥《だざいのごんのそち》といって、北九州にあった大宰府の次官として派遣された。事実は、島流しにあったかのように左遷されたのだ。この地で淋しく死んだ道真が怨霊となって、いろんな災害を京の街に起こしたことはその怨念のためとされ、北野天神に祀ってこの霊を慰めるようになったわけだ。「続古事談」の筆者はそのよく知られたできごとは書かずに、道真の悲劇性を強調していたようだ。

●三〇　寛平法皇、倹約を好む事（第一ノ三〇）

★寛平法皇はことに倹約を好み給ひけり。御あとの事〔自分の死後のこと〕・葬礼の事などおほせられおきけるには、「筵《むしろ》にて棺《ひつぎ》をつゝみて、かづら〔かずらは、つる草の総称と広辞苑にあるが、かづらの項目はない〕にて是をからげよ」とぞ」の給ひける。

◎寛平法皇、宇多天皇は賢い天皇と観念されていたのだろうか。あるいは、その倹約ぶりを皮肉ったのかはっきりしないが、自分の死後の葬礼などについて前もって示してあった。それによると、自分の棺は筵でくるんで、つる草で縛って、これを火葬場へもっていけと。薄葬令といって、大勢が行なう葬儀をごくかんたんに済ませろ、と指示していたのだという。この当時は解らないが、かつては死後、何十日か何か月か、死体に取りすがって忌み籠るという殯《もがり》という儀礼があったのだ。殯の宮というものを建て、人びとがここで何日も籠って泣きわめいていたのだ。天皇のような存在の死のときは。しかし、何人かの天皇が薄葬を遺言しているので、このような謙虚な天皇もいたのであろう。

●三五　皇嘉門院の御名の不吉を或る人、予言する事（第一ノ三五）

★皇嘉門院《くわうかもんゐん》〔崇徳天皇の中宮〕の御名は聖子なり。聖字の上の作《つくり》〔旁〕は、はらむといふよみあり。王子をはらむとつけたてまつりけるを、或〔る〕人難じていはく、「聖のしたのつくり〔旁〕は、王にはあらず、壬という文字なり。壬には、むなしというよみあり。むなしき子をはらみたらむ。此〔の〕御名はゞかりあり」と云〔ひ〕けるほどに、たゞならぬ御事にて〔妊娠したので〕、御産の月に成て、御祈〔り〕、なにくれとひしめく程に、水をおほろかに生〔ま〕せ給ひにけり。かゝる事は、さのみこそ侍るに〔単なる文字の解釈であるのに〕、はたしてむなしき子也けり。いと不思議の事なりけり。

◎関白藤原忠通の長女で、「玉葉」の著者、九条兼実、「愚管抄」の著者、慈円の異母姉弟というエリート的女性がいた。聖子という名まえだったのだが、「聖」という字の上の旁《つくり》は、妊《はら》む（妊娠する）という訓があったという（しかし、耳の右側に、口、と書く字は見たことがない）。天皇の皇子を産むというめでたい名まえを親がつけたのだが、ある人、たぶん陰陽師のような人がいちゃもんをつけた。「聖」の下の字、「王」はじつはもとは「壬」という字であった。確かに「王」という字と「壬」という字はよく似ている。だが「壬」という字には、むなしい、という訓がある。「聖」という字は「むなしい子を妊む」ということになる。この名まえは問題がある、というわけだ。はたして、聖子はほどなく妊娠した。そしてお産の日になると、坊さんたちがやってきてわいわいと御経などを読むあいだに、聖子は、水をどかっと産んだのだった。空しき子どもであった。不思議なこともあるもんだ。

◎大意は以上のようになるが、たしかに不思議な話であろう。世に聖子なる名まえは少なくないと思うが、水を産んだという話は聞いたことがない。女性が流産するということはあるとしても、水を産んだという話は聞いたことがない。やはり、「言霊のさきあう国」と言われたような古代、中世には、こんな話が成立する余地があったのだろう。なんの理論も根拠もない陰陽道のような領域が朝廷でも大きな顔をしていた時代なのだから。そして宮廷という狭い世界は、時に嫉みや嫉妬などの負の要素が蠢くようなことがいろいろとあったのであろう。そのような伝承による物語であると思われる。

2 ——第二 臣節

●五〇〔大江〕匡房、高麗への返牒〔返事〕に当座に秀句を書く事（第二ノ一二）

★昔、高麗国王《かうらいのこくわう》〔朝鮮半島のある時代の王朝、高麗の王〕、悪瘡〔できもののような皮膚病〕をやみて、「日本の名医雅忠《まさただ》〔丹波雅忠〕を給はらん」と申したりけり。

◎この話も天皇と直接関係がない話だが、当時の朝鮮半島の国家、高麗《こうらい》と日本の関係を物語っており、超有名な大江匡房《おおえのまさふさ》と関係する話なので、紹介してみた。高麗は、朝鮮半島の三つの国、百済、新羅、高句麗が、統一新羅によって一国化された、そのつぎの王朝を言う。一〇〇〇年代半ばの国で、平安時代後期の当時の日本国とどんな関係にあったか、わたしには明解ではない。しかし、高麗の王がなにか皮膚病で苦しんでいたとき、日本の名医を招いて診てもらいたいと言ってきたようだ。当時、日本の天皇への親書として書かれたものであろう。平安朝廷では、どう返答すべきか論議をしたが、帥大納言《そちのだいなごん》の源経信卿が、「高麗の王が悪瘡を病んだところで、日本にとってなにも苦しいことはないだろう」と発言し、高麗王の申し出を断ることになったという。

★さて、「返牒《へんてふ》いかゞいふべき」というさだ〔定〕め〔議論〕に「『此事、え申しとをさず〔通さず〕』といふべし」〔この事、天皇に奏上することはできない〕とて、匡房卿〔大江匡房。当時の学問的第一人者〕、其の〔返事の〕状を書きけるに、申しとをさぬよしを書きおほせずして〔理由を書けなくて〕、二度までかへされにけり。

◎高麗王の訴えへの返事を、匡房は二度まで書くことを断ったという。ここ、ふつうに読めば、大江匡房が良心的に、せっかくの高麗王の訴えを無下に拒絶できなかった、と読めると思うのだが、補注によると、匡房は高麗王の訴えを非礼だとしたとあるのだが（補注を書いた人は、「水左記」九月の記事を参照したようだ）、国を越えて悪瘡という病を訴え来た人をそんなにかんたんに、拒絶できるだろうか。この後、匡房は難解な漢詩でもって派遣拒否の返事を書いたところ、人びとが感心した、と結んでいる。ここで問題は、こんな外交的問題の最終決定は、当時、天皇に任されていたようだ、ということだ。これは高麗国と日本国の交流の深さなどにも関わるであろう。もし補注者の解釈が当たっているなら、大江匡房の狭量な発想はついていけないと、わたしなどは考えるのだが。その漢詩の意味は、補注によれば、《貴国からの文がわが国の宮中に届いたが、どうして扁鵲《へんじやく》〔中国古代の伝説的名医〕のようなわが国の名医を、貴国に派遣することができようか》といった意味だったという。この話が史実を伝えているなら、大江匡房は思いのほか、心の狭い、情けない男であったように思われる。どうだろうか。遊び心に充ちた「遊女記」や「傀儡子記」を書いた、優れた文人とも思えない。

●六〇　信西、遣唐大使の用意に唐の言葉を習ふ事
（第二ノ二〇）

★少納言入道〔藤原通憲。鳥羽天皇時代の知恵袋兼政治家として活躍した男〕、鳥羽院の御供にて、或る所に唐人《からのひと》のありけるに、通事《つうじ》〔通訳〕もなくてあひしらひければ〔扱った、話をした〕、院〔鳥羽上皇〕あやしみて、「いかにしてかゝる〔なぜ、そんなことができるのか〕」とおほ〔仰〕せられければ、『もし唐へ御使につかはさるゝ事もぞ侍る〔もし、中国への大使になるようなことでもあれば、と思ったのです〕』とて、彼の国の詞〔ことば〕をならひて侍る也」と申されけり。遣唐大使の用意〔準備〕いとこちたし。此比《このごろ》の人は当時いる事〔現在必要なこと〕をだにな

らはぬものを。
◎この少納言入道（通憲）である信西は「平治物語」などには、悪役として登場する。信西は、出家名である。さすが、知恵者の信西は、遣唐使の派遣ということを考えて、前もって中国語会話を勉強しておいたので、ある時出遇った中国人とすらすら会話し、ことを潤滑に運んだので、鳥羽上皇をびっくりさせたという。しっかりとした準備がしてあったわけだ。用意周到、このくらいでなければ、政治家の第一人者の役は務まらないのであろう。頼朝の父、源義朝の起こした平治の乱では、後白河法皇以降の政治に深く関わったことから恨まれて、殺されている。さすがの智者も「武士の世」という時代の展開を見通すことができなかったようだ。

3――第五　諸道

●一三三　雅忠・相成、かさ治療を競ふ事（第五ノ一七）

★後朱雀院《ごすざくゐん》、かさ〔瘡。できもののような皮膚病〕をや〔病〕みたまひけるに、典薬頭相成《てんやくのかみすけしげ》、（中略）水とゞむべきよし申〔し〕けるを、雅忠〔同じく典薬頭〕いまだわか〔若〕かりけるが、見たてまつりて、「この御瘡いつ水とゞむべしとも見えず」と申しけり。
◎後朱雀天皇が皮膚病の瘡を患った。このとき、天皇の薬を調達する典薬頭相成という男が、当分水を止めるべきだ、と診断したのであるが、同じ典薬頭で、まだ若い雅忠という男が、そんなふうにはみえない、水を止める必要はないと思う、と発言したという。
★其〔の〕後、嵯峨の滝殿の阿闍梨重源《ちょうげん》と云〔ふ〕ものは、〔医師の〕滋秀《しげひで》が孫なり。それを召〔し〕て見せたまひければ、雅忠が申〔す〕様に申して、（中略）〔ある男に遇って〕「此〔の〕御瘡、いつ癒《い》給ふべしと云〔ふ〕事見えず。雅忠、心えたる医師也。明日、御胸やみ給〔は〕ば、大事なるべし」と申〔し〕けり。まことに御胸やみてうせ給ひにけり。
◎阿闍梨の重源という男が診断するには、若い雅忠が言ったように「この天皇の瘡はいつ治るとも言えない」、治るようには見えないと言ったという。そして、この病が明日、さらにひどくなったら、大事にいたるだろう、と言ったというのだ。

★まことに、御胸やみてぅ〔失〕せ給ひにけり。かさやむ人胸やむは、をはり〔終わり、死ぬ〕の事なりとなん。

◎果たして、天皇はこの瘡がひどくなってついに崩御したという。雅忠という若い医師の眼力を賞賛したわけだが、天皇の死を予告しても、あまりありがたられはしなかったのではないだろうか。頭注には、《医道の名門、和気氏と丹波氏の対立を語る》とある。相成は和気氏、雅忠は丹波氏だった。名門同士、負けられない診断だったのであろう。また、この話の前話（第五ノ六）には、この瘡という病気は新羅から流行ったもので、筑紫の人が新羅に魚を買いにゆき、これに感染して帰ってきたのである、と書かれていた。そしてにら〔韮〕が特効薬だとされていたとする。天皇はなぜ、韮を煎じて飲まなかったのだろう。ここでは、雅忠が、韮は熱いうちに飲むべきで、ぬるくなってからは効果がない、と言ったと、雅忠の才気を語っている。

◉「古事談」、「続古事談」とも、天皇のことだけを述べた本ではなかったせいか、天皇に関する記述はあまり多くなかった。このふたつの本の編者の特徴は、天皇を神のように最上位に位置づけなかったことにある。いつも冗談めかすか、からかっているかのように纏めている。天皇に関する猥褻な話を平気で書いている。これは、天皇と彼を取り巻く上級貴族や内侍などの女性たちと、視点がかなりの程度に違っていたことを意味している。天皇という存在を、かなりの程度に客観的に観察するという視線が芽生えてきたのであろうか。天皇は民衆社会と交流しなかったが、中級貴族や、多くの朝廷官人たちにとっては、やはり「遠い存在」だったという感じがする。「近い存在」として認識するのは、ごく一部の上級貴族たちだけだったのだ。それは天皇の日本における意味が、彼ら上級貴族たちと、それ以外の民衆的なふたつの世界では、かなりの程度に違っていたからだと言えると思う。しかし、さらに時代を降って確認していく必要がある。明治以降のように、天皇は、ある種の人びとからは神（?）として、さまざまに利用されてきたのであり、個性を発揮する場所があまりにも少なかったのではないか。「天皇の不幸」と言えるかもしれない。

◉第五章

北畠親房が言ったように、日本国は果たして「神国」だったのだろうか

●テクスト
北畠親房「神皇正統記」
●出典
『神皇正統記』山田孝雄校訂、岩波文庫、一九三四

◉この有名な本の巻頭にはこうある。
《大日本《おほやまと》者《は》神国《かみのくに》なり》
校訂者の解説、「読者の為に」によると、《著者の国体観は、本書の最初に喝破せる、大日本者神国也。の一言に尽きたりといふべし》とあり、いわば、この冒頭の言葉が、「神皇正統記《じんのうしょうとうき》」の精神のすべてである、と言っている。「国体」というと戦前の日本の保守的発想における表現であり、「国の体」とはいったい何かなと、かつては考えたものだ。なんとなく、胡散臭いイメージがつきまとっていたように憶えている。広辞苑によれば、原点は中国の「漢書」にある「通達国体」とあり、これもよく解らない。また、主権または統治権の所在により区別した国家体制、ともあるが、主権や統治権がだれに属すかに関係なく、ある国家体制を言うのであろうか。明治以降、戦前までの日本国家の主権は、国民にはなかったから、国民と関係ないが成立している国家の体制ということになろうが、この言葉に主体性はあまりないようだ。かつての日本においては、たぶん、天皇を核とする国家のあるべきすがた、とでもいう意味だったのだろう。なにしろ、このテクストは昭和九年に山田孝雄校訂の本で、昭和十三年に第五刷発行とある、古い本である。もろに戦前のやがて大東亜戦争へと突入するころの戦意高揚的発想を帯びた「国体」ではなかったろうか。この本の著者は南北朝時代の公卿であり、後醍醐天皇以降の南朝時代のイデオローグであった北畠親房《ちかふさ》であった。彼は、武家の主導する国家を否定し、天皇をかついだ国家を理想とし、後醍醐天皇派となって南北朝の開始に大きく関わっていた。この章では、その「神皇正統記」を読みながら、親房の思想や、そこにおける天皇の意味などについて考えてみたいと思う。

◎まず、冒頭は上述した、日本は神国なり、と書いたあとは、「古事記」「日本書紀」に従っていわゆる神代を描く。天皇の名まえの漢字表記を見ると、「日本書紀」に従っている。たとえば、神武天皇、カンヤマトイハレヒコは、「古事記」では、神倭伊波礼毘古、「日本書紀」では、神日本磐余彦、であり、ヤマトの字に倭という中国で作られたであろう「倭人」という言葉の「倭」が使われ、この「倭」の字がいい意味ではないので、日本ではまず「和」と字を変え、さらに「大和」、さらに「日本」と書き変えたのである。「日本書紀」ではすべて、ヤマトは日本という字で表現されている。ヤマトタケルなども日本武尊になっている。「ヒコ」という男につけられた形容は、「古事記」では「毘古」だが、「日本書紀」では「彦」の一字になっている。「彦」は以後、男の名まえによく使われるようになった。いわゆる「魏志倭人伝」では狗奴国の官吏に「くこちひこ」という人がいた。この人は九州の豪族であった菊池氏の遠い祖先では、とされているが、ここでも「ひこ」が使われている。多分、後代の「彦」と同義であったろう。「ひこ」はもともと「日の神の子」を意味したのか、「古事記」では、「日子」とあるが、「日本書紀」では「彦」で統一されているように思われる。

「日子」は「日女」つまり「姫」に通じる。ただし、女帝であった推古天皇は、「トヨミケカシキヤヒメ」であったが、最後の「ひめ」は、「古事記」では「比売」、「日本書紀」では「姫」と表記されている。つまり、「古事記」において漢字は単なる表音文字として使われているが、「日本書紀」では、表意文字として、少しだけ、意味が附加されているように思える。たとえば、雄略天皇の名まえとされる「オオハツセワカタケル」の「ワカタケル」は「古事記」では、「若建」、「日本書紀」では、「幼武」であり、「日本書紀」では、雄略天皇が幼少から幾分暴力的であった、といった「意味」がこめられているように思われる。なお、埼玉県の稲荷山古墳出土の鉄剣銘が有名だが、ここでは、「獲加多支鹵」(わかたける)とあって、より表音文字性が強い気がする。といった論議が長くなってしまったが、「神皇正統記」の本文を追ってみよう。

1 ―― 日本は神の国なり

★大日本者《おほやまとは》神国《かみのくに》なり。天祖《あまつみおや》はじめて基《もとゐ》をひらき、日神《ひのかみ》ながく統《とう》を伝給《つたへたま》ふ。我国のみ此事《このこと》あり。異朝《いてう》には其《その》たぐひなし。此故《このゆゑ》に神国《かみのくに》と云ふなり。

◎ここに、北畠親房の思想はすべて結晶していると言っていい。天の祖神、天照以前の神々がこの国の基いを作り、日の神であるアマテラスが、以降の天皇の王統を作ったのだ。こんな神による建国と神を体現するような天皇の存続する国は、わが国以外にないのである。だから、この国を神の国というのだ、と。

◎当時の日本にとって、「世界」といえば、まずはインド、中国が二大先進国であった。インドはもともと土着のヒンドゥー教があったが、インド・ヨーロッパ語族が侵入してきてバラモン教を一般化した。その国家的謂われはよく識らないが、中国は伏羲《ふっき》とその妹の女媧《じょか》という神が大洪水のあと天と地を創り、伏羲は三皇五帝という帝王の系譜を作ったとされるから、神国は日本だけではない。親房はこんなことは知悉しているはずなのに、これを無視して、日本は外国と違う特別な国なのだ、と主張している。このような日本主義的発想は現代までも、一部の人たちに継承されている、ある種危険な思想であるとも言えよう。天皇を思うあまりの発想であったのだろう。そして「古事記」（が当時、一般に読まれていたかは疑問でもあるが、というのはある種、秘本的存在であったから）や「日本書紀」の記述を丸のみに了解しているのも、まあ、そんな時代であったとするしかないのだが、神のような抽象的な存在の実態をどのように理解していたのであろうか。

★〔日本国を〕耶麻土《やまと》と云ふ。（中略）耶麻土と云へることは山迹《やまあと》と云ふなり〔これは親房の解釈である〕。（中略）大日本《だいにほん》とも大倭《だいわ》とも書くことは此国《このくに》に漢字伝はりて後、国の名をかくに、字をば大日本と定て、しかも耶麻土とよませたるなり。

★漢土より倭《わ》と名《なづ》けゝる事は昔、此国の人はじめて彼土《かのど》にいたれりしに、汝が国の名をばいかゞ云《いふ》と問けるを「吾国は」と云《いふ》をきゝて、即《すなわち》倭《わ》と名づけたりとみゆ。
◎このような知識は、彼が「魏書」「東夷伝」の「倭人」の条を読んでいたからだ。「倭」という字は、中国人の、日本民族につけた文字であり、好字でなく、それが解って、日本は「倭」をやめて、「邪馬台《やまと》国」からとって「やまと」と名づけ、さらに大国的イメージの「大倭」と表記し、さらに、好字の「大和」という字を使用することになったのだ。この辺は、この書の最初の章で述べた岩橋小弥太『日本の国号』を参照されたい。また、倭という国の起こりについて漫才のような説明をおおまじめにしているが、わたしなどは、同じように訊かれて、日本人が、自分の呼称として「わ」という語があり、「わが……」「わが……」と「わたしは……」と口ごもっていたとき、中国人が「倭」という字を思い出し、「倭」と名づけられたのでは、と冗談のように考えたこともある。しかし、古代史、民俗学の鳥越憲三郎氏は、もともと、中国のいくつかの古書に登場する「倭族」という人たちが、中国大陸を東南部から北へと移動し、朝鮮半島に到来し、うんぬん、という説を説いていて、こちらのほうが説得力があるな、と思ったものだ（『古代中国と倭族』中公新書、二〇〇〇など）。
★後漢書に大倭王は耶麻堆《やまと》に居《きょ》すとみえたり。
◎この耶麻堆はのちの畿内の大和地方であろうが、「魏書」で述べられた「邪馬台国」とも関係していると考える。この「台」の字を「と」と読んで、「やまと」という国か地名があり、そこには卑弥呼とよばれる宗教王がいたと、第一章で述べた。しかし北畠親房はこの卑弥呼を完全に無視している。これはのちの天皇とはなんの関係もないと考えたからであろうが、同時に、この日本国は背景に神をもった天皇が始めた国であると考えている彼にとって、卑弥呼などはなんの関係もない存在だったのであろう。
★震旦《しんたん》〔中国〕はことに書契〔文書を重んじる社会〕をことゝする国なれども、世界建立〔世界の初めと展開〕を云へる事たしかならず。儒書〔儒教系の本〕

には伏羲《ふくき》氏と云ふ王よりあなた〔それ以前の世界〕をば云はず。

◎中国の始まりについては上述したが、親房は伏羲自身が神だったことに気づいていない。これはおかしい。混沌とした世界に神として現れたのだから。

★我朝の初めは天神《あまつかみ》の種〔系統〕をうけて、世界を建立するすがたは天竺〔インド〕の説に似たる方もあるにや〔あるだろうか〕。（中略）天竺にも其類《そのたぐひ》なし。

◎日本にとってもっとも重要な国であったインド、中国も親房によれば、日本の足元にも及ばない国であった。もっともその学問や文化全体を否定したわけではないだろうが。しかし、ここまで日本国家の特殊性にこだわり、天皇及び神道の重要さを説いたのはなぜだったのか。以下を読むしかないが、この本が書かれた当時、後醍醐天皇のクーデターに端を発し、王朝が南朝と北朝に分かれていく。親房としてはここまで続いてきた皇統が崩壊することがもっとも苦しい未来であり、その動向を食い止めるべく必死になっていた時代に、親房の精神の中で醸成されたのが、この本であり、思想であったと言えるだろう。まあ、それはおいおい研究することとして、以下に北畠親房が「日本書紀」に従って天皇名をあげながら、神話時代から歴史時代までの天皇と日本のかかわりの歴史を述べていく、その過程を眺めてみよう。天皇は第一代とされる神武天皇から始まる。たぶんに「日本書紀」、「続日本紀」以下の「六国史」によって、天皇を並べているのだろう。しかしわたしは、「続日本紀」までしか読んでいないので、この本の最後に出てくる桓武天皇の項から、「神皇正統記」を始めてみたいと思う。

2——桓武天皇から仁明までの天皇紀を読む

●第五十代　**桓武天皇**

◎天皇制が制度化したベースはこのふたりにあると考えていた天智天皇と天武天皇という兄弟の天皇の、それぞれの系統が生き残っていた。その天智の系統の天皇が桓武天皇であった。桓武以前は、天智系も挟みながら、天武の系譜の文武、聖武、孝謙などと続き、そして傍系の淳仁天皇に続き、そしてまた直系の称徳天皇となった。その称徳天皇に皇嗣がいなかったため、天智系の光仁天皇が天皇系譜を継承した。その光仁の子どもが桓武天皇であった。

★〔桓武の父〕光仁、即位のはじめ、井上《ゐかみ》の内親王〔聖武の御女《おほんむすめ》〕をもて皇后とす。彼所生《かのしよしやう》の〔彼女が生んだ〕皇子、早良《さわら》の親王、太子に立ち給ひき。しかるを〔藤原〕百川朝臣《ももかわのあそん》、此の天皇にうけつがしめたてまつらんと心ざして、又はかりごとをめぐらし、皇后および太子をすてゝ、つひに皇太子にすゑたてまつりき。

◎前掲、肥後和男編『歴代天皇紀』を見ると、《光仁天皇の皇后は聖武天皇の皇女で井上《いのうえ》内親王といった。光仁天皇との間には皇子他戸《おさべ》親王と能登内親王がおり、親王は宝亀二年、十二歳で光仁天皇の皇太子になった。ところが翌年、井上皇后は光仁天皇を呪い殺そうとしたといわれて、三年に皇太子ともども位置を追われて幽閉された。この母子が大逆〔天皇を殺すこと〕を企てたのはこの時だけではないということで許されず、ふたりとも宝亀六年（七七五）に幽閉のままに死んだという。他戸《おさべ》親王がしりぞけられたので山部親王〔桓武天皇〕のあらわれる時がきた。こうして皇太子になった時は三十五歳、この立太子には参議の藤原百川《ももかわ》が力をつくしたということで、これから百川の位置が固められてくるのである》とあった。この時代はまだ古代の雰囲気が天皇の物語にもつきまとっていて、呪い殺す、などといった恐ろしい話が使われていた。そのような天皇の位をめぐる物語は珍しくなかったのである。ともかく、まだ桓武天皇の時代はそのような時代であった。わたしなどが中学生の頃は、桓武天皇は平安京を造り、平安時代を出発させた天皇として、教科書には載っていたというのに。

★はじめは平城《へいせい》〔奈良京〕にまします。山背《やましろ》の長岡にうつり、十年《ととせ》ばかり都なりしが〔長岡京とよばれた。かつてこの宮址が発掘されたりしたのだが、現在どうなっているのか著者は不勉強にして知らない」、又今の平安城にうつさる。山背の国をもあらためて山城と云ふ。

◎平安京のあった現在の京都は、かつて山背ないし山城と言っていた。「背」の字がよくない字なので、城に代えたのだろう。現在も使われている。桓武天皇は最初は、平城京とよばれた奈良にいたのだが、長岡京を造ってそこに都を構えていたのだが、また現在の京都である平安京へと移動した。この時代の天皇は代が変わるごとに都をほかの地へ遷していたのだが（遷都という）、元明天皇の時代、藤原京から遷って平城京（奈良市）を造ったのだが、延暦十三年（七九四）に平安京（京都市）に遷都して以来、明治時代直前まで、天皇は京都を動かなかった。この遷都の風習はたぶん中国の王朝が変わるごとに主要都市が変わったのをまねたのだろう。

★この御時、東夷叛乱しければ、坂上《さかのうへ》の田村丸《たむらまろ》を征東大将軍になしてつかはされしに、ことごとくにたひらげてかへりまうでけり。この田村丸は武勇人にすぐれたりき。

◎この、叛乱した東夷というのは、関東、東北の先住民であった蝦夷《えみし》のことで、この蝦夷たちは日本列島の古い種族であったが、大和朝廷ができて以来、九州の隼人などと同様に、日本に同化させるべく、しばしば彼らを征討する軍隊を派遣してきた。古い種族とは関東、東北の蝦夷（北海道、アイヌと同族、同種）であり、南九州から沖縄までの人びとをさす。私見では縄文人たちであった。彼らは日本列島の土着の人びとであったが、朝鮮半島を経由して到来した弥生人たちの列島への定着にたいして、しだいに、列島の南北、あるいは山岳地帯などへと移動していった。この時、関東から東北へかけて住んでいた縄文人の子孫が蝦夷であり、アイヌであった。東夷とは、中国では、中国大陸の東西南北に住むたぶん先住民族を非文化的な野蛮人として捉え、蛮夷とよんで異民族扱いにした。東夷、西戎、南蛮、北狄の「夷」や「戎」、「蛮」、「狄」がその野蛮とされた人たちを指しているのだ。これを古代日本もまねて、畿内より東部にすむ先住民であった縄文人の子孫を東の夷人たちとして「東夷」と名づけ、朝廷の支配下に置こうとして征討軍を派遣していたのだ。ヤマトタケルの神話には、その初期の征夷の面影が濃く投影されている。ヤマトタケルはまず九州のほうを制圧し、やがて関東に来て、目的を果たせぬまま、帰還する途中で死亡し、白鳥になって都の方に飛んでいったとされる。実際、九州の方の先住民は早くから同化したのにたいし、関東、東北の先住民であった蝦夷たちはなかなか同化しなかった。早く大和朝廷に靡いた蝦夷をニギエビス（熟《にぎ》蝦夷）といい、靡かなかった蝦夷をアラエビス（荒《あら》蝦夷）とよんだのだが、坂上田村麻呂一族は征夷大将軍となってしばしば関東、東北に送りこまれ、戦闘を余儀なくされていたのだ。この仕事はやがて源頼義、義家に受け継がれ、前九年、後三年の役として名高い伝承となっている。

●第五十一代、**平城天皇**

★平安宮《へいあんのみや》にまします。（これより遷都なきによりて〔〕御在所をしるすべからず。）

◎これ以降、天皇が代わるごとに遷都する慣習が廃止された。それがなぜだったのか、経済的なことを考えても、それ以前は大変だったと思う。とりわけ、遷都のさい新京が造られ、その京が次第に大きくなり、平安京以前の長岡京は、相当規模の大きさだったことが、考古学的にも報告されている。『歴代天皇紀』には、桓武天皇のところに、つぎのように書かれている。《平安京の建設は桓武天皇の新しい政治の第一歩であった。奈良の都には様々の弊風が重くよどんでいる。すべてを新しくして出発しようとするのに居を新たにする、これほど当を得た道はない。しかし七十年余り続いた都をすてて他にうつるということは非常な事柄である上に、新都の建設は大事業である》。《はじめ山城長岡の地に帝都をつくることが考えられた》。長岡京は建設され、朝廷の活動は始まったのだが、《長岡の都の主唱者の藤原種継《たねつぐ》が延暦四年〔七八五〕九月に暗殺されたことは長岡京の運命をかえ、五年までは来たものの、帝都として完成する進路をふさがれたのである》。天皇

しい。と遷都の問題にも、藤原氏が大きく関わっていたら

◎日置昌一編『日本歴史人名辞典』によれば、藤原種継は桓武天皇の時代、重くもてなされた重臣であった。天皇は狩りなどの遊幸が好きで、政治は皇太子の早良親王にゆだねたという。皇太子は佐伯今毛人《さえきのいまえみし》を重用して参議としたが、藤原種継はこれに反対して、中納言の職を辞したという。皇太子はこれを憎み、大伴継人《つぐひと》らを遣わして、藤原種継を射殺させたという。というわけで、京都たる地域さえ変わってしまった。そして、現在の京都である平安京に、都は定着することになった。

★尚侍《ないしのかみ》藤原の薬子《くすりこ》を寵《ちよう》しましけるに、其《その》弟参議、右兵衛督《うひやうゑのかみ》仲成《なかなり》ら申《まをし》すゝめて逆乱《げきらん》の事ありき。田村丸〔前出〕を大将軍として追討せられしに、平城《へいせい》の軍《いくさ》やぶれて、上皇出家せさせ給ふ。

◎薬子（種継の娘。くすことよばれるのがふつうだ）の変として有名な叛乱で、平城上皇軍は敗れて出家させられたという。この叛乱は、平城のあとを継いだ弟の嵯峨天皇への譲位に反対し、平城上皇をもう一度天皇にするべく画策したが、この計画は失敗し、平城上皇は出家、薬子は自殺したという。平城天皇は旧都平城に還ったので、のちに、平城上皇という名が贈られたのであろうか。この平城天皇の親王のひとりに、高岳親王という皇子がいて、薬子の変に関わり出家したが、空海の門に入り、さらにインドへ渡って学びたいと考え、広東から出発したという。シンガポールあたりで死亡したようだが、伝承である。澁澤龍彦の『高岳親王航海記』という本がむかしあったが、内容も忘れてしまった。のんびりと航海している光景だけが頭に残っている。

●第五十二代、**嵯峨天皇**

◎この天皇は、仏教に力を入れた天皇のひとりで、弘法大師（空海）や伝教大師（最澄）らが中国から伝えた天台、真言宗などを広めた功労者のように書かれている。空海らの事績も詳しく述べ、また禅宗の展開にも気を配り、かつ、儒学などの学問も支援

したようだ。「神皇正統記《じんのうしょうとうき》」の著者は、天皇大事で書かれた本なのに、天皇自身の仏教好きをまるまる肯定しているところがおかしい、とも言える。

★天下を治給《おさめたま》ふこと十四年。皇太弟にゆづりて太上天皇〔上皇〕と申す。（中略）新帝〔淳和天皇〕の御子、恒世《つねよ》の親王を太子〔皇太子〕に立て給ひしを、親王、又かたく辞退して世をそむき給ひける〔出家したか〕こそ、ありがたけれ。

◎つぎの天皇の息子を皇太子にしようとしたが、固く辞退したというのだが、なぜそれがありがたかったのか、解らない。一、二度辞退してから受けるというのが当時の方法論だったとしても、辞退して出家したというのがなぜ美談なのだろうか。例によって『歴代天皇紀』を参照すると、嵯峨天皇は、空海、橘逸勢《たちばなのはやなり》とともに三筆と言われたとあるので、字がうまかったのだろう。また空海を入れた文学サロンを作って漢文学の花盛りをみちびいたとある。また、大勢の皇子があったにもかかわらず、弟に天皇位を譲った。この時、辞退したことが美談として伝えられたのであろう。次代の天皇は嵯峨天皇の弟の淳和天皇であった。しかし、淳和天皇のあとは、嵯峨天皇の系譜の仁明《にんみょう》天皇へと戻っている。

●第五十三代、**淳和《じゅんな》天皇**

◎とくにめだった記載はない。『歴代天皇紀』によると、淳和天皇は長男の恒世《つねよ》親王を皇太子にしようとしたが、親王は固辞して受けなかった。そこで、天皇は次男の恒貞親王を太子にした。しかし、この人は承和九年（八四二）の橘逸勢の叛逆で、廃されたとある。この橘逸勢は空海らとともに三筆と言われた有力な貴族であるが、恒貞親王擁立のため画策したのが発覚し、流罪になったようだ。やはり、天皇、藤原氏、その他の有力貴族たちの天皇位を巡る闘争はしっかりとあったようだ。

●第五十四代、**仁明《にんみょう》天皇**

★仁明天皇、諱《いみな》は正良《まさら》、（これよりさき御諱たしかならず。おほくは乳母《めのと》の姓などを諱にもちゐられき。

これより二字たゞしくましませばのせたてまつる)。
◎広辞苑によれば、諱《いみな》はまず、《「忌み名」の意》とある。忌み名とは使うことを忌む、避けたりやめたりする、そんな名まえということか。あるいは死者を悼む名まえということか、もうひとつ解らない。百科事典の諱には、おくりな(諡)とも。死後に贈る名。とある。和風諡《し》号と漢風諡《し》号があるといい、聖武天皇の和風諡号はアメシルシクニオシヒラキトヨサクラヒコノスメラミコトと、古代天皇の実名のような長ったらしい名まえが書かれている。そして聖武が漢風諡号とある。たしかに、倉本一宏『一条天皇』(人物叢書、吉川弘文館、二〇〇三)を読んでいると、一条天皇は一条院で余生をすごし、ここで亡くなったから、死後、一条という天皇名を贈ったように書いてあった。あれ、それでは生前の天皇、今上天皇には、明治天皇のような称号はなかったのだろうか、と考えたことがある。ではその天皇の生前はなんとよんでいたのか、たぶん「みかど」(帝、御門)などと言っていたのだろう、と考えたのだが、この仁明天皇は、死後に諡(おくりな)をもらったようだ。普段は乳母にちなんだ名まえなどでよばれていたようだ。そして、これ以降は諡が一般化したことになる。すべての天皇名と諡は、少し違うが、両方とも死後につけられたようだ。なんとなく不思議で変だなと思う。天皇には姓がないが、童名(幼名)など以外なかったことになる。
◎やはり事績に関する記載はない。『歴代天皇紀』によると、橘逸勢の謀反は承和の変とよばれていて、彼は皇太子恒貞を奉じて東国に走ろうとしたらしい。やはり天皇への道を探る闘争の影響があった。
★我国のさかりなりしことは、この比《ころ》ほひにやありけん。遣唐使もつねにあり。帰朝の後、建礼門の前に彼国《かのくに》のたから物の市《いち》をたてゝ、群臣にたまはすることも有《あり》き。律令は文武の御代よりさだめられしかど、此御世にぞえらびとゝのへられにける。
◎仁明天皇の時代を賞賛している。遣唐使もさかんに送っていたし、遣唐使が帰ると中国の宝物の市を開いて、朝廷の官人たちに配ったりしたという。また、律令もこの時代に確定したとしている。

◉ここからあとの天皇は、第二章に引用した「大鏡」「今鏡」などとだぶってくるので、文徳から近衛までの天皇紀を省略することにした。そして、「今鏡」が後白河上皇と同時代に作られたのか、差障りがあるので、と遠慮気味に書いていた天皇である後白河天皇、そのつぎの高倉天皇のあたりから、「神皇正統記」を再開したいと思う。高倉天皇は、後白河法皇時代、東国に武士集団が興隆し、高倉天皇の息子、安徳天皇は、平清盛の息子宗盛率いる平氏一族が義経らが率いる東国武士団に敗れ、三種の神器とともに壇ノ浦の海中へと沈んでいった少年天皇であった。本文に八歳とあった。安徳天皇の死は、いろんな時代の天皇たちの悲劇のひとつであった。本文の仁明天皇以下の各天皇が、ほかの諸本とだぶってもいいのだが、北畠親房の固有の天皇観が現れていれば納得できる。しかし読者のほうでも飽きてしまうかもしれないという、危惧も感じられる。以下に、再開するいろんな天皇の話を、「神皇正統記」が書き続けるところまでつきあってみたいと思う。

3——後白河法皇、後鳥羽天皇の時代

●第七十七代、**後白河天皇**
◎この天皇は、「平家物語」などを通じて有名な天皇である。上皇時代であるが、平清盛率いる平氏と、源頼朝がリーダーの東国武士集団のあいだを巧妙に取り持って、武士の時代に対抗する天皇と朝廷をしっかりと護ったと言える。その評価は研究者によって変わるかもしれないが、客観的に見て、天皇王権は残ったし、鎌倉幕府に拮抗しえたと思う。
★後白河院《ごしらかはのゐん》、諱は雅仁《まさひと》、鳥羽〔天皇〕第四子、崇徳《しゅとく》〔天皇〕同母の御弟なり。近衛〔天皇〕は鳥羽の上皇、鍾愛の御子なりしに、早世しましましぬ〔早く死んだ〕。崇徳の御子、重仁《しげひと》親王つかせ給《たま》ふべかりしに、もとより御中心《おほんなかこころ》よからでやみぬ。
◎後白河天皇の即位まで、さまざまに問題があって、

なかなか天皇になれなかったのだ。芸能の好きな後白河は、父の鳥羽天皇に嫌われていたのかもしれない。本来なら、同母兄、崇徳天皇の長子である重仁親王が継ぐべきだったのかもしれないが、御心中《おほんなかごころ》があまりよくなかったというのは、どういう意味かはっきりしない。崇徳上皇時代に、保元の乱が起こり、この事件に、重仁親王も大きく関わっていたのかもしれない。まあ、それはいいとして、

★〔鳥羽〕上皇おぼしめしわづらひけれど〔上皇はいろいろと悩んだけれど〕、この御門〔後白河〕たゝせ給ふ。立太子もなくて、すぐにゐさせ給ふ〔皇太子になることもなく、即位した〕。今は、此御末《このみすゑ》〔系譜〕のみこそ、継体《けいてい》し給へば〔この後白河以降の系統がつぎつぎに即位したのだが〕、しかるべき天命とぞおぼえ侍る。

◎鳥羽上皇はいろいろ悩んだが、結局、後白河が即位することになったのだが、この系統が長続きしたのであった。やはり一種の天命であったのだろう。

★左大臣頼長ときこえしは、知足院入道関白忠実の次郎〔次男〕なり。（中略）この大臣《おとど》も漢才〔漢学に才能があった〕はたかくきこえしかど、本性《ほんしやう》あしくおはしけるとぞ。

◎のちの保元の乱（保元元年〔一一五六〕）の首謀者であった藤原頼長は、漢学は優れていたが、気性が悪かった。兄の関白忠通をさしおいて、藤原氏の「氏の長者」（ある氏族のトップ）に立っていて、朝廷では内覧と言って天皇に代わって役所からの訴えなどを読み、天皇に伝えるような役割を帯びていた。内覧をやめることになったとき、これを恨んで天下を傾けるような企みを心の底に抱き始めたようだった。崇徳上皇を巻きこんで世を乱そうとしたのだ。

★〔後白河〕法皇もかねてさとらしめ給《たま》ひけるにや、平清盛、源義朝等《ら》にめし仰《おほせ》て、内裏をまぼり奉るべきよし勅命ありきとぞ。〔崇徳〕上皇、鳥羽よりいで給ひて白河の大炊殿《おほひどの》と云ふ所にて、すでに兵《つはもの》をあつめられければ、清盛、義朝等に勅して上皇の宮をせめらる。

◎いよいよ、頼長らの画策によって、保元の乱が始

まった。後白河上皇もかねて言い含めていたので、清盛と義朝に命じて、崇徳上皇の殿を攻めさせた。後白河軍のほうが勝利し、崇徳上皇は京都の西側に逃れ、頼長は流れ矢に当たって、奈良坂〔京都と奈良のあいだの坂〕のほうに逃げたが、結局死亡した。崇徳上皇は出家したが、讃岐に流された。

★〔崇徳上皇方の〕武士どもも多く誅《ちゅう》にふしぬ〔多く殺された〕。その中に源為義ときこえしは義朝が父なり。いかなる御《おほん》志《こころざし》かありけん。〔崇徳〕上皇の御方《みかた》にて義朝と各別《かくべつ》になりぬ〔敵味方になった〕。余《よ》の〔為義のほかの〕子共《こども》は父に属しけるにこそ〔義朝のみ敵方についた〕。軍《いくさ》やぶれて為義も出家したりしを、義朝あづかりて誅せしこそ〔殺したことは〕ためしなきことに侍れ〔父を殺すなど、前例のない暴挙であろう〕。

◎ここでは天皇記述を離れ、敵味方になったとはいえ、父を誅殺するという暴挙を、北畠親房は悲憤の情で視ているのである。儒教的な発想とも言えようが、自分より身分や血縁において上位のものを殺したりすることを、反逆と言った。このなかでも、天皇に対する臣下の反逆は「大逆罪」として、戦前、多くの社会主義者が殺された。大杉栄なども、計画を練っただけで、大逆罪のように殺されている。本来ではこのほか、信西《しんぜい》こと藤原通憲《みちのり》の台頭を記している。一時、大きな権力を持っていたようだ。「平治物語」にも出る。次節には出現するであろう。

●第七十八代、**二条天皇**

★諱は守仁《もりひと》、後白河の太子。（中略）年号を平治と云。

◎平治の乱（平治元年〔一一五九〕）の起こる年代であった。

★右衛門督藤原信頼《かみふじはらののぶより》と云人《いふひと》あり。〔後白河〕上皇いみじく寵《ちょう》せさせ給ひて、天下のことをさへまかせらるゝまでになりにければ、おごりの心きざして近衛大将をのぞみ申《まをし》しを通憲法師いさめ申してやみぬ。其の時、源義朝々臣が清盛朝臣におさへられて恨《うらみ》をふくめりけるを、あひかたらひて叛逆《ほんぎやく》を思ひくはだてけり。

◎藤原信頼という公卿がいたのだが、後白河上皇に可愛がられたのでおごりの心がきざしてきた。大将の位置を望んだのに、藤原通憲つまり信西にはばまれて、反逆の心をいだき、同様に、朝廷で清盛の下位にたつことになって鬱屈している源義朝を語らって謀叛を計画したというのだ。義朝は保元の乱で活躍したのだが、清盛が信西と縁者になり、上皇に重用された。信西はしかし、同志清盛を亡き者にして権力を独占しようと考えたのか、清盛が熊野に参詣した日、上皇の御座の三条院を焼き、内裏に上皇を閉じこめた。しかし、ここが解らないが、信西は《のがれがたくやありけん、みづからうせぬ》とある。なぜ、勝利者が逃亡するのか。ここ本文に脱落があるのだろうか。これはいわゆる平治の乱であり、熊野から大急ぎで戻った清盛軍に追われて、義朝は敗れ逃走したのだが、信西も逃げる途中で死んだのであろう。その辺の記述はのちにあった。

★清盛このことを〔主上や上皇が幽閉されたことを〕きゝ、道よりのぼりぬ〔熊野から引き返してきた〕。信頼かたらひおきける〔味方にしようとした連中が〕近臣等の中に心がはりする人々ありて、主上、上皇をしのびて〔そっと〕いだしたてまつり、清盛が家にうつし申してけり。すなはち、信頼〔、〕義朝等を追討せらる。程なくうちかちぬ。信頼はとらはれて首《かうべ》をきらる。義朝は東国へ心ざしてのがれしかど、尾張国にてうたれぬ。その首を梟《けう》せられにき。

◎説明は不要だろう。清盛のほうが、義朝より戦争の巧者であったようだ。しかし、ここまでは、信西の話が出てこない。

★義朝、重代の兵《つはもの》たりしうへ、保元の勲功すてられがたく侍りしに、父の首《かうべ》をきらせたりしこと大《おほき》なるとが〔咎〕なり。古今にもきかず、和漢にも例《ためし》なし。〔中略〕滅《ほろび》ぬることは天の理《ことわり》なり。凡《おほよそ》かゝることは其身《そのみ》のとがはさることにて、朝家《てうか》の御あやまりなり。よく案《あん》あるべかりけることにこそ〔よくよく考えねばならないことだ〕。

◎義朝が武力派の首領として、保元の乱での勲功に酔っていたのだが、敵対した父の首を斬るとはもってのほかの罪である。こんな例は儒教国家であった日本にも中国にもなかったのだ。これによって滅びていったのは当然と言える、と北畠親房は儒教的に、義朝を批判してやまない。しかし、つぎの言葉は暗示的だ。というのは、このような父への叛逆はかれ自身の罪であり、咎であるが、同時にこのような人間を生んだ日本国あるいはその根幹の皇室に誤りがあったのだ。そう書いている思想は、大きな意味をもつ。たとえば、現在のある少年犯罪などにたいし、このような少年を育てた社会に責任があるのではないか、という議論があるが、それは半分は当たっている見解であろう。こういう社会は是正していかねばならぬ。こんな議論を古代後期、中世初期の思想家から聞くとは思わなかった。北畠親房の思想にある光を見出したのは、この短い文章に接したときだ。天皇第一主義の人物としてしか、彼を考えていなかったのだ。そしてかれの言葉は続く。信西こと通憲は、なぜ義朝を諫止しなかったのか。中国のことを考えても、《父として不忠の子をころすはことわりなり。父、不忠なりとも子としてころせと云ふ道理なし》。ここまで来ると、儒教的匂いも強くなるが、確かに不忠の子を社会からしばし遠ざけることは、父の責任でもある。しかしその反対はない。わたしは、儒教主義ではないから、父が不忠なり、不道徳であれば、忠告していいと思うし、ときにもっとハードな諫止を行なってもいいと思う。やはり社会の毒はなるべく、近親者であろうとも排除する必要はある。学生運動などが、年上の社会の指導者を糾弾したかつての学生運動などにも共鳴していた。しかし、この議論はこの辺にして、また親房の言葉を訊いてみよう。

★保元、平治より以来《このかた》、天下みだれて武用さかりに〔武力的世界が始まり、それは力をもったが〕、王位〔天皇的領域〕かろく成りぬ。いまだ太平の世にかへらざるは名行《めいかう》〔倫理ということか〕のやぶれそめしによれることゝぞみえたる。

◎保元、平治の乱以降、天下は乱れて、武力をもった勢力が優勢になってきた分、天皇の王政は力を失いつつあるようだ。もとのような天下泰平の時代が来ないのも、かつての倫理が崩壊し始めたからであろう。これが、後醍醐天皇を支持し続けた北畠親房のいつわらざる気持ちであったろう。

★御《おほん》めのとの子、別当惟方《これかた》等、〔後白河〕上皇の御意にそむきければ、清盛朝臣におほせて、めしとらへられ、配所につかはさる〔流罪にしてどこかに流した〕。これより清盛、天下の権をほしきまゝにして、程なく太政大臣にあがり、其子〔重盛〕大臣大将になり、あまさへ〔重盛と宗盛と〕兄弟左右の大将にてならべりき。

◎清盛には、息子として重盛、宗盛、知盛、重衡らがいた。重盛はもっともおちついた性格の人で、清盛の独走に歯止めをかけたりもしたが、惜しくも早く死んだ（四十二歳で没、当時、右大臣で左大将であった）。温厚で慎重な重盛が生き残っておれば、東国武士団と全面的な戦争をするような事態を招かなかったかもしれない。長兄の死後、平家のリーダーになったのは次男の宗盛である、のちの源平戦争の中心的なトップは宗盛、そしてその弟、知盛であった。ここで少し付言しておきたいのは、宗盛率いる平氏軍が壇ノ浦で滅亡した闘いをふつう「源平戦争」のように言うのであり、源氏と平氏が真っ向から戦争したかの感があるが、実際に平氏と戦ったのは、関東豪族武士団であり、かれらはほとんどが平氏系なのであった。この辺のことは拙著『東国武士政権』（批評社、二〇一七）で詳述したが、義朝の子、頼朝が伊豆に流されたのだが、頼朝の妻の政子の父で、伊豆、北条の豪族であった北条時政などは平氏系であった。そして石橋山の合戦で大庭景親に敗れて三浦半島の付け根のあたりから千葉に敗走したのだが、この三浦半島で頼朝を世話した三浦一族や和田義盛ら和田氏もまた平氏系であった。到着した千葉では、千葉常胤や上総介広常らと懇意になったが、彼らもまた平氏系の豪族であったのだ。東京湾をぐるっと東から西へと廻りながら鎌倉に着き、そこでのちの鎌倉幕府を拵えたのだが、この現在の東京あたりの豪族たちもまた、ほとんどが平氏系だった。つまり、源氏の嫡流という頼朝をリーダーとして成立した幕府の多くの重鎮たちは、平氏系である、という一見、不思議に思える構造を持っていたのだ。関東の北部に、常陸の佐竹氏、上野《こうづけ》、下野《しもつけ》の新田氏や足利氏、甲斐の武田氏など、関東周辺、辺境部に源氏系がいたが、中央の武蔵には、畠山氏くらいしかいなかった。鎌倉幕府の要員となってはいたが、源氏系は少なかった。頼朝は幕府を開いたころから、後白河法皇と連絡をとっており、木曾義仲（源氏）が京都で専横をふるうようになると、東国軍を送って、兄弟の範頼や義経をリーダーとして、これを撃退し、また四国の屋島、北九州近くの壇ノ浦で平家軍と戦ったときは、やはり範頼、義経をリーダーとしていたがこの軍隊の主体はほぼ、平氏系が多かったと思われる。だから、これは「源平戦争」ではなく、「平平戦争」であったのだ。だから、現在もわたしは、平氏系関東諸豪族武士たちを、東国武士団とよぶことにしているのである。

◎後白河上皇は、出家して、後白河法皇とよばれることが多い。かれの遊芸ずきが高じてできたのが「梁塵秘抄」であり、これは当時の妓女などが謡った今様という流行歌的な歌謡を蒐めた本で、これはむかし読んだがおもしろかった。有名なものにこんなのがある。《遊びをせんとや生まれけむ、戯《たはぶ》れせんとや生まれけん、遊ぶ子供の声聞けば、我が身さへこそ動《ゆる》がるれ》。自分たちはなんのためにこの世に生まれてきたんだろう。遊ぼうと思ったのか、いたずらしようと生まれてきたんだろうか。そんな子どもたちの声を聴いていると、自分の立場もなんとなく揺らいでいるようだ、とでもいうのだろうか。哲学的ニュアンスに満ちた歌謡ではないだろうか。後白河のため息が聞こえるようでもある。

●第七十九代、**六条天皇**

★〔六条天皇は〕諱は順仁《のぶひと》、二条〔天皇の〕太子。御母、大蔵少輔伊岐兼盛《おおくらのせふいきのかねもり》が女《むすめ》なり。（そのしな、いやしくて、贈位までもなかりしにや。）

◎母親が大蔵省の次官の娘で、相当、官職が低く、ややいやしかったから、死んだ後に贈られる官位もなかった、と言っているのだろう。後白河天皇の子、二条天皇が若い時遊んだ女性の子どもだったのだろうか。よく天皇になれたなと思う。そんなどさくさの時代だったのであろう。この天皇に関する事績は記載がない。十三歳で死んだという。

●第八十代、**高倉天皇**

★御白河第五の御子。御母、皇后平滋子《たひらのしげこ》、〔建春門院と申す。〕

◎滋子は、平氏の高棟流（清盛たち高望流と違って、高棟流の平氏は貴族的世界にあった）の女性で、当時すでに名のあった平時忠の妹で、もうひとりの妹は時子で、これは清盛の妻となった女性であった。後白河天皇は、藤原氏ではなく、平氏の娘を皇后にしたわけだ。そういう反骨的な人物だったともいえるし、天皇位につけなかった親王時代に関係のできた女性かもしれない。そういえば、まえの二条天皇の母は源有仁の養女であった。平氏も源氏ももとは嫡出の皇子であり、最高位の皇族男子であったのだが。

★清盛、権をもはら〔専ら〕にせしことはことさらに此御代《このみよ》〔高倉天皇の時代〕其女《そのむすめ》徳子入内《じふだい》して女御《にようご》とす。即ち立后ありき〔皇后になった〕。末つ方、やうやう所々に反乱のきこえあり。清盛一家、非分のわざ、天意にそむきけるにこそ。嫡子内大臣重盛は心ばへさかしくて、父の悪行などもいさめとゞめけるさへ、世をはやくしぬ〔重盛は早く死んだ〕。いよいよ〔清盛は〕おごりをきはめ、権をほしきまゝにす。

◎清盛はその娘の徳子を高倉天皇の後宮に入れた。この、娘を天皇の妻のひとりとして送りこむ方式は、藤原氏の方法論をそのまま、継承したものである。とりあえず、そのようにして藤原氏のいろんな人物が権勢家になったように、清盛もまた朝廷における第一人者となり、権力をふるったのである。日本の政治の本質を取り入れただけなのに、やはり彼が武士的領域にあったことが貴族たちから反発を招いたのであろう。各地で反乱が起こったというのは、朝廷の、京都の政治が地方まで浸透しなかったことの現れでもあったが、同時に、各地の源氏が反平家の活動を始めたこととも呼応している。清盛の長男の重盛は前述したように、清盛の独裁を諫止したりもしたが、早く死んだというのは、清盛の活動が天意に背いたのだ、という貴族的領域の人びとの反感の表明にほかならなかった。天皇を補佐するのは、古代から、われわれ貴族、藤原氏の担ってきたことなのだ、と。清盛一族の専横はますます拡大した、と親房が書くのは、かれが貴族の系譜の中にあり（正二位、大納言）、武家の、貴族の世界への登場（平清盛ら）を不愉快とする北畠親房の思想の表れでもあった。

★従三位源頼政《みなもとのよりまさ》と云ひしもの、院〔後白河法皇〕の御子以仁《もちひと》の王とて元服ばかりし給ひしかど、（中略）かたはらなる宮〔以仁王〕おはせしをすゝめ申して、国々にある源氏の武士等にあひふれて、平氏をうしなはんとはかりけり。

◎以仁王が地方の源氏に送った手紙は、「以仁王の令旨《りょうじ》」として名高く（令旨とは天皇でなく、皇太子や親王の言葉を伝えるものを言った）、源頼朝も伊豆の配流の地でこれを見て、挙兵を考えたなどとされているが、はたして令旨のようなものがあったかどうか、明確ではない。しかし信濃で蜂起し、越後から日本海沿いに京都に出てきた木曾（源）義仲（頼朝のいとこになる）は、この以仁王の令旨を信濃で読み、これに刺激されて蜂起したとされている。ともかく、後白河の息子の以仁王は血気盛んで、平家一族の朝廷における専横に腹を立て、京都の武士の棟梁だった源頼政を語らって平氏追討の兵をあげたのだった。しかし、結局敗れてふたりは死んだ。

★義朝々臣が子、頼朝、（中略）平治の乱《みだれ》に死罪を申しなだむる人ありて、伊豆国に配流せられて、おほくの年をおくりしが、以仁の王の密旨をうけ給はり、〔後白河〕院よりも忍びて仰せつかはす道ありければ、東国をすゝめて義兵をおこしぬ。

◎平治の乱で敗れた源義朝が、関東に逃走したとき、尾張国で殺されたのだが、頼朝もいっしょに逃げた。

いろんな伝説があるが、かれは平氏軍につかまり、京都で裁かれた。死罪になるところを、まだ十三歳にすぎない頼朝を憐れんだ池禅尼《いけのぜんに》という女性とその息子、清盛の弟、頼盛らの援助で死罪を免れ、伊豆への配流となったとされる。伊豆に二十年以上、逼塞していた頼朝は、この地方の豪族北条時政の娘政子とくっつき、北条氏の保護もあって辛くも生き延びていたのであろう。ちなみに北条氏は平氏に属する。そして世にいうところの源平戦争の結果、平氏は敗れ、頼朝の時代が来るのである。

●第八十一代、**安徳天皇**

◎悲劇の天皇のひとりである。年端もゆかない年齢で西海に死ぬことになる。

★御母、中宮平徳子《たひらのとくこ》、（建礼門院と申す。）太政大臣清盛の女《むすめ》なり。

◎すでに述べたように、清盛は娘を天皇家に嫁入らせた。その徳子と高倉天皇の息子がこの安徳天皇であった。清盛の隆盛はいよいよ高まり、諸国の乱れはますますひどくなった。

★都をさへうつすべしとて、摂津国福原とて、清盛すむ所のありしに〔天皇を〕行幸せさせ申しける。〔後白河〕法皇、〔高倉〕上皇もおなじくうつしたてまつる。人の恨みおほくきこえければにや、かへし奉る。

◎いわゆる、治承四年（一一八〇）の福原遷都である。清盛は本気で都を京都から、福原（神戸市兵庫区）へと移そうとしたのであろうか。当時の福原は平家の拠点であり、この福原の港から中国との交易船が出入りし、清盛一族に富を築かせたとされている。この遷都に従った貴族の言葉を読んだことがあるが、いやいやながら、福原へと赴くと、そこは京都と違った田舎町であり、都は建設中であった。内裏の規模も小さくやり切れなくなったとあったように思う。頼朝を助けた清盛の弟、頼盛は京都の南まで行ったが、途中でやめて切り上げた。だれも、福原などへゆきたくなかったのだ。この遷都の意味は、いま考えても意味が解らない。清盛は何年かまえから、この福原に住んでいたが、この町は大きな港があり、中国との交易のためには良港であり、清盛がその恩恵にあずかっていたとしても、遷都となると、交易などではすまされない。

★いくほどなく清盛かくれて〔死亡して〕、次男宗盛其あとをつぎぬ。

◎武家の中から現れ、朝廷の第一人者になった、いわば一大巨人としての清盛も年には勝てず、養和元年（一一八一）、死亡した。これは伝説だが、それ以前、清盛は熱病に罹り、高熱が続いて漬かった盥《たらい》の水がたちまちお湯になったというが、清盛の死はこの熱病と関係があったか。「ブリタニカ」などによると、政情不安、源氏の蜂起を促した鹿ヶ谷《ししがたに》事件や以仁王の令旨、東国武士団の活動、比叡山など各寺院の反平氏活動などが、清盛をこの遷都へと追いこんだというのだが、まあ、そんなことで年取った清盛が弱気になっていたのだろうか。それもありうるであろう。それより清盛勢力といった貴族武士を含む平氏政権の協力者たちがいなかったことが大きかったかもしれない。清盛が死亡したあと、その後継者になった次男の宗盛も孤立無援で、ひたすら西海へと逃走することしかできなかった。そして、寿永四年（一一八五）、平氏が壇ノ浦で滅亡したとき、八歳の安徳天皇は母建礼門院に抱かれて、三種の神器とともに海の藻屑となって消えていったのだ。建礼門院は救助されたが、安徳天皇と宝剣は何度かの捜索によっても発見できなかったとされている。

●第八十二代、**後鳥羽天皇**

◎承久の乱で有名だ。北条氏の鎌倉幕府と戦ったがたちまち敗れ、後鳥羽上皇（当時）は隠岐に流された。

★先帝〔安徳天皇〕、西海に臨幸ありしかど、祖父〔後白河〕法皇の御世なりしかば、都はかはらず。

◎先代の安徳天皇はまだ西海にあったが、寿永二年（一一八三）、後白河法皇によって四歳の後鳥羽天皇が即位することになった。安徳天皇はまだ生きていたから、このとき、天皇はふたりいることになる。そして、三種の神器は西海の安徳天皇のもとにあったから、三種の神器のない異例の即位となったのである。安徳天皇は壇ノ浦でまもなく死亡したため、ふたり天皇は解消された。そして、後白河法皇は京都にいたので、都はそのまま京都にあった。
★平氏ほろびて後、内侍所〔神鏡ないし神鏡を入れる箱のようなもの〕、神璽〔天皇を証明する印章〕は〔壇ノ浦から〕かへりいらせ給ふ。宝剣はつひに海にしづみてみえず。
◎平氏が壇ノ浦で滅亡すると、三種の神器も海から引き揚げられ、天皇のもとに帰還したが、前述したように、剣は戻らなかった。そこで、内裏の天皇の「昼の御坐」といって天皇が日常を送る部屋の御座のある位置をいうが、そこにあった御剣を代用させていた。天皇家の神社であった伊勢神宮のお告げによって、神剣を献上したので、これを宝剣としていた、とある。
「太平記」であったか、伊勢湾である神官が海から浮かび上がってきた剣を調べると、三種の神器の剣であったので、これを献上した、と書かれていたような気がするのだが、まちがっているかもしれない。

内裏が火事になって鏡もかなり損傷してしまったので、これを補正するか、新たに鋳造するか朝廷で議論された話を、梅原猛氏が「芸術新潮」に書いていたように憶えている。新たに鋳造されたのだとすれば、それは伝来の神鏡ではないわけで、長い歴史のなかで、三種の神器だけが古代以降連綿として今日に至っているわけはないと思うのだが、どうだろう。
◎以下に三種の神器の詳しい説明がある。《内侍所にましますは、崇神天皇の御代に鋳かへられたりし御鏡なり》とあるので、やはり鋳造しなおされたものか。その後何度も火事にあっているのだが、いつも無事だったとある。西海に沈んだ神剣も崇神天皇のとき作り替えられたるもので、喪われたのは苦しいが、《熱田の神のあらたなる御ことなり》と書かれているが意味が解らない。「ことなり」は「異なり」で、やはり一度別の剣に変わったと言っているのだろうか。《昔、新羅国より道行と云ふ法師来たりて、ぬすみたてまつりしかど、神変をあらはして我国をいでたまはず》という「日本書紀」天智天皇七年条の伝承も載せている。また、神璽は印章だと思っていたが、北畠親房は、八坂瓊《やさかに》の曲玉《まがたま》であると書いている。勾玉なら、海からもたらされる貝かなにかであろう。古代の女性の装身具であった。《なべて物しらぬたぐひは上古の神鏡は天徳、長久の災《わざわひ》にあひ、草薙《くさなぎ》の宝剣は海にしづみにけりと申し伝ふること侍るにや。返す返すひがごとなり》と書き、この三種の神器を盲信しているようでおかしい。当時の学者もまた、天皇王権へのどのような批難も許さないという感じだったのだろう。

★平氏いまだ西海《さいかい》にありしほど、源義仲と云ふ物、まづ京都に入り、兵威をもて世の中のことをおさへおこなひける。〔後白河は〕征夷大将軍に任ず。

◎平氏一族が福原から一の谷あたりに勢力をもっていたころ、信濃の木曾から、木曾義仲という武士が、頼朝に先んじて京都へと向かった。そして、後白河法皇と交流しながら、たちまちのうちに、京都の一大武力勢力になった。最初は後白河の配下となって、平氏と戦ったりしていたのだが、後白河以上の権力を持つようになり、朝廷や京都を牛耳っていたのだ。関東の頼朝は、ほとんど動くことなく、状勢をうかがっていたのだが、弟の義経らを、美濃や近江などに配置して、京都を監視させていた。しかし義仲の横暴が始まると、弟を上洛させ、たちまちのうちに義仲軍を破って、義仲を誅殺させている。義仲の栄華はあっという間に、幕を閉じることになった。義仲はこの当時、征夷大将軍の官職をもらうのだが、これはもともと、関東蝦夷を制覇するべく、大和朝廷は軍隊を送っていたのだが、この大将軍に「征夷」と、蝦夷の人たちを夷族《いぞく》と規定したのだ。初期には、坂上田村麻呂一族が指名されていた。そんなことが、ここで少し説明されている。

★頼朝、勲功まことにためしなかりければ〔その勲功がかつてないくらいのようすだったのだが〕、みづからも権《けん》をほしきまゝにす。君も又うちまかせられにければ、王家の権はいよいよおとろへにき。

◎頼朝は、かれが伊豆で挙兵したころからか、後白河法皇とは連絡をとっていたらしい。そして、義仲や平氏一族が滅亡すると、後白河の行政にいろいろと注文をつけるようになった。全国に鎌倉幕府の御家人を、守護、地頭として配置し、各地を管理した。地方の情報は鎌倉幕府にも集約された。しかし、私の考えでは、頼朝は後白河を凌駕するような存在となるのでなく、あくまで、源氏と平氏が車の両輪となって天皇を護っていくという、「臣下」としての発想以上にはいかなかったように思う。当時の日本国は京都から西側は天皇の領域であり、畿内の東側は関東、東北まで、鎌倉幕府が治めていくという、ある種の「棲み分け理論」が成立していたように考える。日本が武士的領域によって支配されるようになるのは、鎌倉幕府後期の北条氏執権の時代以降で、北条氏の領地は全国に拡がった。とりわけ、蒙古襲来という事件のあったとき、幕府の勢力は鎮西、北九州までを管理下におくようになったのである。

●第八十三代、**土御門天皇**

◎この天皇は《諱は為仁《ためひと》、後鳥羽の太子》とあるが、その事績には、触れられていない。

●第八十四代、**順徳天皇**

★此《この》御時、征夷大将軍頼朝の次郎〔次男〕実朝、右大臣左大将までなりにしが、兄、左衛門督、頼家が子に、公暁《くげう》と云ひける法師にころされぬ。

◎これは有名な事件であり、いろんな伝承が生まれている。「承久記」には、この斬殺されるシーンがつぎのように書かれている。《去る程に、〔鎌倉の鶴岡八幡宮の〕若宮の石橋の辺に近づかせ給ふ時、美僧三人、いずくより来るともなく、〔実朝の〕御うしろに立ちそひ進ませけるが、左右《さう》なく頸《くび》を打ちをとしまいらす。一太刀は笏《しゃく》にて合わせ給ひぬ。次の太刀に切り伏せられ給ふ》とあり、暗闇のなかでの暗殺だから、明確に解らない。そこで、いろんな伝承が生まれたのだと思う。わたしは、執権北条義時が鎌倉幕府から源氏をなくすべく暗殺計画を練った結果ではないかと推測したことがある。その是非はともかく、「吾妻鏡」によると、北条義時は、実朝の鶴岡八幡宮若宮参宮にお供しながら、途中でふっと止まってその一行から離れていくのである。「承久記」では「美僧」の暗殺者というなんとも色っぽい光景なのだ。随行した文章博士の源仲章《なかあきら》も殺されたという。人びとは慌てふためいたが、ただ叫喚の声があがるだけだった（「承久記」、新撰日本古典文庫1、松林靖明校註、現代思潮社、一九七四）。鎌倉幕府は、「源氏」というシンボルを喪ったが、あとは北条氏が執権として何代も続く北条氏王国を作り出している。いや、北条氏による鎌倉幕府は「評定衆」による合議制という新たな政府形態を作ったのだが、しだいに北条氏が完全な中核をなす形態に変っていったのである。

★天下を治め給ふこと十一年、（中略）事乱れて〔承久の乱を言う〕佐渡国にうつされ給ふ。

◎承久の乱は、承久三年（一二二一）、後鳥羽上皇が鎌倉幕府および北条義時を倒して、天皇親政を実現しようとした闘いをいう。しかし、あっという間に敗れて、この順徳天皇は後鳥羽上皇の子ども（第三子）であったから、佐渡へ配流されたのであった。

★義時久しく彼が権をとりて、人望にそむかざりしかば、下《しも》にはいまだきず〔傷〕有りといふべからず。一往のいはればかりにて〔単なる武士勢力への憎悪〕追討せられんは、上《かみ》〔天皇〕の御とがとや申すべき。

◎ここでは、北畠親房は意外に客観的にこの承久の乱を批判している。北条義時の政治にこれといって悪いことはなく、単に武士的世界への憤懣で、義時を追討しようとしたのは、やはり、天皇の咎〔罪〕であったのでは、と書いている。武士の世界に反感を持っていないばかりか、評価しているともいえる。

●第八十五代、**後堀河天皇**

★承久にことありて、後鳥羽〔天皇〕の御《おほん》ながれのほか、この御子《みこ》ならでは皇胤《くわういん》ましまさず。よりて此《この》孫王《そんわう》を天位《てんい》（天皇位）につけたてまつる。

◎承久の乱が起こって、その当事者、後鳥羽上皇は隠岐に流され、順徳上皇、土御門上皇はそれぞれ、佐渡や土佐に流された。そのため、後鳥羽の兄の守貞親王の子どもである後堀河天皇が、つぎの天皇として選ばれたのである。そのあと、後堀河の息子、四条天皇が即位し、そのあとで、また後鳥羽の孫にあたる後嵯峨天皇に系統は、戻ってくる。そのような面倒な継承が行なわれたが、天皇の系譜にはこのような動きは少なくなかったのだ。

★追号《ついごう》の例は文武《もんむ》の御父草壁《おほんちちくさかべ》の太子を長岡の天皇と申《まをす》。

◎追号《ついごう》とは、死んだ親王や、出家した親王などに、のちの時代に天皇号を贈ることを言う。ここでは、後堀河天皇の父の守貞親王が、後高倉上皇と追号された前例を示すために、ほかの例をいくつか掲げている。後堀河天皇にたいした事績がなかったせいもあり、親房はこの天皇に事寄せて、追号の例を示したのであろう。その最後に書かれたのが、平安時代の天皇の話である。

★早良《さわら》の廃太子〔皇太子を廃された太子〕は怨霊をやすめられんとて、崇道《しゆどう》天皇の号をおくらる。

◎この早良親王は、藤原種継暗殺事件に連座したため、淡路に流罪になり、廃太子とよばれるようになったのであるが、この親王が世の中に祟るという噂が流れ、困った朝廷は、崇道天皇という天皇名を追号として贈ったのだ。不本意に大宰権帥として、いわば流されたような学者、菅原道真と、この崇道天皇の怨霊が、京都の町に天災や悪害をもたらしたと、当時言われていたらしい。だから菅原道真は、京都の北野大社の祭神として祀ることで、その霊の怒りを鎮めてもらったというわけだ。若くして、あるいは恨みを抱いて死んだ人物が世に祟る、と言って、世に大災害が訪れると、菅原道真の霊が祟っているのだ、当時の人びとは考えたらしい。この人物についての事績は書かれていない。

●八十六代、**四条天皇**

◎後堀河天皇の太子。二歳で即位し、わずか十二歳で亡くなったという。事績に関してはとくに記事がない。

●八十七代、**後嵯峨天皇**

★鎌倉の義時が子、泰時はからひ申して、この君〔後嵯峨天皇〕をすゑ奉りぬ。誠に天命なり。

◎この時代、鎌倉幕府は北条義時の子、泰時が執権として幕府政治の中核になっていた。承久の乱で、後鳥羽上皇が反幕府、反武家政治ののろしをあげ、結果としてあっさりと敗れて以来、鎌倉幕府が天皇の譲位や即位に容喙するようになったとも言われているが、「吾妻鏡」などを読むと、これは鎌倉幕府で作った歴史書なので、当然かもしれないが、北条氏がそんなに容喙を繰り返したようには思われない。しかし、天皇主義であり、武家政治を嫌った北畠親房には、北条氏はにっくき武家政治家であったのだろう。しかし、承久の乱以降、皇室や朝廷も混乱していたはずで、そこで、北条泰時が、天皇の即位に関して、関りを持った可能性はある。後嵯峨天皇の即位に関係していたかもしれない。後嵯峨天皇は、前代の四条天皇から言えば、祖父の守貞親王の兄弟の後鳥羽上皇の孫であって、いとこの子、という関係になってややこしい。ともかく、四条天皇のあと、天皇になりうる候補者たちはたくさんいたのだが、もと摂政の九条道家が、北条泰時に働きかけて、この天皇を即位させたという。

★泰時心たゞしく政《まつりごと》すなほにして、人をはぐゝみ物におごらず、公家の御ことをおもくし、〔中略〕天の下すなはちしづまりき。かくて年代をかさねしこと〔年月が何度もあらたまった〕、ひとへに泰時が力とぞ申し伝《つたへ》たる。陪臣として〔天皇に仕える将軍の臣下として〕、久しく権をとることは和漢両朝に先例なし。

◎武家政治を嫌ったはずの北畠親房が、北条泰時の人格や治世を誉めまくっている。泰時のような例は中国、日本には先例がないと。北畠親房は南朝成立の思想的バックボーンを演じたのであるが、多くの親天皇派の武士たちに出遇って、たとえば武士とは言えなかったかもしれない楠木正成から、関東武士の新田義貞あたりまでの武家たちをじかに観察したのであろう。鎌倉幕府の主、頼朝でさえ、二世〔頼家と実朝〕までしかもたなかったではないか。それに較べて北条氏は初代時政から義時、泰時、時宗、貞時、安家、高時あたりまで、十五、六代まで執権を続けたのであった。その賛辞の言葉はまだ終わらない。

★およそ保元、平治よりこのかたのみだれがはしさに〔世の中は乱れがちであったのだが〕、頼朝と云ふ人もなく、泰時と云ふ者なからましかば、日本国の人民いかゞなりなまし。此いはれをよくしらぬ人は、ゆゑもなく、皇威のおとろへ〔天皇権力の衰退〕、武備〔武力をそなえた〕のかちにけるとおもほへるはあやまりなり。

◎保元、平治の乱以降、世の中乱れがちであったが、源頼朝という武士が出現しなければ、あるいは、この北条泰時という者がいなければ、日本国の人びとはいったいどうなっていたろうか。もちろん、これらの言葉は、武家的な政治を一見ほめているようだが、それでも皇統は続き現在に到っているではないか。その皇統を堅持しなければ、という発想だったであろう。

★神は人をやすく〔やすらかに〕するを本誓とす。天下の万民は皆、神物《じんもつ》なり。

◎ここで、「神」は天皇を意味したであろう。日本国家の人びとは神の民であった。やはり、天皇への過剰な思入れは、北畠親房思想の根幹であったろう。

★我が国は神明の誓《ちかひ》いちじるしくて〔わが日本は神の国であり、その神である天皇への帰服は一定している〕、上下の分《ぶん》さだまれり〔儒教的な忠と孝の精神にのっとっている〕。しかも善悪の報《むくい》あきらかに〔律令の「律」は、罪と罰に関する規定があり、それは古代から連綿としてあるのだ〕、因果のことわりむなしからず。

◎日本国のありよう、希望、展望などが、短い言葉で表現されている。この結論も北畠親房の精神論の根幹にあったのだろう。しかし、後醍醐天皇の親政を支持して王朝を南と北に分かたせる活動をしていたにもかかわらず、源氏や北条氏の武家的政権を否定していないところに、親房の固有性があるのだろうが、しかし、不思議である。

4――両統迭立から南北朝分裂へ

●第八十八代、**後深草天皇**

◎後嵯峨天皇の第二子とあるが、事績の記述はない。『歴代天皇紀』によれば、《後深草上皇は持明院《じみょういん》を御所としたので、後世この系統を持明院統といい、亀山上皇の系統は、後年後宇多上皇が大覚寺《だいかくじ》に住んだので大覚寺統という》とある。のちに、持明院統から北朝が、大覚寺統からは南朝系の天皇ができてきた。のちには、それぞれの皇統から天皇を代わるがわる出したのだが、後世、とりわけ明治時代に北朝系の天皇は、南朝系を重んじる人びとによって、天皇系譜から外されて、幻の天皇とされてしまった。しかし、持明院統（北朝系）が天皇位を継承することになり、大覚寺統（南朝系）は、後醍醐天皇のあと三代の天皇を出しただけで北朝に吸収された。

●第八十九代、**亀山天皇**

◎後深草天皇の同母弟。事績の記述、とくになし。亀山天皇は、上述した大覚寺統の最初の天皇である。『歴代天皇紀』によると、亀山上皇の時代、幕府の提案によって、このふたつの系統ができたとある。鎌倉幕府の北条氏によるのであろう。この亀山上皇の時代は北条時宗が執権として勢威を誇っていた時代だから、この北条氏とあるのは、時宗だったかもしれない。「北条九代記」によると、時宗は生まれつき人情に厚く、誠実だったとあるが、日蓮が関東でハードな説法で活動し始めたとき、何度か捕縛され、最後に斬殺されそうになった時、時宗がこれを赦したという。そしてたびたび、大赦を行なったとある（『北条九代記』〈下〉。作者不詳、増淵勝一訳、原本現代訳〈3〉、教育社新書、一九七九）。またこの時代、モンゴルつまり元による、いわゆる蒙古襲来があったのだが、親房はこの項では一言も触れていない。亀山上皇は、伊勢神宮に敵国降伏のための勅使を送ったり、石清水八幡宮に行幸しただけで、というか、このような外国との激しい出遇いにたいして、どんな天皇も無力であったろう。そのような現実的地平で存在していたわけじゃないのだから。

●第九十代、**後宇多天皇**

◎亀山天皇の第二子。天皇在位中、いわゆる文永、弘安の役（元寇）が起こった。

★ことし、北狄の種〔同じ民族〕、蒙古《もうこ》おこりて元《げん》国と云ひしが、宋の国を滅ぼす（金《きん》国おこりしにより、宋は東南の杭州にうつりて、百五十年になれり。蒙古おこりて、まづ金国をあはせ、のちに江〔長江〕をわたりて、宋を攻めしが、ことしついにほろぼさる。）

◎これは先述した蒙古襲来の話に繋がるのだが、元の出現までを説明しているのだ。かつて中国古代史をかじったことがあるので、解りやすく（でもないのだが）説明すると、「北狄」とあるのは、中国北方の遊牧畜民たちをさしている。彼らは農業を営まなかったので、しばしば中国の北側で農産物と羊の肉や毛皮と交換したりしていたが、ときに大集団で襲ってくることもあり、中国はこの騎馬を得意とする非農業民たちと絶えず戦争していた。この北狄のなかの女真《じょしん》族が侵入して、中国の東北、かつて満州のあったところに国を建てた。これを金という。モンゴル軍はまずこの金を制覇して、つぎに当時の中国は宋といったのだが、この宋を圧迫した。宋の人びとは中国を東西に流れる黄河ともうひとつの大河、長江の南へと移動し、都も長安から、上海のあたりに造ったのだ。この時代を長江の北側に残った国を北宋、南にくだった国を南宋という。しかしモンゴル軍は一二七九年に南宋をも滅ぼして、中国全土に元という国家を成立させたのである。

◎この話を民族学的に考えると、北方の種族は言語的にアルタイ語系ツングース族とモンゴル族とチュルク（トルコ）族の三つがあり、一番東側のツングース族は、シベリアから、朝鮮半島、日本列島へと移動して定着した。つまり朝鮮半島人もわれわれ日本列島人も同一の民族の子孫であるということだ。そして内陸部に入った女真も同一民族であったと私は考えている。一方モンゴルは中央アジアの北部全体を占領し、トルコは現在のトルコのあるアナトリア半島にまで進出した。モンゴル族はさらに南下し、やがて中国全土を支配する大国になったというわけだ。

★蒙古の軍《いくさ》おほく船をそろへて我国を侵《おか》す。筑紫にて大きに合戦あり。神明、威《ゐ》をあらはし、形を現じてふせがりけり。大風にはかにおこりて、数十万艘《そう》の賊船みな漂倒〔台風のような大波風に倒壊したり、沈没したりして〕破滅しぬ。末世といへども、神明の威徳、不可思議なり。

◎この大風は長く「神風」と言われて、日本を襲う元の大軍の船を一夜にして崩壊させた神の援助として称揚されてきたのだ。以後、あれは台風だったとか、いろんな臆説が生まれたようだ。しかし、元というのはもともと遊牧、牧畜の国であり、船舶による海戦が得意だったわけではなく、多くの船は航海術の発達した新羅の船であり、しかも、玄界灘は、朝鮮半島への距離が比較的近かったにも関わらず、渡海の相当困難な航路であったという。そんなことが、偶然の大風と相まって、元、新羅連合軍は崩壊したのであろう。そして、これはわたしの想像だが、大国元にとって、海洋に浮かぶ日本列島への興味はたいしてなかったのであり、ちょっと脅してみよう、くらいの発想で来寇したのであり、すぐにこの海戦をやめてしまったのでは、と思うのだ。日本列島を占領してもたいしたメリットもなかったのではないかと。

★寛平〔平安時代中期、宇多天皇や醍醐天皇〕の御誡《おほんいましめ》には、帝皇〔天皇〕の御学問は、「群書治要」〔中国の唐の本〕などにてたりぬべし。雑文につきて政事〔政治〕をさまたげ給ふな、とみえたるにや。されど、延喜《えんぎ》〔平安前期、醍醐天皇〕、天暦《てんりゃく》〔平安中期、村上天皇〕、寛弘〔同中期、一条天皇、三条天皇〕、延久〔同中期、後三条天皇〕の御門《みかど》、みな宏才博覧に、諸道をもしらせたまひ、政事も明《あきら》にましましかば、先二代はことふりぬ〔言い古されている〕、つぎては寛弘延久をぞ賢王〔賢い天皇〕とも申しめる。和漢の古事をしらせ給はねば〔知らないと〕、政道もあきらかならず、皇威もかろくなる、さだまれる理《ことわり》なり。

◎天皇のあり方を指南するような文章である。天皇やその時代についての評判を考えると、延喜の時代が賞賛されている。ここでは、寛平時代の天皇が言われたことには、天皇の学問は中国の「群書治要」などの本を読めば十分である。こんな本はまったく知らなかったが、広辞苑によると、中国の唐の魏徴《ぎちょう》という学者らがいろんな本から、治政に役立つ項目を抜粋して編纂した本、六三一年成立、とある。読んだことはないが、平安中期に書かれたとされる、「政事要略」の中国版であろう。これなんかを読めば、政治はやっていけるのであって、雑文の書かれた本を読むとかえってよくないのであると。そして各時代の立派な天皇と時代を出して、これらの天皇は学問に熱心で博覧強記であった。この天皇たちは、いろんな学問による成果を語っていたのだ。延喜の醍醐天皇などは言い古されているが、一条天皇や後三条天皇などは、比較的新しい天皇だが、賢王と言えるだろう。日本や中国の歴史などを知らないと政治の要点も解らずじまいである。そして、天皇の権威も薄れるであろう。これらはすべて、学者北畠親房の理想的天皇像を描いたものであろう。そして親房が本当に満足できる天皇はいたのであろうか。昨今の天皇に関してなにも言っていないのは、じつはいなかったのであろう。気の毒なことである。

● 第九十一代、**伏見天皇**

◎先述したように、この天皇の父の時代に、後深草天皇と兄弟の亀山天皇のあたりで、前者は持明院統、後者は大覚寺統の二系統ができ、前者はのちの北朝に繋がり、後者は南朝とよばれたふたつの系譜に分派したことがあった。この伏見天皇の系譜が持明院統であり、その前代の後宇多天皇は大覚寺統であった。このあとの後伏見天皇は伏見天皇の子どもで、持明院統であり、持明院統が二代続くことになった。

★関東の輩《ともがら》〔北条氏の鎌倉幕府の人たち〕も、亀山

〔天皇〕の正統《しやうとう》をうけたまへることはしり侍《はべ》りしかど、近比《ちかごろ》となりて、世をうたがはしく思ひければにや〔いったい、天皇の系譜はどうなってるんだと思ったのだろう〕。両皇の御流れをかはるがはる、すゑ申さんと〔両統の人たちを代わるがわる天皇位につかせようと考えて〕相計《あひはからひ》けりとなん。

◎すでに天皇位にだれがつくかに関して、鎌倉幕府、北条氏の意向が強く働いていたのであろう。亀山天皇のあと、子どもの後宇多天皇のあとはどうすべきか、いろいろ考えてやはり、持明院統と大覚寺統の人びとをかわるがわる即位させるのがいいだろうと考え、大覚寺統の後宇多天皇のつぎには、持明院統の伏見天皇を天皇としたのである。この天皇の事績は書かれていない。

●第九十二代、**後伏見天皇**

◎この天皇は伏見第一の子、とある。だから、持明院統の系譜にあった。しかしつぎの天皇はまた大覚寺統に戻ることになる。

★元弘〔の乱〕に世の中みだれし時、又しばらくしらせ給ふ。

◎のちに後醍醐天皇の起こした内乱のときは、まだ、この後伏見天皇（上皇）が世を治めていた。

★事あらたまりても、かはらず、都にすませましましししかば、出家せさせ給ひて、四十九歳にてかくれさせましましき。

◎新田義貞や初期の足利尊氏らが後醍醐天皇側になり、後醍醐は再び天皇に返り咲いたわけだが、後伏見上皇は京都を離れなかったので、出家させ、結局四十九歳で世を去ったという。なんとなく、このふたつの天皇系譜の間に挟まれて死んでいった、といったイメージで、こうなると、天皇とはいえ、その存在は気楽なものではまったくなかったのである。

●第九十三代、**後二条天皇**

◎後宇多天皇の第一子。また、大覚寺統に戻った。ややこしい話である。事績についてはなにも書かれていない。

●第九十四代、**花園天皇**

★戊申《つちのえさる》の歳〔一三〇八〕、即位、改元〔延慶となる〕。

◎持明院統、伏見天皇の第三子。即位した年、改元を行なったという。そして、本文中に《裏書云》とあって漢文で書かれた文章がある。裏書というのは、紙背文書のように本紙の裏側に書かれた文章を言うが、ここでは、岩波文庫、冒頭の「例言」という解説文に説明があった。それによると、「神皇正統記」の原本が複製されたとき、削られていた文章を採録した、というふうに書かれていた。そこには、「わが朝においては、当年即位、翌年改元、すでに流例となす」とあり、この花園天皇の即位の年、改元したことが問題視されている。この裏書なるものは、「神皇正統記」の紙背文書だとすると、著者本人が入れた文章なのであろう。

この即位と改元が同時に行われた例がいくつかあげてあり、この天皇を秘かに擁護しているようにも思える。この天皇の事績は書かれていない。

●第九十五代、**後醍醐天皇**

★御祖父《おほんおほぢ》亀山の上皇、やしなひ申し給ひき。

◎この後醍醐天皇の祖父にあたる亀山天皇が上皇時代、この後醍醐を養育したのだという。その理由は書いてないが、以降、亀山が息子の後宇多天皇の子ふたりいたのだが、後醍醐のほうをひいきしたという話が出てくる。爺さんっ子だったわけだ、後醍醐は。

★弘安に時うつりて、亀山、後宇多、世をしろしめさずなりにしを、たびたび関東〔北条幕府〕に仰せ給ひしかば、天命の理《ことわり》かたじけなく、おそれ思ひければにや、俄《にはか》に立太子の沙汰《さた》ありしに、亀山はこの君〔後醍醐〕をすゑ奉らんとおぼしめて、八幡宮に告文《かうもん》をさめ給ひしかど、一の御子さしたるゆゑなくて、すてられがたき御ことなりければ、後二条ぞ、ゐ給へりし。

◎元号が弘安（一二七八〜八八年）といったとき、亀山が上皇でいたとき、息子の後宇多天皇が病気がちだったので、つぎの天皇には持明院統の伏見天皇が即位し、この頃、天皇王権に容喙していたとされる鎌倉幕府の北条氏に訴えて、天命だったのか、では立太子、すなわち、皇太子を決めようということになった。亀山は可愛い孫であり、大覚寺統の尊治《たかはる》親王（後醍醐天皇）を皇太子にさせたかったので、石清水八幡宮にお願いの文章を差し出したりした。しかし、後醍醐には兄で第一子の邦治《くにはる》親王（後二条天皇）がいたのであり、やはり、彼を無視することはできず、後二条天皇が先に即位したのであった。以下の本文はやや解りにくいので、『歴代天皇紀』を参照すると、ここで、「文保の和談」と称される、幕府と、持明院統と大覚寺統のあいだで和談が成立し、大覚寺統の後二条天皇をここで即位させ、つぎは持明院統の花園天皇、つぎに大覚寺統の後醍醐、ついで光厳《こうごん》天皇（北朝系、のちの天皇系譜には入れてない）が即位することが決まったという。またことにややこしい。後醍醐は天皇になっても自分の息子は天皇を継承できなかったのである。しかし、いよいよ後醍醐天皇の治政が始まる。文保二年（一三一八）のことであった。

★はじめつかたは、後宇多院の御まつりごとなりしを、中二《なかふた》とせばかりありてぞ〔二年ばかりのちに〕ゆづり申させ給ひし〔譲位した〕。それより、ふるきがごとくに記録所をおかれて、夙《つと》に〔しばらくは〕おき、夜におほとのごもりて〔夜は眠るが、朝から〕、民のうれへをきかせ給ふ。天下こぞりてこれをあふぎ奉る。公家のふるき御政《おほんまつりごと》にかへるべき世にこそと、たかきもいやしきもかねてうたひ侍《はべ》き。

◎ここは軽いジャブのように、北畠親房は後醍醐天皇を持ち上げてみせる。といっても公卿、すなわち上級貴族がやっていた摂関時代と違う、昔に戻るのが、天皇治政の根本だったと言っているのであろう。後醍醐天皇は、記録所を設置し、朝から人民の訴えることを聞いたという。天皇親政に戻ったわけだ。

★今こそ此〔の〕天皇、うたがひなき継体《けいてい》〔天皇位継承〕の正統《しやうとう》にさだまらせ給ひぬれ。

◎上記の文章に続けて、後醍醐の背後には持明院統の後伏見天皇の第一の御子すなわちのちの光厳天皇が控えているのが現実だ、と親房は書く。しかし、後醍醐天皇の真の敵は持明院統の後継者たちではなかったのである。後醍醐は「天皇親政」の実現を夢見、すると、いまやかつての摂関時代の藤原氏などの上級貴族のかわりに、武士的領域の頂点にあった鎌倉幕府が控えていたというわけだ。鎌倉幕府初期は、源頼朝が鎌倉にいて京都の天皇、朝廷と対峙していたわけだが、執権北条氏が幕府の中心になると、京都に六波羅探題（平清盛らの根拠地だった六波羅に鎌倉幕府が創った一種の裁判所でもあり、警察でもあるような機構）を設置し、これを強化し、京都と西国を監視し、かつ政治的判決も下すような存在が大きくたちはだかっていたのだ。そしてその背景には、鎌倉を中心とする関東勢力があった。天皇たちは、鎌倉幕府京都支所ともいうべき機関と無縁に活動することはできず、幕府は天皇の譲位や即位にも関係するようになったようだ。この点は、秋山哲雄『鎌倉幕府滅亡と北条氏一族』（敗者の日本史7、吉川弘文館、二〇一三）などに詳しい。鎌倉幕府との戦争は、後醍醐に先立つ何代かまえの後鳥羽上皇が、貴族たちや味方になる関西にいた武士たちを集めて闘った承久の乱があった。後醍醐天皇も討幕計画を進めて、活動を開始したのだが、六波羅探題の監視体制からその討幕活動が発見され、京都から逃亡することになる。

★かくて元弘辛未《かのとひつじ》の年〔一三三一〕八月《はつき》に俄《にはか》に都をいでさせ給ひ、奈良の方に臨幸〔行幸〕ありしが、其〔の〕所よろしからで、笠置《かさぎ》と云ふ山寺のほとりに行宮《かりみや》〔天皇の移動先での在所〕をしめ、御志ある兵《つわもの》〔討幕の味方をしてくれる武士たち〕をめし集めらる。たびたび合戦ありしが、同じき九月《ながつき》に東国の軍《いくさ》おほくあつまりのぼりて〔上洛し〕、事かたくなりにければ〔困難な情況になったので〕、他所に〔京都の南にあった笠置に〕うつらしめ給ひしに、おもひの外《ほか》ことといできて〔計画が漏れてしまい〕、六波羅〔探題〕とて承久〔の乱〕よりこなた〔後鳥羽上皇が隠岐に流されたように〕、しめたる所〔隠岐〕に御幸《みゆき》ある〔流された〕。

◎いわゆる元弘の乱（後醍醐天皇による討幕、内乱）が起こった。この事件以降の後醍醐天皇を中心とする「天皇派」と「北条氏鎌倉幕府側」の戦争は国内のあちこちに飛び火したが、その経過のすべてを「太平記」が全面的になぞっている。「太平記」というのは、「後醍醐天皇物語」と言っても言い過ぎではない。まあ、それはさておいて、「天皇派」の比叡山や南都の東大寺などの僧兵の尽力も及ばず、後醍醐天皇は突然のように京都を離れて、南下し、笠置山というあたりに最初の拠点を築いた。後醍醐はなぜ京都を離れて南に移動したのか。たぶんに京都は内裏的な領域より、北条氏の鎌倉幕府の領域と化しており、京都で戦争を開始することは最初から不利であると、後醍醐側は認識していたのであろう。六波羅探題の権力の及ばないところで、天皇に縁の深い所と言えば、やはり畿内の中心部、吉野を含む南部であったのだろう。笠置山は京都府南部、奈良市のやや北側の山地にあった。ここに「天皇派」（後醍醐側の貴族や武家たち）が集結したのだ。北条氏幕府軍との何度かの闘いに結局敗れて、いったん京都に戻ったが、今度は日本海に浮かぶ隠岐へと配流になった。多くの叛乱者、天皇らは、この配流によって政治生命を奪われるのが普通である。承久の乱の後鳥羽上皇も隠岐に流され、「われこそは新島守よ、うんぬん」という歌を残して復活できなかった。しかし、その意味では後醍醐は実は不死鳥であったのだ。

★つぎの年の春、隠岐国《おきのくに》にうつらしめまします。御子たちもあなたかなたにうつされ給ひしに、兵部卿《ひやうぶのきやう》護良《もりよし》親王ぞ、山々をめぐり、国々をもよほして〔諸国を巡り、諸国の人びとを説得して味方とし〕義兵をおこさんと、くはだて給ひける。

◎ここに、後醍醐の息子で護良親王が諸国を廻って、反北条軍を組織しようとした。彼は一度は出家して僧になっていたが、還俗して「建武新政」を旗印にして、畿内諸国を巡り、諸国に令旨を送った。

★河内国に橘正成《たちばなのまさしげ》〔楠正成《くすのきまさしげ》のこと〕と云ふ者ありき。御志《みこころざし》ふかゝりければ、河内と大和《やまと》との堺に、金剛山と云ふ所に城をかまへて、近国を、をかしたひらげしかば〔周辺の国々、町々を征服したので〕、あづま〔東国〕より〔北条幕府軍〕、諸国の軍《いくさ》〔兵隊たち〕をあつめてせめしかど、かたくまもりければ、たやすくおとすにあたはず。

◎この、楠正成の、後醍醐側への参加ほど、後醍醐側を勇気づけ、かつ実戦派的大きな力になったことはない。この金剛山赤坂城での北条軍との闘争は「太平記」の描くもっとも魅力的な戦闘であった。後醍醐側が以後、戦争を続けることができたのも、楠正成の参加により、多くの野戦型の武士たちが集まり、ふつうの地方豪族武士たちも参加するようになり、この本の著者、北畠親房、顕家父子や、関東の新田義貞らの参戦を促したのであった。もっともこの楠正成の実態に関してはよく解っていない。地方の単なる土豪なのか、武家なのか。城を構えていたので、一応地方武家ではあったろうが、かつて中世史家の網野善彦さんが、『異形の王権』(平凡社、一九八六)などで後醍醐天皇について論じ、ほかの本で、楠正成を、地方を移動する商人たちの荷物を奪うようないわば山賊的な、いわゆる「悪党」とよばれたような存在ではなかったか、と推測していたが、「太平記」をそのまま鵜呑みにしていいのかどうか。『日本中世の非農業民と天皇』(岩波書店、一九八四)などで、天皇と下層民との繋がりを構想した網野さんの傑出した発想のなかでは、それほど、正成は魅力ある人物であったのだ。

★次の年、癸酉《みづのととり》の春、忍びて御船《みふね》にたてまつりて、隠岐をいでゝ、伯耆《ほうき》につかせ給ふ。其の国に源長年《ながとし》と云ふ者あり。御方《みかた》にまゐりて船上《ふなのうへ》と云ふ山寺にかりの宮をたてゝぞすませたてまつりける。

◎後醍醐天皇は隠岐を脱出し、山陰の豪族武士たちの応援を得て、また京都に帰還し、以後、いわゆる南北朝時代の内乱の時代を迎える。最初、後醍醐を支援するかにみえた足利尊氏は反天皇派となり、関東から来て後醍醐側の主要な軍事力を担った新田義貞ら、天皇派との間にいつ果てるともない戦闘が、舞台を日本列島のあちこちへと移動しながら、繰り広げられた。伊藤喜良『南北朝の動乱』（集英社版、日本の歴史⑧、集英社、一九九二）などが、この内乱の詳細をレポートしてくれている。南朝は崩壊し、足利義満の時代、室町幕府は絶好調を誇る。「神皇正統記」の後醍醐天皇の項は、尊氏と義貞の戦闘を描きつつ、後醍醐の命運を語り、平清盛、源頼朝あたりから武家時代が、天皇に同伴しつつも中心化していく過程をかいつまんで述べている。歴史物語、あるいは日本思想の展開と考えれば、面白く読めるが、天皇そのものを度外視もしている。そこで、ここでは、後醍醐天皇の項の結びの言葉のみ引用し、それ以前の記述を省略することにする。

★功もなく、徳もなきぬす人世におこりて、四とせ余りがほど宸襟〔天皇の心〕をなやまし〔この辺は、足利尊氏を初めとする武家たちを言っているか〕、御世《みよ》をすぐさせ給ひぬれば、御怨念の末むなしく侍りなんや〔喪くなった〕。

◎天皇にとって武家たちの武力による時代の出現と展開は、かつて摂関時代には識らなかった世界であって、恨み骨髄に達しつつ後醍醐はあの世の人となっていったのである、と。

●第九十六代、**後村上天皇**

◎この天皇の時代に「神皇正統記」は書かれたのか、《諱は義良《のりよし》、後醍醐の天皇第七の御子》とあるが、天皇の名は出ていない。《ゆづりをうけて天日嗣《あまつひつぎ》をつたへおましますヘ》で、記述を閉じているので、まだ、天皇名が贈られていなかった。事績の記述もない。

◉こうして、「神皇正統記」は終わる。この本が描いた時代の最後のあたりに関して、上に参考文献としてあげた、伊藤喜良『南北朝の動乱』の最後の、「おわりに――動乱の終焉」から引用させていただくと、《動乱は終わった。短絡的にみれば、公家《くげ》は没落し、幕府主導の下に、南北両朝が合体し、足利義満の「日本国王」が確立したというのが、その結果である。だが、動乱の評価を公武間の確執や両者間の権力の交替だけでみることは許されない。／南北朝の動乱は、中世という時代の中間に存在する。この動乱の中で、人々はなにを得、なにを失い、なにを解決し、なにを課題として残し、あるいはどのような新たな課題を生んだのであろうか。これらを最後の一言でいうのは難しい。大げさにいえば、歴史学というのは、こうした問題を日夜課題として掲げながら、研究を進めている学問である。この点は、本書を読んだ読者に判断していただく以外ない》。まさにおっしゃる通りである。わたしは歴史学の徒ではないが、「神皇記」に描かれた天皇像をつぶさに見ながら、天皇観に南北朝が与えた影響について、考えていかねば、という気になる。摂関政治から、純粋な「親政」へと転換を図ろうとした、後鳥羽上皇や後醍醐天皇の思考は以後どのように展開したのか、これを見極めることが、現在の「天皇学」の課題であるといえる。大きなことは言えない。ただ、諸資・史料を読み続けていくしかないのである。

近世篇

料金受取人払郵便

本郷局承認

5047

差出有効期限
令和5年
9月30日まで
期限が切れても
切手を貼らずに
ポストへどうぞ!

返信

POST CARD

113-8790

[受取人]

東京都文京区本郷
1-28-36 鳳明ビル

批評社

書籍購入係

フリガナ お名前	年齢 歳	性別 女　男
〒 ご住所		
電話 FAX.	e-mail	
今回ご購入 書籍名		
ご購入の 方法	＊ 書店で（書店名　　） ＊ その他（具体的に　　）	
本書を何で お知りになりましたか		
職種 専攻		

●上記個人情報の取り扱いには十分に注意を払い、目的以外の使用はいたしません。
●お名前とご住所以外は任意記入項目です。空欄があってもかまいません。

批評アングル HIHYO-ANGLE

◉小社刊行物をご購読いただき、ありがとうございました。◉この本をお読みになったご意見やご感想を、ご自由にお聞かせ下さい。◉今後の出版企画の参考とさせていただきます。

◉お聞かせいただいたご意見、ご感想を小社のPR誌『Niche』や小社ホームページ(http://hihyosya.co.jp)に掲載させていただくことがございます。……掲載してもよい　＊Yes　＊No

読者の皆様へ

◉書店店頭でお求めの書籍が見つからない場合は、この購入申し込みハガキにご記入の上、お近くの書店へお持ち下さい。◉小社に直接お送り下さった場合は、ご記入のご住所に直接送本いたします。直接ご注文の際には、基本的に着払いでのお支払いをお願いいたしております（送料は無料ですが、振込み手数料260円をご負担いただきます）。◉銀行振込、郵便振込み等、他のお支払い方法をご希望の方はご相談下さい。クレジットカード決済にはご対応できませんので、ご了解下さい。

書　名	本体価格	注文冊数
		冊
		冊
		冊

◉第六章

戦国時代の覇者織田信長と、天皇の地平

●テクスト

太田牛一「信長公記」＋小瀬甫庵「信長記」

●出典

『現代語訳　信長公記』太田牛一著、中川太古訳、新人物文庫、二〇一三

『信長記』甫庵本（上、下）、松沢智里編、古典文庫、一九七二

◉「信長記」の名は一般的でわたしも識っており、「太閤記」とともに、戦国時代から江戸時代への橋渡し、いやそれ以上の活動をした織田信長と豊臣秀吉の伝記をもとに、そこに描かれた天皇像を観察してみたいと考えていた。しかし、「信長公記」という本も流通していることを知り、これを需《もと》めてひもといてみると、はしがきに、《「信長公記《しんちょうこうき》」は太田牛一(一五二七～一六一三)が慶長の頃〔西暦一六〇〇年頃〕に著わした織田信長の伝記である》と書き、江戸初期ころにできた本であるようだ。また「信長記」は、広辞苑によると、《小瀬甫庵《おせほあん》〔一五六四～一六四〇〕がこれに基づいて加筆論述し、一六二二年(元和八)に刊行したもの》とあり、「信長記」の方が、あとにできた本であることが解った。このことは、松沢智里編『信長記』の解説にも書かれており、「信長公記」は史・資料として、記録的性格が強く、「信長記」はその史・資料を生かして実録戦記文学として、戦場描写などを強めている、というふうに書いている。しかし、読んでみると「公記」のほうが現代語訳のせいもあるかもしれないが、整理されており、「信長記」のほうが古い文学であるかのような印象を与えるのである。

◎そこでわたしは、まずは「信長公記」を材料として、ここに描かれた天皇像を観察してみたいと考えたしだいである。また、使用した本は現代語訳で、読みやすく、使いがってがよかったのである。今谷明氏の『信長と天皇――中世的権威に挑む覇王』(講談社学術文庫、二〇〇二。以下、今谷本①と表記する)によれば、《ただ、『信長公記』という軍記について、史料の信憑性については大きな問題が存在するのは周知のところであろう》と書き、その史料性に疑問符をつけているが、それは現代の研究がほかの史料を併せ読むことで、その記録性に疑問が提出されたのであろうと考える。とりわけわたしのばあい、史実の正確さを辿ろうとするのではないから、大きくまちがっていなければ、それほど大きな問題ではない。ただし、この本や、同じ今谷氏の『戦国大名と天皇――室町幕府の解体と王権の逆襲』(講談社学術文庫、二〇〇一。以下、今谷本②と表記）を読み、織田信長という存在に、彼の天皇への醒めた対応、批判精神などはよく理解できた。今谷氏が反体制的批判もしっかり表現する方であることは理解でき、石母田正などを初めとする戦後史学の展開情況と路線を同じくしているらしいことが解った。その点、大いに賛同できたのである。

◎「信長公記」に未青年信長（十七歳）が、突然、今後、上総介と名乗ろうとしたことがあったのだが、これは天皇からの任官であったのだろうか、と不思議に思っていたところ、「自称」である、と明解に言われ、歴史家の自信と背景の知識を否応なく感じさせられた。また、この時代、天皇や朝廷というものが、どのような存在だったのだろうか、という素朴な疑問もあった。戦国時代など、天皇や、とくに朝廷などは果たして存在していたのだろうか、などと想像さえしていたのだ。内裏や朝廷などはまだ存続していたのだろうか、とわたしなどは無知のため考えていたのだが、朝廷やその官吏などは、縮小はしていたとはいえ、健在であったのだ。天皇も貧窮生活をしていたようだが、しかし、戦国時代の天皇が裕福であったことが、今谷本②を読むとしっかりと解るのである。当時の地方の武家たちは官位をもらうことで、他の大名と差異化するためか、大金を天皇および朝廷に寄贈していた。そして、やはり宣旨を出し、任官なども行なっているのであった。戦国大名たちは中級貴族の官職名を貰って喜んでいたのだ。その官職としては、左京太夫《さきょうだいぶ》が多かったようなのだが、《左京太夫は、元来足利一門でもごく限られた、具体的にいえば侍所頭人となる資格のある、いわゆる四職《しき》家にしか許されない官職であったと推測されるのである》（今谷本②）とあり、京都が右京、左京と分れてよばれていた頃の役所名を「京識」と言い、その長官を大夫と言っていた。まあ、市役所のようなところの官であったようだ。しかし、彼らの獲得した官位は、伊勢守だの近江守、大納言だの大宰大弐などなど様々にあった。彼らは朝廷に務めるわけではなく、単に官職をもつ地方武家として権威を維持できたのであろう。むしろ、信長が戦国大名たちをつぎつぎに壊滅させる過程で、戦国大名たちは少なくなり、天皇への献金も少なくなり、天皇は幾分貧乏になり、本文で紹介するように、内裏は廃墟化しつつあり、信長から修理費をもらったり、金銭的な援助を仰いでいた。

◎しかし、はたして、この時代の天皇は支配領域のような領域を全国に保っていたのだろうか。その辺は、「信長公記」や今谷氏の本を読み続ければ、しだいに明らかになるであろう。では、いざ「信長公記」へ、である。以下、このテクストのつけている見出しの表題を書き、本文を読むことにする。この表題は、「信長記」ではだいぶ違っているので、後者が変えたか、あるいは、このテクストの訳者が名づけたものであろう。

「信長公記」

●首巻〔入京以前〕——

9——織田信秀、病死〈9〉

★三郎信長は、上総介《かずさのすけ》信長と自分から官名を名乗ることにした。

◎この短い文言は天皇とは関係ないが、織田信長(一五三四〜八二)が自分を上総介と規定した場面である。上述したように、このような官位、官職は、天皇による任命であったから、わたしは不思議に思ったのだ。信長は、京都に近いとはいえ、美濃や周辺の国々を戦争によって制圧してきたわけで、まだ天皇と関わるような地平にはいなかった。朝廷の官吏に、官位の獲得のために天皇に斡旋してもらうべく接触したこともない、年若い田舎武士に過ぎなかった。今谷明氏の本でも上総介は自称であったから、だれにも遠慮はいらなかったであろう（今谷本①）。この文言の続きには、信長を育ててきた平手政秀は、信長を諫めたうえで、《信長公を守り立ててきた甲斐がないので、生きていても仕方がないと言って、腹を切って死んでしまった》とある。信長の父、信秀（三河守に任官されていた）が天文二年（一五五二）、流行病で死んだとき、焼香の場に現れた信長のいでたちは、長柄の大刀と脇差を藁縄で巻き、髪は得意の茶筅髷《ちゃせんまげ》にして、袴《はかま》もはかないという無秩序さで、抹香をかっとつかんで仏前へ投げつけて帰ったという。少年から青年となる時代の信長の奇装や奇行の数々は、のちに戦闘することになる周辺の武将たちに、織田の「ばか息子」を装って油断させる手段であったのだ、といった言説がかつては通用していたのであったが、「信長公記」を読んでいると、そのような深謀遠慮の青年ではなかったような気もする。礼儀を知らず、ぶっきらぼうで他者に対するサービス精神が全く欠如していたのではないだろうか。この性格は終生信長の側面を占めてきたのではないか。以下、この不良少年が相当な戦争人間となって周辺の国々を平らげていったあとの話になる。当時、戦国武将のなかに室町幕府はとりあえず健在で、その最後の将軍として、足利義昭が生き残っていたのだが、権力を喪失したこの将軍を武将たちも無視はできず、信長も義昭をある時代までは懐柔して、一応尊重しているかのようにふるまっていた。信長が周辺の武将たちとの抗争を勝ち抜いて、初めて京都に出たとき、京都の主人公のひとりは天皇であり、また落ちぶれてはいたが、室町幕府の最後の将軍足利義昭であった。信長も彼らと親交せざるをえなかったのである。

◎この、信長の名乗りを見て、「信長記」はどのように書いているのか。「信長記」の書き出しは、「信長公記」とまったく違っており、なんだか、別種の本のような気さえしてくるのである。「信長記」にはこんな名乗りはまったく出ていない。それより、非常におもしろいことが書かれている。それは、「信長公御せんぞの事」という章があり、そこにはつぎのように書かれていた。まず、先祖なのだが、個人的な話をすると、わたしが生まれ育った福井県のある田舎町の近くに、織田《おた》とよばれる地があった。武生《たけふ》市（現越前市）を挟んで、わが故郷はやや内陸部、織田はやや日本海寄りで、海には近接していないが、こちらも由緒ある町で、かつて、日本の最も古い窯場《かまば》のあった瀬戸や常滑などとともに、「六古窯」とよばれた地域のひとつであった。現在も、福井県では窯場として、織田焼とよばれるいろんな陶器を作っている。その織田なのだが、「信長記」の巻第一「信長公御せんぞの事」を読むと（以下、本文の平がな表記を漢字に改めたところがある）、

★遠く先祖をたづぬるに、平相国《へいしょうこく》清盛公より信長公まで、二十一代の後胤とかや。その由来は、元暦年中に、平家の一族ことごとく滅びしとき、平氏の貴族の中に、最愛せられし思ひ人一人、みなし子を抱へて、近江の国つだ〔津田〕といふ所へ落ち給ひしに、つだの郷の長、かの、たんごん〔?　丹後か。先に出た最愛せられた思い人〕美麗なるにめで〔愛して〕、是を深く隠し、旧妻を追ひ出し、吾が家の妻にかしづきければ〔正妻として大事にしたので〕、子どもあまた出来きけり。こゝに、越前国（福井県）織田の庄の神主、毎年、天下御祈禱の巻数〔かんじゅ、お経のようなもの〕をさゝげ奉りけるが、毎度かの長がもとにして宿しけるに〔宿舎にしていたが〕、児童の多きをみて、子や持たざりけん〔子どもがいなかったのであろう〕、あはれ一人給はれかし〔ひとり下さい〕。養ふて我が代〔わり〕せさせ〔私の仕事を継がせ〕、老いをやすんぜむと申しければ、もとより子は多し、しかるへき〔べき〕事とて、いつれ〔いづれ〕と言ふほどに、〔かの美麗なる女の生んだ子どものひとり、あるいは連れ子が〕幸ひ継子ではあり、かのみなし子をぞ与へける。神主喜ふで帰国し、その子に我があとをつかせ〔継がせ〕けるとかや。その後、天下反復せしかば〔世代が交替してきたので〕、武衛〔信長、父信秀の系譜〕の先祖、

越前、尾張、遠江を領せられしに〔領地として持っていたが〕、かの神職の子にみめかたち〔容貌〕に優しき〔子〕ありければ、子ひとり給ひて〔頼んで貰って〕、尾州へ具せられけるに〔尾張に連れてきたのだが〕、六奉行の内、罪科の人ありて、一人、遠流《おんる》〔遠方に流罪〕になされしかば、かの家職をつかせけるにこそ、また武家に立ち返りけり。君〔主君〕の寵愛も盛んにやありけん、次第に繁盛して、武衛の家長、皆、織田をぞ、名乗られける。信長公、越前国を討ち従へ給ひてのち、織田大明神をおびたゝしく〔おびただしく〕、しゅざう（?・）〔信仰したという事だろう〕し給ひしも、かの遠き迹を負はれけるゆへとかや。これすなはち、越前の織田の庄より出身し給ひしによって也。

◎長い引用になったが、とりあえず、越前の織田が、信長の出身地のごとく書かれているのである。これは驚きであった。織田には何度か行ったことがあり、田舎に帰ったとき会った高校時代の友人は織田で焼き物を習っていると言い、これを作ったんだといって、手びねりの茶碗をひとつおみやげにくれたこともあった。

◎「信長記」には「信長公記」の記述と同じく、父親の葬式で、《焼香に信長卿御出あるが、いてい〔異体〕なる出で立ちにて、仏前へ歩みよって、まつこうをくはつとつかみて、投げかけかへらせ給ふ》とあった。また少年時代後期の信長が、水練や馬術、弓矢や鉄砲の練習に明け暮れたなどと書いており、のちの信長伝説は「信長記」の記述をもとに展開したことが知られる。

●巻一〔永禄十一年（一五六八）〕――

4――入京し、畿内隣国を平定〈4〉

★十月十四日。（中略）まだ畿内には、信長に抵抗する者が数ヵ所の城に立て籠もっていたが、風に草木がなびくように、十日余りのうちに皆退散して、天下は信長の支配に従った。／細川昭元の邸を義昭の御殿とすることにし、信長がお供をして、義昭がここに移った。
★十月二十二日、足利義昭は正式の服装で威儀をととのえ、内裏に参内した。義昭は征夷大将軍に任命され、皇都〔京都〕に居住することになった。信長は我が国に並ぶ者もない名誉、末代までの面目で、子々孫々から手本として仰がれるものである。
◎十月二十二日、この日が、信長が内裏《だいり》に入った初めての日であった、と書きたいところであるが、義昭に関する記事はあるが、前日までともにいた信長自身のことはこの日、とくに記述にはなく、ただ代わりに、賞賛の言葉が連ねてあるだけである。しかし当然、信長は義昭とともに内裏に入ったのであろう。内裏と言っても平安時代のあの内裏ではなく、京都市上京区と、注にあるので、かつての内裏に近いところにあったいわゆる里内裏のようだが、明確ではない。今谷本①には、つぎのようにあった。
☆信長の軍が美濃岐阜城〔稲葉山〕を発したころ〔上洛のため〕、天皇は京都にあって織田軍の市中略奪を案じ、直接、信長に宛てて次のような綸旨《りんじ》〔天皇の出す文書〕を出した。
《貴殿（信長）の上洛計画のことは既に天皇のお耳にも入って了承されています。それについて、京都の町の治安維持が案ぜられますが、軍勢が乱暴したり略奪したりすることのないよう、厳重に命令しておいて下さい。（後略）
左中弁経元
九月十四日　織田弾正忠（信長）殿》
◎源頼朝の時代から、地方の武士団が上洛すると、京都周辺の農家を襲って米を略奪したり、市中でも民家を焼くとか、同様の乱暴をしたのである。武士的領域には、そのような無秩序も同時していたのであろう。天皇は、それを案じて、信長に対し、綸旨を出した。
◎これを読むと天皇と信長の間には、もうすでに交流があったらしいことが解る。「信長公記」に、信長は上総介を自称したとあったが、結局、朝廷から、尾張守に任官されていた。そして、弾正忠《だんじょうのちゅう》（もしくはだんじょうのじょう、と読むか）という官位を貰っていたようだ。これは、朝廷の官職のなかで、弾正台という御所や京都の町を守るような職種で、忠というのは、その三等官ということになる。ちょうど、源義経が壇ノ浦で平家を滅亡へと追いやり、京都に帰ったとき、後白河法皇から、検非違使尉という官職をもらったのに似ている。尉というのは検非違使というやはり京都の町を守護する仕事であり、また犯罪者を捕らえるような仕事で、尉はその三等官であった。つまり、大臣など上級貴族から見れば、相当下位の仕事を義経も信長ももらったのである。これは天皇、朝廷から出される指令であった。最後のサインに「左中弁」とあるのは、弁官といって天皇と直接会話のできる官職であった。弾正忠とは、信長も安く見られたものだ。信長は直接、天皇を知っていたわけではないが、天皇は信長の美濃や尾張での戦争を注視していた。この天皇は正親町《おおぎまち》天皇という。この信長の上洛について今谷本①はつぎのように書いている。

☆織田軍の直接入京は避けられたものの、天皇としては手をこまねいて信長の畿内制覇をただ眺めているだけではすまなかった。信長が義昭とともに摂津〔大阪湾に臨んだ地域〕芥川城（現高槻市）に進駐して池田・茨木・高槻の諸城を制圧していた十月六日、朝廷は参議〔少納言に続く官職〕万里小路輔房《までのこうじすけふさ》を勅使〔天皇からの使い〕として芥川城に派遣した。義昭には上洛「目出度《めでた》き」ことと天皇の祝詞を述べるとともに太刀を贈り、信長へも酒肴十合十荷を下賜し、行軍をねぎらわしめている。天皇が将軍またはその候補者に祝詞を言うのは当然としても、供奉《ぐぶ》の武将にまで気を配るのは異例のことである。／信長は輔房から、禁裏経済の不如意を聞いて、早速十月八日、芥川城から銭百貫を内裏に献上させた。義昭・信長が摂津から戻って入洛したのは、この六日後のことであった。
◎天皇は彼らふたりを歓迎しているのか、あるいは恐懼しているのか、祝いの言葉や太刀を授けたり、酒肴を贈ったりしており、それに対し、信長はすぐに銭百貫を贈ったという。銭百貫が現在のどの程度の価値に相当するのか解らないが、上述した官位を望む地方大名が天皇に差し出す何倍かの金銀であったろう。信長は相当な金持ちだったのか、気前よくお金を献上している。ここで個人的な感想を書くと、この戦国時代の終わりころ、天皇という存在はまだ健在だったのだろうか、という疑問があったことは先述したとおりだが、とりあえず、天皇と朝廷という組織はしっかりと残っていた。そして、大臣や弁官や参議などという朝廷用語が出ているので、律令的な官位、官職制度もちゃんとあったのだ。これは驚きであった。戦国時代、闘う武士たちの世界に天皇はどんな意味を持っていたのだろうか。今谷本②を見ても、官吏の体制は古代の形式をしっかり守りつつ残っていたようだ。この時、天皇や朝廷はどのような収入によって暮らしており、存続できたのか。これは上述したように、戦国大名たちからの献金が大きかったとしても、不定期の収入であり、わたしには依然として謎である。古代の天皇は全国にたくさんの荘園を持ち、裕福だったのだが。ただ、古代から較べると窮乏生活を送っているように見えたであろう。ともかく、戦国大名とはべつの意味で、信長は気前よくお金を恵んでいる。しかし別に、特別の官位を信長が欲しがったわけではなさそうである。

●巻三〔元亀元年（一五七〇）〕――

3――観世・金春、能を競演〈3〉

★この席で、将軍義昭から信長に、「もっと上位の官職に就かれたらいかがですか。希望があれば、朝廷に取り次ぎましょう」との話があったが、辞退して受けなかった。信長はかたじけなくも三献《さんこん》の礼を受けた上に、将軍のお酌で盃を頂戴した。たいへん名誉なことであった。

◎四月十四。この日、将軍御所で観世太夫、金春太夫による能の会があり、その席で、すでに天皇から征夷大将軍に任命されていた足利義昭が、信長にささやいたのだ。もっと上の位にいくべきだ、天皇に推薦しますよ、と。室町幕府が権威を失墜し、地方をふらふらしていた義昭が上洛できたのも信長のおかげで、恩を返そうというのだろうか。征夷大将軍とは鎌倉幕府以来、その武家的中心人物が天皇から賜る役職名であった。武士的世界では最高の領域であった。東北の蝦夷との戦争を強いられていた坂上田村麻呂が初代であったか。源頼朝も貰っている。しかしこの当時の信長は謙虚であったようだ。あるいは天皇から出される任官などに興味はなかったのかもしれない。独立独歩の信長であった。

◎「信長記」（巻第三「泉州堺の津名物の器めしよせらるゝ事」では、この日、《室町殿（義昭）御感斜めならずして、この日信長卿、左大臣に任ぜられるべしとして、宣下せられけれども、しゐて辞し申されければ、その儀に及ばざるなり》とあり、もう少し具体的に、左大臣になるべきだ、と義昭が推奨したように書いている。いずれにしろ、信長は辞退した。今谷本②では、信長は弾正忠のまま、義昭を操るほうが都合がよかったと書いている。

●巻四〔元亀二年（一五七一）〕――

6――内裏の修理を完了〈6〉

★さて、内裏はいまや朽廃し〔ぼろぼろになり〕、元の姿をとどめぬほどだったので、信長は御恩にむくいるため修理して差し上げようと考え、（中略）それから三ヵ年かかって、紫宸殿・清涼殿・内侍所《ないしどころ》・昭陽舎、そのほか諸々の建物など、すべての工事を完了した。

◎文中、御恩にむくいる、とあるのは意味不明だが、というのはどんな恩を天皇からもらったというのか。弾正忠という官位も自称であった。今谷本①では、

☆なるほど、信長は目に見える形では、天皇家のために貢献を行っていたことは否定できない。入京直後の内裏警固、十月八日には内裏不如意のため百貫の援助、〔正親町天皇の息子〕誠仁〔親王〕元服料

三百貫の支弁、翌年四月の内裏修理〔惣用一万貫〕等である。
◎と書き、天皇家への奉仕のひとつに内裏修理をあげている。続けて、
☆右の天皇家への援助も、皇家〔天皇〕への崇敬とはいいがたい。むしろ信長自身の威厳の誇示のための幕府援助であり、朝廷援助であるという性格が濃厚である。
◎と書き、信長が天皇派でなかったことを強調している。それはともかく、内裏修理は信長の天皇家への好意の表現であることはまちがいない。しかし、今谷氏は、将軍義昭のために、二条新第とよばれる室町幕府のための御所建設を強調されている。この二条新第に関して、「信長公記」は書いていないが、「信長記」の巻第二「信長卿御上洛之事」には、つぎのようにあった。
★かゝりければ、御所を営みまいらすべしとて、(中略)二月下旬より、二条の元の御所を四方一町拡げさせ、堀、石垣、御殿に至るまで、(中略)夜を日に継ゐで急がせ給ふあいだ、程なく造畢〔造り終えた、か〕してければ、
◎とあり、二条の御所を造営しようと考え、もとの御所の四方を拡大して再建した。夜を日に継いで、とあるので、急速に仕上げたという。この頃の信長は、義昭の幕府再興のために尽力し、かつ天皇家のための内裏修理をするなど、このふたりのために相当な力と財力を費やしている。また「信長公記」に戻る。
★さらに、宮中の収入面においても後々まで困ることがないようにと、信長は思案をめぐらし、京都市中の町人に米を貸し付け、毎月その利息を宮中に献上するよう命じた。
◎こんな話も信長の美化のための物語であったかもしれないが、信長が天皇家のために尽力したことは疑いないであろう。京都の町人に米を貸し、その利息を宮中に献上させた、とあるので、結局は信長が宮中に金銭を寄付した、ということになるだろう。
◎今谷本①では、内裏でなく、将軍義昭のために作っ

た二条新第の建造が歴史的問題として扱われている。この将軍のための御所建造は、公武の、つまり朝廷側と武家たちの抗争の原因のひとつとなったと指摘している。

☆入洛後の信長は、名目上将軍を擁していたので〔義昭を将軍として自分より上位においていたので〕、天皇との関係はたてまえとしては義昭の陰に隠れていればよかった。しかし、実質は、畿内の武力制圧はもちろん、（中略）諸大名の畿内分封も信長が自ら指図しており、最高実力者であることは誰の目にも明らかであったから、天皇と信長の間に種々の紛議が生ずるのは避けられなかった。最初の大きな公武間（朝廷と織田軍との）の紛争が二条新第《にじょうしんだい》造営に関するものである。

●巻五〔元亀三年（一五七二）〕

2――武者小路に邸を普請〈2〉――

★三月十二日、（中略）「信長はたびたび上洛して来ますのに、京都に邸がないというのはどんなものでしょうか。上京《かみきょう》の武者小路《むしゃのこうじ》に空き地がありますが、ここに邸を造らせようと思います」と、将軍義昭から天皇に上奏したところ、「それが良かろう」との回答があった。

◎信長の宿所もしくは屋敷を造るために、天皇に奏上する必要があるだろうか。これは落ちぶれていく、室町幕府の最後の将軍である義昭の、天皇に対する一種のデモンストレーションであり、わたし義昭のおかげで、信長も天皇派になったのだという意味の証言ではなかったか。それはともかく信長の新邸ができるわけだが、あまり活用しなかったようだ。やがて、京都は安住の地などではなく、信長にとっては戦闘の血腥い都市というしかなかったのだ。

●巻六〔元亀四年（一五七三）〕

2――将軍足利義昭、謀反〈2〉――

★さて、将軍義昭が信長に対して密《ひそ》かに謀反《むほん》を企てていることが明らかになった。その経緯は、次のとおりである。
◎その経緯というのは、まずは、義昭の怠慢に対して、信長が苦言を呈し、前年、十七ヵ条の意見書を提出したことにあった。その骨子は、ひとえに、天皇に対する義昭のいい加減さを指摘したことにあった。その意味では、この当時の信長は天皇派であったことになろう。まず、ひとつは、義昭が宮中への参内を怠っている、というもので、やはり天皇をないがしろにしている、ということだった。また、
★一、諸国から〔将軍義昭に対して〕御礼をし、金銀を献上していることは明らかなのに、内密に蓄えておき、宮中の御用にも役立てないのは、何のためなのですか。
◎信長にとって天皇への献金はある種の義務的慣習となっていたので、義昭がこれを怠っている、と信長は抗議しているのである。この頃、遠江（浜松）のほうには甲斐の武田信玄が攻めてきており、越前の朝倉義景、北近江の浅井長政らと、信長は交戦中であった。この朝倉、浅井勢は信長の半生、敵対し続けた武将であり、蓮如が中興の祖と言われた浄土真宗の信者たちは加賀、越前で一向一揆を展開し、これは闘争する一揆軍であり、この一揆軍が依拠していた大坂の石山本願寺派の軍勢との闘争の日々が信長の前途に待ち受けていたのだ。この一揆勢との長く続いた戦争は信長の歴史にとって最も困難な闘争であった。詳しくは後述することになる。
◎今谷本①によると、天皇は、一五六九年（永禄十二）三月、信長に副将軍への任官を進めた。弾正忠のままでは具合が悪いと考えたのであろう。しかし、副将軍というのは、将軍義昭の下位に位置づけられることを意味する。信長は義昭を、むしろ陰で操りたいと考えているわけで、弾正忠のほうがやりやすい。そこで返答を渋っていたのである、ということである。
☆はたして、信長が副将軍任官を拒否した頃から、信長と義昭の間は、とかく意志の疎通を欠くように

なっている。（中略）官位を与えれば喜び、宸筆《しんぴつ》〔天皇みずからが書いた〕古典籍を下賜すれば機嫌のよい戦国大名たちのあしらいに慣れていた天皇や公卿には、信長のこの態度はまったく不可解であり、とまどいを覚えざるをえなかった。しかも内裏への献金・献物は率先して行っているのであるから、非難の加えようがなかった。結局、正親町天皇以下、信長の顔色をうかがうのに汲々《きゅうきゅう》とし、腫《は》れ物《もの》にさわるような扱いをするほかなかったのである。

◎こんなふうに、将軍義昭、正親町天皇の両者との関係はそれほどスムーズではなかったのである。信長自身、彼らとの関係を試行錯誤しながら続けていたのだ、と今谷本①は述べている。

●巻五〔元亀三年（一五七二）〕――

3――公家領について徳政令を発布〈3〉

★四月一日、信長は徳政令《とくせいれい》を発布した。その趣旨はつぎのとおりである。／近年、内裏は朽廃していたが、これについては先年から修理を命じ、すでに工事は完了した。しかし公家方においては、家政不如意《ふにょい》となって領地を借金の担保とし、あるいはやむなく売却したところが多くなっている。これを救済するために、徳政令を発布し、（中略）本来、公家衆の所領であったものは、元の所有者に返還させたのである。／こうして、皇室・公家・武家が、ともどもに隆盛に赴いた。信長の功績は天下に並ぶ者もなく大きいのである。

◎信長はまた内裏の修理を命じていた。今谷本②によると、内裏の修理は戦国時代、後の岡山、広島から北九州あたりまで統一した大大名ともいうべき大内義隆が、天皇に何度も巨額の献金をしており、官位としては、修理大夫《しゅりだいぶ》、左京大夫、弾正少弼（弾正台という役所の三等官）であった。内裏修理の長官である責任からか、内裏の修理も行なっていた。しかし、当時、まだ朝廷の力も衰退へと傾斜していたのだが、修理宮廷使という律令時代の役所もあり、たてまえ的な修理大夫だった大内義隆の義務などではなかったのだ。この今谷本②を読むと、戦国大名たちが競争するようにして天皇や朝廷に献金し、たてまえだけの官位を貰うことに汲々としていたのだ。そのような流れのなかに大内義隆も、信長も位置していたのだと言える。

戦国大名というなら、戦争によって覇者となればいいので、天皇の衰退しつつある「権威」を借りることなどなかったんじゃないか、と思ってしまうのであるが、ともかく戦争するかたわら、天皇からの権威か、もしくは滅びつつあった室町幕府から、守護という役職を貰うことなども、彼ら戦国大名たちの歩んでいく道程にあったのは、なんだか、情けない話ではないか。信長のばあい、むしろ、憐憫の情で内裏修理をしたのだろうか。いや、巨額の献金をしていたうえに修理などしたのである。

◎わたしは、戦国時代、天皇がどうにか生き延びたとしても、朝廷なる存在はどうなっていたのか、あるいは生き残っていたのだろうか、と考えていたのだが、先述したように朝廷は健在で、今谷本②などを見ると、大臣から、参議、弁官などの官位、官職もしっかりと残っていたのだ。彼らの朝廷貴族や官人たちの経済的根拠は何だったのだろうか、と不思議でならない。全国に持っていた領地、荘園のようなものは、各地の武士たちに奪われていたであろうし、古代まで遡れば、朝廷の官吏たちは給料にあたるものを貰っていたであろう。しかし、ともかく天皇存在と同様、しぶとく生き残っていたのには驚いた。

7——東宮の蹴鞠の会〈7〉

★七月三日、宮中で東宮《とうぐう》〔正親町天皇の皇太子、誠仁《さねひと》親王〕が蹴鞠《けまり》の会を催した。正規の儀礼にのっとった、たいへん結構なものであった。信長はお馬廻り衆だけを従えて参内した。蹴鞠の会が終わってから、信長は黒戸の御所の置き縁まで参上した。かたじけなくも天皇からお盃を、内侍所《ないしどころ》の女官を通じて頂戴した。

◎平安時代の宮廷でも貴族の遊びとして蹴鞠は流行した。これは鎌倉まで伝わって源頼朝の息子の頼家などは夢中になり、蹴鞠の師匠を京都からよんだほどであったので、頼朝は信頼していた僧の文覚に、遊び好きの息子に説教してくれるよう依頼したほどだ。そんな遊びが、貧乏になったとされる室町時代の宮廷でも流行していたようだ。そして、蹴鞠の会のあとは、宮中では決まったように開かれていた宴会は、ここでも再現されていた。しかし、《かたじけなくも天皇から》と書いているのはいただけない。この当時の信長の気持ちでもあったかもしれないし、あるいは筆者の形容かもしれないのだが。わたしはあくまで、信長をかつての権威、天皇に依存することなくして、みずからの領域を展開する男として、信長を捉えてきたわけである。

●巻九〔天正四年（一五七六）〕——

9——内大臣に昇進〈9〉

★天正四年十一月二十一日、信長は重ねて内大臣《ないだいじん》に昇進した。このたび、摂家《せっけ》〔摂政になる家。まだ摂政などという官位もあったようだ〕・精華家《せいがけ》〔大臣クラスの家〕などに所領を進呈し、天皇には黄金二百枚、沈香《じんこう》〔上等なお香〕・反物《たんもの》、その他の多くの品々を献上した。そのとき、誠にかたじけなくも天皇から衣服を頂戴した。これほどの名誉は、またとないことである。官位授受の次第は吉例に従った。

◎信長にとって、官位や官職などはどうでもよかったのであるが、天皇のほうで、信長に官位をいろいろ与えてきたのであろう。わたしは信長という人物を官位官職で考えたことはなかった。ともかく、信長は内大臣になった。のちの秀吉などもいきなり太政大臣になったりしているから、それほど奇異なことでもなかったのかもしれない。そして、ほかの大名たちが献金によって官位を獲得したように、信長の天皇や朝廷への献金は、ほかの戦国大名と同じように見られていたのかもしれない。そこで、いきなりの内大臣へと昇格した。今谷本②によると、地方の武家たちは百貫から三百貫くらいの献金をし、大内義隆は破格の二千貫などといった献金をしていた。この貨幣価値が現在の評価でどのくらいになるのか、見当もつかないが、信長は黄金二百枚という、これも実態は、わたしなどまったく解らないのだが、貫などといった単位とひとけたも二けたも違った単位だったように思われる。広辞苑には《銭一〇〇〇文を一貫とする》と書いてあるが、戦国時代の価値は不明である。『太閤記』(新日本古典文学大系60、岩波書店、一九九六)の脚注に、米何俵にあたるかが、書かれているが、これも現代の価値に変換するのは容易ではない。しかし、ここでの記述が、天皇からの下賜にたいして、かたじけなくも、とか、これほどの名誉はない、などと書いているのは、必ずしも信長の感懐ではなく、著者の太田牛一もしくは現代語訳者の中川太古氏の発想であろう。今までの信長のイメージとまったく違い、天皇崇拝者のごとく変容しているのである。以下の天皇に関する記述は多くが、このような書き方になっており、著者の天皇を軽視できないという姿勢が現れているようだ。

●巻十〔天正五年(一五七七)〕——

2——内裏の築地を修理〈2〉

★内裏の御殿の修理が完成してめでたいので、その築地《ついじ》を京都の町衆一同で修理したらどうかと、(中略)上京・下京の町衆はもっともなことだと承知して、協同して引き受けることとなった。

◎内裏の修理は信長がいわば私財を投じて引き受けたわけだが、京都の町衆たちも、せめて築地すなわち周囲を取り囲む土塀はわれわれが担当しようじゃないか、ということになって、全員が協同して工事にとりかかったという。そして町ごとに工事区域の分担を決め、それぞれの区域の前に舞台を造った。そして舞台では稚児や町衆が派手な衣装で、笛、太鼓で囃したて舞い踊ったという。まるでお祭り騒ぎではないか。やはり、京都の裕福な人たち、町衆は天皇のために苦労することを悦んだのであった。天皇は京都人のあいだでは、さすがに知られた存在であったか。そして、おりから桜のシーズンで、花見をかねて町民たちは舞台をとり囲んで、見物したという。

★天皇も妃方（后たち）も、宮中の役人たちも、これほど愉快な見ものはないといって、詩歌《しいか》の会を催すなど、歓喜すること一通りのものではなかった。こうして、築地の修理はたちまちのうちに出来上がった。

◎民衆が、このような天皇の内裏の土塀ができたくらいで、あたかもリオのカーニバルを思わせるような騒ぎを始めるとは……。京都を代表する町衆たちが協同する一種の儀礼に、人びとは浮かれたのであろう。そして正親町天皇はそんな群衆の一員として、にこにこ笑いながら観衆のひとりとなっていたのである。不思議な光景だったとも言える。いや、民衆はもともと楽観的な存在で、一年に一度か二度か訪れる祭りの場を充分に愉しんだのである。そのことに異議をさしはさむ考えはない。民衆の愉しみは、施政者たちにとってのいわば義務でもあったろう。

10――織田信忠、三位中将となる〈10〉

★十月十二日、信忠《のぶただ》〔信長の息子〕は上洛、二条の妙覚寺を宿所とした。／このたび松永久秀をたちまちのうちに攻め滅ぼしたことの褒賞として、かたじけなくも天皇は勅諚《ちょくじょう》を下し、信忠を三位中将《さんみのちゅうじょう》に任命した。父子ともに果報を受け、誠に名誉なことはいうまでもない。

◎信長の長男である信忠は、早くから父親の戦闘に加わり、戦争人間として頭角を現していた。そして、今度は天皇から、三位中将という官職を貰った。これは近衛府の次官である。信長は息子が、そのように天皇によって官位を獲得していくことにたいしては、あまり口を挟まなかったようだ。とりあえず、信長にとっての日々とは、近隣の諸大名たちとの戦争の連続であり、息子信忠はその忠実な同伴者であったのだ。ふつうの父親同様、嬉しそうな息子を見つめる信長の眼は、きっとほほえんでいたであろう。

12――鷹狩り装束で参内〈12〉

★十一月十三日、信長上洛。二条の新邸に入った。十一月十八日、信長は鷹狩り装束で参内した。お供の衆はいずれも思い思いの服装をし、おもしろい形の頭巾《ずきん》をかぶって興を添えた。

◎カーニバルの余波が信長にまで及んでいるかのようである。

★一行は日華門《にっかもん》から内裏へ入り、信長は畏《おそ》れ多くも小御所《こごしょ》のお部屋まで、お馬廻り衆を引き連れて入った。このとき、お弓の衆には折り箱〔金銭などが入っていたか〕が配布され、ありがたく頂戴した。／天皇に鷹を御覧に入れたのち、信長は、達智門《たっちもん》から退出、ただちに東山で鷹狩りをした。

◎京都の東山で鷹狩りをするために、まずは天皇のもとに参内した。そして自慢の鷹を天皇に見せ、そして鷹狩りに出かけた、というのだが、天皇に鷹を見せる必要があったろうか。「信長公記」の著者は、信長を過剰な反天皇主義者ではなかったことを強調しているように見える。実像の信長は、天皇うんぬんより、反信長派の武士たちとの日々の抗争に明け暮れる戦争人間として当時、生きていたであろう。反信長派の代表は、北近江の浅井、越前の朝倉各氏、それから台頭しつつあった一向一揆の連中であった。「信長記」は戦闘の日々を描いており、休む暇もなかったのだ。

●巻十一〔天正六年（一五七八）〕――

2――宮中の節会を復活〈2〉

★近代〔近年〕、宮中の節会《せちえ》が行われなくなって久しい。

◎宮中儀礼と言えば、年中行事的節会であり、それは、天皇による儀式とその後、公卿たちが天皇とともに大宴会を開くことであった。詩歌管弦と宴会が重なることも多かったが、古代（平安時代まで）、天皇や上級貴族は日常的には暇であったから、せいぜい、儀式を含めて、陣の座とよばれる場所での会議など、御前中に労働じみたことを終わらせると、あとは配下の官吏たちが実際的政治活動をするのであり、午後は詩歌管弦の遊びから宴会に移行するというのが実情であったと考えられる。しかし、天皇が窮乏生活に甘んじざるをえない時代になると、上級貴族たちもそれほど富裕者ではなくなり、節会から宴会といった古代のコースを再現することは困難だったのかもしれない。そこで、信長は節会を復活させたというのだ。

★こうしたなかで、信長の時代になってからは、信長は天皇を崇敬し、公卿《くぎょう》・殿上人《てんじょうびと》・諸役人にも費用を献上したので、節会が復活することとなった。公家たちが内裏に集まって、根ごと引き抜いた二本の小松を用意し、正月一日辰《たつ》の刻《こく》に神楽歌《かぐらうた》をうたい、その他いろいろな儀式があって、国の祭事がとり行われた。

★一月十日、信長が鷹狩りで捕らえた鶴を天皇にお見せしたところ、天皇は興味を示し、これを宮中で飼うことにした。たいへんなお喜びであった。

◎あたかも、天皇と信長の蜜月時代であるかの書き方である。もはや信長は天皇崇拝者になったかのような書きようである。著者太田牛一の天皇崇拝が文章に反映しているとでも考えざるをえないであろう。あるいは、このような信長の活動が、彼をして日本一の武家として成立させる大きな条件と考えたのであろう。藤原氏時代の発想に逆戻りしていると言うしかない。

●巻十二〔天正七年（一五七九）〕――

19――二条の新邸を皇室へ献上〈18〉

★十一月三日、信長は京都へ出発。（中略）翌日、上洛。二条の新邸の工事が完了したので、十一月五日、これを皇室へ献上することについて申し入れた。宮中ではさっそく陰陽博士《おんようはかせ》に日取りを選定させ、十一月二十二日が吉日なので、この日に東宮〔誠仁親王、皇太子〕が新御所へ移ることに決まり、その支度が始められた。

◎この新邸は、これはもともと自分の邸宅として建築したもので、天正四年（一五七六）の記事（巻九一（2））にあるのだが、関白二条晴良《はるよし》の屋敷地で、これが空き地になったので、信長はその泉水や庭園の眺めが気に入ったから新邸を建設したのだという。そしてなぜか、できあがると同時にこれを皇室にプレゼントすることにした。すると早速皇太子の誠仁親王が引っ越して来ることになった。別に、天皇のご機嫌をとったわけでもあるまいが、まあ、外からみればそんなぐあいとなるだろう。

21――東宮、二条の新御所に移る〈21〉

★天正七年十一月二十二日、東宮が二条の新御所へ移ることになった。

◎信長がプレゼントした新邸は新御所となり、天皇家のものになった。この引っ越し行列のようすを見ると、天皇および朝廷の存在が衰退しているとも思えないくらい、立派なものであった。先頭には近衛前久《さきひさ》（官位は不明、トップだから左大臣か）、次に五摂家の近衛某、九条某、一条某、二条某、鷹司某と、上級貴族が続く。これらの人びとは輿《こし》に乗っていた。昔の儀礼通りである。輿の脇には侍衆、つぎにお奉行衆四人、彼らは室町幕府の生き残りかもしれない。伝奏役は折烏帽子《おりえぼし》に素襖《すおう》、袴は股立ちをとる、とある。この袴のようすは江戸時代の武士たちにも見受けられる。そのほか荷物が凄い。錦の袋に入れた東宮の琴、そのため、四天王寺の楽人がつき従う。規模は小さいが一種の大名旅行的メンバーであろう。そして、板輿《いたごし》には、一番めは、五の宮（東宮の第五子、信長の猶子となる、と注にある）とその生母、若御局《みつぼね》。二番めは、東宮妃の中山上臈《じょうろう》（上﨟は大臣クラスの娘）と勧修寺上﨟（のちの後陽成天皇の母と注にある）。三番めは大乳母《おおめのと》。四番めは小上﨟《こじょうろう》。五番めと六番めと続く。この一群は誠に光り輝くばかりで、衣装に焚きこめた香がかおり、言いようもなく結構である、とある。そのほか、堂上方、公家たちが何十人もぞろぞろとついていくのだ。つき添いには「北面の武士」十一人とあり、かつて古代の朝廷の警固などを担当していた官職が、まだ健在であったことが解るのだ。何度も言うようだが、この朝廷の人たちはなにで食っていたのだろうか。もっと上品に言えば、経済的基盤はどこにあったのだろうか。

★おりしも輿の御簾《みす》へ朝日が差し込んで、信長が行列を見物しているところから、確かに東宮の姿を拝見することができた。東宮は眉を描き、立烏帽子、絹の香色《こういろ》の小直衣《このうし》に絹の白い袴であった。昔も後代も、このような間近で拝見することはないであろう。威儀と美しさは、とても言葉には表現できないほどであった。

◎まさに平安時代の光景を見ているような錯覚に陥らざるをえない。さすがの戦国武将のトップ、信長も、どぎもを抜かれたのではないか。それとも皇室や朝廷に関する古代的知識はなかったであろうか。

24――伊丹城の人質を成敗〈24〉

★十二月十八日。夜になってから、信長は二条の新御所に参内し、東宮に多くの金銀・反物などを献上した。

◎平安時代もかくやと思わせる東宮の引っ越しであったが、実際はやはり、信長などの救済がなければ、経済的に成り立たなかったのであろう。これは上述したように、戦国武士たちの官位欲しさの献金である程度潤っていた天皇家であり、朝廷であったが、信長が畿内周辺を支配するようになり、全国で諸大名を制覇するようになると、天皇への献金も少なくなっていったであろうし、ほかにたぶん、経済的基盤を持たないはずの天皇たちは困窮し始めていたのではないだろうか。

●巻十三〔天正八年（一五八〇）〕――

2――石山本願寺へ勅使を派遣

★三月一日、さて、宮中から石山本願寺へ、信長と和睦するよう勧告の勅使が派遣された。

◎今まで書いてきた文章は、主として、信長の活動をもとに、天皇との関わりなどを報告するものだったので、石山本願寺を拠点とする一向一揆について取りあげて来なかったのだが、信長は周辺武将たちとの熾烈な戦争を展開してきたのだが、ある時代から、加賀、越前のあたりから始まった一向一揆との闘争を、武将たちとの戦争と並行して続けてきたのだ。この一向一揆について勉強したことはないのだが、印象として言えば、並みの農民一揆という枠組みを超えた、仏教徒にたぶん野武士のような人たちを交えた大軍が、加賀、越前のあたりから始まり、南下し、信長の拠点であった尾張に至る各地で闘争を展開し、やがて大坂の摂津にあった石山本願寺を拠点とするようになったようだ。一向一揆はもとは浄土真宗の人びとが中核をなす一揆で、一揆と言えば困窮した農民たちの反抗の闘争である、と単純に考えてきたが、その一揆の成員は農民だけではなく、武家を含むさまざまな階層の人びとが参加し、相当な軍事勢力になって、施政者たる武士たちと闘争してきたようだ。とりわけ、筆者などはむかし、漫画雑誌「ガロ」に連載されていた白土三平の「カムイ伝」を読み、農民の大勢が鍬や鎌などを武器に闘っていたようすがイメージの原点にあり、このような階層を超えた軍事集団にまで拡大した、一揆という抗争、運動として展開していることは、まったく識らなかったのだ。無知と言って誤りない。「信長公記」もまた、この一派との闘争を何度も描いていたし、「信長記」もまた巻第八の「越前国余党ならびに一揆、御退治の事」などで、越前の一向一揆に触れ、巻第十三の「大坂和睦之事」では、信長軍と石山寺の和睦について書いている。そして石山本願寺が拠点になるようになると、彼らはますます強固になり、闘争は終わることがなかった。そこで、ついに天皇ないし朝廷が両者の和睦のために動き初め、石山本願寺に勅使、つまり天皇からの使者が訪れることになったのだ。

◎「信長公記」の記述を振り返ってみると、たとえば、「巻七一（6）石山本願寺、挙兵」の項では、

★〔天正二年（一五七四）〕四月三日、大坂の石山本願寺が、信長に敵対の兵を挙げた。そこで信長は軍勢を出動させ、付近の農作物を薙《な》ぎ捨て、一帯を焼き払わせた。

◎とあった。詳細は描いていないのだが、比叡山の僧兵のような連中も浄土真宗をバックに挙兵し、信長に敵対してきた。今谷本①によると、当時の信長に対する執拗な戦闘を挑んでいたのは、武将としては北近江の浅井長政と越前の浅倉義景連合軍であり、もう一方は加賀、越前に始まった一向一揆衆と大坂の石山本願寺軍であった。これは「カムイ伝」による知識なのだが、越前の吉崎御坊を中心に布教していた浄土真宗の中興の祖とされるのは蓮如という僧で、彼は摂津〔大坂〕本願寺の開祖でもあったのだが、浄土真宗系の一向宗徒らによる一向一揆の影の指導者であった。今谷本①では、信長に対して、当時のリーダー〔法主〕の顕如光佐《けんにょこうさ》という僧が、一五七〇年（元亀元）九月に諸門徒に出した宣戦布告文が引用されている。

★信長が上洛以来、当本山は迷惑をこうむってきた。一昨年以来というもの、当寺へ難題をふっかけてきて、ずいぶんな扱いを受けている。こちらとしてはなるべく、信長の要求に応じようと努力しているのだが、まったくその甲斐なく、あまつさえ石山の本山を破壊すると慥《たしか》に脅迫してきている。（中略）祖師親鸞聖人以来の門流が断絶することのないように、各々方《おのおのがた》が身命を顧みず、忠節を尽くしてくれることを切に願っている。（後略）顕如（花押）

◎とサインがある。また、

★奈良の興福寺尋憲《じんけん》僧正は、その日記にこの九月六

日付で、／世上の噂では、大坂石山から諸国へ、一向一揆の蜂起をうながす触状《ふれ》が廻らされたということだ。
◎この信長による難題というのが具体的によく解らないのだが、今谷本①では、
★信長は、石山本願寺の、宗教施設としてではなく、城郭施設としての要害性に垂涎《すいぜん》しているのである〔羨ましい、というよだれを垂らしているのだ〕。
◎と書き、信長の京都への接近活動において、
★石山の要害性〔砦あるいは城郭として最強の施設を持っている〕に早くから着目していたのは充分うなずける話であろう。信長が顕如に申し入れてきた「難題」とは、石山の城地を引き渡せという脅迫にほかならないと推定される。
◎上記の文章に続けて、石山本願寺が、蓮如によって建設されたことを書いている。蓮如は越前の吉崎に道場を開き、この地方にまず浄土真宗の拠点を築いた。福井県では、この拠点となった道場を吉崎御坊とよんで、観光名所のひとつにしていた。そして京都に戻った蓮如は、一四八三年（文明十五）、山科に本願寺を造った。百科事典マイペディアによると、石山本願寺は、一四九六年（明応五）に蓮如が建てた隠居所が最初で、大坂御坊、大坂本願寺が当時の呼称。現在の大阪城本丸の地にあったとされるが、異説もある、としている。そして山科の本願寺は管領細川晴元の軍勢と日蓮宗徒に焼かれてから、大坂に移ったように書いている。「信長記」では、巻第八の「越前国余党ならびに一揆、御退治之事」で、信長の、加賀、越前の一向一揆衆との闘争を描き、巻第十三の「大坂和睦之事」で一向一揆衆との熾烈な闘争と正親町天皇による和睦の勧告について書いている。これは「信長公記」の現在の項目および次項と同じテーマを書いたものである。ここでもとの記述に戻る。

6――石山本願寺と和睦〈6〉

★先に、石山本願寺に対して大坂から退去するよ

う、畏《おそ》れ多くも宮中から勅使が派遣された。これを受けて、門跡《もんぜき》顕如光佐と北の方〔門跡の妻〕は、主だった者たちの意見をきいた。（中略）このたびは和睦をすべきである、という結論を提出した。／門跡は、今ここで勅命に背《そむ》けば、天の道にも違うことになって恐ろしいことだ。そればかりでなく、信長自身が出馬してきて、荒木・波多野・別所を征伐したように一族類縁ことごとく根絶やしにするであろう。（中略）来たる七月二十日までに大坂から撤退することに決め、（中略）誓紙を書くので検使を派遣してくれるよう願い出た。

◎信長は石山本願寺勢との抗争に手を焼いていた。たぶん、一揆勢との闘争は、信長が戦国武将たちと戦った戦争とは質がまったく違っていたのではないか。かつて、米軍と戦ったベトナムの人びとのように、ジャングルは使えなかったとしても、ゲリラ戦を挑んできて、武将たちの戦闘と様相が違っていて、さすがの信長も困惑したのではないだろうか。以上は、わたしのかってな想像に過ぎないのであるが。

ともかくもてあましていたことはまちがいない。この講和は、信長のほうからしかけたようだ。今谷本①によると、

★将軍義昭は事態を憂慮し、天皇から本願寺へ圧力をかけさせることを思いついた。本願寺は代々の勅願寺で、〔天皇は〕門跡に列せられている。末端の一向一揆はともかく、寺院の上層部は天皇の命にはむげに逆らえない建て前になっていた。義昭の要請を受けた天皇は、さっそく本願寺へ〈お叱りの勅書〉を下すこととし、（中略）正親町天皇が織田政権の軍事に積極的にかかわろうとする姿勢がここにも明らかである。

◎と書き、将軍義昭と正親町天皇が信長を配慮したと書いている。将軍義昭は信長の力で将軍の位置を確保できたのであるし、正親町天皇にとって、信長からの献金は大きな収入であり、たぶんに自分の権威と信長の戦力的権威を等価なものと考えて、信長を重視していたのであろう。天皇が勾当内侍《こうとうのないし》から顕如光佐に出させた勅書はつぎのようであった。《今

度信長や将軍が大坂表に出陣しているのは、天下に平和をもたらすためである。しかるに、そのほうどもの衆徒らは一揆をおこし、信長に敵対しているという噂が聞こえている。とんでもないことだ。(中略)早々に武器を収め、戦争を止めることが肝要である》

◎今谷本①は続けて、《この天皇の叱責文が、本願寺に渡っていたならば、戦局は違った経過をたどったかもしれない。しかし、勅書は結局大坂に届かなかった》とあり、織田信長は、他の武将たちとの戦争が待ちかまえており、石山本願寺との闘争にのみ勢力を傾けていることはできなかったのだ。本願寺との戦争はどうなるのか。

9――石山本願寺門跡、大坂から退去〈9〉

★四月九日、石山本願寺の門跡が大坂から退去することになった。寺はひとまず新門跡教如光寿《きょうにょこうじゅ》に引き継ぐことを、勅使へ届け出た。／しかし、雑賀《さいが》や淡路島から出征して来ている門徒たちは、近年は間道《かんどう》をくぐり抜けて運び込まれる兵糧《ひょうろう》によって籠城し、また妻子をも養ってきたのだが、折角これまで頑張ってきたのに今更ここから撤退するのは残念だと思い、新門跡を守り立てるので、とにかく門跡と北の方を退去させ、我々は当分ここに在城するのがよい、と口々にいうので、新門跡もこの方針に賛成し、右の趣旨を門跡に伝えた。

★門跡・北の方(中略)らは、退去するむねを勅使へ通告して、雑賀から迎え舟を来させ、四月九日に大坂から退去した。

◎ここに至ってまだまだ、執念深い門徒たちであった。しかし、門跡は潔く退散した。しかし、ここで石山本願寺が大坂から撤退したとしても、一向一揆勢は力を落としたとしても、たぶん解散したのではなく、再開を期していたことだろう。現にこの石山本願寺の闘争は、山門、すなわち比叡山延暦寺にも飛び火し、反信長活動は長く続いたのであった。そして、この時期の天皇の役割と無責任さを、今谷本①ではつぎのように書いている。

☆ここで、この講和において天皇の果たした役割を、少し検討してみる必要があるだろう。／九月まで、本願寺に叱責の勅書を下すなど、一方的に信長側に立って行動していた天皇が、十一月の段階では、一転して第三者的、中立的立場に立っているのである。いわば信長の司祭として行動している天皇が、豹変《ひょうへん》して調停者の位置に昇っていることになる。もちろん、こうした天皇の変化は、信長側が演出している点は否定できない。しかし、ひるがえって、なぜそのようなカメレオン的変貌が天皇に可能であるのだろうか。

◎「信長公記」も「信長記」もその辺の事情を記述していないので、この「カメレオン的変貌」とか、引用文中の「信長側が演出」という言葉の意味も不明なのだが、今谷氏は天皇の無責任さを読者に提示したかったのであろう。「信長記」には巻十三「大坂の城あけわたす事」に《角て〔こうして〕、七月二十日に大坂の城うけとりの奉行として、屋辺善七郎をつかはされけるが、門跡へ黄金五百両、しじら〔しじら織りで使う糸であろう〕三百巻、杉原〔紙〕百束、北方《きたのかた》へ黄金二百両、などが渡された》とある。そして同巻「さくま右衛門尉信盛父子御折檻《ごせっかん》の事」には、《かくて信長公大坂の城、御見物あるべしとて、八月十二日に京都を御立ちあって、宇治より舟にて御下向あり》とあって、門跡、門徒のいなくなった大坂城（石山本願寺）を見物に行ったとある。大坂や一向一揆に関する記事は、もうないのである。

◎「信長公記」では、撤退した門跡からの挨拶の使者が来たことが、巻十三—（14）「石山本願寺、撤退」、の項に書かれている。信長が門跡の北の方つまり奥さんに書状を出し、門跡に黄金三十枚、北の方に黄金二十枚を贈った旨、書かれている。そして、新門跡も大坂を明け渡すことを承諾したとある。そして、石山本願寺のあった大坂の都市についていろいろと詳しく説明しているのだが、少し拾ってみよう。

★そもそも大坂は、日本一の土地である。その理由は、奈良・堺〔大阪湾に面した近世の代表的都市〕・京都に近く、特に鳥羽・淀〔京都と奈良の中間に位置する川の港〕から大坂の町口まで舟の交通が直結しており〔この辺は淀川を含む河川地帯あった〕、同時に四方が自然の要害となっている。
★日本の各地は無論、唐土《とうど》〔中国〕・高麗《こうらい》〔この当時の朝鮮半島の国名〕・南蛮〔シャム、ルソン、ジャワなど〕の船が出入りする。五畿七道の産物が集まって売買され、その利潤で潤う経済力豊かな港町である。
★そこに近隣諸国から一向宗の門徒が集まった。加賀〔石川県南部〕から城郭の建築技術者を招いて、八町四方に敷地〔巨大な土地〕を整え、中央の高台に、彼らが「水上の御堂《みどう》」と呼ぶ堂宇を高々と建立した〔石山本願寺であろう〕。
◎大坂の都市の繁栄の一端を紹介しており、戦記文学とは思えないが、これは著者の書きたかったことであろう。大坂の町の歴史などを書いたおもしろい本があったのだが、手もとに見つからなかった。代わりに、薮田貫『武士の町　大坂――「天下の台所」の侍たち』（中公新書、二〇一〇）という本がおもしろい。

●巻第十四〔天正九年（一五八一）〕――

3――京都馬揃え〈3〉

★二月二十八日、畿内および近隣諸国の大名・小名・武将たちを召集し、駿馬を集めて、京都で馬揃えを行い、天皇に御覧いただいた。／上京の内裏の東側に、南北の長さ八町の馬場を築き、そのなかに、毛氈《もうせん》で包んだ高さ八尺の柱を縦方向に並べて立てて柵を造った。／内裏の東門築地の外に、仮の宮殿を建てた。臨時のものではあったが、金銀で装飾した。当日はここに、清涼殿から天皇が出御になった。公卿・殿上人たちも多数、華やかな衣装で列席したので、衣服に焚きこめた薫香《くんこう》が辺り一帯にただよった。
◎馬揃えというのは、広辞苑によると、《軍馬を集めてその優劣を検分し、その調練と演習を検閲して士気を鼓舞すること》とある。これは武士たちの習慣であり、良馬を需める武士たちが、かつては馬の産地だった関東、東北から馬を運んで来て、これを検分して購入する馬を選んだのである。そんな場所に天皇をよび、その武士にとってはハレの華やかな時空を味わってもらおうと考えたのであろう。引用文に宮殿とあるが、天皇が内裏を出て暫し休息したりあるいは宿泊する施設を行宮《あんぐう》といったのであるが、そんな行宮を造ったのであろう。その仮の建物を金銀で装飾したのである。ハレの空間に天皇を迎え、信長は自らの権勢をみせつけるようで得意満面といった時ではなかったろうか。馬場は、平安時代の「年中行事絵巻」などによると、現代的に言えば何車線もあるような幅広の、縦に百メートル以上ありそうなもので、これは内裏に設けてあったから、当時から天皇もこの馬場で競馬のような競技を観覧していたのであろう。ここでは、古代の馬場を再現したのである。信長の重臣の武将たちがつぎつぎに騎馬の勇姿を見せながら現れ、しかも地方から運んで来た何十頭もの精悍な馬を率いてきて、信長や天皇に見せたのだ。

★最後に馬を駆け足にして行進し、天皇に御覧いただいた。誰も皆、乗馬は達者、華麗な出で立ちで、わが国は無論、異国にもこれほどの例はなかったであろう。見物の群衆は身分の上下にかかわらず、このように天下泰平で庶民も生活に困らない、めでたい御代に生まれ合わせたことを喜び、歴史始まって以来の盛儀を見物できたのは生涯の思い出となることで、誠にありがたいことであった。

◎馬場での一種の儀式が展開し、天皇が観覧した。異国にこんな例があったかどうか。騎馬の発祥地であった遊牧、牧畜民の国、モンゴルなどでも王のための儀式はあったに違いない。

モンゴル人が創った、元という中国の国家などでも行われたに違いないが。それはいいが、多くの民衆、といっても京都の町人たちであったのだが、彼らもこんな光景を見物できたのは確かに、愉しかったに違いない。かつては騎射と言って、この馬場の途中に的があり、騎馬の武者たちがこれを馬を走らせながら、弓で射るのである。これも遊牧騎馬民の習俗であったろう。犬追物《いぬおうもの》というのは、犬を走らせながら、これを騎馬武者が追いかけながら、弓で射るわけだが、やや残酷な遊びであった。

★騎馬行進の途中、天皇は信長のもとへ十二人の勅使を派遣して、「このようなおもしろい催しを見ることができて、たいへん嬉しく思う」と、ありがたい言葉を伝えた。誠に、信長の名誉は書き尽くせないほどであった。

◎十二人の勅使というのは、なんだかオーバーだが、天皇はよほど愉しかったのであろう。というのは、続いて、

★三月五日、宮中からの要望があって、また騎馬行進をした。今回は、先の馬揃えのなかから名馬五百余騎を選んで出馬させた。（中略）天皇をはじめ、公家衆・后方《きさきがた》・女官らが多数、美しい衣装で出かけて来て見物した。興《きょう》じ喜ぶこと、一方ならぬものであった。信長の威光のお蔭で、かたじけなくも天皇を間近に拝見できて、ありがたい御代であると、見物の群衆は身分の上下にかかわらず、手を合わせて感謝・崇敬したのであった。

◎天皇はやはり、悦んで、また騎馬行進が観たいと申し出て、この日は皇后や女官や上級貴族たちも観覧したのだという。かつては宮中儀礼であったのだが。この最後の民衆の歓びようは、著者太田牛一が書いたものであろう。民衆はとりわけ天皇を尊敬していたわけではない。

●巻十五〔天正十年（一五八二）〕――

1――年頭の出仕〈1〉

★正月一日、近隣諸国の大名・小名や織田家一門の人々は、それぞれ安土に滞在して、年頭の挨拶に出仕した。

◎安土城本丸はある年、落雷による焼失のため、新造されていた。どうにか戦国時代に信長による終止符が打たれたのか、武将たちや織田一族が年頭の挨拶に伺候した。そして新装の部屋をあちこちに案内

され、見物することになった。

★「ここから廊下を進み、御幸の間を見るがよい」との指示で、もったいなくも天皇が行幸になる御殿へ招き入れられ、拝見した。(中略) 廊下から御幸の間はすべて檜皮葺《ひわだぶ》きで、飾り金物が日に輝き、部屋のなかはすべて金で装飾されていた。四方とも壁に金箔を貼り、その上に絵の具を厚く盛り上げて絵画が描かれていた、金具の部分はすべて黄金を使用し、魚子《ななこ》の地に唐草を彫り、天井は組み入れ天井。部屋の上も下も輝いて、感嘆すること、心にも言葉にも表現できないほどであった。(中略) 正面の二間奥に、天皇の御座所らしく、御簾《みす》〔すだれ〕が下がって一段高くなっている上段の間があった。金で飾りたてて光り輝き、妙香が四方にただよっていた。

◎この金ぴかの部屋の描写を読むと、たしか、熱海のMOA美術館にあった、豊臣秀吉の聚楽第にあったとされる黄金の茶室の間(復元だったか)を思い出さずにいられない。この部屋はまさしく天井も柱も襖も畳や茶釜もすべて金であり、金箔を貼り巡らしたのか、金色でないところはまったくない茶室なのであった。ここまで徹底はしていないか、信長も金や黄金に拘ったようだ。ただし、天皇の御座所の寝室が金ぴかであったというのはいただけない。これではおちおち眠れなかったであろう。それに天皇が、安土城に行幸したという話は聞いたことがないし、事実もなかったであろう。引用文中にある魚子《ななこ》は広辞苑によると、彫金の一技法であり、金属面に魚の卵のような粟粒文をびっしりと施したもの、とある。凝りにこった技法であった。そんな趣向を凝らした部屋であり、信長の財力と趣味性が現れていると言える。この信長や秀吉らの黄金趣味はどのようにして形成されたのか。むかし読んだなにかの本にあった記述によれば、金を好んだ民族文化は中東辺りに始まり、シルクロードを通って、中国北部の天山山脈の北側から朝鮮半島あたりへと伝わったとあった。中国は経由しなかったというのだが、これは大乗仏教が辿った道と同じで、ヘレニズム的な彫刻としての仏像がシルクロードを北上し、同様に朝鮮半島を経て、日本列島まで運ばれてきた。木像も多かったが、全身金ぴかの奈良の大仏（毘盧遮那仏）なども黄金趣味とともに到来した文化の一端だったのだ。この朝鮮半島経由の黄金趣味が、裕福だった武将のふたり信長と秀吉に復活したのだと言える。彼らは異常に裕福で、それを黄金を含む金銭で配下の武将やときに民衆にばらまくように費やして平気だったのである。信長など、まさしく黄金文化の落とし子であったかもしれない。

◉「信長公記」および「信長記」における天皇の記述は以上で終っている。記述全体は、両書とも、信長の本能寺における切腹以降も述べているので、信長の死以後に両書が書かれたことは解るが、天皇と長の直截の触れあいは多少あったかもしれないが、残念ながら、信長は思わぬ敵の出現により、不意の死を遂げることになった。長子信忠も切腹を余儀なくされ、年若い遺児たち何人かを残すだけで、信長の葬式はもっとも近くにいた羽柴秀吉によって盛大に営まれた。そのしだいは、秀吉を描いた「太閤記」で紹介することになるだろう。ともかくあっさりと信長自身にとっても意外なみずからの死を迎えることになった。そして信長の遺児たちはだれもつぎの将軍になることはなく、つぎの秀吉の治政の初期に姿を消していくことになる。秀吉は彼らを疎外し、王権を奪ったわけでなく、かつ大勢いた信長の家臣たちが登場してくる以前に、大々的な葬儀を営んだ秀吉がいつの間にかつぎの王者となっていた、という感じなのである。信長と同盟していた徳川家康も、秀吉から招かれなかったせいか、葬儀の席にはなぜか現れなかった。葬礼は五日間に及んだようだから、三河にいた家康が京都に駆けつけることは容易であったと思われるのだが。それでは信長との関係の深かった正親町天皇は信長の突然の死をどう捉えたのか。その辺は今谷本①の「終章　本能寺の変なかりせば」がシンプルに纏めているので、引用してみたいと思う。

☆こちらは土御門内裏。正親町天皇は信長の横死をどのような感懐で受け止めたであろうか。残念ながらそのあたりの事情を示唆する記録はまったく伝わっていない。しかし明らかなことは誠仁〔親王。正親町天皇の息子〕の帰還によって、朝廷の立場が武家に対して従来より相対的に優位になったことであり、天皇の喜悦は大きかったに違いない。

◎誠仁親王は、信長から彼の京都おける新邸、二条新邸を御所として譲られ、ここに居住していたのだが、信長の死を知った息子の信忠が、二条新邸で死のうと決意し、親王以下の公家たちを追い出し占拠したため、急いで内裏に逃げ帰ったという。だから、上記の引用文に誠仁親王の帰還により、とあるのだが、内裏が天皇と親王の根拠地となったからといって、朝廷の立場が武家に対して相対的に優位にたった、というのはどうだろうか。つぎの引用文でも、天皇の象徴としての位置が安定した、と今谷氏は述べられているのだが、はたしてそうなのだろうか。信長の死後、正親町天皇の面倒をみた秀吉をはじめとする武家たちの世界に対して、いつでも天皇の位置は安定していた、というのだろうか。今谷氏は《正親町天皇が踏ん張った〈象徴天皇制〉のレジーム〔体制とか、機構ということか、アンシャン - レジーム（封建的体制）という用語はヨーロッパ史において通用していた〕は、伝統と実績として戦国大名たちの支持が大きく作用していたことは否めない。しかしながら、無視しえない事実は信長に屈せず強気に押し切った正親町天皇の強烈な個性であり政治力である》（今谷本②）と書き、あくまで、天皇が信長＝武家にたいして同等以上に対峙してきたことを何度か強調している。しかしここで、戦国時代の天皇や朝廷の経済生活はどうなっていたのか、という不勉強の自分にはどうしても解けない謎であり、この問題が解けない限り、天皇が武家たちにたいして、対等もしくは優位性を確立していたかどうか、やはり解らないのである。古代においては、天皇は「律令」的にいえば、調、庸、租によって天皇や朝廷は治政を行なうと同時にみずからの生活も可能だった。そうでなく、天皇や上級貴族は荘園などの私有地を確保することによって生活がなりたっていたのか。この問題は古代まで遡る必要がありそうだ。まあ、この戦国時代後期の天皇を考える時、天皇を権威として支えていたのは、単に正親町天皇の個性だったのか、天皇の象徴的権威がいつの時代も機能していたのか、それが解らない。わたしは漠然と天皇と信長や武家たちの関係は、かつての藤原氏と天皇の関係のように、相互依存関係、あるいは補完関係、つまり藤原氏は天皇の外戚たることによってその権威を借用でき、天皇は藤原氏によってその権威を維持できたという、そんな共存関係にあったのと同様に、天皇は武家たちの財力によって権威を保つことができ、武家たちは天皇の権威によって任官し、他の武家と差異化できた。今谷本②が書いているように、貧困生活をしていた天皇が、官位官職を肩書としたい地方の武家たちの経済的援助によってどうにか生活に潤いを得ていたことを忘れるわけにはいかないのだ。その点、その著者自身が忘却したように天皇の権威の独立性を説くのはおかしいと思う。つぎに今谷本①からの最後の引用文を載せてみよう。

☆中世的権威を徹底して否定したはずの信長が、なぜ天皇の権威だけは圧伏できなかったのか。これは本書「はじめに」で呈示した、もし本能寺の変なかりせば、はたして信長は天皇家を亡きものとしえたのか、という設問とも当然かかわってくる命題である。これまで通観してきた信長政権の実態から、おのずとその解答は明らかであると思うが、最後に改めてまとめてみたいと考える。

◎信長が否定した中世的権威とは何だろうか。寺社仏閣を否定したのは、対比叡山、対石山本願寺、一向一揆などであるが、徹底していたなどとは思われないのだが。「信長公記」を読んできたが、最初は天皇など眼中になかったかもしれないけれど、室町幕府の最後の将軍義昭を介して、天皇と関わるようになり、お金やその他、結構尽くしてきたと思うし、寺社に対したのは、大寺の僧兵や一向一揆衆であって、寺社の存在に異議を唱えたわけではないと思うのだ。武家社会では反体制的であったが、寺社の多くは大事にしたのではなかったろうか。その詳細は解らないのだが。また、天皇を亡きものにしようとか、深く考えたこともないであろう。官位などを自ら望んだわけではないが、単なる戦国時代の武将に過ぎなかったから、将軍の生き残り足利義昭と出遇うことがなければ天皇に接近もしなかったかわりに、天皇制度を壊滅しようなどという発想はなかったに違いない。最後の最後になるが、今谷本①の最終章の言説を引用しておきたい。

★最後に、正親町天皇の評価である。譲位すら強要できない信長に〔誠仁親王への譲位を強制しなかったということ〕、天皇の流刑や殺害などが可能であったとはとうてい考えられない。信長の晩年の構想は、あくまで幕府の開設であり〔室町幕府に変わる新たな幕府を開きたかった? こんな話も不勉強にして聞いたことがない〕、天皇は不可欠の装置である。〔中略〕それにしても、信長に対して屈しなかった正親町天皇の個性は大きい。天皇家の危機を迎えて時の権力者に立ち向かった点で、後白河法皇に匹敵する巨大な存在であったといえるのではあるまいか。

◎今谷明氏の理論は、たぶんマルクス主義的史観を背景に、戦後の中・近世史研究者として展開されたのであろうと、かってに想像していたのだが、今谷氏は天皇制の徹底的な批判者というより、むしろ純粋な学徒として天皇制を捉えられているようすが窺われる最後の結論であった。最後に私自身が言いたいことのひとつは、信長の短い一生は波乱に富み、非常に興味深いので、こんなふうに「天皇学」の対象として扱うのではなく、信長の生涯そのものを分析し、彼の存在した意義を紹介したかったな、という思いである。

◉第七章

天下人となった豊臣秀吉は、天皇とどう関わったのか？

●テクスト

小瀬甫庵「太閤記」

●出典

『太閤記』檜谷昭彦・江本裕校注、新日本古典文学大系60、岩波書店、一九九六

◉太閤とは、摂政や太政大臣の称と辞書にはある。織田信長は長いあいだ低い官位を使っており、朝廷の重要な役職につくような代名詞を否定し続けたのであったが、太閤豊臣秀吉（一五三七〜九八）は、いつ太閤とよばれるようになったのか。信長は武人としてのアイデンティティを長く保っていたのだが、その生涯は戦争に明け暮れていた。秀吉も信長の配下として戦争の時空をいやというほど経験し、その生涯の多くをやはり戦争人間として生きてはきた。しかし、一個の武人として生き続けた信長に対し、秀吉の生活には、豪華絢爛と言うしかない経験も多く加わっていたのだ。そんな秀吉の生涯の道程を綴った「太閤記」（寛永三年〈一六二六〉）において、天皇はどのように描かれ、また秀吉自身、天皇をどう考えていたのだろうか。

◎私的な話になるが、ある日のこと、ずっと昔から続いている朝日新聞の一面の下にある「天声人語」という一段組の短いコラムがあってふだんは読んだこともないのだが、ふっとなにげなく目を通していたところ、《「につほんのていわうさま」〔天皇〕を北京に住まわせることにした——。豊臣秀吉の世界戦略が記された史料を福井県小浜市で見た。朝鮮征服の後にアジアをどう支配するか、側近に書かせて正室〔正妻〕に送った書状である》（朝日新聞、二〇一八年、十一月十九日）と書かれていたのだ。えっ、天皇を中国に送って何をさせる気だったのか、秀吉の一見、狂気とも思える発言にびっくりさせられたのだ。以下の記事には、小浜市教育委員会によると、江戸後期に発見された文書で、まさしく豪商宅の屏風の下張り文書として発見され、専門家がこれを最近修復した、とある。《かうらいのみやこ、すき〔ぎ〕つる二日にらつきよ》とまず、文書に書かれていたという。秀吉の朝鮮侵攻は二度にわたり、高麗という当時の半島の国家が、秀吉軍のために落居（敗北した、であろう）したとある。高麗を救援に来た中国の明が加勢し、秀吉軍はしだいに後退したのだが、現在のピョンアン（平壌、北朝鮮の首都）や、加藤清正軍は北方のロシアとの国境あたりまで遠征したのだが、この当時、秀吉は、ゆくゆくは明をも征服しようという発想があった。これは明治以降の日本が朝鮮半島を属国化し、中国に進出して満州を植民地化して、日本人たちを大勢移植させたのちの発想と同じであった。

◎わたしは、この「天声人語」の記事に福井県小浜市で発見されたとあり、たまたまわたし自身が福井県出身であったので気安い感じがしたため、思い切って小浜市教育委員会に電話してみたのだ。すると、小浜市役所文化課のかたから「組屋家文書」の記述に載った「幕末小浜藩――近代日本を創生した人々の思い――」というたぶん、展示会が発行した図録の当該部分をコピーして送ってくださったのである。それは京都大学名誉教授、藤井譲治氏の記名の文がコピーされたもので、それによるとこの文書を最初に紹介したのは江戸時代の国学者伴信友であったという。以下、この文章の載った書状の由来と書状そのものを藤井氏が活字化されたものらしい。

秀吉が正妻（淀君）に送った手紙がそのまま復元されていた。そこには、そのころ、朝鮮半島への遠征のため、北九州の名護屋というところに日本軍陣地を構えていた秀吉が、半島から将兵たちを急いで戻して、大唐へ派遣し、今年中に北京（現在はペキンとよまれるが、当時、ほつきん、と読んでいたようだ）の都に出発するつもりだとある。そして、大唐を平定したあとは、養嗣子の関白秀次を北京に派遣するつもりだ、とあるから、ほとんど本気であったことが解る。そして問題の箇所では《につほんのでいわうさまを、から〔唐とあるのは、じつは明であったが、日本では長く中国の呼称として唐を使っていた〕のミやこへすゑさせられへきあいた〔据えさせられべき間〕、その御よういあるべきよしおほせあけられ〔仰せあげられ〕》（以下略）などと書かれている。この書状は秀吉の右筆《ゆうひつ》といって代筆する係の山中長俊だったそうで、ふつうは立派な文書を書くはずだが、この手紙の相手が正妻、すなわち女性であったから、平仮名書きになっているのであろう。わたしは小浜市役所にお礼の手紙を送るとき手間賃として二千円を同封したのだが、文化財保護寄付金として領収書をまた送り返してくれたのだ。感謝しきりである。

◎しかしここで驚いてはいけなかった。今谷明『武家と天皇――王権をめぐる相剋』（岩波新書、一九九三。以後今谷本③とする）を見ると、〔文禄元年（一五九二）、☆名護屋の本営にある秀吉のもとに、漢城〔ソウル〕攻略の報が届いたのは五月十六日、その二日後の十八日、秀吉は京都留守居役の関白秀次に宛てて、二五か条からなる令書を発した。そこには、緒戦の勝利に酔ったとはいえ、妄想もここにきわまったかと思われる驚くべき内容がふくまれていた。天皇を北京にうつすというのである。これに関係する三か条をかかげてみよう。

一、大唐都へ叡慮〔後陽成天皇〕うつし申すべく候。その御用意あるべく候。明後年、行幸〔北京への移動〕たるべく候。然れば、都廻《みやこまわり》の国十ケ国〔天皇に〕進上すべく候。（後略）

一、日本帝位の儀、若宮〔良仁〕、八条殿〔智仁〕、何《いずれ》にてもあい究めらるべき事。

一、晨旦《しんたん》国〔明〕へ叡慮なされ候路次〔天皇が移動される旅程〕、例式は行幸の儀式たるべく候。（後略）

◎秀吉は正妻の北の政所に手紙を書いたのと同じ内容を、関白秀次にも告げていたのである。手紙と、この条文のどちらが先だったのか不明であるが、天皇を北京に移すという企画を妄想でなく持っていたのだ。秀次は、秀吉の姉の子どもであったが、秀吉が養子にして、関白の地位を譲っていたのだから、当時の武家政権の最高権威であり、日本国に布告したということである。今谷明氏も、朝鮮半島での初戦に勝ったためか、《妄想もここにきわまったか》と今谷本③に、はっきりと書いている。ともかく、奇想天外の発想であったことは、のちの明治政府の東アジア侵略のさい、天皇を行幸させる、などだれも思いつかないような発想であったと言っていい。このような秀吉の奇抜な発想は、朝鮮半島における秀吉軍の敗戦が続くようになり、半島からの撤退を余儀なくされたことでもちろん実現しなかったわけだが、後期の秀吉の奇行ともいうべき活動は、日本歴史上類をみないようなものであったと言える。このことは、明治以降の日本政治の担い手たちが、天皇を過剰に持ちあげ、人民の手の届かない至上の存在としていった展開とも無縁に、秀吉にとって天皇は、日本国家の飾り物に過ぎなく、権力者の思惑でどうにでもなる浮薄な存在と、捉えていた、そんな違いが表れた挿話のひとつであったと思う。信長もそうだが、豊臣秀吉は「天皇学」のための素材などではなく、彼らとその時代として研究の対象にしたかったそんな存在であったと言える。もっとも彼らは研究されつくされており、わたしなどが口をはさむべくもない歴史的、文化的対象たりえるに充分の人物であったのだが。

◎前置きが長くなったので、「太閤記」の本文を覗いてみることにしよう。秀吉と天皇を巡る文章であるから、秀吉の事績にもしっかり触れながら展開していきたいと思う。なお、テクストの『太閤記』は、振り仮名を片仮名で附している箇所もあるが、便宜上、平仮名に統一し、漢文表記のところもわたしの読み下し文とした。また読みやすさのために、漢字を開いたり、句読点や送り仮名を補ったところがある。

「太閤記」

1――信長から秀吉、正親町天皇から後陽成天皇へ

◆「豊臣記」巻第一　小瀬甫菴道喜輯録

◎この本の出発点には、「太閤記」でなく「豊臣記」とある。脚注でもその意味を明らかにしていない。著者の小瀬甫庵は、「豊臣記」という書名で書き始め、しかしのちに「太閤記」に改めたらしいのだが、その理由は別に書いてない。その辺、書誌学的に明確

にした著書もあるのかもしれないが、ここでは省く。やはり天皇学のために、この書を援用、引用しているのであるから。

●秀吉公素生

★爰《ここ》に後陽成院の御宇に当《あたつ》て、大政大臣豊臣秀吉公と云ふ人有り。微小より起り古今に秀《ひで》て、寔《まこと》に離倫《りりん》絶類《ぜつるい》の大器たり。其の始めを考《かんがふ》るに〔秀吉の家系を辿ると〕、父は尾張国愛智郡《あいちのこほり》中村〔中々村〕の住人、筑阿弥とぞ申しける。

◎後陽成《ごようぜい》院とあるのは、信長時代の正親町《おおぎまち》天皇の後継者の天皇で、正親町天皇は信長が死に、秀吉が代わりに武家的権力者への道を邁進していたころ、この後陽成天皇に譲位したわけだ。だから、この後陽成天皇は、秀吉が天下人とよばれて権勢をふるい始めたころの天皇である。この秀吉は幼少のころより、知識も優れ、人並み外れた、類まれなる大人物〈脚注による〉であったという。なお、信長の葬礼は秀吉がひとり豪華極まりない儀式を展開した話は後に出る。父は筑阿弥というが、突然、尾張の田舎村にこんな名まえの人物が登場するのも変だ、とまず思った。阿弥、といえばなんか特殊な技能を持った人たちを思わせる。たとえば、琳派の創設者で有名な本阿弥光悦で、彼の家は刀の鑑定を家業としてきたとされるし、のちに絵画や文字の流派を形成するくらいの家であった。後述する本によると、この筑阿弥は、織田信長の父、信秀に仕える茶道師であったともあるが、ともかく身元不明の人物だったかもしれない。また、脚注に中々村とあるのは、上、中、下の中村があり、その中の中村を、中々村と言っていたのであろう。

★或る時、母懐中《くはいちゅう》に日輪、入り給ふと夢み、已《すで》にして懐妊し誕生しけるにより、童名《わらべな》を日吉《ひよし》と云ひしなり。

◎すでに、秀吉の神話化が始まっており、甫庵の発想か伝承か解らないが、ともかく母親が胎内に日輪すなわち太陽が入って来るという奇瑞の夢をみて懐妊したという。だから童名を太陽、日輪にちなんで、「日吉」とつけたというのだ。しかし別の論議もあるので、これも後述する。日光に感じて子どもを妊むという神話は世界にも少なくないと思う。朝鮮の三国時代の高句麗の始祖神話である「檀君神話」でもたしか、日輪に感じて生まれていた。金富軾著「三国史記」（中　高句麗本紀　百済本紀　年表、林英樹訳、三一書房、一九七五）を見ると、檀君神話ではなく、檀君は神話上の存在で、「始祖東明聖王　瑠璃王」の項に、孫悟空のごとく石の下から生まれた金蛙（日本語で読めば「きんあ」、朝鮮語だと「キムエ」か）王が出遇った女、柳花を妻にしようと思って、部屋のなかに閉じこめておくと、日の光が近づいて来て、その結果、柳花は孕んだ。そして大きな卵を産んだ。これを温めておくと、ひとりの男の子が殻を破って出現し、金蛙王はこれを、朱蒙《ジュモン》と名づけた。これが東明王になったのである。卵から生まれたという話を卵生神話と言うが、日光に感じて胚胎した話を「日光感受神話」あるいは「日光受胎神話」と言ったか。日本神話でも川の上流から流れてきた鞘か櫛のようなものが、女性の胎中に入って孕んだ話などはあり、要するに誕生譚の奇瑞を示すことで、その人物の普通でないさま、あるいは偉大さを明らかにしようというわけだ。実質的な秀吉の出自は一般的にはあまり明確でないとされる。そこで、奇しくも後に秀吉が征服しようとした朝鮮半島の神話的誕生譚が、秀吉をほかの人間とは違うのだ、ということを強調したくて、秀吉誕生の伝承に紛れこませたのであろう。あるいは日本にも日光に感じて懐胎した伝説があったのかもしれないが、校注者は秀吉が朝鮮使節あての国書に、この伝承が書かれていたように、その所収の書名を出しているだけである。

◎秀吉の家系が武家だったのか、あるいは農民だったのか、出生そのものが不明確であるからこそ、このような神話を形成できたわけである。鈴木良一『豊臣秀吉』（岩波新書、一九五四）によると、秀吉は現在の名古屋市の中村という所で生まれ、父親は木下弥右衛門と言い、織田信長の父、信秀に仕える鉄砲足軽であり、養父（築阿弥）は同朋衆（広辞苑によれば、足利将軍に近侍したお伽衆であり、彼らは多く法体で、某阿弥と称し、各種芸能に長じていたとされる）であったとしている。この著者によると、《もっとも鉄砲のはじめてわが国に伝わったのは四三年（一五四三年、以下同じ）前後のことだから、〔秀吉は天文元年、一五三七年生まれ、その秀吉の父が〕鉄砲足軽とは変だが》とあるので、つまり、鉄砲部隊ができるくらいなら、伝来以来、かなりの年数がたったころ、秀吉は生まれたことになるはずだ。ともかく、「秀吉伝承」というものが、秀吉が偉くなるにつれ、形成されていったであろうことはほぼ、まちがいないと思われる。あるいは秀吉自身が作りだした伝承であったかもしれない。幼名を日吉丸といった点も後述するように、やはり後世の作為として考えることができる。

★襁褓《きやうほう》〔むつき、おむつ〕の中を出でてより、類ひまれなる稚立《をさなだち》〔この熟語、辞書にも見あたらず、意味不明であるが、幼いながら立派だったというのか〕にして、尋常《よのつね》の嬰児《えいじ》にはかはり、利根聡明《そうめい》なりしかば、出家させ禅派の末流をも続《つが》せ、（以下略）

◎オムツの中から出ても、なんだか立派な子どものようにみえ、利口で聡明だったから、出家させようかと、八歳のころ、同じ国の禅寺に入れたが、仏教にはなじまぬ子だったようだ。

そして、お寺でも彼を父親のもとに返したという。秀吉は家に帰ると父親の折檻が待っていると考え、怖ろしいことが書かれているのだが、

★追い出しつる坊主共を打ち殺し、寺々を焼き払ふべしと、ことごとしく怒《いか》り出られしを、（中略）父、本《もと》より家貧しければ、〔秀吉は〕十歳のころより人の奴婢《ぬび》〔奴隷のような存在〕たらん事を要とし、方方流牢《るらう》〔流浪〕の身となり、遠、三、尾、濃〔遠江、三河、尾張、美濃〕四ヶ国の間を経廻《けいくはい》すと云へども、始終春秋《はるあき》を一所にくらす事もなかりしは、偏《ひとへ》に気象〔気性〕、人に越え、度量、世に勝れたる人なれば、寔《まこと》に奴隷《ぬれい》の手に恥づかしめられざるも理《ことわり》なり。

◎坊主たちは秀吉の報復を怖れて、美しい衣服や扇

などを贈呈してご機嫌をとり、見送ったとある。殺したわけではなかったのだ。それとは別に、父親は貧しかったので、秀吉は奴婢として働き、十歳のころから、四つの地方を経めぐる生活で、一か所に止まる日々はなく、しかし度胸だけついたのか、奴隷のような最下層の人たちから辱められるようなこともなかったのだ。そして、二十五歳のころ、松下加兵衛尉《じょう》という人物に巡り会い、仕えることになったが、その縁で、のちに織田信長の存在を識り、その配下となったのだとある。そして木下藤吉郎秀吉と名乗るようになった。ここから彼の類まれなる出世が展開することになった。信長は室町幕府最後の将軍であった足利義昭と識りあい、京都から逃亡している彼を援助したことから、正親町天皇と関わるようになり、天皇をも凌ぐ存在として君臨した物語はすでに前章で語ってきた。秀吉もまた信長を介して間接的に天皇を識り、関係はしだいに濃くなっていったことであろう。そして信長が本能寺で明智光秀の襲撃を受け、自害すると、信長の配下であった何人かの武将のひとりとして、天皇や朝廷と関わったのであろう。「信長記」もそうだが、「太閤記」はそのような秀吉の天皇との関わりにはずっと触れてこなかった。あくまで、天皇との接点の多かった信長の配下の武士たちは、その他大勢に過ぎなかったのであろう。巻七で、漸く天皇との接点が露わになる。

◆太閤記　三

●信長公御葬礼《さうれい》之事

◎この項は天皇の記事がないため、本文の引用を省いたが、天正十年（一五八二）の信長の本能寺における突然の死と、秀吉による叛逆者明智光秀への報復以後、信長の豪華な葬式を秀吉ひとりで敢行したのである。読みながら、信長の配下のほかの武将たちがだれも参加しなかったのはなぜか、解らなかった。盟友とも言うべき徳川家康も京都からさほど遠くない三河にいたのだし、葬礼は三日に亘っていたのだ。あるいは名の知れた武将は出席していないが、織田家の家臣や関係諸氏が大勢参加したのは間違いない。また正親町天皇は勅使を遣わして、信長に死後授与される官位を授けている。天皇が葬式を知らなかったわけではない。

◆太閤記　巻第七　小瀬甫菴道喜輯録

●関白職《くわんぱくしよく》并家臣《かしん》之面々任官《にんくわん》之事

★大永の比《ころ》より天正年中に至って、家国《かこく》分離し、朝威八荒に衰え、武命四維に軽《かろ》く成りて、公武の両家、有名無実の為躰《ていたらく》、末世と云ひながら、かほどに有るべきとは誰か知らん。

◎難しい文章である。大永元年（一五二一）ころから、家と国が分離し、というのは何だろう。国家というものが明確でなくなり、か。ただ、天皇や朝廷の権威というものが四方八方に衰えたというのはよく解る。そして、武命（脚注に、武人としての命運とある）、これが東西南北において軽くなってしまった、と。そして、貴族的な世界も武士的な世界もそれぞれにあってなきがごとし、といったふうに両方の意義もはっきりしなくなった。仏教的世界の、現在は末世である、という観念が世の中に溢れていた時代なのであるが、公武の世界がこんなふうに展開するとは、だれも気がつかなかった、というのであろう。しかし戦国時代を見ると、農民的世界は武士たちの戦争によって、民家を焼き討ちにされるとか、戦乱が水田を破壊したであろうから、悲惨な時代ではあったが、武士的世界は日々、戦争に明け暮れ、勝ったとか負けたとか、領地が広くなっただの狭くなっただの、そういう意味では充実（?）した時代であったのだ。かつて、この時代を下剋上の時代と言われていたように、儒教的上下関係がくずれたこともあり、下級の武士たちが才覚によってのし上がっていく時代でもあり、彼らにとっては決して退屈な日々ではまったくなかったのではないだろうか。戦争の時代がよかったとは絶対言えないが、当事者たちにとって狂喜や混乱や悲劇が繰り返されていたであろうことは想像に難くない。この「太閤記」の著者にとっては、天皇が頂上にあって、公武のバランスがとれ、平和な時代を良しとする発想があったのであろう。

★あさましかりける折節、信長公出で給ふて、王道〔天皇制〕の衰へを興《をこ》し〔復活させ〕、万民の窮《きう》を救ひ給ひき。王法〔天皇制〕もかつ古《いにしへ》に立ち帰り、官職〔朝廷の諸活動〕の実《じつ》もかつ行はるべきやうに諷《ふう》しける処に、（以下略）

◎そのようなあさましい時代に信長が出てきて、天皇制を再建した。しかし、万民の窮乏を救ったというのはどうか。前にも言ったように、町の住人も農民も戦国時代ほど過酷な時代はなかったと思う。当時の重要な戦術として、まず、相手方の地域の民家に放火し、町を焼き払って混乱を生じさせることが多かった。「信長公記」や「太閤記」にもそのシーンは何度も出現するのであった。民家に放火して街を崩壊させることは、その中心にあった敵の城の機能を縮小させ、わが軍の勝利に繋がるものであって、町民からすれば、迷惑このうえなかった。天皇からは、信長らに対して、大戦争のたびに、町民や農民たちから収奪しないこと、乱暴狼藉をしないことなどが、勅というかたちで懇願されるのだ。当時の戦争で他地域に押し寄せる時は、途中の糧食が必要で、従って近隣の農家から、米などを収奪しながら、進軍したのである。しかしここでの主張は信長が出現してから、天皇や朝廷世界が回復され、信長の儒教的倫理を復活する力は偉大だったと言っているのであるが。そして、秀吉が登場すると、一年もたたないうちに、こういう不安の時代を解消した、と言うのだ。戦国時代から、武家的トップが、社会を、昔のように秩序ある領域に導いていった、というのだが、確かに信長の後期から、秀吉、徳川家康のようなトップランナーが君臨すると社会は安定したであろう。半面、「士農工商」のような階級社会が現出したのである。

★近年、大嘗会の政《まつりごと》も打絶《うちたへ》、百官の勤《つとめ》も有るか無《なき》か計《ばかり》にあはれなりしを、大嘗会取りをこなはれ、内裏の東に院御所《いんのごしょ》を造進し、太平の御代と成りにけり。
◎突然のように、天皇と朝廷に直接関わる記述が現れた。大嘗会《だいじょうえ》というのは、新穀の登場する十月とか十一月に、日本全国の農業地帯の神社で行われていたであろう新穀の実り、豊穣を祝う祭が原点であったと思われるが、これを朝廷では天皇が主宰する祭となり、「新嘗祭《にいなめさい》」とよばれた。そして、天皇が新たに即位した年の十一月の新嘗祭を「大嘗会」とよぶようになり、日本農業国でのこの祭は、天皇の重要な儀礼のひとつとなったのである。それが、天皇や朝廷が衰退したこの頃（中世後期）、行なわれなくなったのだ。莫大な費用がかかったであろうから。しかし、秀吉はこれを復活させたのである。農民全体にとっても重要な祭であったが、天皇儀礼としても重要であったのだろう。そして、朝廷の活動全体も大幅に減少していたであろう。秀吉はこれを活気ある存在へと展開させたという。
◎そして、信長の事績を思わせるように内裏の東に院の御所とよばれた建物を建設した。信長が関わった正親町天皇が譲位し、後陽成天皇が即位する前の年であり、仙洞御所（天皇の御所）ともよばれた新邸（第）を天皇のために建てたのだ。ここに至るまで天皇との関わりを「太閤記」はほとんど描かなかったのだが、信長時代から、信長とともに天皇とは何度か顔を合わせていたであろうし、なにかと面倒をみてきたに違いない。とりわけ、信長が死んでから、武家の大きな支えを喪った天皇は不安であったろう。ただ、信長の後継者がだれであるか、信長の遺児であった織田信雄《おだのぶかつ》（信長の次子、長子は本能寺の変で父信長を追って死んだ）なのか、秀吉や柴田勝家その他、信長の家臣団が控えていたから、その中のだれなのか、天皇もつぎのトップ武将の登場を待っていたであろう。そして、京都にいた秀吉が一番近かったともいえるし、頭のいい秀吉は後継者たるべく、このような新御所の建設を受け持ったというわけだ。
★これによりて、秀吉にも官職推任し給ふべき旨、うちうちの御沙汰なりしを秀吉卿かつ聞き給ふて、折節、摂家の内として〔摂政関白家のひとつとして〕関白職の争ひおはしまして、闕職《けつしょく》両年に及び〔席が空いて二年経つというので〕、万事晦盲《ばんじかいばう》せしにより〔光を喪って活気がないので〕、秀吉、この職〔関白〕を望み給ふ。
◎この功績により、秀吉に官職を与えるべきだという声が朝廷内にも多くなったので、秀吉はこれを聞いてそれでは、と考えたのである。かつては武家が官位を望む場合、朝廷貴族の推認（推薦）といって、彼らの推挙により、天皇は官位を授与していたというわけだ。この時は、秀吉が望んだというより、朝廷がさきに推認してくれ、そのころ、関白という職が二年も空きとなっていたので、それなら関白になろうと宣言したというわけだ。いわば、なり上がり者の典型であった秀吉が、れっきとした摂関家のひとりになれたというわけだ。藤原氏の時代から、摂政関白が出る家系は決まっていた。いわばそのひとりになったわけで、ここには、秀吉の屈折した感情があった。信長はある程度確実な武家の系譜にあったから、自分から官位を要請することもなかった。しかし、秀吉は卑賤の家系（？）から登場したという引け目があったのだ。秀吉のばあい、誕生から十代の初めあたりまでの履歴が明確でなく、彼が出世してから作られた神話的幼、少年時代があったのである。秀吉の地平には彼をバックアップしてくれる勢力を持たずに、時代の覇者になろうとする人間の複雑な感情があったであろう。そこには、秀吉の固有の性格や生き方を作り出す要素が潜んでいたであろうことは理解しやすい。と言い切っていいのかどうかは、今後の秀吉観察のあとにしか言えないことなのであるが。
◎以下、秀吉行状はさまざまに展開する。各地での戦争はまだ残っており、その一環として九州勢力を配下にするべく、九州全域への遠征を行なう。そして、空いた時間は新旧の古物、お茶の諸道具その他、贅沢の限りを尽くす生活もあった。信長の後継者、織田信雄《のぶかつ》が離反し、家康の側についた。信長の死後、秀吉にとって家康は唯一のライヴァルであったが、信雄を味方にできてさらに勢力を増していった。ただし、信雄は信長勢力をバックにしているだけで、彼自身は無力な象徴的人物に過ぎなかった。家康もその効果を利用しただけであった。秀吉は一度、信雄と会見している。彼もシンボルを必要としたか。その辺はよく解らない。九州遠征は長くかかったためか、二度めに九州へ出立したとき、「太閤記」巻第十に、〇幽斎道之記、という小節が挿入されているのだが、これは脚注によると、細川藤孝（幽斎）が九州下向のとき書いた紀行文「幽斎道の記」（「九州道の記」）が引用されており、なかには、道行的な旅路のあちこちで詠んだ和歌がたくさん書かれた紀行の文章が引用されており、九州についたある日、箱崎八幡宮に千利休と秀吉が出現して、和歌を詠み、秀吉の配下を交えて連歌をやったりしているところが描かれており、「太閤記」の遊びの部分のひとつをなしているのである。

2 ——後陽成天皇の聚楽第行幸

◆「太閤記」十一

●行幸

★人皇〔天皇〕の濫觴《らんしやう》〔始まり〕神武天皇丙辰《ひのえたつ》より〔脚注に根拠未詳とある〕、天正十六年戊子《つちのえね》の今に至り、聖主〔天皇〕百九代、星霜二千二百三十七年、朝廷の政《まつりごと》は正木《まさき》のかづら絶えず、良臣の勤めは松の葉の散り失せざるがごとし。

◎天皇という存在がこの日本国で始まったのは、神武天皇の丙辰の日であり、それ以来、天正十六年〔一五八八〕の今日に至るまで、百九代続いてきたのだ。その間、約二千年、朝廷の治政は、神事で使うマサキノカズラが失くならなかったように延々と続いてきたし、仕える臣下たちも松の葉が枯れずに冬も過して永遠に生きるように現在に続いている。とでも言いたいのであろう。以下、秀吉が天皇の臣下としていかに忠実に謹厳に活動してきたか、ということを述べるための序文としたのであろう。序文はまだ少し続く。

★今上《きんじやう》皇帝十六歳にして御即位あり。百官、巾子《こじ》〔冠の上部の先〕を傾け、万人掌《たなごころ》を合《あ》はせざる無きなり。寔《まこと》にいみじかりける幸いなりと、人皆云ひあへりけり。（中略）されば、秀吉公のやうなる大臣出で給ふも、天気淳《すなほ》に尊躰〔天皇〕解《ゆるや》かなるが故なり。

◎あらん限りの美文に仕上げてあるが、現在の天皇、後陽成天皇は十六歳で即位した。朝廷の臣下たちが全員、冠の上部を傾け、つまり深くお辞儀して、臣下たることを誓い、以下、民衆全体が手を合わせて、天皇を拝まない人はいなかった。まことに立派ない時代ではないか、と皆で言いあったと言っているのであろう。だから秀吉のような大臣が出現したのも天皇の機嫌がよく、彼自身、解放された日々が送れていたからであろう。つまりは秀吉のお陰で、天皇の位置が安泰であったのだ、と著者は強調したいのであろう。天皇位はすでに織田信長の時代から保証されていたし、秀吉の特別の功績というわけではない。まあ、しかし、信長の後継者である秀吉にも、天皇の安泰という考えは共有されていたことはまちがいない。大臣、つまり摂関家と同じセクションに秀吉がついたのであった。

★この帝徳〔天皇の安泰〕を秀吉いとありがたく思はれしかば、争《いかで》行幸〔天皇の目的地のある外出〕を催しみざらんやとて〔行幸を企画実行せざるをえないとして〕、天正十三年の春、内野〔大内裏のあったところ〕に城郭のいとなみを思《おぼ》し立ち給ふに、成就に及びなば〔城郭が完成したので〕、必ず行幸を進め奉るべしとなり。

◎後陽成天皇の日々が安泰であるうえは、自分の邸への行幸という天皇の臨時の行事を企画し実行すべきだと考え、京都の、かつての大内裏（内裏を含むさまざまな官庁の集中した区画を言う）のあとに、あらたに城郭を構えようと思い立ち、これが完成した暁には、天皇の行幸を促そうと秀吉は考えた。この城郭は完成した。いわゆる有名な聚楽第《じゅらくだい》である（じゅらくてい、とも読む。第は邸と同じ意味で、ともに富裕者の邸宅を言う）。裕福な秀吉が莫大な財産を使って建造した城郭で、贅をつくした建築物であった。四方の周囲を、徒歩で三千歩の石の築垣をめぐらしていた。楼門の仕上げは鉄《くろがね》の柱、銅《あかがね》の扉で、云々。そして秀吉は大坂城から京都のこの新邸に移動した。そのときは、

★万《よろず》の調度〔諸道具〕金銀つみたる船数百艘、淀〔京都市南部の伏見区を流れる淀川の港町〕に至りて着きにけり。

◎とあるように秀吉の、大坂から様々な豪華物品や金銀の財宝などを数えきれないほど積んだ船数百艘が淀川を遡り、京都と大坂の中間にある淀の港に着いた。そこから荷物を車に積み替えたのか、ともかく京都に着いたとある。秀吉は当時、おそらく日本一の大金持ちであったのだろう。引っ越しが終ると、その秀吉の新邸、聚楽第へ後陽成天皇の行幸があった。天皇や貴族の生活の経済的基盤がどのようであったのか、また、信長や秀吉がなぜ、大金を内裏建造その他に使うことができたのか、なぜ、そのような金持ちになったのか、わたしには依然として解らないのだが、いわゆる大土地所有者であったのか、探せば、天皇やこれらトップ武士たちの経済研究の本もあるであろうが、あまり眼にしない。天皇研究が、その宗教性や権威について行なわれてきたためであろうか。

★抑《そもそも》過ぎこしかたの行幸、あまたゝびにして、その数を知らず。今、秀吉おぼし立ち給ふは、北山殿応永十五年〔一四〇八年、将軍足利義満の北山第への後小松天皇の行幸〕、室町殿永享九年の行幸〔一四三七年の、室町幕府の将軍足利義教の室町第への後花園天皇の行幸〕の例とぞ聞こえ侍る。鳳輦《ほうれん》牛車《ぎっしゃ》等のしなじな、久しくすたれし事どもなれば、知れる老人もさだかにも侍らず。

◎過去の、天皇の将軍邸への行幸ということは、何度かあったのでこの秀吉の聚楽第への行幸が初めてではないし、秀吉が強要したわけでもないのだ、とここでは言いたいのであろう。室町将軍としての足利義満の北山第があった。ついで、将軍足利義教の

室町邸への行幸があった。つまりは今回が三度めであり、やはり、天皇が臣下の家に行幸することはめったになかったのであろう。鳳輦とは即位式や大嘗祭などの儀式のとき天皇が乗る輿《こし》であり、これは前後十人か二十人くらいで担ぎ、警備の武士が大勢取り囲んで天皇を運ぶのであるが、前後をまた多くの貴族や官吏や女官などが行列を連ねて移動したようである。牛車は牛が牽く大きな二輪のついた輿であった。聚楽第への行幸も天皇にとっては久しぶりの外出であって、古代と同様の様式をできる限り復元して挙行したのであろう。もちろんその費用は、すべて秀吉が用意したものであり、以下、豪華絢爛を尽くす、中世の天皇としては破格のような行列になった。この後陽成天皇の聚楽第への行幸は、「太閤記」以外にも関連記述があり、『群書類従』第三輯「帝王部」に収められている、楠木正虎「聚楽第行幸記」がそうだが、内容は「太閤記」本文とほぼ変わらないので、この両書（「太閤記」と「聚楽第行幸記」のどちらかが、他方の本を参照して書かれたものとも、推察される。この『群書類従』の別の章には同書編の「天正二十年正月二十六日行幸聚楽第之行列」も収められている。この秀吉のときの行幸は天正十六年四月であった。

★卯月十四日行幸あるべしとなり。既に其の日にも成りぬれば、殿下〔秀吉〕つとに〔早くに〕おき出で、禁中〔内裏〕に至りて、それぞれの奉行職事《しきじ》を集め給ふて、（以下略）

◎秀吉はさすがに欣喜雀躍とでもいった気分であったろう。天皇を新造の自邸、聚楽第に招待するわけだから、朝早く起きると、いそいそとして内裏に行き、行幸の日の様々な役割分担を決める作業にとりかかった。最近では初めての行幸であったのだろう、聚楽第に天皇の仮の御所をどんなふうに作るかを相談するため衛門府の弓矢を負う役人（こんな連中がまだ生き残っていたのだ。これは平安時代を復元するようなものだ。中世の天皇の活動は目立たなかったが、やはり、天皇そのものが衰退して朝廷も規模を縮小したではあろうが、こんな古代的朝廷は生きながらえていたのであろう）を集めて、警固のありようを決めたりした。そのとき、紫宸殿に天皇が出てきた。こんな内裏の様式がこの時代もわずかに残っていたようだ。戦国武将たち、信長らの援助によって天皇および朝廷は生き延びてきて、秀吉の時代まで命脈を保っていたというわけだ。

★南殿〔紫宸殿〕に出御あり〔天皇が出現した〕。御束帯の御衣《ぎょい》は山鳩色とかや。御殿より長橋の御後ろまで筵道《えんどう》〔天皇の僅かな歩行のための道を筵《むしろ》で覆った〕、ふたん〔布毯、天皇の通る道に敷いた布〕まいる〔礼式通りの処置をした〕。殿下〔秀吉〕御裾《みきょ》を取り給ふ。陰陽頭《おんみょうのかみ》反閇《へんばい》〔陰陽道的呪術の一種〕をつとむ。

◎長橋は清涼殿から紫宸殿に通じる道という。こんな内裏の建物も残っていた！　そこに天皇が現れた。束帯は天皇や上級貴族の正式の服で、もっとも格式ばった服装であるが、服の色は山鳩色、広辞苑には、青みがかった黄色、あるいはくすんだ青緑色とも、とあるが、薄い黄緑色とでもいうのだろうか、服の色にも身分の階級差が反映していたから、天皇の儀式用の服の色であったのだろう。そして古代の天皇は地面を直接踏まないように輿に乗ったりするのだが、近くの時は道にむしろを、と言っても古代の筵の上に蒲団のようなものを敷き詰め、その上を足袋の足で歩いて来るのであった。そして、秀吉がその裾を少し持ち上げるようにして迎えたわけだ。朝廷にはまだ陰陽師などというものがいたわけだ。安倍晴明がかつては有名な陰陽師だったのだが。反閇というのは邪気を払う陰陽道の秘法。これで天皇の行幸の安全無事を祈ったわけである。古代的な儀礼的行動が反復されている。陰陽師は天皇や貴族、あるいは後世の武家たちの、さまざまな行事の行なわれる日を決めたり、その日の天候から、行事やその他の行動の吉凶を占ったりするが、二人の陰陽師に占わせると、反対の意見が出たりする。なんとも、無意味な存在であったと言えるが、古代、中世、いや近世の人たちも陰陽道を信用してきたようだ。

●行列之次第

★まず、えぼしぎの〔烏帽子を冠り正式の格好の〕侍〔警固の武装した人たち〕を渡し侍りて、国母《こくぼ》の准后《じゅごう》〔天皇の母の皇太后あるいは皇后を国母と言った〕と女御〔皇后、中宮以外の多くの妻たち〕の御輿を初め、大典侍御局《だいないしのすけのおんつぼね》〔女官の第二位〕、勾当《こうとう》〔の内侍、内侍の三等官〕、その外《ほか》女中衆の御こし、五十余丁〔五十あまりの輿〕、皆、下簾《したすだれ》〔カーテンのような覆い〕あり。御こしぞへ〔輿に従う人びと〕百余人、御供の人びと、わらは姿〔おつきの人びとや童子〕などまでも、さすがに見えて華やかなり。その跡少し引きさがって、ぬり輿〔漆塗りの輿〕に侍る供奉〔おとも〕の衆、(以下略)

◎この行列、古代の華やかなりし時代の天皇の行幸へのおともの人たちに準じている。たぶん規模が小さいだけで、格式は変わっていないというわけだ。国母というのはふつう皇太后を言ったのだが、広辞苑では皇后もあげてある。ここでは准后と書かれているが、広辞苑の説明では皇后と天皇の母、祖母などに対する優遇法として、特典のように解している。一般的には、皇后に準ずる女性を言ったと思う(日本歴史大事典など)。そして女御は、第二、第三の妻たちを言った。はたしてこの後陽成天皇にそれだけの女官たちが揃っていたのか。しかし嘘は書いていないだろう。前河内守正虎という武士の書いた「聚楽第行幸記」もまったく同じ描写があるからだ。ただ、女官の輿が三十余丁とあって、その数が、「太閤記」のほうが少し多めなくらいの違いしかない。引用文の最後の供奉の衆、の後ろに正親町上皇の孫の親王たちや当時の生き残り朝廷の上級貴族たちが名まえを連ねている。そして、前駆と言って行列の前方を行く人たちにも中級貴族の名まえが並んでいる。侍従、弁官、衛門府佐《えもんのすけ》、左馬助《さまのすけ》、などなど。それに続く行列は大納言や中納言など中堅の上級貴族で構成されている。そして前駆の馬上とあるのは、騎馬で従う中級貴族たちであろう。また随身と言って、古代において上級貴族を警護する武装した人たち、彼らは天皇から賜った人たちであったが、天皇から随身までの行列が続いた。ほとんどが古代の朝廷の官職などが再現されており、秀吉の時代、つまり戦国時代の最後半の時代にも、朝廷や内裏の形式はしっかり守られていたというわけだ。武家の時代に随身が登場するとは思わなかった。そして行列の人びとは、鎌倉幕府の歴史を描いた「吾妻鏡」の表記と変わらず、一番前を行く左右の前駆から、まず貴族たちの名まえが列挙され、続いて、秀吉配下の武士たちの名まえも同様に書かれている。これは、武家の時代が始まったころ、ある戦争に参加した武士たちの名まえがすべて書かれた「交名帳《きょうみょうちょう》」が作られていたのだが、この表記とも似ている。個人名がしっかりと残されたのは、その武士たちが、それぞれの戦功によって、のちに出世した。そのための証拠であった。行幸の記事の表現が、「吾妻鏡」や、この「太閤記」などにも波及しているとも言えるであろう。

★つきづぎの〔そばにつき添う〕侍〔たち〕はその数を知らず。馬上の装束は五色の地に、四季の華鳥を唐織《からおり》、浮織《うきおり》、立紋《りふもん》、縫薄《ぬひはく》などにして、蜀江《しょっこう》〔中国の蜀江の錦《にしき》〕の綾羅錦繍《りょうらきんしゅう》〔蜀江錦の豪華な着物〕目もあやなり〔目にも鮮やかである〕。

◎その馬上の侍の人数は数えきれないほどで、その衣装は豪華絢爛の見本のように見えた。これらの武将たちは、秀吉の臣下の者たちで、秀吉の命令に従って、この行列に連なっていたのであろう。これが本当のできごとなら（本当だったのだが）、貴族たちは普段は着ないで箪笥の奥深くしまいこんであった衣装を、ハレの日のために引っ張り出して、身に着けたのであったろう。「聚楽第行幸記」の記事もまったく同じで、このあと、老若貴賤が見物に押し寄せたという、その形容の言葉も同じである。これはあとでできたはずの「太閤記」がこの「行幸記」を援用したのかもしれないな、と疑いたくなるように両者は似ているのである。この推測はたぶんまちがっていないであろう。あいにく、『群書類従』には解説の文章がなく、本文を忠実に再現しているだけなので、この「行幸記」の由来はよく解らない。残念ながら、マイペディアにも掲載されていないのだ。わたしが読んでいる「太閤記」は「新日本古典文学大系」所収の文章なのだが、この本の解説にも、この聚楽第行幸の記事に関して、「太閤記」以前に成立した大村由己の『天正記』を継承している、とあるのみで、「行幸記」との関係については触れていないのである。「太閤記」や「聚楽第行幸記」のこの行幸の後半には、行幸のあとの宴会で歌われた和歌が数多く収録されているのだが、解説では細川幽斎の家集『衆妙集』との微妙な関わり具合は、云々とあり、和歌の関係をちらっと書いているだけである。この巻の最後はつぎのように書く。

★行幸は万民、竜顔を拝《おが》み奉り、恩沢をこうむり、災いを除くがゆえに、ゆくてさいはゐす〔行ったところは「幸い」となる。つまり最高の幸せをもたらし、その効果はのちのちまで続いたという〕となり。国家安全の政《まつりごと》、これに過ぐべからず。

◎天皇の行幸が、万民が天皇の顔を拝むことにより、その地の災いを除くばかりか、それはのちのちまで効果を失わないというのである。国家安全の政治はこれに過ぎるものはない、と締めくくっている。しかし、この聚楽第への行幸は京都民衆の目に触れたかもしれないが、それによって得をしたわけでもなさそうだし、天災がなくなったというわけでもあるまい。第一、秀吉の天皇との関わりは、このような見せびらかしの場のデモンストレーションに過ぎなかった。秀吉の自己満足以外のなにものでもなかったであろう。

3――驚天動地、秀吉の夢。天皇を明国へ遷《うつ》す

◆「太閤記」巻十四　小瀬甫菴道喜輯録

●**近衛殿、高麗御渡海、止《やめ》給ふ事**

★近衛殿〔近衛信輔、左大臣〕いかゞ思召《おぼしめし》けん、高

麗一覧のため〔文字通り読めば、高麗国を一度しっかり観察するために、となる〕、〔天皇に〕御渡海あるべきの旨、しきり給へり〔海を渡ってみるべきだと言った〕。上《うへ》様〔後陽成天皇〕にも、その道ならぬことゞも、無益《むやく》の事におぼし給ふ。折節《おりふし》秀吉公も名護屋にて聞召及《きこしめしおよば》され、せんもなき義と仰せられ、その旨、徳善院玄以〔前田玄以、京都所司代〕かたまで、御内状〔手紙か〕有りて、誠《まこと》に上下〔天皇から武家たちまで〕、啐啄《そったく》〔逃してはならないチャンス〕の御事になん侍《はべ》る。（以下略）

◎少々、小難しい文章であるが、天正十八年（一五九〇）、秀吉は日本国をほとんど統一的に支配するようになると、その野望（？）は膨らみ、海を越えて朝鮮半島の全土を支配した、高麗《こうらい》と自称していた国家を征服したいと考えたのだ。結局、二度の半島侵攻の軍団を送ったのだが、初期には日本からの侵攻など予想もしていなかったため、まったく無防備だった高麗軍を破って、加藤清正などは朝鮮半島の付け根の鴨緑江《アンノクガン》辺りまで侵攻した。しかし、当然ながら反撃がしだいに強まり、失敗に終わったのであるが、明治以降の日本の朝鮮属国化の淵源ともなるべき事件であった。朝鮮半島の国は時代によってその国名が変わったのだが、それは別として、この国々は儒教を中心とする「文」の国家であり、「武」の国家ではなかった。そこで、他国の侵略という発想が幾分弱く、文禄元年（一五九二）には、秀吉軍の最初の侵攻を許してしまったのだ。

◎秀吉は九州の肥前の名護屋（佐賀県唐津市）というところに朝鮮侵攻のための拠点というか前進基地を作り、自らこの地に駐留して、半島に渡る軍団の指揮をしていたのである。この地の松浦浦は朝鮮半島から、対馬・壱岐を通って到着する港であった。ここでは、秀吉の心意気を感じたのか、左大臣の近衛信輔は、最初は後陽成天皇にもしきりに、秀吉といっしょに半島に行くべきではないかと誘ったのであろうか。しかし天皇は無益なことだ、と賛成しなかったという。ここで「太閤記」の著者は天皇を「上様」とよんでいるが、こんな言い方はかつてなかったという気がする。のちに大名の家臣などが、主君を上さまとよんでいたようだが。身分的には上位にあるが、なんだかある程度親し気な言い方で、はいはいと聞いている気持ちになれない。幾分、馴れ馴れしいという気もするのだ。わたしは右翼リベラル派の鈴木邦男氏と違って「私、天皇の味方です」では決してないが、やはりなにかしら違和感は覚えるのである。江戸初期の政治的トップではなかった文人、小瀬甫菴（庵）にとって天皇は、特別の存在ではなく、単に上位の「主君」に過ぎなかったのだろうか。文意は明確ではないが、天皇を誘ったというより、天皇にこの侵攻の重要性を説いたのであったろう。しかし天皇は容易に同意しなかった。そこで内憂外患とでもいうのか、秀吉は焦って天皇のはっきりしない態度に腹をたてたのか、軍団は渡海し、朝鮮半島での戦争を開始したのだ。この半島侵攻にどんな意味があったのか、「太閤記」は明らかにしていないが、すでに巻第十三の冒頭に、日本国全土は治まった。そして、とあり以下のように述べていた。

★四海の外までも〔日本の東西南北の外の国まで〕、幕下《ばっか》に属《しょく》せざるなし〔自分の配下に入らないものはない〕。然れば、中納言秀次卿〔秀吉の姉の子で秀吉の養子〕に、天気を伺い〔天皇の機嫌を訊き〕、関白職等を譲り置き、某《それがし》は新羅《しんら》、百済《はくさい》、高麗《かうらい》に至って、渡海せしめ、彼の国を退治し〔！〕、其れより入唐《にったう》せしめ、云々。

◎日本本土を全面的に支配し、これが落着して波風ひとつ立たなくなった現在、朝鮮半島のかつての新羅や百済、高句麗などを統一した高麗国を退治し、さらに中国に進出するんだ、と、わたしがすでに本章冒頭で触れた天皇を中国の北京に移すという計画の端緒をはしなくも示しているではないか。つまり朝鮮半島侵攻はずっと以前からの秀吉の海外制覇という限りない欲望をすでに頭に描いていたというわけだ。

◎そこでまた巻十四に戻って、上の文章の続きを読んでみよう。天皇は近衛信輔の言葉を聴いて、秀吉の朝鮮侵攻をやめさせようと考えたのだ。

★これによりて、御宸筆〔天皇自身が書いた文書〕を以って、秀吉公へ勅定《ちょくじょう》〔天皇の言葉〕これあり。その勅書に云はく、

◎この時、天皇はこの半島遠征に賛成でなく、秀吉に勅書を送ってきた。ここに、勅書なるものが載っているが、なぞなぞのように、「摂家の　事実に一跡も　をきては」などとあり、語句のあたまに番号が振ってあり、読む順を示している。番号通りに読めば意味は通じるというもので、なんのためにこんな謎めいた文書にしているのか不明だが、ともかく、意外なことを訊き驚きました、太閤殿へ、とある。番号をとって読み下すとつぎのようにあった。

「近衛前　左府高麗　下向のよし　きこしめし　及ばれ候　事実に　をきては　摂家の一跡も　断絶のやうにては　如何《いかが》と　おぼしめし候　申しなべ留　られ候はゞ　然《しか》るべく候はんや　おどろき入《い》らせられ　筆をそめ〔手紙を書いて〕参らせ候　あなかしく　二月十日　太閤どのへ」

これは祐筆が書いたもので、つまりは天皇の言葉を伝えたものである。要するに近衛信輔から朝鮮侵攻のことを聞いたのだが、もしおやめになったら、それがいいのではないか、朝鮮侵攻の情報を聞いて天皇は驚き、この手紙を書かせたのである、ということになる。天皇はもとより「非戦派」であり、しかも近隣国家への突然の侵攻に賛成できず、秀吉にやめたほうがいいのでは、と暗に侵攻を留めようと考えている。立派な天皇と言うべきであるが、基本的には無力であり、残念ながら、こんな短い謎のような手紙では、秀吉の野望を止めることなど、まったく無理であった。そしてこの勅書のあとに次のように書かれている。これは著者が、秀吉の気持ちになって書いたのであろう。

★勅書を将軍〔秀吉〕頂戴のこと冥加〔思いがけない歓び〕の至りなり。震襟《しんきん》〔天皇の心〕を安《やす》んじおぼされ候やうに、近衛殿を諌《いさ》めまいらせ、高麗渡海の義《ぎ》、これ無きやうにいたし侍るべき旨、勅答《ちょくとう》〔天皇の答え〕ありけり。

◎この辺、著者はあたかも秀吉になりかわって書い

ている。しかし果たしてこんな手紙が存在したのであろうか。もしあったとして、手紙は秀吉に届いたであろうか。この手紙は「太閤記」の時間的経過を追うと、朝鮮戦役は始まり、展開している。秀吉は自分は朝鮮へ出向かず、名護屋の陣で待機していた。この文章ではあたかも、秀吉が天皇の手紙にいたく感動し、戦役をやめようとしているように読める。勅答は広辞苑の説明では、天皇の臣下への返事と、天皇の勅への臣下からの返事、と両様の書き方になっていて意味不明である。上記の文章では秀吉が天皇の勧告に従って朝鮮戦役を中止したむね、天皇に返事したように受け取れるが、本当に秀吉がこの手紙を受け取り、戦役を中止したなら、そんな直筆の返書が残っているに違いない。秀吉は冒頭でも述べたように、天皇をやがては中国の北京に送り、中国を監視、指導させようとさえ思っていたわけだから、天皇が高麗について来る必要などなかったのだ。そしてむしろ、中国の明から使いが来て、和睦を勧めたのである。以下の巻に移るまえに今谷本③を見ておきたい。今谷明氏は勅書はあり、秀吉の答えもあったとしている。しかし勅書が来たのは秀吉が実母、天瑞院の葬儀のため名護屋から京都に戻って、葬儀を終え、また名護屋の陣に下ろうとした頃、勅書は届いたのである。つぎのようにあった。

☆高麗国への下向、険路波濤を凌《しの》がれん事、勿体《もったい》なく候。諸卒を遣《つか》わし候ても事足《ことた》るべく候哉《や》。且《かつう》は朝家のため、且は天下のため、かえすがえす発足遠慮、然《しか》るべく候。勝を千里に決して、この度《たび》の事、思い止《とど》まり給い候わば、別して悦《よろこ》び思《おぼ》し召し候べく候。猶《なお》、勅使申し候べく候。あなかしく。太閤どのへ。

◎この文書の出典があげられていないが、ともかく、秀吉の朝鮮侵攻に関する勅書は出ていた。やはり、この侵攻をおもい留まるよう、天皇は勧めている。そしてこの勅書への秀吉の返事も今谷本③には載せている。

☆勅書、今日、辰《たつ》の刻、謹んで頂戴仕《つかまつ》り候。筑紫在国の儀、寒天に向い罷《まか》り越し候事、如何《いかが》と思《おぼ》し召し、菊亭右大臣〔晴季〕・勧修寺大納言〔晴豊〕・中山大納言〔親綱〕・久我大納言〔教通〕を以て、延引致すべき旨、仰せ含められ下され候儀、忝《かたじけな》く存じ奉り候事。

◎この文章には表れていないが、今谷氏は、天皇の勧めに従いたいが、名護屋在住の武将たちも、戦争を待ちわびている。少しだけ、朝鮮渡海の時期を遅らせます、と言うのだが、秀吉は、この遠征をやめようとはしなかったのだ。天皇には、もはや秀吉の戦争を止めるだけの力はなかったのである。戦役は始まり、それはそして前述したように、苦戦となった時、明からの使者がやって来て、高麗と和睦するよう国王の言葉を伝えたのである。

◆「太閤記」十五巻

●大明より使者之事

★唐使両人、同道致し、秀吉公御内意を承り、和睦に及ぶべしとの事なり。

◎とある。唐、とは中国をさして言う言葉であり、中国王朝が様々に変わっても、日本では唐、で通してきたのだ。そして交渉の途次、秀吉の側近的武士たちが相談して秀吉になにか言おうとしたとき、秀吉は答える。

★仰せに曰《いは》く、大明国に至り、猛威を振るひ候《さうらひ》ても益なかるべし。又、永々朝鮮在陣も上下の疲労、莫大の事なれば、唐使来朝し和《わ》を請《こ》ふに任せ、和睦然るべきの条、相調《あいととのへ》申すべきの旨、御返簡〔返答〕あり。

◎とあって、秀吉も明からの使者を迎えて大分考えが変わったようだ。そして、

●大明勅使〔明の皇帝からの使い〕に対し、告報《かうほう》すべき之条目（原文は漢文）

◎この中国の明からの使者の来たことを記述する多くの文章（この項のタイトルも）が漢文で記されている。以下の引用文は、わたしが読み下したものである。読みやすさのため、使われている漢字を平仮

名にしたところもある。
★一、夫《それ》日本は神国なり。即ち、
天帝、天帝即ち神なり。まったく差《たがふ》こと無し。これによりて国の俗、神代を動かし、風度《ふうど》〔性向、人品〕、王法を崇《あが》め、天に体し、地に則《のっと》り〔天と地に従い〕、言あり、令あり〔言動や法律があり〕。然りと雖《いへど》も、風移り、俗易《かはり》〔風俗は移り変わり〕て、朝命を軽《かろ》んじ、英雄、権を争《あらそ》ひ、隣国分崩《ぶんぽう》す〔隣の国を分かち倒したりする〕。

◎また美文調で書かれているが、「神皇正統記」になずらえて、日本は神国であり、と言い、それは間違いないが、しかし国自体が様々に変化してきたのであると。天皇の代は移り変わり、王道を尊んできたが、しかし、戦国時代以降、武家たちが覇を競い、その領土を拡げようと活動してきたのである。そんな時、

★予の慈母〔私（秀吉）の母は〕、懐胎の初め、日輪の胎中に入ると夢〔を〕み、覚後《さめて》〔〕驚愕《きょうがく》して、即ち、相士《そうい》〔相人、人相を観る人〕これをトす。曰《いはく》、天に二つの日、徳輝《とくき》〔照り輝いて〕四海〔全国〕に弥《わた》るの喜瑞なり〔全国土に拡がった奇跡的な予兆であった〕。

◎まさしく、自賛の限りを尽くした文言であろう。著者甫庵の筆によるのであろうが、秀吉の面目躍如といったところであろう。愛する母が、日輪に感じて孕んだという夢を見て、醒めて驚愕したが、人相見が占うには、これは日本全体に及ぼされる奇瑞、いい予兆であるといったという。神童という言葉があるが、秀吉は文字通りの神童であり、神の出現を予兆しているかのような登場であったというのだ。呆れてものが言えないとはこういうことを言うのではないか。

◆「太閤記」巻十六

●惣構《そうがまえ》〔城などの外郭〕之内へ出入る人々奉行〔の〕事

★仙洞《せんとう》〔上皇〕にも、けふは風も心し〔少しだけ〕

雨もはれ、長閑《のどか》なる花をみるらむとて、広橋中納言を勅使につかはされしかば、摂家衆も清花《せいぐわ》〔摂関家やそれに続く高位の貴族、清華家〕のかたがたも、ことごとく使者まいらせられにけり。御供にあらぬ諸侯大夫ならびに京、堺の歴々より、（以下略）

◎慶長三年（一五九八）、秀吉が催した、京都の南の伏見のあたりでの花見大会（醍醐の花見）の話である。天皇を初め、上級貴族たちがそのために勅使や使いを秀吉のもとに送ったというのであろう。仙洞というから、前の天皇、正親町上皇かと思ったが、脚注には、正親町院はすでに崩御されているから、後陽成天皇と解すべきか、とある。ともかく、秀吉の催す行事を無視できなかったのである。この天皇も参加しようと考え、まず勅使を派遣したというのであろう。今日は風も穏やかで、久しぶりに外に出て、花見の席に招かれたのであろう。広橋中納言という人が天皇の使いとなり、摂政関白を初め左大臣とか右大臣なども使者を送ったという。お供しなかった高級官僚たちや、京都や堺あたりのいわゆる「町衆」などが、さまざまな酒肴を秀吉のために贈ったのだという。この醍醐の花見は、天皇の聚楽第への行幸とも並ぶ、秀吉にとっての「ハレ」の日であったのだろう。しかし、この日、後陽成天皇を初めとする皇族、貴族が花見に参加したようには書かれていないから、彼らは使者を送り、相当豪華な酒肴を富裕の町衆などに贈らせたのであったろう。「太閤記」では、聚楽第行幸以降、天皇に関する記述がしだいに少なくなり、秀吉にとっての、天皇存在の重要さ加減がなんとなく理解できるのである。あとは、巻第十七に、院御所崩御、の言葉が現れたのを最後に天皇は「太閤記」から消えていく。もちろん天皇制が消えたのでなく、秀吉や著者甫菴（庵）の視界から天皇が遠ざかったのであろう。

4 ―― 日吉丸と愛護の若

◉以上で「太閤記」の天皇記事の探索は終わった。残りは、秀吉の死後に残された遺品などが紹介されたり、著者小瀬甫菴（庵）の自分の思想を述べた論述が続く。秀吉に関する考察に関心のある方のために、わたしの敬愛してやまない（もう何年もまえに亡くなられたのであるが）国文学近世論あるいは日本文化論の松田修先生の「太閤伝説の形成――英雄流離譚の流れ」という文章があるので紹介しておきたい。『松田修著作集』第一巻（右文書院、二〇〇二）に収録された『新版　日本近世文学の成立――異端の系譜』（法政大学出版局、一九六六）の第三章になる。これは、秀吉の歴史的位置づけとか、わたしのように天皇学の一端ではなく、文学としての「太閤記」を民俗学的地平や物語論的地平から考察されたもので、われわれがまったく思いつかなかった視界にある秀吉像を出現させている。秀吉のばあい、信長や後の徳川家康と違ってある武家の城主（城を構えてある家系を守っているような武家）の息子としてこの世に登場したわけでないために、生まれたところや家系や少年時代がそれほど明確でないのである。だからこの論文の、「豊臣秀吉の出生」という節に書かれた文章から紹介しよう。

《秀吉の出自は賤しかった――。そのどうにも動かしようのない事実を逆手にとって秀吉があえて試みた自己韜晦の、その最も典型的なものに彼の父の問題がある》。

◎父親が明確でないこともあって、日輪受胎、あるいは日光受胎の物語が出生の奇瑞として大まじめに説かれている、と松田さんは述べる。わたしは檀君神話時代の高句麗神話を紹介したのだが、松田さんはまったく別の方向に展開してゆく。

《かかる秀吉の劣等感が逆転した誇大妄想的な自己神格化は、皇胤説・公卿落胤節と密接に関連しつつ、その典型として日吉山王《ひえさんのう》の申し子説を生んだのである。日吉山王がなぜ選ばれたのか、（中略）日吉山王の神獣が猿であること、秀吉の呼び名が小猿であり、彼の面ざしが猿に似ているといわれること、じじつ、彼をさして猿とあだ名した明証があることなどが、あい関連していることを指摘するに止めよう》。

◎「太閤記」には猿といった言葉は出て来ないが、

むかしは子ども漫画などに「猿面冠者」などと書かれていたし、猿にそっくりの画像が一般化していた。しかし、この日吉山王とは京都比叡山の山神であり、秀吉が育った三河、駿河のあたりでも信仰されていたのであろう。

そこから、日吉丸という秀吉の幼名ができたのだと思う。そして日吉山王の神は猿であったという。この猿でおもしろいのは、寺尾大蔵という秀吉が生まれたという名古屋市の中村というあたりの出身の郷土史研究家の書いた『豊臣秀吉の幼少年時代』(六興出版、一九八六)に、その秀吉の生家のあたりの地図が載っているが、生家跡とされる所のすぐ横に秀吉を祀っているのであろう、豊国神社というのがあり、中村公園がある。寺尾氏は書いている。

《私も、大正十四年のころでしょう。小学校三年生のとき、遠足で中村公園に行き、豊国神社参拝、太閤屋敷跡などを見学して、猿を見ました。大きなドーム型の金網のなかに、五、六匹の猿がいました》。

◎これには笑ってしまったのだが、猿に似ているというのが劣等感に結びついたかどうかは別にして、その秀吉ゆかりの神社のまえの公園で猿を飼っている、というのだ。この地方の人たちにとって猿はやはり、日吉大権現の神体であり、貴い存在だったのであろうか。

◎余談になってしまったが、松田先生は「太閤素生記」という本をもとに話を展開されているのだが、説教節の「愛護《あいご》の若《わか》」という物語の主人公と「素生記」の幼、少年時代の秀吉を比較しているのである。「愛護の若」は詳細は忘れたが、出家して今は比叡山だったかに隠棲している叔父を尋ねて山を登ろうとして、案内してくれた男が細工師(竹細工などをはじめとする小型の立体物を製作する職人、被差別民であった)だったのだが、坂道に立っていた「女人禁制」と「細工の入山を禁ず」という入山禁止の立て札(挿絵が出ていたのだが)を見て、愛護の若だけ残して、細工の男だけ山を下りてゆく、というものだったと思う。被差別者に対する日本仏教の「だめさ加減」がよく理解できる話であった。それはさておき、松田先生が引用する「素生記」には、《幼い秀吉は、猿かとみれば人、人かとみれば猿に見紛う異形の者であった》とあり、《その主人公愛護の若のになう神性は、明白である。若はそのままに日吉山王、すなわち大山咋神（『古事記』に出る神）なのである》と松田さんは書いている。すなわち日吉山王の神との関わりから、秀吉と物語の愛護の若を比較するのである。つまり秀吉の歴史を伝承として位置づけ、そのよき対象として愛護の若を並べられたわけだ。わたしも、若い秀吉の像はすべて後世に形成されたと思っている。

◎わたしは秀吉の幼名とされる日吉丸という名まえに関して、つぎのように思うのだ。秀吉が育った中村という地方が、京都比叡山の神、日吉《ひえ》山王権現信仰の地であったとすると、そこから日吉丸の名まえが出てきたのでは、と考える。日吉丸の「丸」は古代の男性名の下についた「麻呂」とか「麿」の字が変化して「丸」になったもので、「丸」は男の子の尊称として、源義経の牛若丸や、説教節の信徳丸などが思い出されるが、実名として信長に仕えた森蘭丸（彼は信長のお稚児さん的存在が成長したのだと思う）などが想起される。日吉山王の現身としての「日吉」と「丸」が組み合わされて、「日吉丸」の名が生まれてきたと思うのだ。またわたし自身少年のころ秀吉を識るのは、少年向けの漫画だったかもしれないが、若き秀吉がどこかの橋の上で寝ていると、蜂須賀小六という後に秀吉の家臣となる武将が通りかかって月夜の中で秀吉を発見し、これを引き取って養ってやった、というふうに展開していたと思う。

◎松田先生はまた、折口信夫の「貴種流離譚」という物語の構造を、この二人の少年たちの活動に結びつけて、その共通性を説いている。秀吉はさまざまに放浪しながら、松下嘉兵衛という織田信長の家臣と出遇うことになっており、愛護の若は文字通り流離の旅を続けながら、結局最後は死に至るのであり、明暗がふたりを最後に分かつ。松田先生の追究は、日吉山王が信長の比叡山焼き討ちで焼亡したあと、秀吉がこれを再建したこと、秀吉を祀った豊国大明神を徳川家康が毀損したことへと及んでいく。そのような連続と逆転の歴史の流れの中に秀吉は立っていたのである。秀吉と愛護の若の物語の関連性を説いた考えは、おそらく松田先生以外だれもいなかったであろう。秀吉の栄華のみが印象的で、このような物語世界との連関など思いつくことが普通はできない。以上で、「太閤記」解読を終わろうと思う。

◉第八章

江戸中期の思想家は、天皇をどう考えていたのだろうか？

●テクスト
新井白石「読史余論」＋「折たく柴の記」

●出典
『読史余論』新井白石著、村岡典嗣校訂、岩波文庫、一九三六
『折たく柴の記』新井白石著、松村明校注、岩波文庫、一九九九

◉新井白石（一六五七〜一七二五）は江戸時代中期の一七〇〇年代前半に活躍した学者で、徳川幕府とも関係が深かった。ちなみに、この「読史余論」は第六代将軍の徳川家宣のために講義した日本史の授業の草案をまとめたものであるという。初代将軍の徳川家康は、儒学者の林羅山に師事し、中国、日本の古典の講義を受けているので、徳川将軍たちは、勉強好きであったのかもしれない。白石の時代、鎖国時代の真っ只中であったが、白石は小さいころから、諸外国に関心を持っていたという。のちに、「西洋紀聞」を書いている。

◎「読史余論」の内容をおおまかに言うと、古代は藤原氏など貴族が天皇を補助しながら、時代の治政を執りしきっていたのだが、やがて武家の時代になった。その武家が政治を行なう中核となっていることの正当性を描いている。武家政権の生まれたばかりの源頼朝の時代、頼朝（源氏）は平氏とともに、天皇のための両輪となって政治を補助したい、と言明していたのであり、当時の政治の中心には後白河法皇（上皇）がいた。そして、以後、北条氏、足利氏などが、政治の世界でもしだいに大きな位置を占めるようになった。武家政治の完成者でもある徳川家は、天皇とのあいだにどのような関係を築いていたのか。本章では、学者であり、政治家でもあった白石が、天皇の歴史をどう見ていたか、を探っていきたい、と考えた。しかし、取り上げている天皇の記述内容が、北畠親房の「神皇正統記」（本書、第五章）と重複することも多いので、各天皇への詳細な言及部分は省略し、白石の「折たく柴の記」に描かれた天皇や元号の問題を、補遺として引用することにした。

◎この書の構成はかなり複雑で、天皇の時代から武家時代の始まりまでを「一変」から「九変」と名づけて、それぞれの「変」に何が起こったのか、こうだから、「変」つまりは変化、変革として分析した。そのような九度の変転、「九変」と武家時代の「五変」によって現在（徳川幕府時代）までの日本の歴史と天皇観を捉えようとしたものである。

「読史余論」

◉この「読史余論」は、三巻に分れているが、多くは天皇時代から武家への歴史的展開のなかに、日本の歴史を捉えようとしている。いわゆる編年体の体裁をとらない、非常にユニークな叙述であったと言える。

◎第一巻の全体の構成としては、まず、概論ふうに「一変」から「九変」までと、後半の「一変」から「五変」までを観察し、そして、「一変」から「九変」までを、その時代の各天皇を紹介しつつ、時代を分析、解釈している、丁寧な本であると言える。しかし上述したように、第五章との重複を避けて、見出しを抽出してみた。なお、引用文中に小字で組まれた文章は［ ］でくくることにした。旧漢字は新漢字に改め、適宜ルビ、読点を付け、送り仮名を補った。一部、漢字を平仮名に改めたところもある。

◆読史余論第一巻

●本朝天下の大勢、九変して武家の代となり、武家の代また五変して、当代におよぶ総論の事。

◉この第一巻では、上の見出しのごとく、天皇中心の社会が「九変」とあるように、九回の変遷を経ながら、しだいに変わり、源頼朝の鎌倉幕府開設に始まる武家の時代になると、今度は「五変」と白石がよんだ五回の変改を経て、徳川時代を迎えたのだ、という趣旨のもとで書かれている。それらの「九変」や「五変」が正当かどうかは、この書を読む人がそれぞれ考えればいいのであり、あくまで、新井白石の固有の発想と思想がそこに表現されているのである。非常にユニークな捉え方であり、いわゆる弁証法的展開ではないにしろ、社会がさまざまな矛盾を内包することで、変化してきたのだ、という考えは正しいと思われる。

★神皇正統記に、光孝〔天皇〕より上つかたは一向〔すべて〕、上古也。万《よろず》の例を勘《かんが》ふるにも、仁和《にんな》〔光孝、宇多天皇の頃の元号〕より下《しも》つかたをぞ申すめる。五十六代清和〔天皇〕、幼主にて、外祖〔藤原〕良房、摂政す。是《これ》外戚専権の始め〔天皇の母の父を外祖父、妻の父を外舅、あるいは総称として外戚と言い、この外戚が摂政となって天皇の政治を助けた、という以上に専ら政治を担当した。これは外戚政治ともいうべき治政の体制であった〕。

◎ここで書かれている「神皇正統記」は、上述したように、第五章で取り上げた北畠親房の書いた本であり、最初から、天皇に関する歴史と、北畠親房がそれほど肯定したわけでない、武家の時代の交錯を観察した本であった。学者の北畠親房は、後醍醐天皇のときの政治的イデオローグであり、「神皇正統記」は、天皇制がいかに正当であるかを証明すべく、各時代の天皇について述べた本であった。そこで、まず、白石理論の基本構造の「九変」をざっと概論のように纏めている。そして、その「九変」については、以下に詳述されているという構成になっている。

★五十六代清和〔天皇〕幼主〔幼い年齢で即位した天皇〕、外祖〔母の父〕〔藤原〕良房、摂政す〔幼い天皇に代わって政治を行なう官職のこと〕。是、外戚〔天皇の母の親族〕専権〔専ら権力をふるう人〕の始め。〔一変〕

★〔藤原〕基経、外舅《がいきゅう》〔妻の父〕の親によりて〔基経の娘、頼子と妹子のふたりが、清和天皇の女御であった〕、〔五十七代〕陽成〔天皇〕を廃し、〔五十八代〕光孝〔天皇〕を建てしかば〔光孝天皇を即位させたので〕、天下の権、藤氏〔藤原氏〕ニ帰ス〔ここは漢文であるが、便宜上、読み下し文とし、片仮名で補なってある助詞などは原文のママとした。引用者註。本文ではこのような部分的漢文が、和文の本文にちりばめられて挿入されているのである〕。そののち関白を置き、或は置かざる代ありしかど、藤氏の権、おのづから日日に盛ん也。〔二変〕

◎藤原氏北家の系図を見ると、冬嗣の息子、長良の娘の高子と、冬嗣の息子良相の娘、多美子が、清和天皇の女御になっており、上にある基経は、同じく冬嗣の息子、良房の養子であるが、その娘ふたりが清和天皇の女御になっているので、この冬嗣、良房、基経の系譜の四人の娘たちが、清和天皇の女御になっているのだ！　そしてこの系譜の少しあとが、兼家から道長、という藤原氏の主流となるのだが、すべて、外戚政治の各時代の担い手であったのだ。

◎藤原基経は上記の藤原氏主流を築いた元祖のような存在で、かつ当時の天皇だった陽成の外戚（妻の祖父であった）で、摂政を務めた権力者で、陽成天皇を退位させ、光孝天皇を即位させたのだという。そして、この基経の行動が、藤原氏が権力を握った嚆矢、すなわち最初であり、その後、関白を置いたり、あるいは置かなかったりしたが、藤原氏の権力は日々、盛んであった。関白とは、成人した天皇に代わって政治を補佐し、執行する役職のことを言う。天皇が幼少の頃、天皇に代わって政治を行なったのが摂政である。この天皇が成人すると関白となった。関白の始まりを新井白石は「二変」と規定した。

★六十三代冷泉〔天皇〕より、円融・花山《かざん》・一条・三条・後一条・後朱雀・後冷泉、凡《およ》そ八代、百三年の間は、外戚、権を専らにす。〔三変〕

★後三条・白河両朝は政《まつりごと》天子において出ず。〔四変〕

★堀河・鳥羽・崇徳・〔白河六年、鳥羽十三年〕近衛・〔鳥羽十四年〕後白河・二条・六条・高倉・安徳・〔後白河三十余年〕凡そ九代九十七年の間は、政《まつりごと》、上皇において出ず。〔五変〕

★後鳥羽・土御門《つちみかど》・順徳、三世、凡《およ》そ三十八年の間は、鎌倉幕府鎌倉殿〔源頼朝、頼家、実朝まで三代は、鎌倉幕府の将軍〕天下兵馬の権を分掌せらる。〔六変〕

★後堀河・四条・後嵯峨・後深草・亀山・後宇多・伏見・後伏見・後二条・花園《はなぞの》・後醍醐・光厳十二代、凡そ百十二年の間は、北条、陪臣にて国命を執る。〔七変〕

◎北条、陪臣にてとあるのは、言い方があまり正確ではないが、天皇に対して頼朝が臣下だとすれば、北条氏はその臣下だから、天皇から言えば、臣の臣ということになるので、陪臣とよんだわけだが、鎌倉幕府草創の源頼朝は東国で挙兵する以前は、朝廷の武官系の貴族出身であるから、もと天皇の臣下であったから、頼朝の配下にあった北条氏は陪臣ということになる。また、頼朝は天皇から征夷大将軍の地位を貰うなど、あくまで下位にあったことも事実である。天皇に匹敵する存在になってからは、力関係は天皇、朝廷に負けてはいなかった。しかし、徳川家康なども天皇から征夷大将軍とされているので、白石流に言えば、臣下となってしまう。「徳川実紀」で見たように、家康は天皇より上位とは言えなかったが、臣下などではなく、対等以上の付き合いをしていたと言っていい。北条氏は源実朝の死後は執権として鎌倉幕府を統括してきたが、征夷大将軍として親王を鎌倉に迎えようとしたが、天皇はこれを拒否して、摂関家の幼児などが送られていた。しかし九代まで北条氏の幕府は続いた。この北条氏が武家の中核として政治に関与したことを「七変」とした。

★後醍醐〔天皇〕重祚《ちょうそ》す〔一旦退位したが、また即位した〕。天下、朝家〔天皇家〕に帰する事、纔《わずか》に三年。〔八変〕

◎後醍醐天皇は厳密には重祚ではなく、即位したあと、北条氏の統轄する鎌倉幕府に対し、天皇親政を実現しようとしたが、発覚し、隠岐に流された。しかしここを脱出して、再び、「新政」と称して、征夷大将軍を置かない天皇として自立しようとした。この経緯は「太平記」が詳細に書いている。新田義貞が後醍醐側、足利尊氏が反後醍醐派として戦争したが、結局後醍醐は敗れ、自らは奈良の南部の吉野に逃れ、ここに南朝を開き、いわゆる南北朝時代が始まったのである。後醍醐が天皇位についたのは、結局三年だったというわけだ。この後醍醐の抵抗を指して、「八変」とした。

★そののち、天子蒙塵〔後醍醐天皇が吉野に逃れたことなど〕、源尊氏〔足利尊氏は源氏と名のったので、こう書かれている。のちの家康も源家康とサインした〕、光明〔天皇、京都に残った天皇を北朝とよび、北朝の天皇だったが、のちに公認されなかった〕を立て、共主となしてより〔あとで説明する〕、天下ながく武家の代となる。〔九変〕

◎南北朝とは、京都に残った天皇の系譜を北朝と言い、後醍醐以後の天皇と吉野に朝廷があったかどうか、明確ではないが、ともかく、この領域を南朝と言った。北朝と南朝は交替で天皇を出したのだが、これを「共主」と白石は言ったのだろうか。この天皇の系譜の二重性は、のちに統一されて北朝系の天皇たちは天皇家の系譜から抹消され、無化されていった。足利尊氏が天皇の系譜や政治に多く関与したためか、武家の時代が始まったと白石は規定している。これを「九変」としている。以下、武家の時代の動静を、また「一変」から「五変」として位置づけている。

★武家は、源頼朝、幕府を開きて、父子三代〔頼朝、頼家、実朝〕、天下、兵馬〔兵隊と騎馬、軍隊のこと〕の権を司《つかさ》とれり。凡そ、三十三年。〔一変〕

◎武家の時代の始まりは、貴族のなかから武家的軍事活動を得意にする源氏と、平氏が現れ、この源平というふたつの氏族の抗争の最後に勝利した源氏の嫡男、頼朝に始まったと言える。しかし、その子、頼家、その息子公暁によって暗殺された弟の実朝の三代で、源氏は滅び、生き残ることができなかった。ともかくこれを武家時代の「一変」とした。実朝は歌人でもあり、京都から招待した藤原定家の指導もあって、「金槐和歌集」を残しているが、表現が素朴で、定家から「本歌取り」という和歌の基本を教えられたのだが、それほど巧妙ではなかった、と読者としてのわたしなどは思ったのだが、明治以降、斎藤茂吉ほか吉本隆明などが、実朝を賞賛している。実朝は兄頼家の息子の手で暗殺されたが、そのようすは、鎌倉幕府の作った「吾妻鏡」やほかの諸本でだいぶ違っている。わたしなどは、つぎの幕府の執権となる北条義時の指示で殺されたのではないか、と考えたこともある。これに引きかえ兄の頼家は遊び好きで、京都から蹴鞠の師匠などを呼んで教わっている。「吾妻鏡」によれば、頼朝と親しかった文覚という僧をよんで説教してもらったのだが、その精神はあまり変化しなかったようだ。武家社会の始まったことを「一変」としている。

★平義時〔北条氏は平氏系であったから、こう書かれている〕、承久の乱後〔後鳥羽上皇の反幕府闘争、後鳥羽側はすぐ敗れて、後鳥羽は隠岐に流された〕、天下の権を執る。其ののち七代、およそ百十二年、〔北条〕高時が代に至りて滅ぶ。［二変　○この時に摂家〔摂関家〕将軍二代、親王将軍四代ありき。］〔文中の○は、原文の通り〕

◎北条家は義時の父、時政が伊豆の平氏系の豪族で、伊豆に流罪となっていた源頼朝と関係ができ、娘の政子が頼朝の妻になったため、以後、頼朝の東国での活動に参加した。息子義時の時は、頼朝の息子実朝が暗殺されたため、鎌倉幕府を維持するべく、時政と義時は、執権として権力を掌握することになった。そして後鳥羽天皇の息子の親王のひとりを鎌倉に来させて征夷大将軍とすることを望んだが、結局果たすことができず、まだ幼児の摂関家の幼年の藤原（九条）頼経を代理として鎌倉に迎えた。この摂関家の子どもの将軍が二代続いたが、その後は親王を迎えてこれを将軍とした。［ ］内の記事はそのことを指しているのである。親王将軍四代とあるが、北条家は高時まで九代続いたのであるから、後半の将軍はどうしたのであろうか。秋山哲雄『鎌倉幕府滅亡と北条氏一族』（吉川弘文館、二〇一三）をかつて読んだが、内容は残念ながらあまり憶えていない。児玉幸多編『日本史年表・地図』（吉川弘文館、一九九五）を見ると、摂関家将軍は、頼経のあと、頼嗣になり、その後、宗尊親王、維康親王、久明親王、守邦親王と続いて、その後、足利尊氏となっているので、鎌倉幕府は後醍醐天皇の建武の新政とよばれる頃、高時を最後に崩壊したようだ。なお、引用文中の承久の乱では、後鳥羽上皇が北条義時の鎌倉幕府に敗れたことは上述した。

★後醍醐中興〔新政〕の後、源の尊氏〔足利尊氏〕、反して〔後醍醐に叛逆し〕、天子蒙塵〔後醍醐が吉野に逃れたこと〕。尊氏、光明院を北朝の主となして〔天皇に即位させ〕、みづから幕府を開く。子孫、相継《あいつい》で十二代におよぶ。凡そ二百三十八年〔三変○このうち南北戦争五十四年。応仁の乱後百七年の間、天下大に乱る。実に七十七年が間、武威あるがごとくなれども〔足利の側に権力があるようだったが〕、東国は皆、鎌倉に属せし也。〕

◎後醍醐天皇が、かつて「建武の中興」と教科書などにも書かれたように、鎌倉幕府の権力に対して、天皇の側に治政の権を戻そうとした活動のあと、「太平記」が描いた後醍醐派と反後醍醐派による戦争が続き、この戦争を勝利したのは反後醍醐派の、源氏を名のった足利尊氏であった。彼は同じ東国の後醍醐派の源氏、新田義貞を攻め、足利氏が開いた室町幕府が、京都を拠点に展開する。尊氏は、まだ生きている後醍醐天皇に対して、光厳天皇を上皇とし、その弟、光明天皇を即位させたのである。後醍醐天皇の系譜は京都の遥か南に位置する吉野に王朝を開いたので南朝とよばれ、京都の光厳上皇や光明天皇は北朝とされた。その後、尊氏の開いた室町幕府は十二代続くことになった。これを「三変」とした。

★足利殿の末、織田家〔信長の系譜〕勃興して、将軍を廃し〔室町幕府の幕を閉じさせ〕、天子ヲ扶《たすけ》テ、天下ニ令セント〔天子以下原文は漢文〕、謀《はかり》しかど、事いまだ成らずして〔凡そ十年がほど〕、其の臣、〔明智〕光秀に弑《しい》せらる〔殺された〕。豊臣秀吉、其の故智〔智略〕を用ひ、自ら関白となりて、天下の権を恣《ほしいまま》にせしこと、凡そ十五年。〔四変〕

◎最後の足利将軍、義昭が就任前、地方をうろついていた頃、織田家が尾張のあたりに武将として成立。信長が逃亡している将軍義昭を助けるかのようにして、いっしょに上洛。天皇に少しずつ接近し、その辺で消えかかっていた室町幕府ははっきりと崩壊した。信長も天下の覇者たらんとしたと思われるが、志半ばにして臣下の明智光秀によって死ぬことになった。豊臣秀吉がその野望を継承し、しかしその息子秀頼は、のちの覇者、徳川家康によって世を去って行くことになる。いわゆる戦国時代が家康の出現によって終焉し、純粋の武家政治が開始されたわけだ。この秀吉までの展開を「四変」とした。

★そののち、終《つい》に、当代〔徳川時代〕の世となる。〔五変〕

◎こうして現在の、始祖徳川家康以降の将軍たちの時代が展開した。これを「五変」とし、真の武家時代が始まるまでを九変、五変の展開として、新井白石は捉えたのである。勉強家の白石は天皇の歴史も詳しかったが、この書は徳川幕府の正統性を説くために書いた本であり、武士社会の近世までの世界をも肯定せざるを得なかった。

◉ここで総論は終り、以下にそれぞれの変化の詳細が記されていくのだが、ここではそれぞれの項の全体は省略し、それぞれの見出しを掲げておく。

★

〔一変〕本朝幼主ならびに摂政始め。つけたり　藤〔原〕氏建家一等〔藤原家を貴族のなかでトップとして確立した〕の事。

〔二変〕関白ならびに廃立〔天皇を廃して、つぎの天皇を即位させること〕始めの事。

〔三変〕冷泉〔天皇〕以後八代の間、摂家〔摂関家＝藤原氏〕の人々、権を専らにせられし事。つけた

り　天子、院号の始め〔天皇を「院」とよぶようになった〕の事。
〔四変〕　後三条院、摂家の権を抑《おさ》へ給ひし事。
〔五変〕　上皇御政務〔上皇による政治〕之事。
◎この項に、武家の時代の始まりでもあった保元・平治の乱のことが詳しく述べられ、次項の鎌倉幕府成立の前時代を描出している。
〔六変〕　鎌倉殿〔源頼朝以降の鎌倉幕府の首長をこうよんだ〕天下之権ヲ分掌スル事。
◎源頼朝の鎌倉幕府が、関東平氏らを御家人として掌握し、関東全域を支配下に収めた。また源義経らを派遣して、京都平氏を追討し、また奥州の実力者、藤原秀衡一族を討滅。東国（京都以東の諸国）を掌握し、京都朝廷と日本国を二分して支配するようになった顚末を描いている。
〔七変〕　北条九代〔北条氏が執権となってから、初代の時政から最後の高時まで九代続いたが、これを十四代とする考えが現在通用している〕、陪臣〔ここでは北条氏を陪臣と言った〕にて、国命〔国の命令〕を執《と》りし事。つけたり　皇統分れ〔後醍醐天皇の吉野の南朝と、京都の北朝に二分された〕、ならびに摂家五流〔五家〕となる事。
〔八変〕　後醍醐復位の事。
〔九変〕　南北分立の事。
◎源頼朝の征夷大将軍時代は実朝を最後に三代で終った。実朝は京都朝廷との関係も悪くなく、つぎの将軍として後鳥羽天皇の親王を望んでいたが、それが成立する以前に実朝は死に、結局、摂関家から幼児の将軍候補を得て、これが第四代将軍となる。第六代将軍から天皇の息子の親王を迎えることができたのである。そして、戦後の北条氏研究の本を読むと、源氏三代のあと、鎌倉幕府を牛耳ってきたという理由で、執権としての北条氏は嫌われていることが解る。しかし、鎌倉幕府をしっかりとした政治体制として完成したのは、北条氏の義時や泰時以下の系譜の人たちであり、彼らがまさに「武家の時代」を完成させていったのである。評価を変えねばならない、とわたしなどは考えている。そしてこの最後の執権の高時の時代に、後醍醐天皇が登場し、彼の活動に呼応する東国武士の新田義貞などが、鎌倉幕府を倒したのである。それに対し、足利尊氏は最初は後醍醐側につきながら、途中で、反後醍醐天皇派となって、後醍醐天皇を奈良の南部、吉野の方においつめ、みずから室町幕府を開いたのである。当然、新田義貞は「親天皇派」であり、足利尊氏は「反天皇派」であって、戦後も長く、尊氏は「悪役」として好かれなかった。しかし、武家の時代、という新たな時代の幕開けと展開を考えると、新田義貞はあまり革新的武家ではなかったことになる。ここで、白石の考えを紹介しておこう。

★謹按《つつしんであんずるに》、鎌倉殿〔源頼朝〕天下の権を分かたれし事は〔頼朝は主として日本国の東半分を統治したのだが、ここでは権力を握ったのは、の意か〕、平ノ清盛、武功によりて身を起こし、遂に外祖〔外戚。娘の徳子を高倉天皇に嫁がせ、徳子はつぎの天皇となる安徳天皇を生んだので、清盛は、藤原氏のように外戚となった〕の親をもて権勢を専《もっぱら》にせしによれり〔かつての藤原氏と同じ道を歩んだのだ〕。清盛、かくありし事も、上は〔後白河〕上皇の政《まつりごと》みだれ、下は藤氏〔藤原氏〕累代〔代々〕権を恣《ほしいまま》にせしに倣《なら》ひしによれる也〔藤氏が権力を何代も持ち続けたのを、清盛は模倣したためであった〕。

◎ここで、新井白石の考えが述べられる。武士政権の最初である源頼朝が天下の権を掌握したのは、平清盛は中級貴族の家系にあったが、保元・平治の乱をきっかけにしだいに出世し、朝廷武士のトップとして天下の権を握り、藤原氏と同じように外戚となったことを、頼朝は繰り返さず、日本国の西国は天皇と朝廷が、東国を鎌倉幕府が、という形で治政権を二分したことにある。ただし、頼朝もまた娘の入内を希望したがうまくいかなかったのであるが。しかし、清盛が権力者のトップに立ったというのも、当時、権力を握っていた後白河上皇の政治が乱れ、そのために武官系の中級貴族（平氏）が外戚になるという、かつてなかった歴史を切り開いたために、武家による政治が展開するようになったのだ、と白石は言う。
★されば王家〔天皇家〕の衰《おとろえ》し始めは、文徳〔天皇〕、幼子をもてよつぎ〔世継ぎ〕となされしによれりとは存ずる也。
◎そう考えると、天皇家が衰退し始めたのは、平安時代前期の文徳天皇が九歳の子どもを次期天皇にしたことが最初だったのではないだろうか。つまり、白石は天皇家が武家社会に政権を握られるようになったもとを辿ると、と言って、文徳天皇まで遡ったのはなぜだろうか。それは、この天皇の時代から、しばしば幼少児の天皇が即位し、そのため、藤原氏のような上級貴族が、摂政や関白となって、天皇に代わって政治権力を握るようになったことが、そもそもの天皇王権の衰退を招いたのだ、と白石は考えたようだ。それ以来、日本国の政治は貴族のトップの藤原氏の手中に収まり、しかし、その時代は長く続いたが、さらに「貴族政権」から「武家政権」の時代を迎えることになったのであると。
★〔足利〕尊氏、天下の権を恣《ほしいまま》にせられし事も、後醍醐〔天皇〕、中興の政〔いわゆる建武の中興、あるいは新政という政治的革命〕、正しからず、天下の武士、武家の代をしたひし〔慕いし、望んだ〕によれる也。
◎足利尊氏が天下の権を取ったというのも、後醍醐天皇が、摂関政治を拒絶するべく建武の中興という天皇親政の時代を作るために、武士を必要としたからである。後醍醐天皇を支持する親天皇派の新田義貞たちと、北朝を作った足利尊氏一派は闘争し、ついに後者が勝利する。そこで尊氏以降、室町幕府が開かれて、鎌倉幕府以来の武家による政治を継承した。以降、天皇は単に存在するだけという、社会の構造が定着していくのであり、後醍醐天皇の方向性はまちがっていた、と白石は言う。そしてその武家社会の形態は現在に及んでいるのだ、と白石は重ねて言う。
★尊氏より下は、朝家はたゞ虚器〔存在の意義を喪失した三種の神器〕を擁《よう》せられしまゝにて、天下はまつたくの武家の代とはなりたる也。

◎これはすぐ上に書いたとおりである。新井白石の、天皇王権の代役としての武家時代への移行を、この謹んで按ずるに、で語ったわけだ。以下に、白石の考えた天皇家の展開が描かれているが、とりわけ新しい見解というわけでなく、「神皇正統記」などに従っていると思われる。ただし、本文を文徳天皇から始めている。そして「一変」から「九変」を詳述した。途中、武士の勃興も詳しく描写している。しかし、「五変」に関する考えは省略されており、その考えは第二巻で詳細に描かれている。

◆読史余論第二巻

◉この第二巻は、古代の天皇も武力によって成立してきた次第を述べ、あたかも古代天皇時代も武家的能力が必要だったことを強調している。ただし、その時代は長くは続かなかった。貴族的天皇の時代が長く続いたのである。

○上古、征伐、天子より出《いで》し事。

★神武〔天皇〕、日向より起《おこ》り給ひ、筑紫の国を平らげ〔平定し〕、安芸の国に渡り、吉備の国を経て、遂に大倭《やまと》の国を討ち平らげ、畝傍《うねび》の山を開き、橿原の宮にして帝位に即《つ》き給ひしより、（以下略）

◎まず初代の天皇と言われる神武天皇の事績を大まかに紹介することから、巻二は始まっている。そして以下に「古事記」「日本書紀」が描く古代の天皇について述べられている。第十二代の景行天皇のとき、筑紫の熊襲が叛乱を起こし、派遣されたヤマトタケル（日本武尊と「日本書紀」の表記では書かれている）による征討した事績、東夷（関東から東北地方にいた蝦夷たち先住民族）の反抗をも制圧した事績が描かれる。以下、各時代に活躍した武士たちを描出し、これに関わった天皇を描くのがこの章の論旨である。九州の熊襲や隼人とよばれたいわば先住民は比較的容易に平定され、天皇王権のもとに組みこまれたような感じがするが、関東から東北にかけての先住民、蝦夷は、天皇王権になびいた熟蝦夷（にぎえびす）もいたが北へ北へと追われながら、いつまでも天皇王権になびかない荒蝦夷（あらえびす）とよばれた人たちも多くいたのである。源頼義、義家父子の前九年、後三年の闘いもそのような蝦夷たちとの闘争であり、坂上田村麻呂や源頼朝の奥州戦争が最後の闘いであったようだ。

★初め神武東征し給ひしより此かた、代は三十八代、年は千二百二十五年が程は、国中に皇化〔天皇王権へ組みこむこと〕に従ひまいらせぬものある時は、天子みづからこれを制し、或は皇子〔ヤマトタケルのように〕して是を討たしめらる。その中、神功〔皇后〕斉明〔天皇〕のごときは女主〔女性天皇や皇后〕にておはしませしかど、皆、親《みずか》らこれを征せられき。

◎大和の天皇王権を全国的にするべく、多くの遠征が行なわれたのだが、天皇自身や皇子がこの戦闘を指揮してきた。神功皇后は朝鮮半島を征討したのだが、これは、文中の「皇化」のようなものでなく、海外での戦闘であったのだが、と白石は述べている。いずれにしろ、武力によらない征服はありえなかったのである。このような先住民征討が長く行なわれてきたことを白石は詳述している。

○中世以来、将帥《しょうすい》の任、世官、世族となりし事。

◎武士の原形とも言える平将門や藤原純友の乱の話から、この項は始まる。さらに、関東で将門に続いて乱を起こした、平忠常や、前九年、後三年の役の話が出る。そして、朝廷内貴族の源氏などが、武官的貴族となり、世襲されていった過程を述べる。征夷大将軍、のちに頼朝が天皇、朝廷から与えられた官職は、貴族武士たちにとって最高の栄誉になり、その歴史は古く遡る。そして源氏や平氏というふたつの武士化した貴族たちが、後胤、つまり天皇の系譜から出ていることの重要性を説く。桓武平氏や清和源氏が有名だが、もっといくつかの平氏、源氏がやはり後胤として、武士化を遂げていく。

★白河法皇、朕が心にかなはぬは、双六の賽《さい》〔さいころ〕・山法師〔比叡山延暦寺の大衆《だいしゅ》とよばれた僧兵〕と仰せられしといふ也。此比《このごろ》は山僧〔山法師〕のみにもあらず、三井〔寺〕・興福〔寺〕の僧徒等も、やゝもすれば、兵革〔武器〕を動《うごか》して、朝威を蔑如《べつじょ》〔ばかにする〕せしと見えし。

◎白河ノ法皇が、自分のおもいのままにならないものは、すごろくで使うさいころの目（一から六まであって、投げたら何が出るか誰にも解らない）、また、比叡山延暦寺の僧には学僧といって、学問として、あるいは実践活動として仏教に励んだのであるが、僧兵とよばれた山僧は武装しており、何か要求があると、京都市内に降りて来て、朝廷に暴力的に直訴したので、これもどうしようもなかったのである。僧兵は清盛の時代から、信長の時代まで大きな勢力として存在し、後白河法皇なども比叡山に逃げこんで僧兵の力を頼ったこともあった。この僧兵は南都の興福寺やその他の寺々にいて、ある勢力となってきた。これらはすべて、武力を背景にしたものであった。

○源頼朝父子三代の事。

◎この項は、源頼朝の幕府開設の動きや、突然のように現れた弟義経との不和などを書いたあと、基本的にはその息子頼家、実朝の消息を細かく描出している。天皇に関する記載はほぼないに等しい。武家社会の出発点を描くことが重要だったのであろう。

★正統記〔神皇正統記〕にいはく、白河・鳥羽〔天皇〕の御代の此《ころ》より、政道の古きすがた漸々《ようよう》おとろへ、後白河〔天皇〕の御時、兵革〔武器と鎧、兜、すなわち、いくさ、戦争〕起こりて、姦臣〔平氏を指すであろう〕世を乱《みだ》る。

◎天皇の名まえは出るが、むしろ王権の停滞と衰微を嘆くように書いている。後白河天皇は二条天皇に譲位して上皇になり、院政を開始した。そして出家して以来、後白河法皇とよばれることが多いが、平家の清盛などに翻弄され、つぎは平家を西へと後退させた、木曾義仲には蹂躙され、苦しい上皇、法皇時代を送ったのであるが、源義経がリーダーとなって、平家を福原の一の谷の合戦で破って、西海に追いやって京都に戻ると、後白河は喜んで彼を検非違使の尉という官職につけた。しかし、自分の認可なしに官職を得た義経を、鎌倉の頼朝はしだいに遠ざけるようになったという。わたしは、原因はほかにあったのではと考えているのだが、義経は平家の大将宗盛父子を鎌倉に連れて行くが、頼朝は会わなかった。義経が書いた「腰越状」が有名だ（「吾妻鏡」）。せつせつと訴える義経、完全に無視する頼朝という構図は、頼朝＝悪役、義経＝善玉という図式は一般化されて世に伝わった。しかし天下〔東国〕の権を握った頼朝は、それ以前から、京都の後白河法皇と手紙のやりとりなどしており、以下、この法皇と武家の最高権力者のあいだで、政治的体制が決まっていった。頼朝は全国の荘園などに鎌倉御家人の「地頭」を派遣し、諸国に「守護」を配置して、幕府の政治的影響を強化していったのだ。

★頼朝、一臂《いっぴ》〔片腕の意味だが、まあ、力を〕を揮《ふる》って其の乱を平らげたり。王室〔天皇と朝廷〕はふるきに帰るまでなかりしかど、九重の塵《ちり》もおさまり、万民の肩も休まりぬ。上下〔上層の人も下層の人も〕、堵《と》を安くし〔堵は、垣根とか、居所のこと。すなわち安心して生活できるようになり〕、東より西より其の徳に服せり〔頼朝の徳のおかげをこうむった〕。又、云ふ。およそ保元平治より此のかたの世のみだりがはしきに、頼朝といふ人もなく、〔北条〕泰時といふ者〔北条氏の執権三代め〕なからましかば、日本国の人民いかゞなりなまし。

◎頼朝の功績を書き、しかし、天皇はもとの王権をそのまま取り戻すことはなかったが、おかげで皇室も朝廷も安泰になったと書く。北条泰時は、初代の北条時政、義時、と続いた北条氏の三代めであり、義時、泰時によって鎌倉幕府の体制はしっかりと固まった。鎌倉幕府が、承久の乱で後鳥羽上皇側を敗退させた時は、叔父の時房とともに幕府側のリーダーとして活躍し、北条氏時代の初期に始まった、御家人たち十三人だったかによる合議制的政治を、評定衆とよばれるリーダーたちの合議制度を確立した執権であった。頼朝と泰時という武家たちが出現しなかったら、その後の日本国はどうなっていたか、と嘆いている。そのくらい、武家派の治政の時代を確立するのに、頼朝やそれ以降の北条氏執権時代を、白石は評価しているのであった。

○北条、代々天下の権を司りし事。

◎鎌倉幕府の将軍が頼朝から、息子の頼家に移ったとき、この青年が遊び好きで治政者としては不向きと考えたのか、頼朝の妻の政子の父だった北条時政と息子の義時が中心となって、合議制的政治体制を作り出し、三代めの泰時のとき、評定衆という合議制の担い手集団を作ったのであった。この前後から、幕府は開設時の中心メンバーだった武将たちを少しずつ締め出し、体制を一本化する方向を取り入れた。これが、北条氏執権の幕府を固め、さらに朝廷への発言力を増加して、天皇の譲位、即位にも容喙するようになったとされる。それだけ、天皇の政治力は弱まり、天皇自身、無力化していったと言える。新井白石は、二代めの執権、北条義時を、以下のように推定している。

★本朝古今、第一等の小人、義時にしくはなし〔一番の小悪人は義時である〕。三帝二王子を流し、一帝を廃しまゐらせ、（中略）〔頼家の息子〕公暁をして実朝を殺させしありさま。其の姦計おそるべし。

◎三帝二王子を流し、とあるのは、後鳥羽上皇による逆クーデタとも言うべき承久の乱において、後鳥羽上皇方がたちまち敗れると、後鳥羽上皇を隠岐に流罪とし、順徳上皇を佐渡、土御門上皇を土佐に流し、仲恭天皇を廃位させたのであるが、これにはさすがの白石も遺憾の意を表し、天下第一等の小人、とこきおろしている。この時、京都を攻撃したのは北条泰時と、義時の弟、時房をリーダーとする鎌倉武士団であったのだが、泰時は穏健派で最初は反対したらしい。しかし、結局、京都を攻撃し、そのあとは京都の六波羅探題北と南の長官として、このふたりは京都に残って、鎌倉幕府の権力を、天皇や朝廷に及ぼしたわけだ。わたしも、実朝が殺されたとき、これは「吾妻鏡」の記事であったが、実朝が征夷大将軍に任じられた時だったか、鶴岡八幡宮に拝賀の儀礼を行なったのだが、実朝のすぐ後方を行列していた義時が、なにか気分が悪くなったとかで、行列の外に出てそこにとどまった、と書かれていたので、義時のその行動に疑問を感じたのであったが、白石は、ずばり、義時が実朝暗殺を、公暁に教唆したのだ、と書いている。この暗殺は八幡宮のやや小暗い石段のあたりで、とあって、「北条九代記」や「保暦間記」などで、記述の内容はいろいろ違っていて、明確なところは解らない。なんかの本には三人の美僧が実朝に襲い掛かったとあり、なんとなく色っぽい情景を連想させていた。源氏からリーダーの位置を奪い取った北条氏、というイメージがある時代から生まれて来て、北条氏を貶める発想は、戦後でさえも続いたようだ。現在の中世史家でそんなことをまじめに発言する人は皆無のように思われる。

○後醍醐帝、中興御政務の事。

◎後醍醐天皇の反幕府活動やその展開に関しては、「太平記」が詳しいのであるが、後醍醐大皇がやりたかったのは、「天皇親政」ということたったことぐらいしか自分には解らない。活動がちぐはぐで、はっきりしないのだ。もっと研究したあとでないと、しっかり発言できないのである。ただし、最近感じるのは、楠木正成とか新田義貞とか、楠木正成の出自はあまり明確でなく、日本中世史の網野善彦氏などは、当時悪党とよばれていた豪族でもあり盗賊でもあるような人物を想定していたようだが、新田義貞は上野国《こうずけのくに》の豪族武士であった。武士は多く、地方の豪族が土地争いなどのために武力を保有するようになったことから誕生したのでは、と考えているのだが、新田義貞は武家でありながら、「親天皇派」であり、武家社会の推進者ではなかった、ということである。「武家派」と「親天皇派」の抗争が、後醍醐天皇の味方になるか、敵になるかしたのである。足利尊氏もどっちつかずの「派」であったが、やがて「武家派」に定着して、後醍醐天皇を吉野に追いやり、みずからは室町幕府を開設した。「太平記」を読み直さねば、と思っているしだいである。この項をもって第二巻は幕を閉じている。第三巻もまた、武家の時代を書いているので、見出しだけを追ってみる。

◆読史余論第三巻

◉この巻は、上述したように、武家の時代を豊臣秀吉の時代まで書いている。徳川家康は「神祖」として最後に現れるが、その事積などはまったく書いていない。次に見出しのみ、書いていく。

○**足利殿、北朝の主を建てられし事。**
○**室町家代代将軍の事。**
○**信長治世の事。**
○**秀吉天下の事。**

◉室町時代に関して、ほとんど勉強していないので、白石の書いていることを紹介するだけになってしまう。これでは書く愉しみもあまり、ない。信長、秀吉に関しては、本書第六章や七章を書くべく、さまざまな本を読んだので、私見はいろいろあるが、また改めて書くほどの考えもないので、ここでこの本の観察を終了し、「折たく柴の記」に現れている天皇や天皇が発令する元号などについて触れ、この章を終わることにする。

補遺「折たく柴の記」から

◉「折たく柴の記」は、解説によると、「折焚く柴の記」とも書かれるらしいので、そうか、時おり、柴を焚く、つまり燃やす、そんな余暇の時間（主婦であれば別の意味になるであろうが）、なにか囲炉裏のような所で柴を使って火を焚き、鉄瓶にかけたお湯でお茶を入れる、そんな優雅な時間を想起させる。しかし、解説では後鳥羽上皇の「思い出づる折たく柴の夕煙　むせぶもうれし忘れがたみに」という「新古今和歌集」の歌をもとにしている、と一般には理解されているらしい。自分の死んだ子どもへの哀悼の歌であろうか。どちらかと言うと、わたしの理解では、白石が年老いてから、自分の歩いてきた道を思い出しながら、火鉢のなかで柴を燃やす煙を見つめ、お茶でも飲んでいる、といった光景を思い出しやすく、ああ、過去の自分に関する述懐の書なんだな、という気がするのである。

◎新井白石は、儒学者として、あるいは歴史家として、最初、甲府の徳川綱豊（のちの将軍家宣）に仕え、やがて主君の将軍への任官とともに江戸城に来たのであろう。儒学者として、朝鮮通信使の応接にあたったことから、従五位下筑前守に叙任され、千石の知行を与えられた、というから、配下を何人も持つ人ではなかったから、まあまあ、裕福な生活ができたのではないだろうか。家宣の死後は、つぎの将軍家継を補佐したのだが、家継が没し、吉宗が将軍になった頃、フリーになって、多くの学問的著述を世に残すことになった、と解説は述べている。

◎本文中、さすがに天皇関係の記事は少ないが、出てきた順に拾ってみたい。

○皇子・皇女の議、封事の事

★元亨《げんこう》・建武《けんむ》の間、皇統すでに南北にわかれ、南朝はいくほどなく絶《たえ》させ給ひぬ。北朝はもとこれ武家のために〔足利尊氏によって〕たてられ給ひぬれば、武家の代の栄《さかえ》をも衰《おとろえ》をも、ともにせさせ給ふべき御事なるに、応仁の後〔応仁の乱以降〕、世のみだれ打続《うちつづき》て、武家すでに衰給ひにし上は、朝家《ちょうけ》〔皇室〕の御事は申すにも及ばず、当家〔徳川家〕の神祖〔徳川家康〕、天下の事をしろしめされしに及びてこそ、朝家にも絶たるをも継ぎ、廃《すた》れしをも興させ給ふ御事共はあるなれ。

◎足利尊氏の時代、後醍醐天皇の南朝と、尊氏の後押しした北朝のふたつができたのだが、南朝はすぐだめになった。北朝は足利尊氏の成功、失敗をそのままかぶってきたのであるが、足利家の衰退とともに、皇室も衰退したのを、徳川家康が天下を取ると、天皇や皇室のため、尽力して天皇をもとの位置に戻したのだ、と白石は徳川家の功績を強調しているが、天皇は実際はまさに影の薄い存在として、京都で淋しい生活を送っていたのだ。白石は、天皇や皇室、皇子、皇女などへの配慮を忘れていないが、同時に徳川家の初代を「神祖」とよんで持ち上げている。これが、白石の基本的態度であった。

★しかはあれど、儲君《ちょくん》〔皇太子〕の外は、皇子《おうじ》・皇女《こうじょ》皆々御出家〔皇子をやめて出家する〕の事においては、今もなほおとろへし代のさまに、かはり給はず。

◎皇子や皇女は、天皇が一夫多妻であったため、多人数、生まれ育ったこともあったのだが、皇室にいては食えないので、出家する人が多かったのであろう。そのような状態が今も続いている。白石はその点を心配というのか、問題提起しているのだ。やはり白石の本音は「親天皇派」であったか。

★古《いにしえ》より皇子・皇女、数十人おはせませし代々もすくなからねど、その御後《おんのち》〔子どもや孫ということか。あるいはもっと長く続く系譜上のことか〕、今に至り給ふは、いくばくもおはしまさず。（中略）或《あるい》は又、皇子の御後《おんのち》多からむには、つひには武家の御ため不利の事も出来《いでき》ぬべきなど申す事もあるべきにや。
◎皇子、皇女は、上述したように大勢生まれることもあった。しかし、その子どもや孫、あるいは子孫がいつまでも続くことはない。結局、皇子や皇女は自活できないので、武家あるいは幕府が経済的援助を続けねばならないので、武家にとっては不利であった、と言っているのだろうか。
★高倉ノ宮〔源頼朝挙兵の頃、全国の源氏に平家打倒を示唆した令旨《りょうじ》を出したという以仁王《もちひとおう》〕の令旨によりて、諸国の源氏起《おこ》りし事もあれど、これは平相国入道《へいしょうこくにゅうどう》のひが事〔平清盛入道のまちがった行動〕のみ多くして、家滅びぬべき時にあたれる也。
◎以仁王の令旨について触れているが、平家はみずから衰退する運命にあった。それは平氏の頂上にあった平清盛の誤った行動にあったのだ。
★前代〔七代将軍徳川家継〕に、皇女御釐降《りこう》〔皇女が臣下の武家などに嫁入りすること〕の事をも仰定《おおせさだめ》られき。これらの事ども、我此国《われこのくに》に生まれて、皇恩に報ひまゐらせし所の一事也。
◎七代将軍家継は白石の将軍奉公の二番めの主人であったが霊元天皇の皇女、八十宮《やそのみや》吉子内親王を御台所（正妻）として降嫁させることが朝廷で決まった。これは徳川家とはいえめったにないことであった。その経過はよく解らないが、家継は八歳でなくなっているから（日置昌一編『日本歴史人名辞典』）、少年の将軍に吉子内親王は降嫁することに決まったというのだろうか。脚注にもそのことがしっかり書かれているから、まちがいないと思われる。韓国の古い時代の風習に、大地主の息子などが少年の頃、十歳くらいの年上の女性と結婚させられ、情交の手ほどきを受けた、という話を読んだことがあったが、日本においても同様のことが行なわれていた時代があったのであろう。ただ、後半の《我此国に生まれて、皇恩に報ひまゐらせし所の一事也》という文言がなかなか、難しいのであるが、「われわれ日本国で生まれ育った者が、日ごろ受けている皇室からの恩恵のようなものに、恩返しした」とでも言っているのであろうか。この引用文のまえに、白石の家宣将軍への提言によって当時の東山天皇の皇子に、親王宣旨があって、その直仁親王は閑院宮と称して、禄千石を幕府は進上した、と脚注にあるから、それが内親王の降嫁ということにも繋がり、それが皇恩であった、と白石は言っているのであろう。白石にとっても、天皇や皇室はやはり、雲の上の存在であった、ということになるようだ。ただし、これは天皇や朝廷が決めたことであるが、後述するように、実際には成立しなかった。ちなみに、日置昌一編『日本系譜綜覧』には百十二代、霊元天皇の娘の八十宮吉子内親王（徳川家綱婚約）と書いてあり、字が小さくしかも滲んでいてよく視えないのであるが、家綱は家継のまちがいであろう。ともかく婚約したことになっている。この記事はのちにまた出てくる。

○天皇御元服の儀を観る事

★辛卯年《かのとうのとし》正月元日、〔中御門〕天皇御元服の儀を観たり。此日まちかく竜眼《りょうがん》を拝しけるこそありがたき事なれ。

◎新井白石はある意味では非常に素朴でもあったようだ。この時、京都にいた白石は、将軍以外の武家たちがめったに会うことのできない天皇に会った。しかも、正月元日の元服の儀を観て、天皇の竜眼、お顔をまじかに見ることができて、ありがたき事、と感謝しているのだ。もちろん、白石と言えど、江戸時代の武家であったのだが。しかし、「信長公記」などでみたように、織田信長は天皇に会っても、そのような感動を表したようには思えない。戦国時代末期と、江戸時代中期では、天皇存在の意味はだいぶ変化したようである。

○一乗院の宮、緋衣勅許の事

★此年の春、一乗院の宮〔霊元天皇の皇子〕、関東に参り給ふべしとて、緋衣《ひえ》〔緋、赤い衣装〕勅許《ちょっきょ》ありけり。
◎古代から、日本国では、禁色と言って、皇族から上級貴族まで位階によって、袍《ほう》と言って公式に着る服の色が決められており、許されない色の袍を着ることが禁じられていたのである。その色のことはあまり知らないのだが、皇子であろうと、やはりその掟に従わざるを得なかった。たぶん、皇族が江戸に来るという話は知らなかったが、「徳川実紀」によると、勅使という天皇の使い、というより代理に近い人びとが、江戸城や、家康のいた駿府城には時どき来ていたのであるが、この一乗院の宮もまた、いわば勅使として江戸に来たのでは、と推測される。その時、彼のふだんは着てはいけない禁色の緋色の服を着ることが許された、ということではないか。緋色はかなり上等の部類に属した色だったようだ。この親王は脚注によると、大乗院という寺院に属していたので、法親王と言っていた。それが、僧籍にあって、まだ学問も十分でないこの法親王が禁色を許されたのは、

★「此たび一乗院宮、緋衣勅許の事は、親王の御身がらによられし也」
◎と大乗院の門主が言ったとある。親王であるから優遇されたのである、と。そのくらい服の色にうるさいことが、天皇の領域では未だに守られていた、ということだ。古臭い領域であった。

○年号に正の字を用ふるは、不祥の例に非ざる事

★〔大学頭《だいがくのかみ》〕信篤《のぶあつ》、（中略）「年号に正の字を用ふるは不祥〔縁起の悪いこと、不吉なこと〕の事也。早く改元の事あるべき」由をしるして、老中の人々にまゐらす。
◎この項は直截に天皇に関わる話ではないが、改元は、かつて天皇の権限のひとつであった。元号はその意味で天皇と関係があるので、取り上げて見た。白石はこの点を問われて答えるのだが、白石はこれを否定する。中国の例をさまざまに持ち出す。彼は、まさしく当時の大知識人であって和漢の歴史、事例

に詳しかったのだ。
★孔子、春秋の法には四始《しし》〔歳、月、日、時の始めの意味で、正月元日、元旦のこと、と脚注にある〕と申して、正月をもて歳の始めとも申す也。正の字まことに不祥ならむには、古《いにしえ》の代より此のかた、毎年に不祥の月をもて始めとするなれば、それより此のかた、一年として不祥ならぬ歳といふはあるまじき事也。
◎白石の言葉は、正月の例を出して、正の字が不祥なら、毎年、不祥の月から始まるではないか、と。
★又、我朝の年号〔元号〕に、正の字用ひられし事、凡《およ》ソ、十六度、不祥の事のみありとも見えず。
◎正の字を使用する年号は、正暦、正治などから始まり、天正、正保までの十六回。白石は正の字を使った年号だけでなく、年号すべてをそらんじていたのであろう。相当な頭脳の持ち主であった。
★某《それがし》、意多礼亜《イタレア》、喝蘭地亜《オオランデヤ》等の人にあひて、当時万国の事どもつぶさに聞きしに、年号を用ゆる国々わづかに二、三には過ぎず。其の余は皆これ年号といふ事はなくして、天地開闢より幾千幾百幾十年など申す也。
◎さすが、「西洋紀聞」を書いたことのある白石は、イタリア人の宣教師シドチなる者を尋問というより、会話を何日も重ねて、ヨーロッパの事情を研究しただけあって、年号、元号を使っている国は少数で、基本は西暦〇年、のように、これはキリスト生誕（?）の年をゼロ年として現在に至っている。しかし、白石は日本固有の年号をやめろ、とはさすがに言わず、正の字を使った年号の年に何の事件があったかを解説している。年号と天皇についても触れていない。なお、漢字表記の国名は「西洋紀聞」にもたくさん載っているが、上記の例はイタリアとオランダであり、ほかに欧邏巴エロウパ、ヨーロッパなどが、この項に見えている。ただし、「西洋紀聞」や「徳川実紀」などに出てくるアジア諸国などの漢字国名は読むこともできず、国名も解らないものが多々あるのだが。
○法皇、姫宮入輿仰せ合はさるる事。

★此の年の冬、〔霊元〕法皇の姫宮八十の宮と申し奉〔つ〕る。御入輿《ごじゅよ》の事、仰せ合はされて、来年の春は豊後守〔阿部〕正喬《まさたか》朝臣、「其の事の御使いを奉らるべし」と聞こゆ。これ、武家の代はじまれるより此のかたの初例なるべし。今は見はてぬ夢なりけれど、誠にありがたき事にこそ。

◎この記事は、まえに○皇子・皇女の議、封事の事、で紹介した霊元天皇の娘の、将軍家への降嫁のことである。武家の代が始まって以来、というのは、鎌倉幕府ができてから今日まで、天皇の娘が将軍家に嫁入りするのは、初めてのことであると言って、白石はまことにありがたき事にこそ、と書いている。その前の、「今は見はてぬ夢なりけれど」とあるのはどういうことかと思ったが、前項の記載では降嫁が確定した、という記事であった。われわれが知っている将軍家への皇女の降嫁はなんと言っても「皇女和宮降嫁」という、十四代将軍徳川家茂に皇女和宮が嫁いだ話で、本書が書かれるずっと後代のできごとであって、実際には、皇女の将軍家への降嫁は、白石の時代はなかったのである。「見はてぬ夢」は計画崩れになった降嫁物語が、当時の新井白石にも、大きなできごととして衝撃的であったのだろう。「ありがたき事」とあるのは、新井白石が天皇家をやはり特別の存在と考えており、やはり尊崇していたのでは、と考えられるのである。

◎この皇女降嫁の話を書いていた時、ふと、「歴史読本」の一九九九年六月号の、「徳川15代　将軍家と天皇家」という特集を買っていたことを思い出した。そして、この特集のあちこちを眺めていると、徳川家継の時代を書いた「霊元法皇皇女降嫁計画」というページがみつかった。すると新井白石が「折たく柴の記」でこの事を書いている、と文中にあり、《これは武家の世がはじまって以来、最初の例である。いまは見果てぬ夢になってしまったが》と書いてあるではないか。そうか、白石の文章をよく読むと、来年の春にうんぬん、とあってこれは降嫁計画であったのだ。この項を引用した時は上述した降嫁の計画も識っているはずだったのに、すっかりその辺を忘れていて、血迷ったようなことを書きかけてしまい、書き直したところである。

◉新井白石の天皇観を探ろうとして「読史余論」を読み、そこに羅列された古代以来の天皇像を見たのだが、天皇制への関心がもうひとつ解りにくかった。そこで、「折たく柴の記」に現れた天皇に関する記述を拾ってみたのだが、記事は少なかった。にもかかわらず、白石が天皇の領域に対して、ある畏敬の念を抱いているのでは、という気はしたのである。やはり江戸時代の知識人であろうと、天皇の影は彼の心をよぎってくる、そんな存在であったのだろう。江戸後期の多くの知識人たちの本はほとんど読んでいないので、盛んになった国学の領域で天皇がどう捉えられていたのか、これもよく解らないところである。本居宣長の「古事記伝」は読んだが、とくに天皇には触れていなかったような気がするのだ。平田篤胤も少しだけかじったが、神秘主義志向みたいな傾向なので、天皇に触れていたのかもしれない。勉強不足を感じるしだいである。

読史余論／折たく柴の記

近・現代篇

●第九章

天は人の上に人を造らず、といった近代初期の思想家が天皇は〈天〉である、と考えたのだろうか

●テクスト

福沢諭吉「帝室論」＋「尊王論」

●出典

『福沢諭吉選集』第六巻、富田正文、土橋俊一編、岩波書店、一九八一、所収「帝室論」

『福沢諭吉全集』第六巻、慶應義塾編纂、岩波書店、一九五九、所収「帝室論」

「帝室論」

◉福沢諭吉に関しては、かつて『学問のすゝめ』、『福翁自伝』、『西洋事情』などを断片的に読んでいて、幕末の当時、非常に開明的で、早く欧米に出かけて、欧米を体感した人物であった。外国の諸事情に精通した「新たな人物」である、と認識していた。しかしたまたま、わたしがまったく読んでいなかった「帝室論」、「尊王論」などの論文を発見し、これを読んだところ、今までとまったく違った印象を与えられたのだ。天皇に関する、ある種過剰な思い入れのある文章を書いていたことを識って、驚いた。「尊王攘夷」という概念は同時代的に識っていたと思うが、彼は新たに出現した明治政府との直截の関わりを避け、その生の政治社会に関係せず、自由なる人として生き、むしろ幕末後期から始めた私塾を明治以降も展開する教育者でもあった。この「帝室論」などを読むと、彼が、「尊王攘夷」の前者の尊皇だけを継承し、いわば、「尊皇開国」とでも言いうる立場にあった。ユニークな人物であったことは確かだ。

●帝室論緒言

★我〔が〕日本の政治に関して至大至重《しだいしちょう》のものは、帝室の外《ほか》にある可《べか》らずと雖《いえ》ども、世の政談家にして之《これ》を論ずる者、甚《はなは》だ稀《まれ》なり。蓋《けだ》し帝室の性質を知らざるが故ならん。（後略）

◎福沢諭吉に関しては、「学問のすゝめ」の冒頭部の言葉、《天は人の上に人を造らず、人の下に人を造《つく》らずと云へり》が最も有名で、これを知らない人はいないであろう。福沢諭吉は当時最もリベラルな人間だと思われていたはずだ。江戸時代の「士・農・

工・商・えた・非人」といった概念を否定し、人は皆、平等である、と宣言したのである。江戸末期の、「尊王攘夷」の志士たちとまったく違って、私人としてアメリカやヨーロッパを旅行している。開明派であり、私塾（慶應義塾）を作って、若者たちの学問への道を開いた人で、尊敬に値する人物であったとしていたと言ってもいいだろう。

◎しかし、今度、この「帝室論」や「尊王論」を読んでみて、開明派の先頭を走っていると思いきや、とんでもない皇室隠れファン（尊王論者）であることが解り、とりあえず、近代初期の日本思想界のトップにありながら（いや、この言い方は正確ではなく、学会のようなものもなかったろうし、文人、知識人たちは、個別的に研究を文章にまとめる時代であったと考えられる。だからいろんな論者が輩出したのであろう）、尊王主義的政治家たちとまったく違って、当然開国派であるし、漢文でなく、当時の口語で、文字を知る人なら誰でも読める本を書いていた、この不思議な偉人の評論を紹介したいと思ったしだいである。この当時、この緒言が言うとおり、尊王論を文筆的に展開した人はあまりいなかったようで、多分に右翼チックな研究者であろう、北影雄幸『天皇論の名著』（勉誠出版、二〇一八）を見ても、「天皇論」を書いた近代初期の研究者、という存在は福沢しかいなくて、あとは、「軍人勅諭」、「国体の本義」（文部省）しか紹介されていなくて、つぎは「戦後編」へと展開している。わたしも漱石、鴎外以下、さまざまな作家たちの小説は読んできたのだが、天皇について書いていたかどうか、まったく思い出せない。徳富蘇峰はたいして読んでいないし、明治、大正の思想家はあまり識らないのである。民俗学や民族学、日本、中国古代史、ヨーロッパ古代、中世、近代文学などの領域に魅かれていたから、主として柳田国男や折口信夫、民族学を超えたユニークな喜田貞吉などは折に触れ眼を通したが。以下、福沢諭吉の「帝室論」の本文を見ることにしよう。

●帝室論

★帝室は政治社外《せいじしゃがい》のものなり。苟《いやしく》も日本国に居《い》て、政治を談じ政治に関する者は、其の主義に於《おい》て帝室の尊厳《そんげん》と其〔の〕神聖《しんせい》とを濫用《らんよう》す可《べか》らずとの事は、我輩の持論にして、之を古来の史乗《しじょう》〔歴史書〕に徴《ちょう》するに〔調べてみると〕、日本国の人民が此《この》尊厳神聖を用ひて直《ただち》に日本の人民に敵したることなく、又〔、〕日本の人民が結合して直《ただち》に帝室に敵したることもなし。往古《おうこ》の事は姑《しばら》く擱《さしお》き、鎌倉以来、世に乱臣《らんしん》賊子《ぞくし》と称する者ありと雖《いえ》ども、其の乱賊は帝室に対するの乱賊に非ずして、北条足利《ほうじょうあしかが》の如き最も乱賊視せらるゝ者なりと雖ども、尚且《なおかつ》大義名分をば蔑如《べつじょ》するを得ず〔みさげることはできない〕。

◎まず、帝室、すなわち天皇は政治的な領域には属していないと明言している。これは正論で、天皇が政治的領域に関係することになったのは、明治以降の話であって、それ以前は古代の天武天皇以下、平安京を造ったとされる桓武天皇のあたりまでであろう。しかし、この名言以下の文章は、そんなことでなく、政治世界に関わる者のあるべき信条を述べている。帝室の尊厳とその神聖に関して、政治世界でみだりに利用してはいかん、と念を押しているのは、福沢諭吉が明治の人権運動などを見て、そのような兆候を感じたのであろうか。天皇の名まえを持ち出せば、誰も、その議案なり提案に反対できないとか、明治の政治社会には詳しくないので、想像に過ぎないが。しかし、日本政府がしだいに天皇の名のもとに諸外国との戦争を始めたり、といったことはたくさん展開したと思う。朝鮮半島を日本の属国化したとき、天皇は関わらなかったであろうか。勅旨のようなものでなく、ああ、いいよ、という返事だったり。と勝手な想像に走ってしまったが、福沢の本文は天皇と国民の関係を良好なものと考え、人民が結合して天皇に反旗を翻したことはなかった、と言っている。しかし、天皇が政治の埒外にあるのであれば、人民が苦しいときの敵は藩主や政府であって天皇ではもちろんなかった。鎌倉時代以降、武家的な世界が突出してきても社会的不安を天皇に向けることはなかった。北条氏や足利氏は天皇を利用したり、ときに天皇に叛逆したこともあったが、彼らの帝室尊厳の精神に鑑み、これを排撃することはできなかったのだと。以下に、乱賊と称された人たちもいたのだが、福沢は彼らの罪を赦すことはできないが、《遙《はるか》に高き帝室より降臨すれば、乱賊も亦是《またこ》れ等しく日本国内の臣子にして》と書き、天皇の臣子としてみれば、乱を起こすなどもたいしたことはない、と述べる。あくまで、天皇は政治社会の外にいるとしながら、その関係は「臣子」であるという。これはおかしい。日本国民は天皇の臣ではないからだ。臣子であるとするなら、天皇は、臣たる人民の「主」ということになって、政治や治政の中心的存在となるはずだ。ここに福沢の思想的矛盾がある。

★或いは一時一部の人民が方向に迷ふて針路を誤ることあるも、一時これを叱るに過ぎず。其〔の〕これを叱るや、父母が子供の喧嘩して騒々《そうぞう》しきを叱るに等しく、之を悪《にく》むに非ず、唯これを制するのみにして、僅《わずか》に其一時《そのいっとき》を過れば直《す》ぐ又これを問はず。依然たる日本国民にして、帝室の臣子なり。例《たと》へば近く維新の時に当《あたり》て官軍に抗したる者あり。其の時には恰《あたか》も帝室に抗したるが如くに見へたれども、其真実《そのまこと》に於いては決して然《しか》らざるが故に、事収《おさま》るの後は之を赦《ゆる》すのみならず。又、随《したが》て之を撫育《ぶいく》し給ふに非ずや。

◎人民が天皇に対する針路をまちがえることがあり、一時、これに対する罪と罰が与えられることがあっても、結局、父母が子どものけんかを叱るのと変わりはない、この罪を否定はするが、罰するというより、もとの平安に戻るのだと言うのだが、福沢はまた日本国民は帝室の臣子である、と書き、帝室が主君であり、国民はその臣下であり、子どもである、と述べていて、その矛盾に気づいていない。しかし、天皇への叛逆ということを執拗に書いているが、日本歴史にそのような叛逆はほぼなかったのではないか。北条氏が天皇と闘争したのは承久の乱であり、この戦争は後鳥羽上皇によるものであった。足利氏は後醍醐天皇の南朝に敵対したが、この時は天皇と、施政者たらんとする足利尊氏との関係がいろんな理由で一致しなかった。そのほかに天皇に対して、反抗的立場に立った人物はいなかったと思う。天皇や朝廷の権威が衰退し、武家たちの好意でようやく、天皇制度というものを維持できてきたわけだ。明治以降も政治の担い手は議会と政治家たちであって、天皇がみずから政治を動かしてきたわけでは、残念ながらなかったのである。

★去年十月〔明治十四年〕、国会開設の命ありしより、世上にも政党を結合する者多く、何《いず》れにも我〔が〕日本の政治は立憲国会政党の風に一変することならん。此時節に当《あたり》て我輩の最も憂慮する所のものは、唯《ただ》帝室に在り。

◎明治十四年（一八八一）、国会開設の命あり、とあるので、この「命」はだれが命じたのだろうと考えて、児玉幸多編『日本史年表・地図』（吉川弘文館、一九九五）を見ると、この年、国会開設の詔あり、と書かれているので、天皇の詔として出されたものであった。ではそれ以前、明治維新から政治を行なってきたのは天皇か、というとそうではなく、維新以降の政治家たちがこれを担ってきた。そして、それ以降の政治と同じく、天皇は国会の決めた諸案に了承の印を押すのではなかったか。福沢諭吉は国会開設に賛成であったか、そうでないか、はっきりしないが、ともかく、国会開設以降、天皇がどうなるのかが、一番心配するものである、と書く。政党はいろいろあって右往左往していて、みずから権力者を目指す者も少なくない、とつぎに書いているので、国会というものにもろ手をあげて賛成、ではなかったようだ。そしてその国会の展開以降の帝室が心配であるという。しかし、天皇を心配する以前に、国会なくして誰が政治を行なうのか。この点が一番重要ではないか。明治維新以降の有力者たちが、独断で治政の責任者になればよかったのか。ここが、明解ではない。選挙で選ばれた国民の代表が、国会で議論することが最も重要ではないのか。

★此〔の〕争論囂々《ごうごう》の際に当《あたり》て、帝室が左〔派〕を助《たすく》る歟《か》、又は右〔派〕を庇護《ひご》する等の事もあらば、熱中煩悶《はんもん》の政党は、一方の得意なる程に一方の不平を増し、其〔の〕不平の極《きょく》は帝室を怨望《えんぼう》する〔恨みに思う」者あるに至る可《べ》し。
◎福沢の憂慮というのは、国会以上に政党間の抗争に天皇が巻きこまれることであった。左右両派のどちらかが優位にたつことがあれば、天皇は劣位にたった政党から恨まれるに違いないと。冒頭の言葉のように天皇が政治的領域と無縁の存在であれば、こんな憂慮はまったく必要ないはずで、杞憂に過ぎないであろう。福沢は冒頭の言葉と裏腹に、政治社会の頂点にある天皇が、政党の抗争に巻きこまれることを心配しているのだ。福沢の理論は絶えず矛盾をはらんでいるように、この憂慮はしかし実際にどのくらい正しかったのかどうか、解らないがそのような苦慮もたしかに日本天皇の領域には当然あったであろう。たとえば、世界の強国相手の第二次世界大戦への参加に関して、軍部との間に激しいやりとりがあったであろうことは、よく解る。朝鮮半島の属国化、日清戦争、日露戦争、中国満州への進出、第一次、第二次世界大戦、日本の外国との関係は「平和」の対極にあるような厳しい選択がいつでもつきまとっていたであろう。天皇はそのすべてに何らかの形で関わってきたはずだ。福沢諭吉の時代はまだ、そのような外国、アジア諸国との抗争や支配といった地平はもちろん現れていなかったが、日本国内での近代国家へ生まれ変わろうとする時代のさまざまな困難が待ち受けていた。福沢諭吉の杞憂は決してまちがっていなかった。しかしそれなら、天皇が政治社会と関わることがない存在であることを、もっと書くべきだった。彼の「福翁自伝」や「文明論概略」などを読んでも天皇のことなど、ほとんど出て来ない。彼自身、政治社会と関わろうとしなかったし、天皇への関心はたいしてなかったと考えざるをえない。だから、この文章は、天皇論のための天皇論とでもいうのか、やはり天皇の存在は大事だった、自分にとっても、そして日本人にとっても、という論文であったと思う。
★世に皇学者流なるものありて、常に帝室を尊崇して其《〔その〕》主義を守り、終始〔〕一《〔はじめ〕》の如くにして畢生《ひっせい》其《その》守る所を改めざるの節操は、我輩の深く感心する所なれども、又〔、〕一方より其〔の〕弊を挙《あぐ》れば〔そのまずいところを指摘するなら〕、帝室を尊崇するの余りに、社会の百事を挙《あげ》て之に帰《き》し、政治の細事に至るまでも一処に之を執《と》らんことを祈る其《〔その〕》有様は、孝子が父母を敬愛するの余りに、百般の家政を父母に任して細事に当らしめ、却《かえっ》て家君の体面《たいめん》を失はしむるに異ならず。帝室は、万機《ばんき》を統《すぶ》るものなり、万機に当たるものに非ず。統《す》べると当るとは大《おおい》に区別あり。

◎ここでは、皇学者とよばれる、天皇を崇拝する人たちをいさめている。かれらは一生、皇室崇拝をつらぬき、自分も感心するけれども、天皇を尊崇するあまりに、社会のすべてのできごとを皇室崇拝に起因するものとして、政治の細かな部分に至るまでこれに協力しようと思うそのありさまは、孝行息子が、家のなかでのすべての作業や考えを父母に任せてしまい、却って父母の面目を失わせるようなものだ。天皇は世のなかのすべてを統括する存在であり、だからといってすべてを処理する立場ではない。天皇をしかし、福沢は日本国を統括する存在である、と言い、冒頭の、天皇は政治的人間ではない、という地平から、政治を統括する存在だ、と言っているのだ。統べる、統括するのと、当たる、対応するというのは違うのだ、と強調している。では統括するとは、すべての結果の責任を持たないということなのか。これは天皇のばあい、的を射ているように思われる。

★我輩は赤面ながら不学にして、神代の歴史を知らず〔、〕又〔、〕旧記〔「古事記」や「日本書紀」など〕に暗《くら》しと雖ども、我〔が〕帝室の一系万世にして、今日の人民が之に依《よっ》て以て社会の安寧を維持する所以《ゆえん》のものは、明《あきらか》に之を了解して疑はざるものなり。此の一点は皇学者と同説なるを信ず。

◎自分は日本の歴史に暗いが、帝室がいわゆる「万世一系」であること、人民が天皇の存在によって社会の安寧を維持していることは、疑う余地がないほど明らかであり、この点は皇学者と意見を同じくするものである、と。天皇が国家社会の安寧の核であるという考えはいかにして生まれてきたのだろうか。天皇は日本人の心の支えとして存在してきたと考えているのだろうか。「皇学」というものがあったとすれば、それは天皇の歴史や展開についての学問であり、別に「天皇派」だけに限ったことではないだろう。

★是即《これすなは》ち、我輩が今日国会の将《ま》さに開《ひらけ》んとするに当《あたり》て、特に帝室の独立を祈り、遙《はるか》に政治の上に立《たち》て下界に降臨し、偏《へん》なく〔かたよりがなく〕、党なく、以て其〔その〕尊厳神聖を無窮に〔永遠に〕伝へんことを願ふ由縁《ゆえん》なり。

◎福沢諭吉は国会開設にあたって、天皇が政党などに利用されることを、心配しているのだが、ともかく天皇はそれらの領域や関係から自由であり、どの党とも距離を同じくし、それによって、天皇の尊厳や神聖さを維持して欲しいと、ひとえに願うばかりである、と述べる。確かに、天皇が日本国の象徴として存在する現在のような社会であれば、上記のようなことは起らないであろう。ただし憲法は、天皇を日本国民統合の象徴としており、この「統合の象徴」という点がなんとも不気味なイメージに充ちている。このことを誰も指摘していないのは不思議なことである。国民は統合して、一体化してことに当たるというのは、それでいいのであろうか。当然のことなのであろうか。個人的疑問である。わたしはオリンピックの実況放送などで、日本人の選手の闘いを、「日本勝て，日本勝て！」とアナウンサーが連呼するのはどうか、と思っている。あくまで選手個人の闘いであって、「日本」の国家的闘いではないのだから。ただし選手は自分は日本を代表していると考えているであろうが。

★我〔が〕帝室の直接に政治に関して、国の為に不利なるは、前段に之を論じたり。或人これに疑《うたがい》を容《い》れ、政治は国の大事なり、帝室にして之に関せずんば、帝室の用は果して何処《いずこ》に在るやとの説あれども、浅見《せんけん》の〔あさはかの〕甚《はなはだ》しきものなり。

◎われらの天皇が政治に直接関与することが、国のためによくないことはすでに述べた。或人は、この点に疑問を持ち、政治は国家においてもっとも重要なものである。天皇が之に関与しないとすれば、天皇の存在の意味はどこにあると言いうのか、と。この疑いはまさしくあさはかな意見であると福沢は言う。以下、福沢諭吉の考えを要約すると、政治というものを考えると、政府は法律その他の条例を人民に課し、これに従う人は認め、従わない人間はこれを罰する。これはいわば、「形態」を整えて秩序を守り、人の「精神」を制するものではない。……福沢諭吉は人の精神まで制度でしばるべき、と言っているのだろうか。ともかく、人間には形態と精神があるが、その一方をとって、他方を切り捨てるとしたら、これは完全な制御とは言えない。そこで天皇の役割は？　と人は言うのだが、そこまで考えるのはあさはかである、と言う。では天皇は何のために存在するのか、福沢にその答えはないようだ。

★故に政治は唯《ただ》社会の形体を制するのみにして、未《いま》だ以て、社会の衆心を〔多くの人の心を〕収攬《しゅうらん》するに〔人の心をまとめようとする〕足らざるや明《あきらか》なり。

◎この発言には、当時の、明治初期の政治への不信が現れている。当時の日本は、天皇を主権者として戴いているが、国会を開き、選挙によって議員を選び、彼らの展開する国会での議論をもとに、一応、民主主義的方法によって諸事を決めていこうとしていたわけだ。明治憲法、大日本帝国憲法は、辞書によると、憲法と「皇室典範」が一体化したようなあり方であったとされる。福沢諭吉の発言は国会の開始以前になされているようだが、彼は、アメリカやヨーロッパの議会なども見学しているはずで、日本の国会もそれらを参照して展開されることになっていたと思うが、ここに「天皇」という特別の存在があって、アメリカなどとは違った精神で作られざるを得なかった。明治憲法は、伊藤博文などがヨーロッパ諸国を訪問し、皇帝を戴くドイツの憲法などを参考にして作ったとされる。日本の天皇はヨーロッパの皇帝とはすぐにイコールで結べないような、特殊な存在であったところが、難しかったに違いない。ただ形態は、国王や皇帝と同様であったのだが。

★国会は唯《ただ》国法を議定して之を国民に頒布するものなり、人民を心服するに〔心から従わせるに〕足らず。
◎やはり、福沢諭吉は、国会を徳川幕府の延長のように考え、人心まで統括できるような存在ではない、と考えているようだ。国会は諸事を議論して、国家的なにかを決定すればいいが、人間の心のなかまで統括するような機関ではない。福沢諭吉は当時の日本社会では知識的にも上位にあったと思うし、海外の諸国も識っていた。この点、福沢の言葉に文句はない。
★殊に我が日本国民の如きは、数百千年来、君臣情誼《じょうぎ》の〔君主と臣下の人民が親しくする〕空気中に生々《せいせい》したる者なれば、精神道徳の部分は、唯《ただ》この情誼〔人情や情愛〕の一点に依頼するに非ざれば、国の安寧を維持するの方略〔方法や計画〕ある可《べか》らず。即ち帝室の大切にして至尊至重〔尊く、かつ重要〕なる由縁《ゆえん》なり。
◎日本国では何百年も昔から、天皇と臣下の民が睦みあう、そんな雰囲気のなかで人びとは生きてきたのであり、精神や道徳はこの情誼という一点にある、というのでなければ、国家としての安寧を維持できないであろう。帝室が、天皇がいかに重要であるか、解るであろう、皆さん。といったぐあいに、福沢の発言は続く。ひたすら人間たちの情誼を、天皇の存在に求めようとしている。
★況《いわん》や社会治乱の原因は常に形体に在らずして、精神より生ずるもの多きに於《おい》てをや。我が帝室は日本人民の精神を収攬するの中心なり。其の功徳《こうとく》〔〕至大なりと云ふ可《べ》し。
◎社会の多くの問題は、精神的領野から生まれるものだ。そしてわれら帝室というのは、日本人民の精神的領野をひとつにするときの中心なのである。たしかに世の中に問題が起こるのは、何かを考え行動する人間たちの精神的領域から起こることもある。たとえば、何とか主義に目覚めた人たちが行動を起こすこともある。しかし、精神に加えて、農民一揆のように、現実的な食糧の不足や税金の過酷さ、刑罰の激しさなどの「形態」から出発することも多いのであって、政府はまずは形態を正常化することが重要だ。そこに天皇がいても、天皇が形態の変革を担うような存在でなければ、意味がない。また、日本人民の心をひとつにできるような存在であるだろうか。天皇個人の問題でなく、天皇制そのものの問題が大きい。ある天皇がどんなに優しい心の持ち主であったとしても、そのような活動の場が天皇に与えられてはいないのだ。明治以前、天皇は民衆とはなんの関係もなかった、というのが、この本を書きながら痛感したことである。藤原氏や武家のリーダーたちと、天皇は補完関係にあり、たがいを必要としていた時代はあったと思う。そして明治以降は政府がその役割を担ってきたと思う。福沢諭吉が、ひたすら天皇が、精神的領野を収攬するとこだわっているのは、彼のはかない願望であろう。

★帝室の恩徳は其の甘《あま》きこと飴《あめ》の如くして、人民これを仰げば以て、その慍《いかり》〔恨みや怒り〕を解《と》く可し。

◎ついに天皇は飴にたとえられてしまった。人民はこの飴を舐めて心の怒りを治めるべきだと言うのだが、人民は果たして天皇から甘い言葉をかけられたことはあったろうか。

★爰《ここ》に一例を設けて云《い》はん。天皇陛下〔、〕某処へ御臨幸《ごこうりん》の途上、偶《たま》ま重罪人の刑場に赴《おもむ》く者ありて御目《おんめ》に留《とま》り、其〔の〕次第を聞食《きこしめ》されて〔、〕一時〔、〕哀憐の〔哀れみの〕御感《ぎょかん》を催《もよ》ふされ、彼《か》の者の命だけを赦《ゆる》し遣《つか》はせとの御意《ぎょい》あらば、法官も特別に之を赦《ゆる》すこととならん。

◎この犯罪者が運がよかったと言うべきか、あるいはこんなことはめったにないと言うべきか。天皇がいかに慈悲深かったかと考えるべきか。裁判における、このような「恩赦」の例はあった。しかし、天皇がすべての犯罪の刑罰に関わったわけではない。福沢諭吉は続けて書いている。このことが新聞に書かれて報道されたらどうだったかと。我輩が考えるに、世間の人たちは、稀有のしあわせ者というであろうと信ずると。もとより、罪人を赦すことには問題がある。帝室にあってもみだりに行なうべきことではない。しかし、諸外国の帝王やアメリカの大統領が特赦の権を持つのは普通である、と。諭吉がこの例をあげた理由は明確ではない。以下に、日本国民と帝室の親密な関係について述べているから、こんな感情が天皇に生まれたのだ、と言いたいようである。

★帝室は直接に万機に当らずして、万機を統《す》べ給ふ者なり〔いろんな出来事にいちいち対処するのでなく、全体を統率するのである〕。直接に国民の形体に触れずして、其〔の〕精神を収攬《しゅうらん》し給ふものなり。

◎福沢はうえのように言いたかったのである。天皇は人民の個々に関わる時間もなければ、そんな役割でなく、いわば日本国全体をひとつに纏めるようなそんな存在であるのだ、と。この文章を書いたとき（明治十五年）、明治憲法はできていなかった（明治二十二年成立）。わたしも不勉強にして「大日本帝国憲法」なるものを読んでいないが、ニッポニカによると、《天皇主権の原理にたち、統治権の総覧《そうらん》者として大きな権能が天皇に与えられた》、《また枢密顧問制、貴族院の設置、軍の統率権の独立などの反民主的要素が天壌無窮の神話に基づく天皇の絶対性と結びついて、日本の民主化を閉塞《へいそく》し、神権主義的政治構造をつくりあげていった》（池田政章）と、手厳しく書かれている。福沢諭吉はどのような思いで憲法を読んだであろうか。福沢は明治三十四年（一九〇一）没、とあるから、当然明治憲法を読んだであろう。日本の軍国主義化やアジア諸国への侵攻などの道を開いた明治憲法であった。ただし、この「帝室論」を書いたころは、福沢は国会開設にあくまで反対のようであった。以下に、つぎのようにある。

★文政天保《ぶんせいてんぽう》の老眼を以て見れば、誠に言語道断《ごんごどうだん》にして、国会などなきこそ願はしけれども、世界中の気運にして、此〔の〕騒擾《そうじょう》の中に〔国会開設をめぐる騒動、か〕自《おのず》から社会の秩序を存し、却《かえっ》て人を活発に導く可き者なれば、必ずしも之を恐るゝに足らず。

◎江戸末期、天保五年（一八三五）一月十日に生まれたわたしの目からみれば、国会などはないほうがいいのだ。しかし、世の中の動きを見ていると、こんな時には人は活発に活動するようになるのでもあるから、国会、怖るるにあらず、とも言っている。福沢がなぜ、国会開設に反対したのか。たとえばふたつの政党が争い、そこに軍隊が関わってくると、国会は人が論じあう場ではなく、戦場となる、これなら国会などないほうがいい。この、政党と軍隊の結合という発想は、西南の役（明治十年）などを見ているせいか。これは征韓論が成立しなかった時代に、征韓論を唱えて、野に下った西郷隆盛らを政府軍が討滅した内戦であったが、しかし、だからといって、政党間の政争に軍隊を結びつける福沢諭吉の発想はおかしい。もっともこれはわたしの勝手な想像であるが。鹿野政直『福沢諭吉』（清水書院、一九六七）を見ると、諭吉は、最初は国会設立に賛成していたという。「国会論」という文章も書いた（明治十二年刊行）。ところが、板垣退助らの自由民権運動がさかんになると、この人たちと発想が変わって、転向するように「富国強兵」を唱えるようになったとある。しかし、もう少し、「帝室論」のなかでの諭吉の言葉に耳を傾けてみよう。

★今この軍人の心を収攬《しゅうらん》して其〔の〕運動を制せんとするには、必ずしも帝室に依頼せざるを得ざるなり〔せざるを得ない、の意か〕。帝室は遙《はるか》に政治社会の外に在り。軍人は唯この帝室を目的にして運動するのみ。帝室は偏《かたより》なく党なく、政党の孰《いず》れを捨てず〔、〕又孰れをも援《たす》けず、軍人も亦これに同じ。

◎軍人たちがこんなことになっては、天皇に依頼するしかない。天皇は政治社会のはるか外にある。だとすれば、天皇に依頼する、というのはどういうことか。ここは天皇に依頼するのは無理だ、と言っているのだろうか。よく解らない。しかし、冒頭の言葉のごとく、天皇が政治と無縁にあるなら、まさにそれは正論であり、無縁であって欲しいものだ。ともかく、天皇はどちらにぶれることもない存在だから、というなら正しい見解だと思う。しかし親天皇派に加担することはまちがいない。つぎのようにも書いている。

★帝室の尊厳と神聖なるものありて、政府は和戦の二議を帝室に奏し、其〔の〕最上の一決御親裁《ごしんさい》〔天皇の決定〕に出《いず》るの実《じつ》を見て、軍人も始めて心を安んじ、銘々の精神は恰《あたか》も帝室の直轄にして、帝室の為に進退し、帝室の為に生死するものなりと覚悟を定めて、始めて戦陣に向《むかい》て一命をも致す可《べ》きのみ。帝室の徳、至大至重と云ふ可し。

◎帝室の尊厳と神聖なるものありて、は単なる飾り言葉であろう。要するに、上に書いたように、政党間の抗争に軍人、軍隊が関わり問題化したとき、天皇にその収束を依頼しようとしたのだが、政府は和議で終らせるか、戦闘にまで進むか、二案を天皇に奏上した。そして天皇はたぶん、和議を提案したのであろう。そこで軍人たちも納得し、かつ自分たちが天皇の直轄の軍人であることを確認した。そこで、今後は天皇のために一命をも捨てようと決め、戦場に向かうことにした、というのだろう。帝室のこの活動はのちにも影響を与える大きな決断になった。天皇の威力は軍隊をも収攬するものだ、というわけだが、天皇が人民の遙か上にあって、これを統括する、というなら、軍人も民間人も天皇の決断に従うのは当然の話であろう。しかし、天皇が政治の外にあるという福沢の提言はいったいどうなったのか。この点が非常におかしい論理である。福沢諭吉は以下に人心を収攬する例をヨーロッパやキリスト教や日本の民衆的な行事、その他について軽い調子で語っている。そして話題は学問的領域にも及び、徳川幕府の昌平校や水戸学派、頼山陽から音楽の話まで展開する。お内裏様のひな人形（天皇と皇后を祀ったものだろう）、三河万歳などについても語る。《王室の功徳《こうとく》は共和国民の得て知らざる所なれども、其〔の〕風俗人心に関して有力なるは挙《あげ》て言ふ可《べ》からず》とあるので、あらゆる風俗まで、天皇が関わっているのだとでも言いたいのであろう。そして、福沢の論理が影響を与えた、と前掲『福沢諭吉』にあったが自由民権運動について触れ、のちにこれを批判したように、不自由無権力、と決めつけている。国会開設にも自由民権運動にも反対するという考えはまったく理解できないところである。

★方今《ほうこん》〔現在〕、世の民権論者も、帝室を尊崇すると言ひ、又〔、〕実《まこと》に尊崇するの意ならんと雖ども、其〔の〕語気〔、〕真実の至情に出《いず》るもの丶如くならず、唯《ただ》公然と口を開き、帝室は尊《とうと》きが故に之を尊《とうと》ぶと云ふのみにして、其〔の〕功徳《こうとく》の社会に達する由縁《ゆえん》を語らず、人民の安寧は帝室の緩和力に依頼するの理由を述べず、其〔の〕殺風景なる有様は、家の子供が継母《けいぼ》に対して、苟《いやしく》も我々の母なるが故に孝養を尽すは勿論《もちろん》の事なりと公言する者に彷彿《ほうふつ》たり〔似ている〕。

◎現今の自由民権論者も、当然のように、天皇を尊敬、崇拝するなどと言っているし（この点については、無知でまったく識らなかったのだが）、それは本当に尊崇するのだとは思うが、その話っぷりを見ていると、信念から出た言葉と思えないのである、と福沢は、民権運動家たちを信用していないのだ。彼らはただ、世の中の風潮に乗って天皇は尊いがゆえにこれを尊ぶのだ、と口で言うだけで、天皇の功徳がなぜ社会に及ぶのかを言わず、さらに人民の精神を収攬するのかを言わない。そのようすを見ていると、養子が養母に、われわれの母ですから孝行するのは当然です、と言っているところを彷彿として思い出させる。『福翁自伝』などを読んでも、とりわけ天皇崇拝者のようにも思えない福沢が、どうして、ここまで自由民権論者を激しい言葉で排斥しようとするのか。続けて、かれはいわゆる保守主義者も容赦せず、非難している。かれらもまた、天皇崇拝を叫んでいるだけだ、と。

★固《もと》より此〔の〕保守論者も、立憲政体〔立憲君主制〕、国会開設の事に付《つい》ては異論なくして、其〔の〕辺は民権家と同一致の如くなれども、其の帝室云々《うんぬん》と口に唱へ〔、〕筆に記する所の気風を察し、其〔の〕主権論などの論鋒を視《み》れば、〔明治〕維新以前〔、〕専制政治の時代〔徳川幕府時代〕に唱へし古勤王〔明治維新の尊王攘夷論者〕の臭気を帯《おぶ》るが如くにして、其〔の〕持論の要点には常に神代《かみよ》の事共《〔ことども〕》、持出《もちいだ》し、我〔が〕帝室は開闢《かいびゃく》の初《はじめ》に於いて斯《かく》の如くなりしが故に、（中略）現在の恩徳を識別するの明《めい》なし。

◎この時代の保守派というものがどんな存在だったのか、わたしはよく識らないのであるが、明治政府は自由民権論者を弾圧したらしいので、明治維新のいわゆる志士たち、尊王攘夷をかかげて幕府を倒した人びとを継承する人たちであったか。この人たちも、福沢諭吉の非難をもろに浴びている。口にするのは日本の神話時代の神であり、現在の天皇の人民に及ぼす超越的な地平というものをまったく理解してないじゃないかと。

★畢竟《ひっきょう》、保守論者、皇学者流の諸士は、其〔の〕心術〔心情〕〔に〕忠実なるも、経世《けいせい》〔世を治めること〕の理《り》〔ことわり〕に暗きが為に、忠を尽さんと欲して之を尽すの法を知らず。

◎結局は、保守主義者や神社系の皇学者たちの心情は天皇に忠実ではあるが、世の中の政治の世界における重要さ、理屈を知らないから困るのである、と。そして、自分は民権論者ではないが、かといって、保守派でもない。そのどちらかに属する人たちは、それぞれ、勉強して欲しい、と述べる。そして、両者とも、天皇に近づいて欲しくない、とも書く。

★今日の政体に於いては、官吏は天皇陛下の命じ給ふ所のものにして、其れ、これを命ずるの間に、天下人心の向ふ所を斟酌《しんしゃく》し給ふに非ず、固《もと》より賢良なる人物を挙げて衆庶〔人民、庶民〕の望みに副《そ》はせられ給ふは、明々たること〔明らかなこと〕なれども、公然たる姿に於いて、人民より其の人を推撰するに非ず、投票の多数に由《よっ》て進退するにも非ざれば、官吏は純然たる帝室の隷属にして、帝室と政府との間に殆《ほとん》ど分界〔境いめ、分かれめ〕なしと云うふも可《か》なり。

◎話は官吏の世界に及ぶ。官吏は天皇の命ずるところに位置しているのであり、世のなかが向かおうとする方向などをいろいろ考える仕事ではないのだ。もとより、人民のために奉仕するのが本分である。人民が選んだわけでもなく、選挙によって選ばれたわけでもない。官吏は天皇に隷属するものであり、政務に励むことが天皇の意思に叶うものである。鼻息はどんどん、荒くなる。しかし、天皇に隷属する官吏、という考えは過剰で、官吏が気の毒になる。
★我輩は世の新聞記者の流《りゅう》〔流儀〕を学《まなび》て態《わざ》と過激なる語法を用《もちう》る者に非ず、（後略）
◎と、みずからの過激な言説を、わざといきがっているのではない、と断っている。そして、以下、われわれは天皇の臣民であり、ひたすら、天皇の世をともに生きようとしているのだ、と書いている。話はまた学術的領域にも及ぶ。
★学術技芸の奨励も亦《ま》た、専《もっぱ》ら帝室に依頼して国に益《えき》すること多かる可《べ》し。方今、全国の教育を司《つかさどっ》て学芸を奨励する者は文部省なりと雖《いえ》ども、其〔の〕直轄《ちょっかつ》の学校は誠に僅々《きんきん》にして〔わずかであり〕、生徒の数は数百に過ぎず。固《もと》より以て、全国の学士を養ふに足らざるなり。且《かつ》〔、〕文部も亦《また》、政府中の一省なれば、常に政府と運動を共にして、（後略）
◎学術技芸の奨励も帝室に依頼して、国に益すること、というのはどういう意味だろうか。天皇に教育の大切さを訴えて、恩恵に浴し、官立学校を増やして、学生の数も増えれば、結局は天皇に奉仕することになる、と言っているのだろう。明治最初期は官立の、現在の国立大学などがごく少なかったのであろう。《帝室に於て盛んに学校を起し、之を帝室の学校と云はずして私立の資格を付与し》うんぬんとある。帝室の力で学校を増やしてもらおうと、学術の世界を充実させていこう、と言っているのだとすれば、それは賛成であるが、天皇の援けを借りずとも、政府、国会が一体化して学校を作ればいいのではないか。イギリスの大学校などは、私立大学が多いのだが、もともと王室の保護によって成立したものだ、と福沢は述べるから、日本の天皇もそういう役割を担って欲しいと言っているのだろうか。なんだか情けない話である。
★天下〔、〕皆正《みなせい》に帰《き》したり。乃《すなわ》ち帝室に於て、前条々の事に着手せんとするに、第一の需要は〔必要なものは〕資本、是《これ》なり。明治十四年度の予算に、帝室及〔び〕皇族費は百十五万六千円にして、宮内省の定額三十五万四千円とあり。此〔の〕金額〔、〕多きや少なきや。伊太利《イタリヤ》の帝室費は三百二十五万円にして、皇弟の賄料《まかないりょう》六万円、皇甥《こうせい》〔〕同四万円、（中略）又〔〕英国は其の富裕の割合にして他の諸国に比すれば、帝室費の少なきものなれども、二百万円を限りて、此〔の〕外にランカストル侯国より入るものあり。（中略）荷蘭《オランダ》は三十一万二千円の外に、曾《かつ》て第一世ウヰルレム王の時より王家の私産に属するもの甚だ多しと云ふ。

◎帝室維持のために、政府が出している金額が提示されているではないか。そして、他国との差異を示している。イタリアやイギリスと較べるとやや、少ないが、オランダと較べるとかなり多いことになる。この金額が現在の値でどのくらいになるのか、まったく解らないが、天皇家の経済を政府つまりは国民の税金がかなりの程度に補填していることは確かである。

江戸幕府も天皇家や朝廷にある一定のお金を提供していたのだが、「歴史読本　徳川十五代、将軍家と天皇家」（新人物往来社、一九九九）によると、「禁裏御料」として、《皇室の所領のこと。江戸時代の天皇・公家衆は幕府からすべての所領を支給されていた。家康が一六〇一年（慶長六）に献上した一万石を本御料といい、秀忠〔二代将軍〕が一六二三年（元和九）に皇女誕生祝いとして献上した一万石、綱吉〔五代将軍〕が一七〇五年（宝永二）に献上した一万石を増御料という。この三万石の外に、公家領四万石、その他が三万石、合計十万石》であった。十万石も現在の価値は解らないが、一万石の殿様もいた時代であるから、十万石なら、中程度の大名と言えるだろう。その多寡はよく解らないが、江戸幕府もまた、天皇家や朝廷維持のため、少なからず、お金を出していたわけだ。このお金もまた農民からの税収であったと思うが、天皇家は江戸時代も明治時代も、国民の税負担で維持されてきたと言える。福沢諭吉は国民の税金とは言わず、帝室費は決して豊かでないうえ、帝室の私的な土地も、山林もなし、と慨嘆してみせる。《帝室の費用は一種特別のものにして、其の公然たるものある可《べ》きは無論なれども、或いは自由自在に費して殆《ほとん》ど帳簿にも記《しる》す可《べか》らざる程の費目もある可し》と書き、いかにも、これでは足りないのだ、と言っている。

★尚況《なおいわん》や我輩が帝室を仰《あおぎ》て人心の中心に奉《たてまつ》らんとするは、其〔の〕無偏無党の大徳に浴して一視同仁の大恩を蒙《こうむ》らんことを願ふ者なれば、我輩の志願〔、〕決して空《むな》しからず。帝室は新《しん》に偏《へん》せず〔、〕古《こ》に党《とう》せず、蕩々平々《とうとうへいへい》、恰《あたか》も天下人心の柄《へい》を執《とっ》て〔勢いを借りて〕之と共に運動するものなり。既に政治党派の外《ほか》に在り。焉《いずくん》ぞ復《ま》た人心の党派を作らんや。謹《つつしみ》て其〔の〕実際を仰ぎ奉る可《べ》きものなり。

◎この「帝室論」の最後のしめの文章である。天皇はあくまでどんな偏りもなく党派にもくみせず、穏やかで平和な存在として、日本人の人心の中核となるようなそんな在り方をして欲しいし、天皇はそんなおかたである、と結んでいる。

◉天皇はあくまで政治世界の外にあるのであり、しかし、日本人民の心身の収攬は天皇によってのみ可能である、というのが、全体の趣旨であろう。明治憲法ができて、日本国家の主権者と規定した。この主権というのはどういうことだろうか。戦後にできた日本国憲法では、国民が主権者であると規定している。広辞苑には、「主権」とは、

①その国家自身の意思によるほか、他国の支配に服さない統治権力。国家構成の要素で、最高・独立・絶対の権力。統治権。

②国家の政治のあり方を最終的に決める権利。「国民—」

と書いてある。また「統治」とは、

統《す》べおさめること。主権者が国土、人民を支配すること。また、国や自治体の政治・行政活動の総称。

と、書いている。国家の主権者であるところの国民は、国土や人民を支配する権力者ということになり、あまりいい表現とは思えない。しかし新憲法も結局、国家を支配する者を主権者としている。そう考えると、天皇は、明治憲法のもとでは、日本国家の支配者であったわけだ。戦後、この権利を国民の側に移したのだが、ここには、当時のアメリカのGHQ民政局の開明的な思想が盛りこまれていた。アメ

リカは王のいない国家であり、選挙によって選ばれた大統領が中心となって、議会での議論のすえに政治は行なわれる、という建前である。福沢諭吉の思想は、どう考えても古色豊かな天皇イメージに満ちている。これでも思想家としての福沢は、開明的であったと思う。しかしそれでも、天皇幻想から逃れることはできなかった。わたしがかつて尊敬していた東洋史学の白鳥庫吉の「蒙古民族の起源」（『白鳥庫吉全集』第四巻、岩波書店、一九七〇、所収。文末に、明治四十年二・三・四・五月『史学雑誌』とある）という文章に、《『書経』に、「天子為民父母、以為天下王」とあり》と書かれていたが、この文章を恣意的に読むと、天子、民の父母となす。あるいは天子は民の父母たり。もって、天下の王となす。あるいは、天下の王たり、ということになろう。福沢にとって、「人」でない天皇は「父母」であり、かつ「王」である。こんな理解を離れることができなかったのであろう。このときの父母とは現実の父母というより、人民の心をあたたかく包みこむような存在であり、かつまた、民の長上にあって、民を見守る、そのような理解であったのだろう。そこで福沢諭吉の「尊王論」を見てみよう。「帝室論」と同工異曲かもしれないが。

「尊王論」

◉「帝室論」は明治十五年（一八八二）に発表されたものであり、これにたいし、「尊王論」は明治二十一年に発表されているから、六年後の論文であり、ここには、「帝室論」と違った思想が表明されているであろうか。それともやはり強固な天皇主義を繰り返しているのだろうか。「尊王論」と題しているわけだから、ころりと変わっているわけではないと思われるが。

★我〔が〕大日本国の帝室は尊厳神聖なり。吾々《われわれ》臣民の分《ぶん》として、之《これ》を仰ぎ之を尊《たっと》まざる可《べ》からずとは、天下万民の知る所にして、其のこれを尊《たっと》むや、為めにする所あるに非《あら》ず。

◎やはり、論調は変わらない。そして、尊厳、神聖な天皇にたいしては、これを尊ぶことが人民の役割である。為にする、とは、天皇崇拝はだれか、あるいは何かのためにするのではない、とまず断っている。広辞苑には、ある目的を達しようとしてする下心があって事を行うのにいう、とあり、為にする行為、という使い方が載っている。まあ、天皇を崇拝するときは、人は、いや、日本人は無心に崇拝しているのだ、と言っているのだ、福沢は。「帝室論」の論法よりさらに、人民、民衆と天皇があたかも、日本の始まりから、まるで一体化していたように言っている。これはわたしの持論のようになってきたのだが、古代以来、天皇と民衆はなんの関係もなかったのであり、藤原氏やその他、天皇の、日本国で醸し出された「王」以上の権威を必要とした人びとにとって、天皇は必要であり、天皇もまた、藤原氏らの財力や権力によって、天皇位や朝廷を維持できるという強い補完関係を持つ存在にとってのみ、必要であったのだ。明治維新のときの尊王論者たちは、天皇というシンボルを持ち出すことで、徳川幕府に代わる政府を形成でき、それによって攘夷、という彼らの真の目的を達成できると考えたのだ。この点、開国派だった福沢諭吉に天皇は必要ではなかった。「学問のすゝめ」には天皇への言及があるが、「福翁自伝」などには、それはない。開国のためには、開国反対派だった江戸時代最後の天皇などは、むしろじゃまだったはずだと思うのだが。ここが、この近代文明の日本への輸入、導入をめざした諭吉の、この天皇への偏愛とも言うべき言動が理解できないところである。

★我輩は尊王《そんのう》の大義を、単に日本国人の性質とのみ言はずして、更に一歩を進め、経世の要用に於《おい》ても〔経世は世を治めることであるから、政治家ないし王になるから、これは福沢の説くところではないであろう。ここでは経世を、経世済民の略と考え、世を治め、人民の苦しみを救うこと、と考えておこう。この経世済民のために必要な点においても〕此〔の〕大義の等閑《とうかん》にす可《べか》らざるを〔天皇崇拝ということを無用のこと、あるいはいい加減にするべきではないことを〕信ずる者なれば、仮令《たと》へ今日《こんにち》は無用の論に似たるも、天下後世、社会の安寧の為めに、尊王論の一編を記《しる》して子孫に遺《のこ》すも亦《また》、無益の労に非《あら》ざる可《べ》し。

◎天皇が政治の外側にある、と明言した福沢であるなら、天皇を経世家とは言えない。だからここでは、天皇が世を治め人民の苦労を救ってくれる存在であるなら、と読んでおこう。そうだったとしたら、天皇崇拝は必然のものであり、その心を忘れてはいかん、とする。どこか、苦しくないであろうか、福沢諭吉の論法は。開国派の福沢にとって日本が諸外国と関係し、交易などもさかんになるのがよいのであれば、日本も国家代表を選び、諸外国と対等な関係を結べばすむことであり、ここで天皇を持ち出す必要もないだろう。天皇を戴いて居れば、近代化という面でヨーロッパ各国とのあいだに、先進国、後進国の差異が生まれたとしても、これから国民全体で努力して追いつけばいいのである。現に、天皇の存在と無縁に日本国はヨーロッパ先進国に追いつき、しかし植民地主義のような悪い面をも学んでしまって、そういう意味ではよくない国を作ってしまった、とも思うのだが、ここでも天皇の存在が近代化にどう役立ったのか、はっきりとそれはなかったと言えるであろう。福沢自身の生き方を考えると、諸外国の本を読み、アメリカ、ヨーロッパを訪れ、塾を開いて学問のすすめをみずから実践してきた。幕末のいろんな悪条件を乗り越えてきた立派な人物だったと言っていいと思う。にもかかわらず、どこかで、中心的な存在を持たない日本の人間として、なんらかのコンプレックスを持つようになり、それが天皇憧憬、天皇崇拝の道をかれをして、開かせたのであろうか。

★〔上述の言葉に続けて〕今その立論を三条に分ち、

第一、経世《けいせい》上に尊王の要用は如何《いかん》。

第二、帝室の尊厳神聖なる由縁《ゆえん》は如何。

第三、帝室の尊厳神聖を維持するの工風《くふう》は如何。

◎以下に、この三条にそれぞれ、福沢の考察を述べようというのであろう。

★第一、日本国人の尊王心は殆《ほと》んど其〔の〕天然の性情に出《いず》るものにして、試《こころみ》に今、匹夫匹婦《ひっぷひっぷ》〔男と女〕に向〔か〕ひ、何故《なにゆえ》に帝室は尊きや、と尋《たずぬ》れば、唯《ただ》帝室なるが故に尊しと答ふるのみにして、更に疑ふ者あるを見ず。

◎まず、第一の尊王の必要性についてであるが、日本国人の尊王心は天然の、つまり生まれついたとき、もうすでに尊王心を身につけて、いわば内蔵している性情から出るものだ、と言うのだ。これは何度も言ったように、明治以降の政治が、天皇への忠誠心を押しつけてきたのであって、江戸時代の民衆は、いやそれ以前から、天皇なる存在など、知らなかった。これは前にも書いたかもしれないが、江戸末期、天誅組という尊王攘夷のグループが、畿内、つまり京都、奈良の周辺をデモンストレーションして歩いたとき、その土地、土地の農民たちは、天皇という存在を知らなかった。畿内でさえ、である。福沢諭吉がかってに、尊王心は生まれつき人が持っている、と言うのだ。本当に官憲のバックなしに、民衆に天皇および尊王について質問したとすると、だれも答えられなかったろう、と思う。そして、尊王心の根源については、万世一系ということを持ち出しているが、だれでも、ふつうの人たちは、両親を持ち、その父や母も両親を持つ。これを辿れば、だれもが遠い大祖先の個人を出発点とする万世一系的存在なのである。しかし、われわれの一般家庭では、長男と次男、そして三男も亡くなるか、男の子どもができなかったら、その家は養子を貰わない限りはそこで途絶えるかもしれない。しかし、天皇家は一夫多妻でやってきたので、多くの天皇は子どもを持てたし、子どもがいなければ、弟が天皇位を継いだり、ときに何代か遡って次の天皇をみつけるようなことは何度もあったのだ。古代の継体天皇などは、五代くらい遡って皇位継承者を捜し求めたすえに越前のほうからよんできたことになっている。現在へと系統を続けるために、皇室は時に多大な努力を強いられたのであった。民衆の多くは、明治以降、学校教育に取り入れられた「教育勅語」や「御真影」やその他によって、現在の天皇を知り、その神聖さ、高貴さを教えこまれてきたわけだ。これを、天然の心情などと言えるどんな根拠もないのである。しかし、福沢の理論はここから、当時の日本社会の抱える諸問題に触れ、これを天皇の生まれながらの権能によって救うのだ、という展開になる。

★西洋諸国民は、多数少数の数を以て人事の方向を決するの風《ふ》にして、我が日本国人は、一個、大人《たいじん》の指示に従《したが》って進退するの習慣なり。

◎西洋諸国は多数決という方法によって人事を決めているが、日本では、あるひとりの「大人」がこれを決定するという方法をとってきた。この「大人」はときに、藤原氏であり、源頼朝であり、その他、足利氏や織田信長、徳川家康など、時代時代に現れる人物が、ときには、天皇自身が「大人」であった。天皇親政のときもあったが、多くは補佐する人物がいた。

★抑《そもそ》も今日、全世界の事態に於〔い〕て、人間を支配するものは西洋の文明開化にして、迚《とて》も之に反対す可《べか》らざるのみか、文明開化そのものゝ性質を吟味《ぎんみ》しても、得失を平均するときは美なるもの甚《はなは》だ多くして、我が日本国人も漸《ようや》く其の方向に進むこそ、利益なれば、多数法の施行、決して非難す可《べ》きに非ず。

◎ここは正論と言っていい。日本は欧米の文明開化の精神を輸入したのであるから、これに反対するのは無意味だし、日本もその方向へと進んでいる。福沢諭吉自身、そんな方向への展開を促進しようとしたのである。

★唯《ただ》この際に於いて心配なるは、幾千百年来、大人《たいじん》の指示に従ふの習慣を成したる者が、能《よ》く多数の命ずる所に服す可きや否やの一事なり。

◎長く、まあ、そんな心配もいいだろう。どうにかなるさ。諭吉もこのような多数決が中央のみならず、地方の政治などでも展開していると述べ、混乱を招いているが、大人主義はしだいに縮小し、多数主義に取って変わられることになるだろう、と言う。文明開化論であれば、当然の考えだ。

★西洋諸国の帝王の如きは、其〔の〕由来《ゆらい》、素《もと》より我〔が〕日本国の帝室に及ばざること遠しと雖《いえど》も、其〔の〕尊厳神聖の威光を以て、民情を調和して社会の波瀾を鎮静するのみならず、自然に世務〔世の務め〕の方向を示し、文学に技芸に之を奨励して、民利国益〔民も国家も利益を得る〕の基《もとい》を開くもの少なからず。然《しか》るを況《いわ》んや我〔が〕至尊なる帝室に於いてをや。

◎西欧諸国の帝王なるものは、その由来は日本の帝室には及ばないものの、その威光は国家全体を潤わせて、政治や文学や技芸を奨励して、近代国家の王制を日本の天皇制と比較できるだろうか。できないであろう。諭吉は、根拠の何もない日本天皇制の、欧米の優位にあると考えている。かつて、日本の天皇制はヨーロッパの王制と違うのだ、という理論がまかり通っていた時代が長くつづいたのだ。

★我輩は之〔天皇の威光〕を金玉《きんぎょく》として苟《いやしく》も瀆《けが》すことなきを祈るものなり。

◎いささか、至高の存在への形容がよくないが、まあ、いいか。これが、第一への結語である。文明開化の世界では基本的には多数決主義が主流になっていくであろう。このあたりが、天皇へのなにか失礼を招くことのないことを、自分は祈るものである。福沢諭吉の杞憂はその一点、天皇への失礼を怖れるのみであった。福沢自身、明治以降の天皇主体主義的傾向にしっかりと染まってしまったのだ。「福翁自伝」によると、明治政府から、何度も、政府に参加するべく要請があったが、それを断り続けたというのだが、それはなぜだったのか。天皇が巻きこまれないように、政治家になって見守ればよかったのではないか、と思うのだが。そんなに心配なら。あるいは天皇存在の危うさにも、福沢は感じていたのだろうか。天皇は時の勢力に流される可能性があった。

★第二、世人〔、〕皆《みな》〔、〕帝室の尊《たっと》きを知て、其〔の〕尊き所以《ゆえん》を説くものなし。其〔の〕説なければ其の根拠固《かた》からず。今、我輩が特に、為めに説を陳《の》ぶるも亦《また》、無益にあらざる可し。抑《そもそ》も我輩が立言《りつげん》の眼目《がんもく》は〔言おうとする意見の要点は〕、尚古懐旧《しょうこかいきゅう》〔昔の文物や制度をたっとび、懐かしく思うこと〕の情に基《もとづ》き、帝室の尊厳神聖を、此〔の〕人情に訴《うったう》るものなり。

◎世の中の人たちは帝室の尊いことを知っているが、なぜ尊いかを論じる人はいないようだ。そのような説がなければ、この思想は固まらない。そこで自分が説いてみることにしよう。わたしが帝室を尊ぶ根拠を明らかにして、帝室の尊厳と神聖を、世のなかの人びとに訴えようと考える。ここまで、力説するのは、皮肉に分析すると、一般民衆のあいだに天皇の尊厳性や神聖性が浸透していないことを、福沢諭吉が痛感してやきもきしているからではないだろうか。以下に言葉をつくして、天皇の尊厳性と神聖性について語っているのだが、つぎのたとえ話はどうだろうか。天皇を、人びとから愛される松の老木にたとえている。

★例《たと》へば爰《ここ》に地方の一寒村に千歳の老松樹ありて、世人の常に奇《き》とし、神《しん》として重んずる所なれども、之を伐倒《きりたお》すときは稀有《けう》の良材を得て、銭《ぜに》に易《か》ふ可きのみならず〔お金に換えることも可能であるというだけでなく〕、其〔の〕樹陰たりし地面三反歩《たんぶ》は良田と為《な》りて、毎年の所得、米にして何俵なる可し。之を伐《き》らんか。之を保存せんかとの議を発することもあらんに、村議は必ず保存の方に多数なる可し。如何《いかん》となれば、其〔の〕老松は近国に比類なき名木にして、自《おのず》から村の装飾と為り、又一種の栄誉たればなり。即ち他の郡村になき大木が我が村に存在して、日常談話の語り次ぎにも、老樹名木と云へば、恰《あたか》も当村の専有にして誇るに足る可きが故に、村の人心は遂に名を重んじて利を顧《かえり》みざるの輿論《よろん》を成したるものなり。

◎天皇はここではある村の誇りともなっている松の老木にたとえられ、もし伐り倒して家具などの原料にすれば、必ず良材として珍重されるはずだし、米俵いくつにあたるかしれぬ財産であろうが、村人はこれを伐ることを首肯しない。なにしろ、村の誇りであるから。すると、天皇は老木であるがゆえに、村人が伐り倒すことに賛成しない、そんな存在だ、ということになるが、諭吉は肝心の尊厳、神聖性ということを、松の老木に仮託している。

★此〔の〕点より観《み》るときは、人間世界に至宝と称せらるゝものは、経済上に直接の実用を為す物にあらずして、却《かえっ》て無用の品に限るが如し。

◎福沢にとって、この最後の行はまずいのではないか、無用の品、というのは。天皇無用論者だったら、こう言うかもしれないが。それでは、天皇の価値、天皇という存在の価値とは何だろうか。まじめに考える必要のある問題で、そうかんたんに解答が得られるような設問ではないであろう。この設問に答えるべく、さらに人間を例にとってつぎのように書いている。

★然るに〔〕爰《ここ》に一人あり、其〔の〕家系は何百年前より歴史に明《あきらか》にして、宗祖《そうそ》〔その家系の初めの人〕某《なにがし》は何々の創業〔ある事業を始めること〕に由《よっ》て家を興し、其〔の〕第何世の主人は何々の偉功を以って家を中興し、子々孫々、今に至る迄《まで》、其〔の〕家を存して失はずと云へば、仮令《たと》へ其〔の〕人の智徳は凡庸《ぼんよう》なるも、苟《いやしく》も非常の無智不徳にあらざるより以上は、社会に対して栄誉を維持するに足る可し。況《いわ》んや其〔の〕徳義才智の少しく尋常を擢《ぬき》んづるものに於てをや。世の尊敬を博《はく》するは他に幾倍なるを知る可〔か〕らず。

◎ここでは天皇は、ある人間にたとえられている。家系も古く、ある人が創業に成功し、その何代かあとには、中興の祖のような人が現れている。これって、「日本書紀」の神武天皇が創業者で、後醍醐天皇が中興の祖とよばれた、天皇系譜にそっくりではないか。しかし、たとえとはいえ、天皇を人間にたとえてしまっていいのだろうか。天皇は人間でなく、人を超えた存在であったはずだ、諭吉にとっては。老木のほうがまだましであろう。

★我〔が〕日本国には帝室なるものあり。此〔の〕帝室は日本国内無数の家族の中に就《つい》て最も古く、其〔の〕起源を国の開闢《かいびゃく》と共にして、帝室以前〔、〕日本に家族なく、以後今日に至るまで国中に生々《せいせい》する国民は、悉皆《しっかい》〔皆〕その支流に属するものにして、如何《いか》なる旧家と雖《いえど》も、帝室に対しては新古の年代を争ふを得ず〔天皇家にたいしては、古い、新しいと年代を争うことはできない〕。

◎たとえ、比喩的な言い方だとしても、天皇家以前に、大和を含む畿内には、神武天皇が登場したとき、先住民がいて、ナガスネヒコ（長髄彦）などと蔑称でよばれてたことは、「日本書紀」にも書かれていることで、福沢諭吉の言い方は完全な誤謬であることを彼は自覚していないのだろうか。また、日本国は、というか、日本という国は日本人という名称が生まれる前から、現在生きるあらゆる人たちの遠い祖先はいたのである。日本列島の先住民である縄文人系の民族の世界に、天皇の根源を措定した人（研究者、ほか）はいない。天皇一族を生み出した人びとは朝鮮半島を経由してやって来た弥生人系の民族であるが、明治初期にこんな理解はまだなかったであろう。天皇には弥生人系の人たちの子孫がいたわけで、大伴氏や物部氏らがそうである。日本人がすべて天皇家の支流として出てきたのだ、という言い方は暴言に近い。

★帝室は我が日本国に於いて最古最旧、皇統連綿として久しきのみならず、列聖〔各天皇〕の遺徳も今尚《いまな》ほ分明《ぶんめい》にして〔明確であり〕、見る可きもの多し。天下万民の共に仰ぐ所にして、其〔の〕神聖尊厳は、人情の世界に於て、決して偶然に非ざるを知る可し。蓋《けだ》し、世上に尊王の士人、少なからずして、所説、甚《はなは》だ美なれども、其の帝室の神聖を説くや、唯《ただ》神聖なるが故に神聖なりと云ふに過ぎず。

◎最後の、帝室の神聖を説くや、ただ神聖なるがゆえに神聖なり、という言葉は、論理家の言葉ではないだろう。これもまた、論理的暴言と言いうる。福沢諭吉は、天皇の神聖性について、日本国の開始以来、存在した、そして全日本人の祖先であったからと、あまり理論的とは言い難い説明しかできなかったのだ。

★蓋《けだ》し、政治は一時〔いっとき、と読むか〕政府の政治にして、帝室は万世〔。〕日本国の帝室なり。帝室の神聖は政治社外の高処に止《とど》まりて、広く人情の世界に臨み、其〔の〕余徳を道理部内に及ぼして、全国の空気を緩和せんこと、我輩の宿論として窃《ひそか》に冀望《きぼう》〔希望と同じ意味〕する所なればなり。

◎政治というのは政府の管轄するものであり、天皇は古代以降、日本国の天皇であった。天皇は神聖にして、政治社会の高みにあって、人間の情の世界に君臨し、そのあまったところを、道理の世界にも及ぼし、日本全国の空気をなごませること、自分の、宿論とは意味不明だが、長く願ってきた論理として、自分のずっと考え望んでいることなのだ、とでも言っているのだろう。いずれにしても、天皇を尊厳性や神聖性で捉えようとすると、どうしても神秘主義的にならざるをえないのだ。論理的に解答をみつけることは不可能だ。また、天皇が全国の空気を和らげるという表現も、いつも福沢に感じられる。個人的な感想に過ぎないのではないか、という彼の方法論なのである。

★第三、帝室の尊厳神聖を維持するの法、如何《いかん》の問題に就《つい》ては、我輩に二様の手段ある〔。〕其〔の〕一は、既に前条に於〔い〕て尊厳神聖の理由を尚古懐旧の人情に帰《き》したるが故に、今これを維持するにも亦《また》、先づ此〔の〕人情に依頼せざるを得ず。之を第一手段とす。

◎天皇がその尊厳性と神聖性を維持するのをどうするか、という問題については、自分にはふたつの方法があるのだ。その一は、すでに述べたように、日本の古代を尊び、絶えずこれを想起するという日本人の精神性に依頼せざるを得ないということだ、と、天皇自身の特性でなく、日本人の精神性のほうに依存するほかない、と、正直に述べている。そこには、天皇制が古代から、現在まで延々と継承されてきた、という歴史性はある。そして日本人の心のなかに、天皇はずっと生き続けてきた、と言うわけだ。はたして、生き続けてきたのだろうか。民衆の心のなかに天皇が侵入してきたのは、明治以降であった、とわたしなどは主張しているのだが。天皇が内なる特性として尊厳性や神聖性を持っていたとするなら、何も一般人間に頼る必要もないであろう。以下に、日本人の心の中の天皇について、福沢は語り続ける。

★又〔〕帝室の神聖を維持する第二の手段は、日本全国を同一視して、官民の別なく、至尊の辺より恩徳を施し、民心を包羅収攬《ほうらしゅうらん》して〔民心をひっくるめて捉える〕、日新開明〔日ごとに新たに開明的にする〕の進歩を奨励することなり。本来、我輩の所見は、帝室を政治社外の高処に仰がんとするの持論にして、施政の得失の如きは固《もと》より至尊の責任に非ず。帝室は政府の帝室にあらずして、日本国の帝室なりと信じて疑はざるものなれば、其の降臨《こうりん》する所に官〔と〕民などの差別ある可《べか》らざるは無論のことなれども、事の外形より見て政府の筋は兎角《とかく》帝室に近きが故に、爰《ここ》に官〔と〕民の二者、相対《あいたい》するときは、帝室を推《お》して政府部内に在るものゝ如くに認《みと》むる者なきに非ず。大なる誤解と云ふ可し。

◎また、天皇の神聖性を維持する第二の手段は、日本全国、官人も人民も区別なく、天皇のほうから恩徳をほどこし、民心を捉え、日々の進歩を奨励することである。本来、自分は天皇は政治的領域と無縁の存在であって、政治的領域における良し悪《あ》しなどとは無縁の存在なのだ。人民より政府のほうが、天皇に近いので、天皇を利用してしまうことも少なくない。あたかも政府の中核であるように、人民を圧迫する時など、利用されがちだが、ここには大きな誤解があるのだ、と福沢諭吉は言うのだが、彼自身が天皇と政府を切り離す活動を展開すべきであるし、尊王論のような主張をすれば、彼自身が、天皇を政治に巻きこもうとしているようにも思えるのだ。というか、この「尊王論」では、政府に釘を刺したかったのかもしれない。天皇は政治の埒外に置くべきだ、と。それなら了解できる。戦後の象徴天皇という憲法の規定と同じ発想になる。そんなふうにこの文章を読むことにしたい。福沢の主張は以下も続くが、この辺で、好意的に読むことを宣言して、有名な「学問のすゝめ」などの文章にちらほら出てくる「天皇論」についても見てみようと考えていたのだが、とりわけ鋭い観察や提言をしているわけでもないので、これはやめることにした。「学問之独立」(『福沢諭吉選集』第三巻、所収、一八八三年発表)という文章のなかにあった、つぎのような理念を紹介して、この項を閉じることにする。

★帝室より私学校を保護せらるゝの事に付ては、其〔の〕資金を如何《いかん》するやとの問題もあれども、此の一条は最も容易なる事にして、心を労するに足らず。我輩の持論は、今の帝室費を甚だ不十分なるものと思ひ、大《おおい》に之を増す歟《か》、又は帝室御有《ぎょゆう》の不動産にても定められたきとの事は、毎度陳述する所にして、若《も》しも幸《さいわ》いにして我輩の意見の如くなることもあらば、私学校の保護の如き、全国僅《わずか》に幾十万円を以て足る可《べ》し。或は一時巨額の資本を附与せらるゝとて〔も、原文にあり〕亦、唯幾百万円の金を無利足にして永代貸下《かしさぐ》るの姿に異ならず。決して帝室の大事と称す可き程のものに非ず。或は今の政府の財政困難にして、帝室費をも増すに遑《いとま》あらずと云はん歟、極度の場合に於ては、国庫の出納《すいとう》を毫《ごう》も増減せずして、実際の事は挙行す可し。

◎ここでは、諭吉は私学校(この文章の書かれた明治十六年当時はまだ公立学校がすくなかったのだろうか)への助成金を少ないであろう帝室費から出してもらえないか、と言っているのだ。たいしたことはないでしょうと。みずから慶應義塾という私学校を運営していた福沢にとって、政府や天皇からの助成金があればおおいに助かったのであろう。かつ学問の充実こそ、日本の近代化の大いなる力になると信じていたのだ。この発想はおもしろいし、重要であると現在でも思われる。この結果はどうなったのであろうか。興味深いところである。

◉福沢諭吉の天皇を巡る論文は「尊王論」と「帝室論」のふたつで、最初に書いたように、天は人の上に人を造らず、人の下に人を造らずと云えり、と宣言した諭吉が、人の上にあるとする、人ならぬ天皇だけは、至上の存在として、その尊厳性、聖性を強調せねばならなかったのはどうしてだろうか。そして人民の精神を収攬するのは、と意味不明のような説明によって、これをひとり天皇のみである、とした論理は、福沢が、天皇存在の一面の危うさをカヴァーし、天皇をもって日本国の完成を夢想した、その表現だったのではないだろうか。天皇はかつて藤原氏の、武家の頭領たちのバックアップによって、その存在を維持できたのだ。日本国民である民衆と天皇は明治以前は無縁であり、民衆に天皇の存在を維持しようとした欲求は、なかなか視えてこないのである。あるいは福沢諭吉は、欧米と対等につきあうために、日本には天皇という特別の存在が古代以来連綿として維持されてきたことを、確認する作業が必須である、と考えるような思考の最初の人であったのだろうか。そう考えるとその先蹤には、日本を神国だと書いた北畠親房が、天皇存在によって、当時の先進国であった天竺、震旦に対抗できる、と考えたような例も日本にはいたのである。その、再来であったろうか、福沢の理論とは。

◉第十章

第二次世界大戦の敗戦！この日、天皇はどのような発言をしたか

●テクスト

第二次世界大戦の敗戦を国民に告知する「詔書」(官報号外、昭和二十年八月十五日)

附録　天皇人間宣言

●出典

「読売報知」昭和二十年八月十五日、読売新聞社、一九四五

『日本大百科全書ニッポニカ』

◉わたしが友人たちと読書会なる集まりをやっている吉祥寺の井之頭公園近くの喫茶店「立吉」の店主が、ある日、こんなものがみつかりましたよ、といって、くだんの新聞を見せてくださったのである。古い品物のコレクターでもあったのか、店内には古い陶磁や時計などが置いてある店である。わたしや友人たちの前に差し出されたのが、以下に紹介する「詔書」であり、わたしはこれを借り受け、コピーして保存していたものである。それは古びた新聞で、「讀賣報知」の終戦の年のまさしく八月十四日に書かれた、終戦の詔書が第一面を大きく飾っていた。太い子持ち罫で四方を囲み、新聞の大きな見出しは、「帝國政府・四國共同宣言を受諾」とあり、続いて「萬世の為に太平開かむ」、「畏《かしこ》し　敵の残虐・民族滅亡を御軫念」、「神州不滅・總力建設御垂示」とあった。「詔書」が終わったところには「忍苦以て國體護持」、「國運を将来に開拓せん」などの見出しが次の記事のためについていた。「總力建設」の意味は総力をあげて新たな世界を建設しよう、とでも言っているのか。

◎では、詔書の全文を掲げる。上記の見出しはすべて旧漢字をそのまま使用したが（ぎょうぎょうしさが解りやすいように）、「詔書」のなかの旧漢字は読みやすいように現在の当用漢字に替え、現在だと「、」や「。」の入るべきところはアキなしで続けて組んであるので、ここは一字アキとした。また読みやすさのため、適宜、〔　〕内に読みかたや意味を補足するべく入れることにした。

「詔書」

朕〔天皇の自称〕深ク世界ノ大勢ト帝国ノ現状トニ鑑ミ　非常ノ措置ヲ以テ時局ヲ収拾セムト欲シ　茲

〔ここ〕ニ忠良ナル爾〔なんじ〕臣民ニ告ク〔告ぐ〕朕ハ帝国政府ヲシテ　米英支蘇〔支＝支那＝中国、蘇＝ソ連＝現在のロシア〕四国ニ対シ　其ノ共同宣言ヲ受諾スル旨　通告セシメタリ

抑々〔そもそも〕帝国臣民ノ康寧〔安寧〕ヲ図リ万邦共栄ノ楽ヲ偕ニ〔ともに〕スルハ　皇祖皇宗〔よく使われた熟語、歴代の天皇〕ノ遺範〔残した規範?〕ニシテ　朕ノ拳々措カサ〔ザ〕ル所〔日ごろ願っているところ〕　曩〔さきに〕ニ米英二国ニ宣戦セル所以〔ゆえん〕モ亦〔また〕実ニ帝国ノ自存ト東亜〔中国を含む東アジア〕ノ安定トヲ庶幾スルニ出テ〔考えることから始まって〕　他国ノ主権ヲ排シ　領土ヲ侵スカ〔おかすが〕如キハ固ヨリ〔もとより〕　朕ガ志ニアラス〔あらず〕　然ルニ交戦已ニ〔すでに〕四歳〔四年〕ヲ閲シ〔けみし、経過し〕朕カ〔朕が、朕の〕陸海将兵ノ勇戦　朕カ〔が、朕の〕百僚有司〔もろもろの官吏たち〕ノ励精〔励み務めること〕　朕カ〔朕の〕一億衆庶〔人民〕ノ奉公　各々〔おのおの〕最善ヲ尽セルニ拘ラス〔かかわらず〕　戦局必スシモ〔かならずしも〕好転セス〔セズ〕　世界ノ大勢　亦　我ニ利アラス〔アラズ〕　加之〔しかのみならず〕　敵ハ新ニ〔新たに〕残虐ナル爆弾ヲ使用シテ　頻ニ〔しきりに〕無辜ヲ〔罪のない人たちを〕殺傷シ　惨害ノ及フ所　真ニ〔まことに〕測ル〔はかる〕ヘカラサルニ〔べからざるに〕至ル　而モ〔しかも〕尚〔なお〕交戦ヲ継続セムカ〔せんか、戦争を続けるべきか〕　終ニ〔ついに〕我カ〔わが〕民族ノ滅亡ヲ招来スルノミナラス〔ならず〕延テ〔ひいては〕人類ノ文明ヲモ破却スヘシ〔すべし〕　斯ノ如クムハ〔かくのごとくんば〕　朕　何ヲ以テカ〔もってか〕億兆ノ赤子〔せきし、わたしの子どもたち、日本人民を天皇の赤子とよんだ〕ヲ保シ〔たもちし〕皇祖皇宗ノ〔天照以來の天皇家の祖先たちの〕神霊ニ謝セムヤ〔感謝すべきか〕　是レ〔これ〕朕カ〔朕ガ〕帝国政府〔日本政府〕ヲシテ共同宣言〔ポツダム宣言〕ニ応セシムルニ〔応ぜしめるに〕至レル所以ナリ

朕は帝国ト共ニ終始　東亜ノ〔日本を含むアジアの〕

解放ニ協力セル諸盟邦ニ対シ　遺憾ノ意ヲ表セサルヲ得ス〔表せざるを得ず〕　帝国臣民ニシテ戦陣ニ死シ　職域ニ殉シ〔殉じ〕非命ニ斃レタル者〔思わぬ死を迎えた人たち〕及〔および〕　其ノ遺族ニ想〔おもい〕ヲ致セハ〔思いをいたせば〕　五内〔心臓など五つの内臓〕為ニ裂ク〔内臓も裂けるごとく〕
且〔かつ〕戦傷ヲ負ヒ　災禍ヲ蒙リ〔災禍にあい〕家業ヲ失ヒタル者ノ厚生ニ至リテハ　朕ノ深ク軫念〔しんねん〕スル所ナリ〔憂えるところである〕　惟フニ〔思うに〕　今後　帝国ノ受クヘキ〔受けるべき〕苦難ハ固ヨリ〔もとより〕尋常ニアラス〔あらず〕〔簡単ではない〕　爾〔なんじ〕臣民ノ衷情モ〔まごころも〕　朕　善ク〔よく〕之ヲ知ル　然レトモ〔しかれども〕朕ハ時運ノ趨ク所〔おもむくところ〕堪ヘ難キヲ堪ヘ〔堪え難きを堪え〕　忍ヒ難キヲ忍ヒ〔忍び難きを忍び〕　以テ万世ノ為ニ太平ヲ開カムト欲ス〔永遠に平和で穏やかであることを望んでいる〕

朕ハ茲ニ〔ここに〕　国体ヲ護持シ得テ〔日本国家を守ることができて〕　忠良ナル爾〔なんじ〕臣民ノ赤誠ニ信倚シ〔しんい、信用する〕　常ニ爾〔なんじ〕臣民ト共ニ在リ　若シ〔もし〕夫レ〔それ〕情ノ激スル所　濫ニ〔みだりに〕事端ヲ〔ものごとの端緒を〕滋クシ〔しげくし、大きくし〕　或ハ同胞排擠〔同胞をおとしいれる〕　互ニ時局ヲ乱リ〔ことのなりゆきを乱し〕　為〔ため〕ニ大道ヲ誤リ〔そのために正しい道を誤って〕　信義ヲ世界ニ失フカ如キハ　朕　最モ之ヲ戒ム〔いましめるところである〕　宜シク挙国一家子孫相伝へ　確ク〔かたく〕神州ノ不滅ヲ信シ〔信じ〕　任重クシテ　道遠キヲ念ヒ〔思い〕　総力ヲ将来ノ建設ニ傾ケ　道義ヲ篤クシ〔あつくし〕　志操ヲ鞏クシ〔かたくし〕　誓テ〔誓って〕国体ノ精華ヲ発揚シ　世界ノ進運ニ後レサラム〔遅れざらん〕コトヲ期スヘシ〔期すべし〕　爾臣民　其レ克ク〔よく〕朕ガ意ヲ体セヨ

御　名　御　璽〔天皇のはんこ〕

昭和二十年八月十四日
各国務大臣副署〔各国務大臣のサイン〕

◉以下は筆者によるかんたんな現代文として忠実に再現した。朕という呼称はわたしは、のような平明な日本語と違って民衆との差異化をはかる言葉であるから、一応、我は、か、予は、に訳そうかと思ったのであるが、我ないし、朕のままにした。次章の坂口安吾に叱られるかもしれないのだが。

☆朕は、深く世界の今日の大勢と、日本帝国の現状を考えると（当時は、下にあるように原爆なども落とされ、敗戦の憂き目に遇うこと、必然の状態であったから）、非常の措置をとることで、この時局を終結させようと考えるに至った。そこで、ここで、朕の臣、つまり家臣であるきみたちに告げようと思うのだ。

☆朕は、日本帝国政府に命じて、同盟国であった、イタリア、ドイツの敗戦後、ドイツのポツダムで戦勝国である、アメリカ、イギリス、中華民国の提出した「ポツダム宣言」を受諾するように、決定させたのである。

☆もともと、日本帝国の臣である日本人とアジアの人たちの安寧を考え、世界の多くの国や人民が共栄することを、天照大神以来連綿として今日に至る天皇家の家訓として守ってきたものである。アメリカやイギリスに宣戦を布告したのも、日本帝国の変わらぬ繁栄と、アジア全体の安定を考えてのことであり、他国を侵犯してその主権を奪い、それぞれの領土を獲得しようというようなことは、朕の日ごろの考えではまったくなかったのだ。しかし、大東亜戦争はすでに四年に及び、朕の陸海軍の将校や兵士の勇敢なる戦いや、国家を維持するための官吏や議員たちのがんばり、一億人の朕の臣民の滅私奉公、すべてがしっかりと続けられていたのだが、現在の戦局は必ずしも、勝利のほうには行きそうもなく、世界の大勢をみるに我が国が不利であることは眼に見えてきた。それだけでなく、アメリカなどは考えられない原子爆弾を広島と長崎に投下し（というふうに直接的な言い方はしていないが）、罪のない人民を殺傷し、過大な損害を与えてきた。こんな局面を迎えてさらに戦争を続けていいものかどうか。このままでは、日本民族が滅亡するだけでなく、人類の文明自体が危機に陥っている。こんな情況で朕は億兆に及ぶ膨大な我が赤子である日本人民を保持する状態を、歴代の天皇家の神霊に感謝するしかない。そこで、帝国政府にポツダム宣言を受諾するよう、命じたのである。

☆朕は日本帝国とともに、終始、アジア全体の解放に協力してきたとされる米英その他の国に遺憾の意をあらわさざるを得ないのである。ここは理解しにくいのだが、ヨーロッパ諸国は、日本の植民地化が進んでいるアジアの解放をやったのだが、もともとは彼らが植民地化する方向でアジアを領土化してきたわけだから、一応、その植民地からの解放というのが、日本帝国の強い主張であった。そこで日本はアジア諸国を実は領土化する方向で戦争をしてきたのだ。その日本の領土化を阻止しようとするのが、欧米諸国の大義名分で、それは一応、解決し、アジアにいろんな国家が復活した。これを遺憾に思う、と言う天皇の発言の意味がよく解らないのである。

☆日本帝国の臣民として戦地で死んだ兵士たち、その遺族に思いをめぐらせば、五臓六腑を絞られるような痛みを感じてしまう。戦争のために不治のけがをした人たちや、東京大空襲のような大空襲に見舞われた日本人たち、家業をなくした人たちの厚生を朕は深く考えざるをえないのである。今後、戦勝国家軍が日本列島に進出でもしてくれれば、日本人民の苦難はどんなものであろうか。今後わが国が受けることになる苦難や、きみたち我が臣下の者たちの、国や天皇を思う心は、朕はよく解っているのである。しかし、このまま、世の趨勢のおもむくところを考えると、堪えがたい心情を堪え、忍び難い実情を忍んで、これからの日本の世のなかを思ってここでは一大決心して、世界を受け入れる時代を迎えたいと思う。

☆朕は日本の国体の護持（国体というのも意味不明の言葉であり、日本国家を一体化する、といった精神のことだろうか、ふだんから理解できない言葉だと思っているのだが）や、儒教的に従順なきみたちは我が臣下の真心を信じ、いつも朕ときみたちは一体であるから、容易に時勢に動かされて動揺して、世界から離反するようなことが、朕が一番、誡めねばならないと思っていることである。ここでは神州日本の不滅を信じて、日本人の力は日本国家の再建に使おうではないか。志を強くもち、国体の精華を発揮し、世界の進展に遅れないように、我が臣民であるきみたちよ、我の思いを体現して欲しい。

◉以上であるが、多くの不信と疑問のある文書であり、はたして、国民に敗戦を告げている文書であるのだろうか。ポッダム宣言を受諾したということは、日本が敗戦国になったことを認めたわけであるが、日本国民に改めて、戦争を開始し、さらに突然のように終わったというばかりで、天皇のために翻弄された、日本国民への謝罪の言葉など、ひとつもないのである。だいたい、民衆に向かって投げかけられた言葉だとすると、どうして、こんな難解な文字使いをしているのであろうか。当然、昭和天皇がみずから書いたわけでなく、宮内省の側近、あるいは書記係が書いたのであろうが、天皇の言葉をもとに、これを権威づけて難解な文書にし、辞書を引かないと読めない字や理解できない熟語を配したのであったろう。わたしもこの「詔書」なるものを書き写しながら、何度も広辞苑と新漢語林という漢和辞典にあたらざるをえなかった。年表を見ると、昭和二十年（一九四五）八月十日にポツダム宣言受諾の通告をしている。これは日本の戦争をストップし、戦勝国による戦後処理を受容することを、アメリカ、イギリス、中華民国、のちにソ連も加わった第二次世界大戦の戦勝国に通告したわけだが、これは日本政府が行なったもので、ただし、この文書では天皇が命じたことになっている。そして、その四日後に、日本国民に向かって出された詔書が上記の文章である。最後の御名御璽とあるところに、天皇のサインと三種の神器のひとつであるハンコが押されていたのであろう。ともかく、日本のばあい、「敗戦」と言わず、「敗戦」という言葉を使わず、「終戦」と、ある種のごまかしを言っていたように、というのはまさしく欧米諸国に敗れたのであるから、この詔書なるものも、日本は負けたから戦争をやめざるをえなかった、戦争に巻きこんでまことに申しわけなかったです、などと明確に書かずに、ああでもない、こうでもないと言葉を連ねている。この文章をまとめると、

①世界戦争を始めた自己責任のような点にはまったく触れていない。

②国民をこの戦争に巻きこみ、かつ敗戦へと導いてしまったことは認めているが、その全責任は自分にある、とは書いていない。そして国民への謝罪の言葉はひとつもなく、むしろ、爾臣民という言葉が繰り返され、なんだわれわれ日本人は戦前まで、天皇の臣下、家来だったのか、と思わざるをえない。かつ、天皇はこれを書いたあともまた、朕という自称と、爾臣民という言葉を使い続けるつもりであったのだろう。われわれ日本人は「臣下」などではない。しかしこのことは、新憲法が「主権在民」と明記するまで、われわれの近い祖先は、自分たちを、天皇の臣下である、と納得してきたようだ。

③この戦争を続けると国家滅亡になることを書いて、戦争をやめることを書いている。しかしそこには明確な言葉は出現していない。

④天皇のありかたの今後などについてはもちろん、全く書いてない。これは米軍が日本に来て、そのトップだったマッカーサーやＧＨＱと接触するようになってからの話であるが。

⑤爾臣民という言葉が何度も出てくるが、これは天皇の思想においては日本国民をみずからの臣下である、と考えていたことはまちがいないであろう。そしてやはり日本の中心に位置するのは自分であると考えており、こんな「詔書」なるものが出現したのであろう。

⑥天皇は日本国民に戦争責任者として謝罪しなかったが、朝鮮や中国や東南アジアの人たち、大東亜の人びとにたいして謝罪してもいない。この「詔書」でもそんな発想はまったくみられない。

◉これを読んだ日本人の何人が、その不透明な趣旨を理解したであろうか。この「詔書」の発表された当日、ラジオによって天皇の声で敗戦の宣言が読みあげられた。のちに映画やテレビなどで、その部分を何度も何度も聞くことができたが、放送の状態がよくなかったせいか、何を言っているのか、ほとんど解らなかった。この「詔書」にも出てくる、堪え難きを堪え、忍び難きを忍び、というところだけは聞こえてきたように思う。しかし、映画などが実際を伝えているのかどうか、これを聞いた多くの日本人が泣き出し、多くは、天皇に敗戦を詫びたという。このころの天皇と民衆はある意味で一体化していて、天皇も天皇なら、日本人も日本人だったな、と思わざるをえない。のちに触れるつもりの坂口安吾は、天皇が自分のことを朕とよんでいるのがおかしい、と書いていたが、たしかに朕は響きもおかしい。しかし、これは日本の天皇が始めたわけではなく、中国のある時代の皇帝が朕と自称した。日本の天皇を固有の存在のように考える人も少なくないが、天皇のありようの多くは中国文化を模倣したものであり、中国皇帝は〈天〉を祀る祭祀を行い、たえず、天を仰いでいたから、「天子」という言葉も生まれたが、天を祀る習慣などなかった日本でも天皇を天子とよんだのである。純粋の日本文化も生まれてきたと思うが、多くは中国や朝鮮からの借り物であった。中国はしかし王制をやめたが、日本では天皇制をやめることはなく、象徴天皇という、もっともよいあり方ではあるが、現在も存在し、たぶん存在し続けるだろうと思う。しかし、天皇は福沢諭吉の言ったように政治社会と関係ない存在であるから、いつか第三次世界戦争があったとき、天皇がこんなかたちで敗戦の詔を出すことはもうないであろう。最後に、ニッポニカに「天皇人間宣言／昭和二十一年年頭の詔書」という項目があったので、以下に、附録として、ニッポニカからそのまま引用させていただく。

●天皇人間宣言

★茲《ここ》ニ新年ヲ迎フ。顧ミレバ明治天皇明治ノ初《はじめ》国是トシテ五箇条ノ御誓文ヲ下シ給ヘリ。曰ク、

一、広ク会議ヲ興シ万機公論ニ決スベシ

一、上下心ヲ一ニシテ盛ニ経綸《けいりん》ヲ行フベシ

一、官武一途庶民ニ至ル迄各其志ヲ遂ゲ人心ヲシテ倦《う》マザラシメンコトヲ要ス

一、旧来ノ陋習《ろうしゅう》ヲ破リ天地ノ公道ニ基クベシ

一、智識ヲ世界ニ求メ大ニ皇基ヲ振起スベシ

叡旨公明正大、又何ヲカ加ヘン。朕ハ茲ニ誓ヲ新ニシテ国運ヲ開カント欲ス。須《すべか》ラク此ノ御趣旨ニ則《のっと》リ、旧来ノ陋習ヲ去リ、民意ヲ暢達《ちょうたつ》シ、官民挙ゲテ平和主義ニ徹シ、教養豊カニ文化ヲ築キ、以テ民生ノ向上ヲ図リ、新日本ヲ建設スベシ。

大小都市ノ蒙リタル戦禍、罹災者ノ艱苦、産業ノ停頓、食糧ノ不足、失業者増加ノ趨勢等ハ、真ニ心ヲ痛マシムルモノアリ。然リト雖《いえど》モ、我ガ国民ガ現在ノ試錬ニ直面シ、且徹頭徹尾文明ヲ平和ニ求ムルノ決意固ク、克《よ》ク其結束ヲ全ウセバ、独リ我国ノミナラズ、全人類ノ為ニ、輝カシキ前途ノ展開セラルルコトヲ疑ハズ。夫レ家ヲ愛スル心ト国ヲ愛スル心トハ我国ニ於テ特ニ熱烈ナルヲ見ル。今ヤ実ニ此ノ心ヲ拡充シ、人類愛ノ完成ニ向ヒ、献身的努力ヲ効《いた》スベキノ秋《とき》ナリ。

惟《おも》フニ長キニ亙《わた》レル戦争ノ敗北ニ終リタル結果、我国民ハ動《やや》モスレバ焦燥ニ流レ、失意ノ淵ニ沈淪《ちんりん》セントスルノ傾キアリ。詭激《きげき》ノ風漸《ようや》ク長ジテ、道義ノ念

頗《すこぶ》ル衰ヘ、為ニ思想混乱ノ兆アルハ洵《まこと》ニ深憂ニ堪ヘズ。

然レドモ朕ハ爾《なんじ》等国民ト共ニ在リ。常ニ利害ヲ同ジウシ休戚ヲ分タント欲ス。朕ト爾等国民トノ間ノ紐帯《じゅうたい》ハ、終始相互ノ信頼ト敬愛トニ依リテ結バレ、単ナル神話ト伝説トニ依リテ生ゼルモノニ非ズ。天皇ヲ以テ現御神《あきつみかみ》トシ、且日本国民ヲ以テ他ノ民族ニ優越セル民族ニシテ、延《ひい》テ世界ヲ支配スベキ運命ヲ有ストノ架空ナル観念ニ基クモノニモ非ズ。

朕ノ政府ハ国民ノ試錬ト苦難トヲ緩和センガ為、アラユル施策ト経営トニ万全ノ方途ヲ講ズベシ。同時ニ朕ハ、我国民ガ時難ニ蹶起《けっき》シ、当面ノ困苦克服ノ為ニ、又産業及文運振興ノ為ニ勇往センコトヲ希念ス。

（以下略す）

◉第十一章

戦前・戦後の文学の旗(鬼)手の眼に、天皇はどう映っていたのだろう

●テクスト

「天皇陛下にささぐる言葉」＋「続堕落論」＋「堕落論」

●出典

『坂口安吾評論全集　第五巻』(冬樹社、一九七二、所収「天皇陛下にささぐる言葉」)

『坂口安吾選集　第三巻、小説3』(講談社、一九八二、所収「続堕落論」)

『堕落論』

「天皇陛下にささぐる言葉」

◉坂口安吾（一九〇六～五五）の小説は、三十代の青年時代に読んだが、そのおもしろさを理解できていたのかどうか、疑問である。「日本文化私観」や「堕落論」はその後、読んで感心したと思うが、内容に関しては、すっかり忘れている。「天皇学入門」という本を書こうと考えて、作業を始めたころ、安吾の「続堕落論」が、天皇制批判を展開していることを知り、選集を買い需《もと》めたのであったから、遅れた読者であったことになる。その批判は痛切であり、「不敬罪」という不吉な言葉が頭をかすめたくらいである。ただし、この「続堕落論」は戦後間もない昭和二十一年（一九四八）に書かれたもので、天皇制の呪縛から脱出できる、という時代の幕開けの頃であったから、もともと無頼派ふうにエッセイなどを書いていた安吾にとって、時機到来というところであったろうか。まず、「天皇陛下にささぐる言葉」と題された文章を『新日本紀行』のなかにみつけたので、この文章の紹介から始めたいと思う。陛下、などの言葉がついているし、一見ソフトに感じられる。わたしなども小学生時代から、天皇は「天皇陛下」とよび、皇太子は「皇太子殿下」であったのだが、どこかで、そんな地平から抜け出したのであった。ただ、新聞やテレビなど、マスコミでは、堅守されているようだ。その娘さんなども、〇〇さま、と「さま」が必ずつけてある。日本人の美徳か、あるいは弱さか、わたしたちの多くが、明治以降にわれわれ人民に強制された天皇崇拝の気持ちを今もどこかで保持し続けているような気もする。戦後の出発点に立っていた坂口安吾ら、先鋭的な感性の持ち主には、象徴天皇というありようが大きな解放感として、実感されていたに違いない。あくまで、守旧的な人びとも同在してきたのであるが。では、昭和二十三年に執筆されたこの文章から見ることにしたい。つぎのような文章から始まっている（ところどころ、読みやすさのためにルビをつけたが、テクスト原文にはルビはまったくない）。

★天皇陛下が旅行して歩くことは、人間誰しも旅行するもの、あたりまえのことであるが、現在のような旅行の仕方は、危険千万と言わざるを得ない。

★「真相」という雑誌が、この旅行を諷刺して、天皇は箒《ほうき》である、という写真をのせたのが不敬罪だとか、告訴だとか、天皇自身がそれをするなら特別、オセッカイ、まことに敗戦の愚《ぐ》をさとらざるも甚しい侘しい話である。

★私は「真相」のカタをもつもので、天皇陛下の旅行の仕方は、充分諷刺に値して、尚あまりあるものだと思っている。

◎ここに書かれた天皇の旅行、というのは、単なる旅行ではない。天皇の乗る列車は特別仕立ての特等列車であり、この座席に天皇皇后だけが乗って、どこかに出かける光景を映画のニュースなどで見たことがあるが、それとも違った、ある目的をもった義務的な旅行なのであった。この天皇の戦後まもない町や村への巡幸の旅は、われわれの一般的な旅行ではなく、敗戦に打ちひしがれている国民を慰撫するための旅であった。天皇はだれかに指示されたのかどうか、戦後の焼け跡的な横浜の街に、高級自動車に乗って出かけた、というのがこの巡幸の始まりであったと「あとがき」のなかで、小説家の野坂昭如と評論家で活動家の菅孝行が対談で（野坂昭如、菅孝行『天皇制にこだわる——天皇依存症の研究』明石書店、一九八六）、巡幸に触れ、たしか、一九四六年の二月頃に、横浜へ巡幸している、と述べられていた。「真相」という雑誌によると、この旅行における天皇は箒である、と書いていたというのだ。それはどういうことか、と言うと、天皇が来ることが県庁などから通知された町村では、天皇の通る街並みを大急ぎで掃除し、まさしく箒で道路を掃き浄め、天皇を待ったというのだ。わたしの記憶のなかでは、田舎町の主要な通りを、天皇は黒い高級な車に乗り（たぶん、高級外車であり、一流企業の社長などしか乗れない、庶民とは無縁の車であったろう）、ソフトを少し持ち上げ、沿道で小旗の日の丸を振り続ける小学生たちのほうに、わずかに顔を向けたか向けないか、といった愛想のない表情で通り過ぎて行った。

★天皇陛下の行く先々、都市も農村も清掃運動、まったく箒である。陛下も亦一国民として、何の飾りもない都市や農村へ、旅行するのでなければ、人間天皇などとは何のことだか、ワケが分らない。

◎戦後、天皇は神であることをやめて、人間天皇となった、かのように喧伝されてきたのだが、とんでもない、と安吾氏は言う。天皇のために清掃された都市や農村や道路を旅するのでなく、ありのままの敗戦の傷跡を残した、汚れた、疲れ切った町を徒歩で歩き廻ったとでもいうのでなければ、人間天皇などとは言えないはずだと。まあ、しかしこれは天皇自身の罪ではないであろう。巡幸ということが自らの発案なのか、だれかに指示されたのかも明快でないが、いずれにしろ、周辺の人たちが焼け跡そのままの都市や、疲弊しきった町村へと天皇を向かわせるはずはない。安全でとてつもなく清潔な時空がそこには用意されていたのだ。

★朕はタラフク食っている、というプラカードで、不敬罪とか騒いだ話があったが、思うに私は、メーデーに、こういうプラカードが現れた原因は、タラフク食っているという事柄よりも、朕という変テコな第一人称が存在したせいだと思っており、私はそのことを、当時、新聞に書いた。私はタラフク食っている、という文句だったら、殆ど諷刺の効果はない。（中略）ともかく日本一古い家柄の天皇がタラフク食えなくてどうするものか、国民が笑う筈はない。これが諷刺の効果をもつのは、朕という妙テコリンの第一人称が存在したからに外ならぬのである。

◎メーデーの日の労働者たちのもつプラカードに、「朕はタラフク食っている」と書かれたものがあり、これが不敬罪の対象になるかどうか、マスコミなどで騒がれたのであろうか。あるいは警察がこの労働者を連行したのだろうか。詳細は解らないが、戦後間もないころは、戦前の不敬罪のイメージが色濃く漂っていたに違いない。言論弾圧と反政府、反国家的活動者らへの懲罰としてのこの罪は、実際に多くの犯罪者を生み出したために、この反体制の活動への前もっての脅し文句となって、多くの活動家たちが涙を飲んでいたのだろう。しかし、ここでは、天皇の自称、朕《ちん》であるが、これは前章の、天皇の終戦のための国民への「詔書」を紹介したのだが、そこでの天皇の自称として、朕はどう思っている、など「朕は」と書かれていた。明治以降、戦前までの詔書などには、朕という自称は現れていたのではないか。これまた、まったく解らないが、中国の皇帝がみずからを、朕とよんだ時代があったことは確かである。たとえば、司馬遷の「史記」の「秦本紀」を見ると、周という国家を作った漢民族の王が、自分のことを「朕」と言い、「わし」とルビが振ってある（『史記（上）』平凡社版 中国の古典シリーズI、野口定男・近藤光男・頼惟勤・吉田光邦訳、一九七二）。こんな古い例もあった。戦前戦後の大知識人であった、坂口安吾も識らなかったとみえる。これはプラカードの文言を「天皇はタラフク食っている」と書かれていたとしても充分、皮肉な発言でありえたろう。タラフク、というのが、当時の国民の最も希求する願望であったろう。だれもが、その日の食糧の確保に躍起となっていた時代だったから。天皇の食事も、戦前の、日本が豊かだった時代からいえば、やはり質素になっていたであろうが、ともかく飢えの心配をしたことは一度もなかったろう。「朕」は、安吾を充分、愉快な、いや不愉快な気分にしてくれたに違いない。日本語にない響きがあり、たしかにおかしい。

★朕という言葉もなくなり、天皇服という妙テコリンの服もぬがれて、ちかごろは背広をきておられるが、これでもう、ともかく、諷刺の原料が二つなくなったということをハッキリとさとる必要がある。

◎この、天皇服なるものは、わたしなどは見たことがない。自分より年上の人がいたら聞いてみたいものだが。まさか、宮中儀礼のときの服ではないだろう。それなら、現在でも、天皇家の儀礼の日には用いられているはずだ。

★天皇というものに、実際の尊厳のあるべきイワレはないのである。日本に残る一番古い家柄、そして過去に日本を支配した名門である、ということの外に意味はなく、古い家柄といっても系譜的に辿りうるというだけで、人間誰しも、ただ系図をもたないだけで、類人猿からこのかた、みんな同じだけ古い家柄であることは論をまたない。

◎この最初と最後のフレーズには賛成である。天皇の尊厳ということを論理以前の了解項目のように主張してきた、明治初期の福沢諭吉の言説を紹介したが、天皇が尊敬されてきた、という歴史は存在しない。それは明治以降の教育が、子どもたちに教えこんだための結果であり、現在も天皇に対して親近感を持つ人は少なくないと思うけど、これは尊敬とは違うであろう。で、このフレーズの問題点は、つぎの《日本に残る一番古い家柄》という部分である。安吾自身が、すぐに日本人全体が同様に古い家柄である、と書くように、天皇家が一番古い家柄だったとは言えない。神武天皇が畿内へと進出してきた当時、すでにナガスネヒコなどと蔑称された人びとが、この地方の先住者として棲んでいたのであって、むしろ、彼らのほうが古い家柄であったと言える。あるいは天皇の祖先が、朝鮮半島を経由してやって来た人びとだとすれば、北九州には卑弥呼や「倭国連合」と「魏書」「東夷伝」の「倭人」の条に書かれたような人びとがすでに住んでいたのである。神武天皇の事跡を見ると、天皇と、のちに自称するようになった人たちが畿内へと進出してきた、そういう人たち全体の事跡が、神武天皇のなかに集積されている。

★私は日本最古の名門たる天皇が、我々と同じ混乱の客車で旅行せよとは言わぬ、たとえ我々の旅行がどのように苦難なものであるとはいえ、天皇の旅行のため、特別の一車を仕立てることに立腹するほど、我利我利でありたいとは思わない。然し、特別に清掃され、新装せられた都市や農村の指定席を遍歴するなどということは、これはもう、文化国に於ては、ゴーゴリの検察官の諷刺の題材でしかないのである。
◎そうか、天皇は地方へ巡幸するときは、東京を高級な車で出発するのではなく、特別したての列車に乗り、目的地に到着すると、そこで県庁などが用意した車に乗り換えたのであろう。この特別列車は映画のニュースなどで見たことがあるが、客車は一両か、天皇夫妻以外は無人の一両か二両かの客車をしたてて走っていたのだ。わたしが大学時代、田舎と東京を往復する汽車は三等車でも椅子席の切符が手に入らなくて、たいてい、木の床に新聞紙を敷いて、腰降ろした人たちで混みあっている、そんな客たちのひとりとなって、十何時間かを過したのであったから、天皇の特別列車など想像もできないくらい高みにあった。しかし、安吾の怒りは清掃された都市や農村を行く天皇にあった。小学生のわたしなどは、目の前を通過する黒光りの高級車を、ほんの二秒か三秒、眺めるのみであったのだが。もちろん批判など、思いつく年齢でもなく、たぶんに無批判に畏敬していたのではないか、小学時代のわたしなどは。ゴーゴリの『検察官』は読んだような気もするが、はっきりと憶えていず、安吾の言っている意味は解らない。だが、天皇は敗戦のためにありのまま残っている町や村の実態を視る、そして考えるのでなければ、天皇の旅には意味がなかったのである。
★このような、指定席を遍歴し、キョーク〔恐懼〕感激の代表選手にとりかこまれて、天皇陛下は御満足であるのか。国民たちの沿道の歓呼というようなものを、それを日本の永遠なる国民的心情などとお考えならまことに滑稽千万である。
◎安吾の毒舌というのか、皮肉というのか、とどまるところを知らないとでもいうように、言葉はやむことがない。しかしここで言われている言葉をわたしは共有できるし、多くの共感を得るであろう。
★人気とは流行である。時代的な嗜好で、つまり、天皇は人気があるのだ、特に、地方に於て人気がある。田中絹代嬢と同じ人気であり、それだけのことにすぎない。ところが、田中絹代嬢の人気は彼女自身が自らの才能によって獲得したものであるのに、天皇の人気は、そうではない。ただ単に時代自身の過失が生んだ人気であって、日本は負けた、日本はなくなった、自分もなくなった、今までのものを失った、その口惜しさのヤケクソの反動みたいなもので、オレは失っていないぞと言って、天皇をカンバンにして、虚勢をはり、あるいは敗北の天皇に、同情したつもりになってヒイキにしている、その程度のものだ。

◎天皇の人気と映画女優の田中絹代の人気は違う、というのはよく解る。多くの女優さんたちがある時代の人気を独占した。わたしの育った時代の代表選手は吉永小百合さんであろう。そしてテレビ時代になると女性歌手なども人気を独占するようになったが、その背景には天下の美空ひばりが君臨していたであろう。その人気の期間は幾分、短くなったようだ。現代人は刹那的になっているのか。しかし、坂口安吾の発想はそうでなく、一方ではみずからの努力の積み重ねから生まれた映画女優である、天皇の人気については基本的に同じと言いながら、その人気とは何かを分析しようとしているのだ。しかしこのあとに書かれていることは少しよく解らない。日本が戦争に敗れ、日本人としてのアイデンティティーを喪ったとき、天皇が存在するから、おれもだいじょうぶだ、と奇妙な屁理屈を考え、えせ自信を日本人たちは復活させることができた、と言っているのだろうか。

★然し、日本は負けた、日本はなくなった、実際なくなることが大切なのだ。古い島国根性の箱庭細工みたいな日本はなくなり、世界というものの中の日本が生れてこなければならない。

◎これは正論であろう。日本国家および日本人は、北畠親房のように日本は神国だ、とか言って、世界のなかでも特別な民族のように思うところがあった。中・近世の時代には、アジアというと、天竺、震旦、日本のように三国で代表されるような理解があった。神州とよんだ人も多かった。日本にだけ、神が宿る、といった考えはどこから生まれてきた、えせ自信なのであろうか。世界のなかの多くの国家のひとつに過ぎないとどうして思わなかったのであろうか。アジアのなかで一番早く近代化を果たした、という自信からきたのだろうか。

★地にぬかずき、人間以上の尊厳へ礼拝するということが、すでに不自然、狂信であり、悲しむべき未開蒙昧の仕業であります。天皇に政治権なきこと憲法にも定むるところであるにも拘らず、直訴する青年がある。天皇には御領田もあるに拘らず、何十俵の米を献納しようという農村の青年団がある。かかる記事を読む読者の半数は、皇威いまだ衰えずと、涙を流す。

◎このような天皇崇拝も、じつは明治政府が日本人たちに強制してきた天皇制受容の結果であると言っても過言でない。だから、日本人自身の責任ではない、という見方もあろう。たしかに、人間なんて、社会の共同幻想が強制してくるさまざまな思想にかんたんにかぶれてしまう情けない存在である。徳川幕府を倒した長州薩摩勢が、そのまま共和制的世界を作っていたら、と今頃言ってももう遅い。ともかく明治政府が押しつけてきた倫理観から、最近ではどうにか幾分かは解放されつつあるのではないか。ただし天皇制は別にして。そして坂口安吾の言う通りの青年たち、人間たちもいまだに少なくないであろう。

★天皇が人間の礼節の限度で敬愛されるようにならなければ、日本には文化も、礼節も、正しい人情も行われはせぬ。いつまでも、旧態依然たる敗北以前の日本であって、いずれは又、バカな戦争でもオッパジメテ、又負ける。性こりもなく、同じようなことを繰り返すにきまっている。

◎安吾の言う通りであろう。ただ、戦後、安吾にはもう少し生きて欲しかった。わたしが地方の高校生だったとき、テレビで六〇年安保闘争の光景を見たが、国会の頑丈な鉄の門を越えようとする民衆の映像を、坂口安吾に見せたかったな。安吾の未来観も少しは変わっていたろうし、希望も持てたであろう。まあしかし、いつも裏切られ続ける日本社会の現在なのであるが。

★陛下は当分、宮城にとじこもって、お好きな生物学にでも熱中されるがよろしい。そして、そのうち、国民から忘れられ、そして、忘れられたころに、東京もどうやら復興しているであろう。そして復興した銀座へ、研究室からフラリと散歩にでてこられるがよろしい。陛下と気のついた通行人の幾人かは、別にオジギもしないであろうが、道をゆずってあげるであろう。

◎この「天皇陛下にささぐる言葉」という文章の結論が以上である。その一見、乱暴でもある結論は正しいであろう。「象徴天皇制」という時の「象徴性」もしだいに浮薄になっていくであろう。ひとりの市民として、銀ブラでも愉しんでください。通行人は天皇に気づかず、あいさつもしないかもしれないが、道を譲ってあげる（市民どうしのように）こともあるだろう。

しかし、日本国憲法に規定された天皇は決してそうではない。天皇は「国民統合の象徴」として、この短い言葉の意味も単純ではないが、日本国の世界に対するありようとしての天皇は、この憲法が否定されない限り、続くのであり、天皇制国家としての一面を持ち続けることになるであろう。アメリカの憲法を読んだことはないが、大統領が国民を代表し、政治的世界（軍事その他を含む）をリードする、という意味において、天皇はなんらかの役割を与えられている。それは、いつ、国民のまえに大きな存在として出現するか、今のところ予想もつかないのであるが、「国民統合」という言葉の奥にあるものが、きがかりである。

◉坂口安吾の本質的に優しい性格が、正義感ともないまぜになって、あるべき天皇のありようを最後に書いている。天皇を現在までながらえさせ、ときに過剰な礼節を国民感情のなかに植えつけたのは、考えてみると、日本のマスコミ、テレビや新聞などの報道が大きかったのではないだろうか、とわたしは考えるようになった。戦後の、かつ現在の天皇制を考えると、上からの強制ではなく、国民や民衆の世界にひとり浮上している存在があり、それが天皇あるいは天皇一家なのである。そして智識的民衆の側から現れたはずのマスコミというメディアが（いや、そうではなく、とりわけ新聞と違って放送などは、日本社会の上層部から始まったのかもしれない。天皇の敗戦を伝える放送が想起される）、天皇や天皇一家の公式、非公式の情報を報道し続けている。いまだに、天皇陛下、皇后陛下、皇太子殿下で記事を書いているし、皇族には名まえのあとには、必ず、「さま」と、しっかり書かれている。天皇一家を特集した雑誌や写真集も出ているし、国民は天皇を忘れる機会がないとも言える。このようなメディアによるとぎれることのない報道と情報発信が、天皇とわれわれ日本人の距離をぐっと短縮してもいるのではないかな、と安吾の文章の最後の行を読みながら、思いついたのであった。多くの国民、民衆がこのテレビなどの放送や新聞情報を視ているうちに、天皇という存在になじんでいくし、天皇は存在し続ける。戦後の日本社会において、国会や政府はさまざまな規制を強いてきたのだが、人間の心のなかにまで侵入して、大きな影響を与えたものに、マスメディアによる報道情報があったのではないか、と改めさせられたのである。これはたぶん、決して小さな問題ではない。国民が気がついた時、意外な大きな力となっているのではないか。怖い予感がどうしてもともなってしまう。

「続堕落論」

◉この文章は、有名な「堕落論」が書かれた昭和二十一年の後期に発行された「文学季刊」第二号（冬季号）に「堕落論」と題して掲載された、と解題にあった。のちに、「続堕落論」と改題された、というのだが、すでに発表されていた文章と同じタイトルというのはなんだか変であるが、その詳細は解らない。ほかの本の坂口安吾の年表などを見ると、「続堕落論」は出ていないことが多いのだが、これは内容がハードだったため、年表などへの掲載をやめたのであろうか、その本の出版社が。ちなみに本書では、つぎに「堕落論」も載せるので、印象を較べていただきたいと思う。

★敗戦後国民の道義頽廃せりというのだが、然らば戦前の「健全」なる道義に復することが望ましきことなりや、賀すべきことなりや、私は最も然らずと思う。

◎という文章で、この「続堕落論」は始まる。第二次世界大戦の敗戦後、日本社会の、あるいは日本人の倫理観が頽廃した、と言われたそうだが、一一、三歳で戦後を迎えたわたしには、その辺はよく解らない。中学、高校と進むうちに、日本社会が戦勝国アメリカの自由社会を再現しているかのような理解があった。アメリカ漫画の「ブロンディ」という女性、家庭の主婦が主人公で、彼女の家には、電気冷蔵庫やテレビなどが描かれ、いかにも楽しそうな生活が垣間見え、確かに貧困日本とは違った家庭生活が向こうにはあるんだな、と羨ましい気持ちにはなった記憶がある。アメリカ型の裕福な日常生活が日本社会の新たなモデルのように思われたのは確かだ。しかし、戦前の軍国的倫理を識るに及んで、上記の坂口安吾の言うように、戦前の社会は「健全」であったのか、という疑問がしだいに芽生えてきたものだ。

★いまだに代議士諸公は天皇制について皇室の尊厳などと馬鹿げきったことを言い、大騒ぎをしている。天皇制というものは日本歴史を貫く一つの制度ではあったけれども、天皇の尊厳というものは常に利用者の道具にすぎず、真に実在したためしはなかった。藤原氏や将軍家にとって何がために天皇制が必要であったか。何が故に彼等自身が最高の主権を握らなかったか。それは彼等が自ら主権を握るよりも、天皇制が都合がよかったからで、彼らは自分自身が天下に号令するよりも、天皇に号令させ、自分が先ずまっさきにその号令に服従してみせることによって号令が更によく行きわたることを心得ていた。その天皇の号令とは天皇自身の意志ではなく、実は彼等の号令であり、彼等は自分の欲するところを天皇の名に於て行い、自分が先ずまっさきにその号令に服してみせる、自分が天皇に服す〔規〕範を人民に押しつけることによって、自分の号令を押しつけるのである。

◎最初に書かれた天皇の尊厳というものが、それを利用する者たち（かつての藤原氏や徳川将軍家など）の道具にすぎなかったというのが、坂口安吾の主張の根源であった。そしてその利用者というのが、古代の藤原氏であり、江戸時代においては将軍家であったのだ、と言う。わたしはこの点、まったく同感であるのだが、天皇とその利用者との関係は、単に利用するというより「補完関係」にあった、と本書では書いてきたのである。天皇は単純化して言うと、近世では天皇は江戸幕府に養ってもらっていたわけで、幕府にとって天皇がそれほど価値があったわけではなかった。武家の時代も成熟すると、天皇を必要とはしなかったのだ。しかし、古代においては、天皇の権威を維持するために藤原氏が大きな力になっていたのだ。

◎安吾は天下に号令するのは天皇であった、としているが、それほどの権力を天皇は持っていなかったし、摂政関白が決定したものを承認することで天皇の役割は終わっていたのだ。だから、安吾理論は、やはり明治以降の施政者たちのポリシーをもとにしていることになる。明治以前と以後は決然と分けて考える必要があるのだ。しかし、このような発言は坂口安吾以外にできなかったのは確かであろう。また、戦後間もないころ、という発言の時期も安吾に味方していたと思う。アメリカとGHQ、とりわけ民政部の力が日本社会の上層にあって、自由な発言を可能にしていた。しかし、日本憲法の文案を日本の法政学者たちに作らせると、相変わらず主権は天皇にある、と学者たちは書こうとしていたのだ。坂口安吾はそういう意味では「自由人」であり、かつ勇気ある理論家であった。

★〔ふつうの人間が〕自分自らを神と称し絶対の尊厳を人民に要求することは不可能だ。だが、自分が天皇にぬかずくことによって天皇を神たらしめ、それを人民に押しつけることは可能なのである。そこで彼等は天皇の擁立を自分勝手にやりながら、天皇の前にぬかずき、自分がぬかずくことによって天皇の尊厳を人民に強要し、その尊厳を利用して号令していた。

★それは遠い歴史の藤原氏や武家のみの物語ではないのだ。見給え。この戦争がそうではないか。実際、天皇は知らないのだ。命令してはいないのだ。ただ軍人の意志である。満洲〔中国東北部〕の一角で事変の火の手があがったという。華北〔中国北部〕の一角で火の手が切られたという。甚しい哉、総理大臣までその実相を告げ知らされていない。何たる軍部の専断横行であるか。

◎満州に食いこんでいた軍部が、この戦争を始め、中国北部にも直接軍隊が上陸、中国との戦争が拡大した。この開戦を天皇や総理大臣は知らされていなかった。わたしは映画だったと思うが、天皇を囲む御前会議というものがあって、陸海軍の将軍が第二次世界大戦の開始を報告しているようなシーンをうろ覚えに憶えているのだが……（このとき海軍は開戦に反対したという説もあった。しかし、この天皇への報告はアメリカとの戦争の時であったから、満州で中国軍と戦うことの報告などはなかったとしても、当時の軍部の暴走を考えると当然であったかもしれない。それにしても天皇はその報告を、ただ、うんうんと聴いていたに過ぎなかったのだろう。

★しかもその軍人たるや、かくの如くに天皇をないがしろにし、根柢的に天皇を冒瀆しながら、盲目的に天皇を崇拝しているのである。ナンセンス！　あぁナンセンス極まれり。しかもこれが日本歴史を一貫する天皇制の真実の相であり、日本史の偽らざる実体なのである。

◎そうなのだ。天皇を利用していた軍人たちは、心の中では涙を流して天皇に謝罪していたのかもしれない。日本の敗戦が決まったとき、皇居に出かけて天皇に泣きながらお詫びしたり、ときに切腹する民衆がいたと聞いたことがあるが、軍人から民衆まで、天皇崇拝の精神はしっかりと心の奥底に根づいていたのだ。ナンセンスというより哀しい話ではないか。情けないわが日本人！

★藤原氏の昔から、最も天皇を冒瀆する者が最も天皇を崇拝していた。

◎そうではなく、天皇を冒瀆しない者たち、すなわち日本民衆も天皇崇拝において、軍人や政治家に負けていなかったのだ。しかし安吾の目下の標的は、まずは天皇を利用しながら、これを弄んでいた軍部や政治家たちであった。なお、藤原氏は天皇崇拝などしていず、むしろ親族関係であったのだ。わたしは藤原氏が政権を握っていた時代、天皇家は藤原氏の一派であった、と考えている。藤原氏の娘たちが、つぎつぎに後宮に送りこまれ続けたのであり、天皇家の「血」は、女性を通しての藤原氏の血であったと言えると思う。天皇家で誕生する皇子の母親は藤原氏の娘なのであり、それは何代にもわたって繰返されるのである。であるから親族関係の天皇を「崇拝」するような藤原氏などは出て来なかった。ここは坂口安吾のひとつの表現で、確かに彼らはほかの上級貴族や官吏たちの先頭を切って、天皇儀礼に参加し、崇拝を演出していたであろう。
★昨年八月十五日、天皇の名によって終戦となり〔前章の敗戦の「詔書」などを指しているであろう〕、天皇によって救われたと人々は言うけれども、日本歴史の証するところを見れば、常に天皇とはかかる非常の処理に対して日本歴史のあみだした独創的な作品であり、方策であり、奥の手であり、軍部はこの奥の手を本能的に知っており、我々国民又この奥の手を本能的に待ちかまえており、かくて軍部〔〕日本人合作の大詰めの一幕が八月十五日となった。
◎確かに、終戦の「詔書」は国民を第二次世界大戦から解放したが、待っていたのは生活の困窮であり、戦地で死んだ父や夫や兄弟の訃報であった。戦争の開始から終息まで、軍部に踊らされている天皇と民衆がいたわけで、戦後はと言えば軍部が政治家に変っただけであり、その一体構造に変化はなかったと言える。
★たえがたきを忍び、忍びがたきを忍んで、朕の命令に服してくれという。すると国民は泣いて、外ならぬ陛下の命令だから、忍びがたいけれども忍んで負けよう、と言う。嘘をつけ！
　嘘をつけ！　嘘をつけ！
◎この嘘をついている主語は天皇か、あるいは天皇の名で号令をかけている軍部か。それとも国民か。どちらにしても、犠牲になっているのは民衆である。その構造は変わらない。ただ、明治以前において犠牲になったのは民衆ではなかった。なぜなら、民衆は天皇と関係がなかったから。明治以降になってからだ、民衆が大きな存在として出現したのは。それ以前は天皇もまた、民衆など知らなかった。
★最も天皇を冒瀆する軍人が天皇を崇拝するが如くに、我々国民はさのみ天皇を崇拝しないが、天皇を利用することには狎れており、その自らの狡猾さ、大義名分というずるい看板をさとらずに、天皇の尊厳の御利益を謳歌している。
◎軍人のように国民は天皇を崇拝していない、までは同意できるが、そのあとの文章は理解できない。あるいは国民が天皇を利用したことなどあったか。あるいは天皇を利用する事には狎れており、以下の文章の主語は、軍部、というのだろうか。国民は天皇を利用したこともないし、天皇の尊厳を謳歌したことなど、ないのである。でもつぎの文章は民衆を責めている言葉である。

★日本国民諸君、私は諸君に、日本人及び日本自体の堕落を叫ぶ。日本及び日本人は堕落しなければならぬと叫ぶ。

◎そうだ、坂口安吾は、日本人にもっと賢くなって天皇を利用するような存在になれ、と逆説的に言っているのだろうか。軍部や政治家が利用してきたように、天皇崇拝の姿勢を保ったまま、天皇制を利用したほうがいい、と言っているのだ。そしてその逆説を「堕落」と言っているのだな。

★天皇制が存続し、かかる歴史的カラクリが日本の観念にからみ残って作用する限り、日本に人間の、人性の正しい開花はのぞむことができないのだ。

◎ここでは逆説ではなく、正論に戻っている。しかし、またつぎのように言う。

★私は日本は堕落せよと叫んでいるが、実際の意味はあべこべであり、現在の日本が、そして日本的思考が、現に大いなる堕落に沈淪しているのであって、我々はかかる封建遺性のカラクリにみちた「健全なる道義」から転落し、裸となって真実の大地へ降り立たなければならない。我々は「健全なる道義」から堕落することによって、真実の人間へ復帰しなければならない。

◎この文章は日本の国民が、天皇を崇拝し、そのためには命を惜しむことなく天皇の号令に従ってきた、という現実から始まっていた。だから、ここで堕落と言っているのは、かつては健全そのものと思われていた、無私の天皇崇拝の領域から堕落せねばならない、ということであろう、単純化して言えば。わたしたち戦後の一応、民主教育の中で育ってきた者にとっては、戦前から戦後の天皇を敬愛する過剰な精神というものが、それほど実感的にはぴんとこないのであるが、安吾は声を枯らして、彼ら当時の日本国民に生真面目な演説をしているのであろう。そう考えればその絶叫はよく解る。

★天皇制だの、武士道だの、耐乏の精神だの、五十銭を三十銭にねぎる美徳だの、かかる諸々のニセの着物をはぎとり、裸となり、ともかく人間となって出発し直す必要がある。さもなければ、我々は、再び昔日の欺瞞の国へ逆戻りするばかりではないか。先ず裸となり、とらわれたるタブーをすて、己れの真実の声をもとめよ。未亡人は恋愛し地獄へ堕ちよ。復員軍人は闇屋となれ。堕落自体は悪いことにきまっているが、モトデをかけずにホンモノをつかみだすことはできない。

◎道徳的にいわゆる正しい人間であり続けることは、旧態依然ということにも繋がっている。だから、まずは、そのようなかつての道義心を捨てて裸になり、一からやり直す必要がある。堕落とはそういう意味であった。

★堕落自体は常につまらぬものであり、悪であるにすぎないけれども、堕落のもつ性格の一つには孤独という偉大なる人間の実相が厳として存している。即ち堕落は常に孤独なものであり、他の人々に見すてられ、父母にまで見すてられ、ただ自らに頼る以外に術のない宿命を帯びている。

◎これはきつい。孤独にはなりたくない。孤立無援に生きていく勇気は自分などはないのである。坂口安吾のような強い人間でなければ、容易に堕落できないことになる。

★善人は気楽なもので、父母兄弟、人間共の虚しい義理や約束の上に安眠し、社会制度というものに全身を投げかけて平然として死んで行く。だが堕落者は常にそこからハミだして、ただ一人曠野を歩いて行くのである。

◎やはり、凡人は堕落できない。社会制度に寄りかかって生きている人が多く、わたしなどもそのひとりである。

★悪徳はつまらぬものであるけれども、孤独という通路は神に通じる道であり、善人なほもて往生をとぐ、いはんや悪人をや、とはこの道だ〔親鸞〕。キリストが淫売婦にぬかずくのもこの曠野のひとり行く道に対してであり、この道だけが天国に通じているのだ。何万、何億の堕落者は常に天国に至り得ず、むなしく地獄をひとりさまようにしても、この道が天国に通じているということに変りはない。

◎天国に行きたいと思ったことはないし、しかし地獄にも行きたくない。孤独にもなりたくない、そういう人はどうすればいいのか。心のなかでの悪人ではあり続けたいけれど。安吾もしかし、それは解っているのか、つぎのようにこの文章をまとめている。

★生々流転、無限なる人間の永遠の未来に対して、我々の一生などは露の命であるにすぎず、その我々が絶対不変の制度だの永遠の幸福を云々し未来に対して約束するなどチョコザイ千万なナンセンスにすぎない。無限又永遠の時間に対して、その人間の進化に対して、恐るべき冒瀆ではないか。我々の為しうることは、ただ、少しずつ良くなれということで、人間の堕落の限界も、実は案外、その程度でしか有り得ない。人は無限に堕ちきれるほど堅牢な精神にめぐまれていない。何物かカラクリにたよって落下をくいとめずにいられなくなるであろう。そのカラクリをつくり、そのカラクリをくずし、そして人間はすすむ、堕落は制度の母胎であり、そのせつない人間の実相を我々は先ず最もきびしく見つめることが必要なだけだ。

◎なんだか、ほっとする最後の言葉ではないか。堕落などとうていできないものかもしれない。そんな気もするが、どこかに救いはあるのだろう。

「堕落論」

◉「堕落論」の全体の趣旨は、安吾が「日本文化私観」などから展開してきた戦後日本文化論のひとつであり、もちろん天皇について集中して書いた「続堕落論」とは少し違っているのだが、その舌鋒は天皇制の領域まで及んでいるのである。それでは、本文に沿って読んでいこう。ルビなど、あとからわたしが入れたものもある。また、「万葉集」の歌などは、字間をあけて読みやすくしたところもある。この時代、坂口安吾の文体は、句読点が少なく、長い長いセンテンスを作る癖があったようだ。

★半年のうちに世相は変った。醜《しこ》の御楯《みたて》といでたつ我は。大君の　へにこそ〔へ、は、辺。あたりで〕死なめ　かへりみはせじ。若者達は花と散ったが、同じ彼等が生き残って闇屋となる。ももとせの〔長い年月〕命ねがはじ　いつの日か　御楯とゆかん　君とちぎりて。けなげな心情で男を送った女達も半年の月日のうちに夫君の位牌にぬかずくことも事務的になるばかりであろうし、やがて新たな面影を胸に宿すのも遠い日のことではない。人間が変ったのではない。人間は元来そういうものであり、変ったのは世相の上皮だけのことだ。

◎坂口安吾は皮肉を言っているのではない。戦後まもないころの世相は、変化をしてきているのである。「万葉集」の歌を引用しながら、戦前、戦中、若者たちは天皇を守るべく、戦争に駆り立てられていったのだが、死ぬときは天皇のおそばでこそ死にたいものだ。その時、決して後悔はしない、とでも歌っているのであろう。しかし、戦後になって内地に引き揚げてきたときは、闇屋、といって米などの食糧品や衣類などをこっそり仕入れ、マーケットなどで売りさばいていた。天皇一途に死を誓っていた兵士たちもそんな職業を選んだ。女たちも夫や息子を戦場に送らざるをえなかったが、かりに夫たちが戦地で死んだとしても、位牌を拝むのもある時期だけで、生活のためには、また新たな男をみつけて生きていかねばならなくなった。といって、これらは人間の倫理観が変わったわけではない。生き延びるためには、そんな生き方も選ばざるをえなかったのだ。安吾はそう言っているように思われる。戦後のまもないころの人間の、それなりに一生懸命な生き方であった。

★十数年前だかに童貞処女のまま愛の一生を終らせようと大磯のどこかで心中した学生と娘があったが世人の同情は大きかったし、私自身も、数年前に私と極めて親しかった姪の一人が二十一の年に自殺したとき、美しいうちに死んでくれて良かったような気がした。

◎現在、こんな心境で心中するような男女は決していないと思われるが、戦前の世間の倫理観も生きていて、そのような純な心に殉じる若い男女も少なくなかったろう。むかしある女性の著者の書いた『切腹』という本を読んだことがあるが〈筆者名その他失念した〉、第二次大戦直後の満州や中国に残った、つまり日本に帰りそこねた若い女性たちが〈この時、軍の上層部から兵隊たちまで、さっさと日本に帰還したのに、満州に移民した農民たちが、取り残されたのであった〉、侵攻するソ連兵などに暴行されることを嫌って切腹して死んだ。歴史的にも切腹して死んだのは、決して男だけではなかったのだ、とこの本にはあった。この本の著者も女性であったが、当時の一般の若い女性にはこんな倫理観が強要されていたのであろう。もちろん、そんな純な心の持ち主だけではなかったろうと思うけど。若い死、というのはいつでも残った人間に喪失感をもたらすものだ。

★この戦争中、文士は未亡人の恋愛を書くことを禁じられていた。戦争未亡人を挑発堕落させてはいけないという軍人政治家の魂胆で彼女達に使徒の余生を送らせようと欲していたのであろう。

◎文中、「使徒」とあるのは、キリスト教徒で、救世主イエスのためには命を惜しまなかった信徒たちを言っているのだろう。ともかく、軍隊は朝鮮人や中国人、日本人などの女性を慰安婦なる存在として、占領した中国その他の地域に、男の通える、女たちのいる宿舎を用意したのだが、女性たちにさんざん悪いことをしておきながら、他方、日本女性には〈純潔〉なる抽象化された精神を押しつけてきたのだ。

安吾もまた、清らかなまま、つまり処女のまま死んでいった姪の女性になんとなく感じいったような文章を上に書いている。

★この戦争をやった者は誰であるか、東條〔英機〕であり軍部であるか。そうでもあるが、然し又、日本を貫く巨大な生物、歴史のぬきさしならぬ意志であったに相違ない。

◎東條英機は純粋の軍人で、日中戦争を始め、日独伊三国同盟を結成して敗戦の悲劇へと向かわせた重要人物、軍人であり政治家であった。戦後の極東裁判で死刑の判決を受け、絞首刑になっている。しかし、この戦争は東條や軍部も戦争促進の中心であったが、もっと大きな、日本人の共同幻想とも言うべき「意志」のようなものであったと、安吾は言う。

★私は天皇制に就ても、極めて日本的な（従って或いは独創的な）政治的作品を見るのである。天皇制は天皇によって生みだされたものではない。天皇は時に自ら陰謀を起したこともあるけれども、概して何もしておらず、その陰謀は常に成功のためしがなく、島流しとなったり、山奥へ逃げたり、そして結局常に政治的理由によってその存立を認められてきた。

◎天皇の陰謀、と坂口安吾が言っているのは、後鳥羽上皇が企画した承久の乱であり、この天皇は鎌倉幕府を倒そうとしたのであるが、直ぐに敗れて隠岐の島に流された。山奥へ逃げた、というのは後醍醐天皇であり、吉野の山のなかに逃げて、南朝と後によばれた王朝を作った。しかし、古代は別にして、天皇はおおむね、時の政治家によって保護されていたから、彼ら施政者にたいして、逆クーデターを起こすような存在ではなかった。天皇と施政者たちは補完関係にあって、施政者は天皇の権威によって国家を動かしていくことができ、天皇は経済的にもその権威をも、施政者たちから保障されてきたと言える。

★社会的に忘れられた時にすら政治的に担ぎだされてくるのであって、その存立の政治的理由はいわば政治家達の嗅覚によるもので、彼等は日本人の性癖を洞察し、その性癖の中に天皇制を発見していた。

それは天皇家に限るものではない。代り得るものならば、孔子家でも釈迦家でもレーニン家でも構わなかった。ただ代り得なかっただけである。

◎坂口安吾は天皇制の構造を責めているのではなく、そのありようをなるべく正確に把握しようとしているかのようである。で、その構造というのは、政治家が天皇を利用したいとき、いつでも利用できるように準備させているのであった。そして、とくに天皇家でなくともある種、精神的に人間を支えるような存在であればいいのだ、と言っている。そして日本ではそれが天皇家であったと言っているのである。これはたして、そのような存在は必要であったか。これはとりわけ、敗戦国家の人びとにとって、そんな存在が必要だったのであろう。日本人が一丸となって復興していくために。

★平安時代の藤原氏は天皇の擁立を自分勝手にやりながら、自分が天皇の下位であるのを疑りもしなかったし、迷惑にも思っていなかった。(中略)そのくせ朝儀を盛大にして天皇を拝賀する奇妙な形式が大好きで、満足していた。天皇を拝むことが、自分自身の威厳を示し、又、自ら威厳を感じる手段でもあったのである。

◎この文章の後半は、まさにわたしが言うように、天皇と藤原氏の補完関係と同じである。この天皇を拝賀するという儀礼の習慣化は、たとえば中国の古代以降の「皇帝」と較べると相当に特殊な形態であったと思う。中国の皇帝はみずから天子と言い、すべて天の裁量のもとに国民を統括し、政治を行なったのであり、みずから「神」と位置づけたことはなかった。ここに日本の天皇制の特殊さがあると思う。日本は神国だ、と言ってみたり、天皇を神だ、と考えるという、天皇の特殊な位置を形成してきたのだが、中国皇帝を神だとする発想は中国にはなかったように思われる。古代の中国を勉強した時代もあるが、そんなふうに言い切れるだけの勉強はしていないのだが。しかし、中国では帝王と神は別物で、だいたい、神という観念もあまり登場しないように思われる。

★我々は靖国神社の下を電車が曲るたびに頭を下げ

させられる馬鹿らしさには閉口したが、或種の人々にとっては、そうすることによってしか自分を感じることが出来ないので、我々は靖国神社に就てはその馬鹿らしさを笑うけれども、外の事柄に就て、同じような馬鹿げたことを自分自身でやっている。

◎この話はたぶん戦前のことであり、さすがに戦後はこんなことは起きなかったであろう。靖国神社は明治二年（一八六九）に明治政府によって創られたもので、最初は戊辰戦争の官軍側の戦没者の鎮魂のため「東京招魂社」として始まり、明治十二年、靖国神社と改称した。主として軍部の管轄下にあった。戦前、戦中、戦後も戦没者を祀る神社として機能してきたが、例大祭には天皇からの勅使がやってきたという、天皇との関わりの強い神社であったのだ。そこで、安吾の書くようなことが日本人に強制されていたのであろう。戦後、このような大祭はなくなったが、ちょうど、国技館に相撲を見に行った観客が、天皇が来たときは全員立ち上がって、天皇のほうに礼をした、こんなことがさまざまに行なわれていたのだろう。

★日本人の如く権謀術数を事とする国民には権謀術数のためにも大義名分のためにも天皇が必要で、個々の政治家は必ずしもその必要を感じていなくとも、歴史的な嗅覚に於て彼等はその必要を感じるよりも自らの居る現実を疑ることがなかったのだ。秀吉は聚楽に行幸を仰いで自ら盛儀に泣いていたが、自分の威厳をそれによって感じると同時に、宇宙の神をそこに見ていた。

◎権謀術数を大事なものとする、というのは、広苑には、巧みに人をあざむくはかりごととあるので、日本人というのはずる賢い、狡猾な民族と言っているのだろう。こういう狡猾なことを気軽に行なうには、天皇が必要だ、と坂口安吾は考える。別に天皇がいなくとも、狡猾に人をだますことはできるだろう。安吾は権謀術数の権威は実は天皇である、と言っているのだろうか。秀吉については「太閤記」を引用して、彼の作った豪華絢爛の聚楽第に天皇および皇族、女官たちなど、朝廷の上層部の人たち全員を招いて、自分は、秀吉という男、すなわち自分は、天皇を自邸によべるほどの大人物だ、と京都民衆に示したかった。ここに天皇と秀吉の補完関係があったのだ。

★要するに天皇制というものも武士道と同種のもので、女心は変り易いから「節婦は二夫に見えず（まみえず）」という、禁止自体は非人間的、反人性的であるけれども、洞察の真理に於て人間的であることと同様に、天皇制自体は真理ではなく、又自然でもないが、そこに至る歴史的な発見や洞察に於て軽々しく否定しがたい深刻な意味を含んでおり、ただ表面的な真理や自然法則だけでは割り切れない。

◎この文章はけっこう難しく、安吾自身に出て来て解説して欲しいところであるが、天皇制や武士道といったものは、形式を整える、というのか、かつては女性は夫が死んでも再婚するべきではない、あるいは女性は、夫のほかに愛人を作ってはいけない、つまりいわゆる貞操観念の大事さを女性に強制していたのであるが、これは非人間的な決まりであるが、これについて考えることは、天皇の真理を考える作業も同じなのだ。と安吾は言っているようだ。女性の問題も、天皇も人間の生き方の分析をする時、ふたつは同じような難しい問題をすでに孕んでいるのであり、なんだかふたつの問題は似ている、と言っているのだろうか。単純化して言えば、安吾のなかで、この女性への古くからの教訓と、天皇制が孕んでいる大きな問題は、同質の問題か、それぞれが大きな問題だ、と言っているのであろうが、これはどうであろうか。別々に考えるべき問題ではないだろうか、どう考えても。

◎以下に、坂口安吾は、第二次大戦の米軍による東京大空襲などにおける破壊について述べ、次のように書いている。

★特攻隊の勇士はただ幻影であるにすぎず、人間の歴史は闇屋となるところから始まるのではないのか。（中略）そして或は天皇もただ幻影であるにすぎず、ただの人間になるところから真実の天皇の歴史が始まるのかも知れない。

★日本は負け、そして武士道は亡びたが、堕落という真実の母胎によって始めて人間が誕生したのだ。生きよ堕ちよ、その正当な手順の外に、真に人間を救い得る便利な近道が有りうるだろうか。
◎特攻隊というのは、小さな航空機に乗った兵士（特攻隊員）が、最初から死ぬことが決まっていた、敵の大戦艦への体当たり作戦を言った。みずからが爆弾と化すことで、敵艦に体当たりし、うまくいけば敵艦に大きな損害を与え、撃沈することもできたかもしれない。しかし、そこには特攻隊員の「死」が最初から提供させられていたのだ。このような戦闘の方法は、当時の日本軍隊が考えたものであろう。そして実際に多くの兵士たちが、成功したかどうか別に、敵艦にぶつかっては死んでいったであろう。こんなところに人間の真の姿があるんじゃない。むしろ闇屋となって戦中・戦後社会の困難な生活をした人間が歴史を作っていくのだ、と言っているのだろう。同様にかつての天皇とは単に幻影であり、人間宣言をした昭和天皇のあたりから、天皇の歴史は始まるのだ、と。この人間宣言なるものは、一九四六年一月一日に昭和天皇が国民に向けて発表した「新日本建設に関する詔書」の通称と、広辞苑にある。天皇を神と考えるかつての天皇の存在を否定し、天皇制が変わったのだ、と宣言したことを言う。天皇はさすがにその後も特別の存在として扱われてきたが、人間は闇屋になり、堕落という真実の母胎によって、初めて人間という存在が明確になる。安吾にとって「堕落」は悪いことではなく、むしろ人間が本来の人間になるための方法である。安吾にとって「堕落」という言葉を反語的に使って、むしろ「堕落」によって人間は自分を取り戻せるのであると。
★戦争に負けたから堕ちるのではないのだ。人間だから堕ちるのであり、生きているから堕ちるだけだ。（中略）自分自身の武士道、自分自身の天皇をあみだすためには、人は正しく堕ちる道を堕ちきることが必要なのだ。そして人の如くに日本も亦堕ちることが必要であろう。堕ちる道を堕ちきることによって、自分自身を発見し、救わなければならない。政治による救いなどは上皮〔うわっつら〕だけの愚にもつかない物である。

◎と、こんなふうに「堕落論」は終わっている。坂口安吾の悲痛な叫びであり、思想であり、日本人に心から言いたいことだったのであろう。この叫びは天皇や天皇制にたいしては、前項の「続堕落論」へと展開していくことになる。堕落は、人間が自分を再発見するために通らなければならない唯一の方法なのだと、安吾は読者に向かって叫んだのである。

◉わたしは坂口安吾を表面的にしか識らなかったな、と上に引用したいくつかの文章を読んで思い知ったのであった。わたしはこの機会に坂口安吾の評論選集を買ったので、少しずつ読んでいるところだが、あまりにまじめ過ぎて読むのが面倒になる文学論などより、社会全般にわたって書いている随筆的な文章には魅かれてしまった。さまざまな問題を取りあげ、かつ体験したできごとを語りながら、その饒舌のおもしろさを識ったのである。戦後、いろんな論者がそれぞれの天皇論を書いてきたと思うが、坂口安吾のように大胆に描いている人を知らなかった。ほかには歴史学の井上清も、こちらは本職であり、井上清の天皇制批判は論理的で鋭かったと思う。しかし坂口安吾は歴史学者の視点とやや違った感覚的な方向から天皇論を書いている。小説家の目であろうか。あるいは眼光鋭い武者的視点であろうか。ともかく、感嘆せざるを得なかった。以下に、安吾評論選集には、ところどころに天皇への言及が見られるので、それを拾っていく作業もしたいと考えていたのだが、それはかなり出てくるので、一応、ここで安吾と天皇論については終了しようと思う。

◉第十二章

歴史学者津田左右吉は、その古代史研究時の鋭い視点で現代天皇制を論じたであろうか？

●テクスト

つだ　さうきち〔津田左右吉〕「日本の文化の現状について」（下）

●出典

「暁鐘」六七月合併号（暁社、一九四六）所収

◉津田左右吉（一八七三〜一九六一）は、日本古代史研究における天皇論に関して、卓抜な発想を提示した人で、日本古代史の勉強をしていたわたしなどは、当時大いなる影響を受けたのであった。研究の一部に「古事記」「日本書紀」などの文献批判があり、その研究から導き出された『神代史の新しい研究』（一九一三）や『古事記及び日本書紀の新研究』（一九一九）などの、古代文献研究批判による多くの研究書を発表した。その主要な主張は、神武天皇から神功皇后までの天皇はすべて造形されたもので、それ以降の天皇の実在性も確かとは言い難い、という主張であり、わたしもすぐ同意した。当時、ヨーロッパでは、イエス・キリストが実在したかどうかを問い直す学説が現れ、これを「懐疑論」と言ったのだが、和辻哲郎などがこれらの懐疑主義的著書を翻訳して、わたしなどもそれによってヨーロッパの懐疑主義を識ることができたのだ。そしてたちまち、「懐疑主義的人間」になってしまったのであるが、古代史研究の途上で津田左右吉の著書何冊かを読み、津田は日本における懐疑論者のひとりだったのだな、と理解した。津田左右吉の古代史以降の本はあまり読んだことがなかったのだが、『文学に現はれたる我が国民思想の研究』など少しは読んでいたが、それはある時代から、日本の古典と言われる文学は、岩波の日本古典文学大系本になっているものとか、文庫本になっている多くの文学はすべて読もうとしてきたので、そんな本に、上記の文庫本があったのである。ある本によって、津田左右吉が戦後間もないころ書いた短い文章が天皇制擁護の主張をしていることを知り、この雑誌を買い需めたのだった。以下に、この短い論文を紹介するとともに批判してみたいと思う。そして、この本のページ数の関係から、『我が国民思想の研究』に関するノートをすべて割愛することになった。これはまことに残念な変更であった。この本は古代から近代までの日本文学を読みながら、そこに現れた天皇像をも探るという主題で、描かれる天皇が他の章で描かれた天皇たちと重複しているという点もあった。津田左右吉の次に紹介する文章に現れた天皇への過剰な憧憬は、『我が国民思想の研究』では、それほど現れてはいないことも報告しておきたい。純粋な研究論文集であった。

「日本の文化の現状について」(下)

◉この文章は昭和二十一年(一九四六)の初夏に発表されたもので、まさしく、戦後の開始期の最初の頃に書かれたものであり、前章に紹介した坂口安吾の「続堕落論」とほぼ同時期に発表されたものであった。坂口安吾の文章は痛烈な天皇、天皇制批判の文章であるのに対して、津田左右吉の文章は明確な「天皇擁護論」と受け取れ、その考えはほぼ対極にあったのである。最初に述べたように、津田左右吉が古代初期の天皇に実在性を懐疑的に捉えていたので、この文章を読むまで、津田が戦後に天皇制擁護派へと方向転換したとは、夢にも思っていなかったのだ。ただし、古代の何人かの天皇の実在を疑問視することとは、天皇の尊厳を否定するものでは、必ずしもなかったかもしれない。むしろ天皇の尊厳を立証するには、不確かな存在の天皇は除外したほうがいいと考えたのであろうか。あるいは、ある時代から津田は方向転換して、天皇や天皇制の擁護者的研究者へと変貌したのであろうか。

◎戦後、日本国が民主化への方向を辿った時、むしろ保守的な方向へと後ろ向きになって天皇擁護にまわった人は少なくなかったのか、民俗学の柳田国男や折口信夫などもそうであった。いや、彼らが戦前にとりわけ天皇について論述していたかどうかあまり知らないのだが、戦後の批判論も多かったかもしれない、天皇の置かれた立場を視て、擁護派になったのであろうか。それはさておき、津田はどんなことを論じているのか。わたしがこの論文の掲載された「暁鐘」という雑誌を手中にしたとき、「日本の文化の現状について」(下)、とあったので、(上)もみつけて読まねば、と思ったのだが、ちょうどコロナウイルス禍という社会的なできごともあって、図書館は休館しているし、インターネットの「日本の古本屋」では「暁鐘」の前号を発見できなかった。『津田左右吉全集』全二八巻、別巻五巻を買うほどの財力もないので、とりあえず、この論文の(上)を需めることができなかったのは残念至極でしかない。ともかく、(下)を読んでそれなりに自分流に批判してみた。

★天皇制といふことが論議の問題となつたのは、それを廃止しなければならぬといふ意見が出たからのことであらう。憲法に定めてある天皇の機能を改めようといふようなことならば、ことさらに天皇制といふような一般的の意義をもつた語を新しく作るにはおよばないからである。

◎この、小論文の書き出しの文章を読むと、「天皇制」という言葉は、戦後新たに生まれてきたものなのだろうか、という気がしたのである。確か第十章の福沢諭吉の文章では天皇制という言葉を使っていなかったようだが、明治、大正、昭和の戦前まで、では天皇を擁する社会体制を何とよんでいたのであろうか。戦前の日本は単に天皇と帝国主義による社会体制、とでもなるのだろうか。たとえば「天皇機関説」を提出した美濃部達吉の文章を、不勉強にして読んだことがないので実はあまり解らないのであるが、天皇制のありようにひとつの考えを示してみせ、それは社会問題となるくらい、日本社会に衝撃を与えたはずである。戦後の新憲法のなかでも単に「天皇」をどう規定するか、といったぐあいで、「天皇制」という言葉は使われていない。では、ヨーロッパの王の統治下にある社会を「王制」とよぶようになったのも、戦後なのであろうか。こんな事を書いていると、自分の無学ぶりが明らかになってしまいそうである。それはともかく、この論文の書かれた時、戦後まもない頃に生まれた「新憲法」はまだできていず、この引用文中に《憲法に定めてある》と書かれている憲法は、戦前の、明治憲法すなわち大日本帝国憲法のことであった。しかし、わたしは戦後憲法ができた年などを正確に調べず、新憲法をさしているとばかり思って、文章全体をその目で見てしまった。そして作業しながら、改めて調べると、昭和二十一年一月一日に「天皇神格否定の詔書」というのが出ていたが、憲法が発布されたのが同年、十一月三日であったから、津田の書いた文章は同年、六月二十五日以前に書かれたものであり、新憲法の発布より早かったわけだ。だから天皇制うんぬんという議論が始まったというのは、まだ象徴天皇が開始される以前であったから、天皇は廃止すべきである、という反対の主張があったようだが、戦後すぐにこのような議論が始まったのであろうか。歴史学の井上清の天皇批判の本は、一九四六年以降に出されていると思うのだが。井上清が主たる著者である『歴史家は天皇制をどう見るか』(歴史学研究会、三一書房、一九四八)などは、昭和二十三年の発行である。ただし、それは第三版であり、初版は昭和二十一年の九月であったようだから、津田左右吉の論文より少しあとである。また井上清『天皇制』(東京大学出版会、一九五八)などは、昭和三十三年の発行である。この天皇廃止論を唱えたのは、わたしは不勉強で識らないのだが、復活した日本共産党などは天皇制廃止論を主張していたのだろうか。ニッポニカを見ると、一九二七年の「二七年テーゼ」とつぎの「三二年テーゼ」のなかにすでに、天皇制廃止が書かれていたとある。だから、天皇制廃止論はすでに戦前から存在していたのである。日本共産党の活動は戦前、当局の取り締まりが強まり、昭和十年(一九三五)には壊滅した、とあるので、共産党の戦後の復活以降に再び、天皇制廃止論が再提出されたのであろう。この点を津田も理解していず、著述家として幾分うかつであった。とりあえずもう少し、本文を読んでみよう。

★そこで、天皇制についての論議について考へるには、おのづから、その廃止論がどのようなものであるかを見ることが主になつて来る。さて廃止論の生じたのは、第一に、天皇の地位にあられる今の陛下がこんどのたゝかひを起した責任者であられる、といふところに根拠があるようである。たゝかひは宣戦の詔勅によつて開かれたのであるから、一おうはその責任者が陛下であられるように考へられるべき理由があるらしく見えもする。しかし、実はさうではない。宣戦が詔勅によつてせられたのは、憲法上の規定に於いて、それが天皇の大権に属する、いひかへると議会の協賛なくして政府の決定し得る、事項とせられてゐるために、かういふ形式がとられたまでであつて、宣戦そのことは政府の定めたものであり、政府がその責任を負ふものである。いはゆる輔弼の責任がそれである。
◎つまり、単純化して言うと、天皇はその役割として戦争の開始を言ったのであり、この決定は政府によって決められたことであるから、政府がその責任をとるべきであり、すなわち天皇には責任はない、ということになろう、津田左右吉の理論は。しかし、天皇はこの開戦に反対であるとか、同意できないという考えだったのであろうか、あの当時。もし天皇にある種の力があり、ニッポニカには、明治憲法では、天皇主権の原理にたち、統治権の総攬者として大きな権能が天皇に与えられた、とあるので、政府の決定に反対することも可能であったろう。この考えには反対のふたつがあった。そのひとつは、天皇は開戦に反対だったが、政府の言いなりになった。ふたつは、天皇もまた当時の多くの日本人が戦争にそれほど反対していなかったと同様、なんとなく日本の勝利を信じて、これを肯定的に捉えたのだ、というものだ。日本人の多くは、かつての日清、日露戦争の勝利や、第一次世界大戦の勝利国であったことから、第二次世界大戦の初期から、これに対する反対論はそれほど多くなかったのではないだろうか（ただし、わたしはその辺のことは無知であった）。中国への侵攻から始まって以来、なんとなく日本を勝利国として捉え、最終的に大強国アメリカとの戦争になったときも、多くの日本人はひょっとすると勝つのでは、と考えたようにも思われる。天皇もまた同様の考えで、ともかく強固な反対者ではなかったような感じがするのであるが、この考えはまちがっているだろうか。そして、津田左右吉が言うところに従えば、天皇と政府は同様に責任を負う必要があったことはまちがいない。責任は決して政府にのみあったわけではない。津田の、輔弼《ほひつ》の責任、の輔弼というのは、広辞苑によれば、明治憲法の観念で、天皇の行為や決定に関し、進言しその結果について全責任を負うこと。国務上の輔弼は国務大臣、宮務上の輔弼は宮内大臣および内大臣、統帥上の輔弼（輔翼とよぶ）は参謀総長・軍令部総長の職責であった、とある。ここで津田が天皇と政府と言っているのは、本当は、天皇と内閣とでも言い換えるべきであろう。政府は国会で決まったことを処理していく機関なのであるから。そして、内閣のほうが天皇とともに全責任を負わねばならないように思われる。ただし、問題は天皇自身が戦争をどう捉えていたか、が、戦後の天皇には問われることになって当然である。加賀乙彦の小説に、アメリカとの戦争が始まる直前のある日、ある人物（戦前の最後の駐米大使）がアメリカの首脳部と接触し、戦争しないでおく方法を講じようとしていたという節があったが、内閣か政府に最後まで、戦争を避けたい、という発想があったことはたぶん確かであろう。このとき、天皇自身の考えがどうだったのか。極東裁判（極東国際軍事裁判、東京裁判）でめぼしい戦争責任者たちはアメリカを初めとする戦勝国によって裁かれた。天皇以外は。天皇は極東裁判の場に自発的に現れることも、召喚されることもなかった。マッカーサーを初めとする連合国の指導者間では、さまざまな葛藤があったであろうが。

★天皇が統治権を総攬せられるのであるから、国務大臣の輔弼といふことになつてゐるが、事実、政治上のすべての施設は国務大臣によつて組織せられてゐる内閣、即ち政府、のしごとであつて、それは一般国民が憲法制定このかたの長い間、明らかに認めて来たことである。

◎これはうえの輔弼の意味を津田自身が説明したものだが、内閣は政府ではない。現代だと国会、内閣そして政府であり、内閣が中心になって国会で議論されたことが、政府の官吏によって治政の領域で実施されていく。しかし、天皇が総攬する、という点が大きい。総攬を広辞苑で見ると、政事・人などを、一手に掌握すること、とある。天皇は内閣、国会で決めた事項に対して、これを自分の手で左右できるわけだ。だから、国会で決まったことにたいして反対することもできそうだ。だから、戦争の責任は、と問うまえに、天皇がこの戦争をどう考えていたか、というのが大きな問題となるわけだ。そしてもし天皇が平和愛好主義者であれば、開戦に反対して欲しかったと思う。アメリカとの戦争以前から、他国を侵略することはよくない、と言えたわけなのだから。だから、戦争責任者という以上に、それ以前から、日本のアジアへの侵略主義に反対するべきであったと思うが、多くの国民もまた、なかなか反対できない日本のムードであったと思う。

★だから、詔勅で宣戦がせられたため、開戦の責任が陛下にあるとするのは、憲法の規定とその精神とを知らないものといふべきであらう。またこんどのたゝかひに於いて、開戦が時の内閣の決めたことであり、内閣は軍部の意向に従つたものであることは、公表せられたいろいろの記録によつても明らかであるから、もしそれを認めずして宣戦が陛下の御発意によつて行はれたと考へるならば、それは明らかな事実を強ひて否認しようとするものである。なほ国民をたゝかひに駆つて〔戦いの場への参加をあおって〕多くその生命を失はせたのは、陛下である、といふような考への全くけんとうちがひであることも、このことから知られるので、それは全く政府の責〔任〕であり、ほんとうには軍部の責〔任〕である。たゝかひを起したのは軍部と、軍部を制御することができずしてそれに追従した政府と、だからである。

◎これではまるで、責任逃れの言論マジックのような発想であり、あくまで、それでは天皇が戦争をどう考えていたのか、という問いは津田の考えのばあい、まったく不問にふされているというしかない。天皇は本当にこの戦争の開戦に関わらなかったのか、と問わざるを得ないであろう。天皇のまえに内閣の代表者たちが集まる御前会議において、映画の一シーンのように、天皇に戦争開始が告げられていたのは当然であった。国家の重大事項に関して、戦前の天皇がまったく知らないままであったなどと考えることはできないであろう。わたしも日本を開戦に導いたのは軍部であったろうと考えるものであるが、これに天皇が無関係だったはずがない。そもそもこの戦争は明治以降、日本がヨーロッパ植民地主義を見習って、東アジアへの侵攻をはかり、朝鮮や台湾などを属国化するところから始めた日本国家の野望の展開は、たぶん軍隊が主導し、国家的欲望を軍事力で解決する、といった方針から、ここに至ったわけである。そして、これらに関して責任を問うとしたら、その一人は国民であるが、他方は天皇であったと言いうる。とりわけ天皇は、内閣や軍の総攬者であったのだから、彼らの方向性に「ＮＯ」と発言することはできたのだ。津田はこの点を完全に忘れているか、沈黙していると言うしかない。

★これについてもまた国民が軍部の宣伝に迷はされてゐたことを知らねばならぬ。大詔奉戴日といふようなものを設けて、たゝかひの詔勅によるものであることを、くりかへし国民に信ぜさせようとし、そのほかにも、あらゆる機会をとらへあらゆる言葉を用ゐて、たゝかひは天皇のためのことであり、たゝかひで死ぬのは天皇に生命をさゝげることであるように、宣伝したのは、国民の皇室に対する敬愛の情を利用して、たゝかひを正当視させようとした軍部の宣伝であつた。

◎結局、津田左右吉は天皇の責任とすべきところを、すべて軍部の責任であったと、すり替えようとしているわけだ。この大詔奉戴日なる言葉を識らなかったので、『日本歴史大事典』を見ると、つぎのようにあった。《太平洋戦争開戦に伴い、宣戦の詔書が出されたのが一九四一年（昭和一六）一二月八日であったことから毎月八日を大詔奉戴日とすることを閣議決定し、四二年一月より実施された》。うーむ、日本人というのはばかげた発想が好きな国民だったのだな、と思わざるをえない。この津田論文で問題にされた、開戦の天皇による詔書が出されると、国民の祝日のように、しかも毎月こんなことをしていたんだ、と思うと幾分、情けない気持ちになる。日本人のひとりとして。そして軍部は日本国民が天皇のためなら、命も惜しくない、という感情の持ち主たらんとさせるべく、国家的陰謀をひねり出してきたというわけだ。これは天皇が、というより、明確に内閣や軍部によるもので、しかし、天皇のために死ぬ、という観念は国家によって国民に押しつけられたものであり、全員が賛成したかどうかは疑問である。わたしはある時期、敗戦のころの東京の街を描いた小説をさまざまに読んだことがあるが、大空襲の中を逃げ惑う民衆の悲惨な行動を描いてはいたが、そこには天皇の「て」の字も現われてはいなかった。天皇を弾劾する小説は見あたらなかったが、ここでも民衆と天皇は直線で繋がることがなかったのであろう。

★現代の国家においては、ひとりひとりの国民が全体としての国民のために、また国民生活のあらゆる方面で、国民としての責務を尽すことが、おのづから皇室に対する道徳となるのであるが、この現代国民としての皇室に対する道徳観念が、今でもなほ明かにせられてゐないようなありさまである。

◎いつのまにか、津田左右吉は現代の日本国民が、皇室に対して当然のように一種の親愛感というより義務感でも持っているかのような言い方になっている。しかし、その道徳感情の内実が明確化されていないのだ、とひとり嘆いているかのようである。これはわたし自身も考えたことだが、このような感情、道徳のようなものは、明治以降の国民にさまざまな方法で刷りこまれてきたもので、そのような刷りこみを平然とやっているひとつは「教育勅語」を中核とする学校教育であり、他方はマスメディアなどによる報道ではないのか、と考えるようになってきたのである。リベラルと思われている「朝日新聞」なども天皇に関する報道は怠ることなく載せているし、皇族はすべて「○○さま」とよばれ、敬語でしかそのニュースを書かないし、それはほかの新聞からテレビ、ラジオなどもそうであろう。しかしさすがに、二〇二〇年代の現在、このような記事は相当程度に減少しているようである。「皇室アワー」のようなテレビ番組も見かけないようだ。それらはごく小さな記事になっているようだ。その原因は？　この点は、わたしにはまだ不明の領域である。ただ、東日本大震災のときなど、天皇は現地を訪れ、また、皇位継承などに関しての報道は決してなくなってはいないのだが。

★しかしこゝに考へたことについては、異議をたてるものがあらう。その一つは、〔天皇の?〕法制上の地位の問題であつて、天皇の名によつて行はれる大権事項といふものが、実際に於いては、政府の決定するものであるにせよ、統治権を総攬せられる天皇の御意志は、何等かの形により何等かの道すぢで、それにははたらき得るはずであつて、制度の上でも天皇の裁可といふことがあるが、裁可せられた上は、天皇にその責任が無くてはならぬ。またもしその裁可がたゞの形式上のてつゞきにすぎないとすれば、天皇の地位は、つまるところ、空虚なものであるが、空虚な地位は無用のものではないか、といふことである。

◎法制上の地位、とあるので、以下の文章から推測して上記のように補ってみたのだが、ともかく津田は天皇は統治権を総攬するのだから、その意志は、内閣なり政府の決定のどこでも入っていけるのだ、と言っている。そして、天皇が裁可したのであれば、天皇に責任がある！　と言っているではないか。そしてその裁可が形式的なものだとすれば、天皇の地位は空虚で、位置づけそのものが無意味である、と言っている。つまりは、開戦の詔書にしても内閣なり政府によってかってになされたものなら、確かに天皇には責任がないことになる。しかし、詔書、とあるのは、「詔」は天皇のみことのり、であり、天皇が言ったことにほかならない。詔書が政府や内閣や軍部に作れるわけはない。決してないのである。「制度の上でも天皇の裁可といふことがある」とあるのは、いったい何か。古代、中世、近世の天皇を視てきたが、確かに重要な問題、罪科の問題などは天皇にお伺いをする、ということもあったが、敗戦直後もそんなことがあるのだろうか。そして引用の最後の、「裁可せられた上は、天皇にその責任が無くてはならぬ」とあるのは、天皇には責任がある、ということだ。明治憲法のもとで太平洋戦争の開戦の詔書を書いた天皇は、この敗戦にたいして、どう考えても責任があるのではないだろうか。もちろん、勝利していれば、それも天皇のおかげだ、という皮肉な結果もあったのだが。しかし勝利ということは不可能であった。

★〔上記のように〕法制上の問題である限り、天皇に政治上の責任の無いことは、憲法の明らかに示すところである。

◎そうか、こんなふうに言われてみると、戦後の新憲法は天皇の戦争への直接的な関与という問題から天皇を解放したもの、とも言えそうだ。明治憲法によると、「天皇は国の元首にして統治権を総攬し此の憲法の条規に依り、之を行ふ」（片仮名表記を平仮名とした）とあり、まさしく津田が先に書いていた統治権を総攬などと書いたのは明治憲法によっており、天皇の責任がないと書くのは新憲法によるものである、という子どもでもまちがえないミスを犯しているのだ。あくまで明治憲法のもとで、詔書は出されており、そのころは天皇に責任はあった。しかし、この津田左右吉による擁護論は、まだ新憲法が出されるまえに出されているのだから、やはり総攬者として責任はあった。ニッポニカによると、昭和二十二年五月まで、明治憲法は存続した、とあるので、津田の文章が書かれたころは天皇は明治憲法のもとにあったのである。そして、責任は天皇が負うべき性格のものであった！

★それと共にまた、このことは〔天皇に責任がないということ、か？〕、その憲法のできてからこのかたの国民一般の信条ともいふべきものであつて、政府に立つものがもしいささかでも皇室に累《るい》を及ぼす虞《おそれ》のあるような態度をとつた場合には、国民はそれを責めてやまなかつた。

◎わたしが、？つきで補ったところは、わたしが読み違えているのであろうか。天皇には戦争責任がない、ということを確かに日本国民が多くは考えていたかもしれない、とも思う。戦後まもなくの日本国民は、「戦争の責任者」ということを考えなかったからだ。と、その時、生まれて二年のわたしは、当然その情況をまったく知らなかったのである。そして、小学校時代、もはやいなかの学校でも、一応、民主教育が始まっており、さらに天皇を想起するような機会はほとんどなく、天皇などとは無縁に暮らしてきた小学時代であり、中学、高校時代であった。そして、戦争の責任者のような発想は皆無であった。のちに、むしろ敗戦のとき、皇居前広場に集まった群衆が、天皇に謝ったという話もあった、負けてしまって申しわけない、と。日本人の多くが、そんなふうに純朴、あまりにも純朴だったのかもしれない。しかし、国会議員や、あるいは政治が、天皇に、なにか敗戦に関係する存在として文句を言ったりしたら、国民はかえってその文句を責めていたに違いない？　それもありえたかな。敗戦後の口本を背景にした小説などもいくらか読んだことがあったが、その中には津田の言う通り、天皇を問題視したものはほとんどなかったような気がする。

★今さらこの事実に目をふさいで、天皇に責任を帰する必要がどこにあるのか。

◎そうだ、津田左右吉はこの文句を読者に伝えたかったのだ。この一言でよかったのだ。しかし、わたしなどは識らなかったが、敗戦直後、天皇に責任を問うた者が少なからずいたから、津田はこの文章を書いたのであろう。それがだれだったのか、不勉強にして識らなかったのだが。想像できるとしたら、復活した日本共産党員くらいではないのかな。ニッポニカによると、一九四五年（昭和二十）十月十日、占領軍の指令で〔刑務所にいた〕徳田球一、志賀義雄らの共産主義者が出獄し、共産党は公然活動に乗り出した、とある。少しのちに〔ソ連から?〕帰国した野坂参三を加えて、活動は活発になった。一九五五年（昭和三十）、第六回全国協議会〔いわゆる六全協〕で武装闘争を放棄した。わたしが大学に入ったとき、わたしの大学の自治会は「民青」とよばれた日共系のグループが押さえていて、これに反対する学生たちは、この民青学生を「踊って歌って楽しいなんとか」と、この武装闘争放棄を揶揄していたものだ。以下、このような文章が続くので、多くを割愛し、基本的な認識と津田流の思想を捜して眺めてみる。

★陛下がほんとうにアメリカとたゝかふことを好まれなかつたならば、何ゆゑに軍部を抑へることをせられず、何故《なにゆえ》にアメリカに対する宣戦の詔勅を発せられたか、陛下の御意志は平和にあつたことが認められるにしても、日本の統治者としての陛下が宣戦の詔勅を発せられた以上、そこに陛下の責任がなくてはならぬといふのである。

◎このようなリベラルな主張に対して、津田は徹底的に反論するのであるが、上記の主張はまったくその通りと言うしかないのである。

★知識人のうちのこゝろあるものが平和の望みをもつてゐながら、それが世を動かす何等の力ともならなかつた時代である。

◎戦前の民主勢力が、軍部などいう存在によって手ひどい弾圧を受け続けたことは、多くの小説その他に証言がある。最後の戦争に向かった時期、この弾圧はもっともひどくなり、多くの活動がストップせざるをえなかったのである。

★陛下が軍部の力によつて組織せられた内閣の開戦政策に対して、それを是正しようとつとめられながら、終にそれを拒否せられなかつたのは、一つは憲法制定このかた天皇が専制的権力を以てみづから政府を統裁しようとせられなかつた慣例に従はれたためであらうと推察せられるが、（以下略）

◎天皇は軍部のやっていることに否定的であり、これを是正しようとつとめられながら、と書かれているのだが、はたして天皇がそのようなことをしようとしたことがあったであろうか。明治憲法による専制的な権力を持っていたはずなのに、多くはそうしなかった慣例に従ったのである、と津田が書いているのは、天皇が無力であったか、是正しようという強い意志を持たなかった、ということであろう。政治には口出ししまいと。明治憲法において天皇の権力のひとつは、軍の統帥権などがあったのだが、ふだんからそんな面は避けてきたので、戦争の開始に対しては詔勅を出したが、戦争をやめる方向に関しては何もしなかったというのだ。これは天皇は憲法下にありながら、軍事的面に関わらなかったから、何も言わなかったというのだが、あまりにひどい擁護であるとしか言えないだろう。擁護にさえなっていない。

★平和の要求が漸く力を得ようとするようになり、時の内閣もまたそれがために種々の方策を講ずることになつた。かういふ情勢の推移の間に、頑迷なる軍部がなほ無益のあがきをやめなかつたにかかはらず、終戦の断を下されたのは陛下であつた。

◎天皇はいいとこ取りとでもいうのか、終戦の断を下したという。その頃、社会の動きもまた平和に向かうようになったと津田は言うのだが、これは何をさしているのだろうか。成年男子のほとんどが軍隊に取られ、残った婦女子は貧困と飢餓にあえぐ時代であった。そして敗戦と言わず、終戦というのが戦後日本での言い方になっているがこれはおかしい。敗戦である。敗戦を選んだのは天皇だったのだろうか。津田の理論は、軍部は悪かったが、天皇は悪くなかった、というもののようなものである。責任をひとり軍部に押しつけている。

◎さて、この論文の最後半部は、天皇制廃止論について考えたものであるが、その際の津田左右吉の方法は、彼自身、廃止論に反対しているわけだが、廃止論を全否定するわけではなく、廃止論を徹底批判するというのでもない。むしろ現状を述べ、廃止の方向には行くべきでない、とやんわりと訴えているようだ。

★なほ廃止論について一こといひそへねばならぬことがある。陛下の御意志に背ひてたゝかひが開かれ、さうしてそのたゝかひがまけになり、その結果として今見るが如きありさまに日本が陥つたことについては、陛下おんみづからにおかれては、国民に対し世界に対し、さうしてまた祖宗〔現代以前の天皇たち、つまり天皇の祖先〕に対して大いなる責任、――法制上の責任ではなくして、もつと深い意義に於いての――を感じてゐられるであらうと拝察せられるが、陛下をかゝる責任を感ぜられるような場合に至らせたのは、実は国民の責〔任〕なのである。

◎天皇は国民に対して、あるいは世界に対して、あるいは皇祖皇宗に対して、一種の責任を感ずるようになったのだという。これは、まったく当たっていない考えだと思うが、もし天皇が責任を感じているなら、こんな立派なことはないではないか。それに津田左右吉にも、そんな感懐があったということは、これまで一言も述べていないが、それはよかった、と言うべきである。しかし、そんな責任を天皇に感じさせるようになったのは、国民自身なのである、それはいかんと津田は言うのである。なぜ、天皇が責任を感じたらいけないのであろうか。この点、まったく解らない津田の考えである。しかるに、天皇がそんな自責の念を抱くことがあったであろうか。そんなことは津田の、完全な空想であろう。あるいは国民に因縁をつけているようでさえある。そしてもし国民がそうさせたのだとすれば、国民は立派だったことになる。あの言動弾圧の時代にもかかわらず、そんなことが言えたのだとすれば。しかし、津田は、天皇にそんな責任を感じさせるようにした国民がいけないのである、というのだ。当の天皇でなく、無力な国民の方に責任を転嫁させている。これもまた難癖《なんくせ》というものであろう。

★天皇制廃止論の第二の根拠は、天皇が民衆を圧迫するすべての政治機構の中枢である、といふところにあるらしい。

◎天皇にどういう意図があったのかよく解らないが、天皇がすべての政治機構の核であったことは、明治憲法のもと当然であったろう。そして、戦争に向かって国民のすべてが社会的に、経済的に困窮への道を歩み始めたこともまた、まちがっていないだろう。男たちは多くが戦死し、残された家族、老人、婦人、子女らは貧困と飢餓へと招待されたのである。

★軍隊や官僚が天皇に隷属するものであることはいふまでもなく、圧制政治の利器とせられた秘密警察の組織も、この政治機構の構成要素である点に於いて、天皇の存在と離るべからざる関係がある。だから国民の自由を回復し民主政治をうち立てるには、天皇制を廃止しなければならぬ、といふのである。

◎天皇制廃止論の人びとが引用文のごとく言ったのであれば、それはまったく正しかった。ただし、わたしは軍隊や官僚の果たしたことは解るが、秘密警察のことは不案内である。ブリタニカによると、旧ソ連のGPU《ゲーペーウー》、イタリアのオブラ、ナチス・ドイツのゲシュタポとならんで、日本の特別高等警察の三つが、国家形態の維持のために、反国家活動を取り締まる代表的たる秘密保安機構、と書かれている。そうだ、いわゆる「特高」とよばれていた日本の警察機構が、秘密警察であったのだ。特高の活動はまさしく映画などにもしばしば登場していた。恐怖の時代であった。そして特高はおおまかには統帥権のあった天皇に属していたと言えるであろうが、天皇が直接指揮をとっていたわけではないだろう、と思う。まあ、軍隊や警察や特高などが、戦後の反戦的民主主義（憲法が他国との紛争を戦争で解決することを禁じている）による社会には不要な存在であることは明白であろう。津田左右吉は、天皇とはなんの関係もないから、廃止論の根拠にならない、と言っている。どうだろうか。

★廃止論の第三の論拠は、皇室に属する財産の多いことから、皇室にいはゆる財閥や大地主と同じ性質があるとし、従つてそれをいはゆる搾取者であるとし、社会主義もしくは共産主義の見地から、それを廃すべきものとするところに、あるらしい。

◎歴史学者井上清の『天皇・天皇制の歴史』（明石書店、一九八六）には、《天皇の財産は、日本最良の山林のほとんどすべて、数万ヘクタールの耕地と牧場、一〇〇万ヘクタール以上の未開の山林原野、多くの宮殿、（中略）天皇はいかなる大地主も足元にも及ばない日本最大の大地主であり、また三井家や岩崎家に勝るとも劣らない大資本家であった》と書かれていたのだが、戦前の天皇は日本第一の大金持ちであったのだ。ひとりの人間が、とは言いにくいのかもしれないが、そんな存在が日本社会にいていいのだろうか、という疑問は抱かざるをえない、われわれ貧乏人から言えば。しかし、その皇室の財産に関しては、

★皇室に属する財産の多いことは事実であらうが、それは国庫の支出にのみよることのできない多額の皇室費を支弁するための財源としてであるから、単に財産の多いといふことから、その財産を財閥や大地主のと同じに見なすべきものではない。

◎皇室が莫大な費用を必要としているのだから、そのような巨大な財産は容認できる、と津田は言っているようだが、皇室がなぜ、そんな莫大な金を必要としたのか、まったく理解できない説明である。あくまで必要だと言っているようだが、了解できない

主張である。
★第四には、天皇は現つ神〔あきつみかみ〕であられるといふように、天皇を神秘化しようとした近ごろの成〔或、の誤字か?・〕る〔つまり、近ごろのある〕方面の意図をとりあげ、それを天皇の本質とみなして、かういふ本質の天皇の存立を現代の国民生活に矛盾するものとし、またそれは自由なるべき国民の思想を抑圧するものとすることである。
◎確かに「現つ神」、「現つ御神」のような言葉は「万葉集」の時代から現れていて、天皇の代名詞になっていた。つまりは天皇を人間とは見なさないという考えが古代以来あったと言える。かといって、天皇は神である、とまでは言いにくかったであろう、神話の時代が終わると。一般の人間とまったく同様に、妻を持ち、いや一般民衆にはできない一夫多妻的構造の妻たちを持ち、生まれてきた子どもをつぎの天皇にするわけだから、そこにはまちがいなく、人間や動物たちとまったく同様の生活形態があった。しかし、天皇を神とは言わないが、日本国は神国だと考えた人は多かった。北畠親房であるとか。キリスト教では、いわゆる「ニカイヤ公会議」(多くの地方的初期キリスト教団がニカイヤに集まって、統一した見解を出し、これを共有した) 以降、「父と子と精霊の」というわけの解らない言い方をしていたが、キリストを神そのものとしては考えなかったようだ。日本という国では天皇を人間とは違う特別の存在にしたかった。日本文化に先行した中国では、皇帝を天子ともよんだが、日本でも天皇を天子とよぶ時もある。しかしまあ、こんなことは廃止論とは関係がないのである。津田はここで何が言いたいのか。
★この称呼〔現つ神〕の用ゐられた時代では、それに、天皇が人とは違った神であられるとか、神として宗教的に崇拝せられるとか、いふような意義は少しもなく、勿論、天皇を神秘的の存在としたものでもない。現つ神の本質は、どこまでも政治的君主としての天皇であった。
◎確かに天皇を形容するために、現つ神というような言い方はあっても、天皇を神そのものとしては見ていなかったように思われる。しかし、ヨーロッパの王のように生身の人間そのものとも考えていなかったようだし、中国の皇帝のようにも捉えなかった。しかし、やはり古代においては天皇は「王」であった。万葉の時代には大王《おおきみ》と書く例も多かった。しかし、どこかで日本民族は単なる王では満足せず、やはり一種の神秘化が行なわれて、神に準ずる位置が与えられたのであろう。しかし、戦後、王としの実権を喪うようになって以来、王ではないが、ともかく、人間とは位相を違えた存在としたかったようだ、われわれ日本人は。ともかく、まあ、廃止論にはそのような神秘化も、廃止のひとつの要素ではあったかもしれない。
★第五には、まちがった歴史の解釈を根拠にしたものがある。例へば、皇室は日本人に対する征服者であるとか、民衆を奴隷視し、または民衆の富を搾取した専制君主であつたとか、いふようなことであつて、皇室を民衆の敵の如くに考へることである。
◎戦後まもなく発表された江上波夫の『騎馬民族国家――日本古代史へのアプローチ』（中公新書、一九六七）は朝鮮半島を経由して日本列島に現れた遊牧騎馬民族とされる人びとが、北九州を経由して畿内に至り、天皇王朝を作ったというものであったが、これによると、日本列島に棲んでいた人びとを征服して天皇王朝が成立した、ということになるのだが、この立論は大いに刺激的であり、衝撃的な発想のもとにあったが、学者や研究者の領域を超えて、衝撃的発言として日本人の多くを震撼させたのであった。賛否両論が巻き起こったであろう。わたしは、日本人を征服した、という江上波夫の言い方には疑問があるが、朝鮮半島を経由してやって来た人びとが、土着の人びとを制覇して、天皇王朝を作ったという考えは成立すると考えている。しかし、土着の人びとを征服し、奴隷化した、という言い方は言い過ぎだと思う。天皇王権が確立するまで、多くの戦争が起こったであろうし、その物語はヤマトタケルの神話などに結晶していると思う。民衆の富を搾取したというのは、王権は民衆の労働によって形成される富の幾分かを税金などのかたちで搾取したことはあったと思う。しかし、多くの国家がこの構造のもとに成立しているのであり、ほかの考えは成立しないと思う。ただ、天皇はそのような搾取者としてはイメージされず、藤原氏の摂関政治以降、搾取は藤原氏がやり、天皇はそういう方面ではあまり目立たなかったと思う。なぜなら、宗教王としてのイメージを徹底化してきたからだ。津田左右吉は上記のような考えに反対する論著を多くものしてきた、と自分で言っているが、あまり見かけたことはない。津田の初期の主要な著書は発禁となり、大学も辞職した。このような津田への国家的規制の核には天皇がいたのである。古代の天皇論はさまざまに読んで同感したのだが。そこでは天皇や天皇制を擁護しているような感じはしなかったような気がするのであるが、これらの読書は随分、昔のことであり。残念ながら、その詳細は失念している。しかし、津田の著作はわたしにも衝撃であった。前にも述べたが、文献をそのまま受容しない、という「懐疑論」的思考がわたしの基本的思索の中核になったのである。

★最後に第六として、民主々義と天皇の存在とは両立しないといふ考へのあることを挙げなければならぬ。これもまた、君主と民衆とを対立的関係にあるものとし、君主はその本質として専制的権力をふるはうとするものであるとし、または形式論的もしくは概念的に君主政治と民主政治とは反対のものであるとするところから、来てゐるやうである。

◎日本の天皇のばあい、君主のイメージはほとんどない。藤原氏も君主というイメージと無縁であった。文字通り君主という存在が生まれたのは、封建時代でもある戦国大名から織田信長の時代を経て、徳川幕府時代に、藩の王としての君主がいた。明治天皇もいかめしい軍服のような礼装の写真があるが、やはり、専制君主という感じはしない。古代以降は朝廷が、ついで武家政権（幕府）が政治を管轄しているので、かりに天皇が朝廷の代表という時代があったとしても、専制君主のイメージはなかったように思う。だから、ここでも、津田左右吉の言う、君主と民衆はある対立関係の中にある、と言うのがマルクス主義の理論であるとすれば、津田はもちろん、マルクス主義についても識っていたであろう。だれが言ったのか民主主義と天皇の存在は両立しない、という考えは基本構造としてはありうるが、天皇が政治王でなかった日本社会では、成立しなかったと思う。つまり、天皇は民主主義の世界から別の地平にあるのであり、いわば埒外の存在であったと思う。ここでは、津田自身が天皇を「君主」として捉えているのだとすれば、それはおかしい、と言えると思う。埒外の権威なのであるから。明治以降、あたかも専制君主のような印象を与えるが、民衆は天皇を「天皇陛下」として捉えているのであって、やはり「神的な存在」として天皇を捉え、「君主」としては捉えていなかった、とわたしなどは思うのだが、どうであろう。

★天皇制の廃止を主張するものは、それを［天皇制を、か？］維持しようとするのは感情論であるから、理性の上に立つた考察が必要だ、といつてゐるやうであるが、歴史的に養はれて来た皇室に対する感情は、事実として存在するものであり、公共的のものであるから、それを尊重するのが、理性の上に立つた考察なのである。特殊の事件によつて誘発せられた個人的感情の動きとそれとは、全く性質が違ふことを考へねばならぬ。

◎天皇制を維持しようとするのは感情論であり、理性的な考察によって維持する、しないを考えるべきだ、と当時の廃止論者は言っていたらしい。しかしながら、歴史的に養なわれてきた、皇室に対する感情、という考え方は、まったくの嘘である。明治以降に政府が民衆に強いてきた天皇制の刷りこみが、天皇を知らず崇拝する感情を民衆のあいだに定着させたかもしれないが、それ以前はまったく違っていたのであり、それはわたしが口を酸っぱくして書いてきたように、天皇と民衆は無縁であった。津田左右吉自身、この明治以降の「新日本人」誕生の場で生まれ育ち、その思想や理論を構築してきたのである。不勉強であるが、江戸時代から、天皇を特別視する見解は、ぽつぽつと生まれてきたようであり、必ずしも、このような作業を明治政府のイデオローグたちのみに負わせることはできないかもしれない。
◎ともかく、確かに天皇制は理性的な領域から生み出されたものではなく、なにかしら情念的な領域から生まれてきたような気がする。理性的領域から生まれるのはもちろん、天皇でなく専制君主であろう。政治権力としての王である。だが、天皇は社会が絶対に必要なものとして存在したのか。確かに誕生したときは政治的な統括者であり、王であったと思う。しかし、政治的領域を藤原氏や源平各氏に譲ったときから、日本人のある領域では、むしろ文化の面で大きな意味を持っていた。そして文化もまた理性を必要とするが、文学や演劇や音楽などの世界を考えると、むしろ感情や情念が根底にある、そのようなものであり、天皇はむしろ文化の側にあった、という感じがする。「万葉集」以降の文学において、天皇はしばしば描かれ続けてきたのであるが、それらは、「民衆の文化」としてではなく、文字を読める人たちのあいだで成立した文化であり理念であった、と言うしかない。文字を読んだ人たちだけが、文学に現れた天皇を識っていたのであり、残りの多くの民衆は、天皇などいてもいなくとも、関心を持つことさえできなかった。宮中儀礼を見れるわけでもないし、ヴィジュアルにも天皇を把捉することができなかったのだ。古代を除いて、天皇が政治の局面を左右する存在として現れるのは、後白河法皇、後鳥羽上皇、後醍醐天皇らであり、それ以外は明治以降の天皇の位置づけもまた、けっこう難しい。
◉こんなふうに、津田左右吉は、天皇制廃止を叫んだ人たちに対して、徹底抗戦というか、ペンの世界ではあったが、一歩も譲らず、天皇制維持を主張したのであった。この文章を読んだ当時の、敗戦まもない時代の人びととそれ以降の日本人は、津田左右吉をどう理解するか、肯定するか否定するか、をつきつけられた問いであったと思う。わたしが天皇学と名づけて取り組んで来た作業を通じて、はっきりと確認できたのは、民衆と天皇は長い間、無縁であった、ということだ。天皇と補完関係を作る人たちにとってのみ、天皇や天皇制は大きな意味を持っていた。民衆と天皇が直接に結びつけられたのは明治以降の日本国家の政治方針によるものであった、以上がわたしの理解の核であった。わたしは、この短い文章に続いて、津田左右吉の『文学に現はれたる我が国民思想の研究』（全八巻、岩波文庫、一九七七～七八）を読み、そこに描かれた各時代の天皇や、津田の天皇観を捉え直したいと考えた。題名に〈我が国民思想の研究〉とあるので、日本の古典から現代までの文学から導き出される天皇観や、それと大いに関係のあるわれわれ日本人の思想を確認してみたいと考えたのである。しかし、このシリーズは近世末期までの文学が対象となっており、上述した「日本の文化の現状について」と、文学の関わりにまったく触れていなかった。そこで、この岩波文庫の解説者、栗田直躬氏の文章を引用し、かつ、自分の津田論のしめくくりを最後に書いておきたい。

《著者は〔津田左右吉は〕戦後皇室に関する幾つかの論文において、日本の皇室は歴史的に見て世界に例を見ない貴重な性質のもので、国民はその存在を愛護して行くべきである、との趣旨を説いた。このことを世間の一部で、前には「進歩的」であった著者が戦後にわかに右傾化し反動化したもの、と批難するのである。が、著者は大正五年（1916）に本書の第一冊「序」の中で「尊皇心はいふまでも無くわが国民が皇室を皇室として仰いだ時から厳として存在してゐる。けれども其の尊皇心を愛国心と一致させ、又たそれを国民の実生活と緊密に結びつけ、国民的活動の中心として、又た国民的精神の生ける象徴として、限りなき敬愛の情を皇室に捧げてゐるといふ現代の我々の尊皇思想は、やはり愛国心の発達と同様、現代の国民生活によつて大に養はれたのではあるまいか。」といって居り、また大正二年（1913）刊の「神代史の新しい研究」第四章の一で、「皇室は国民の内部にあつて、民族的結合の中心点となり国民的団結の核心となつてゐるのであつて、国民の外部から彼等に臨んでゐるのでは無い。其の間の関係は血縁で維《つな》がれた一家の親しみであつて、威力から生ずる圧服と服従とではない、といふのである。皇室の万世一系である根本的理由はこゝにあるので、国民的団結の核心であるからこそ、国民と共に、国家と共に、永久なのである。」と述べている。これだけを見ても、著者の戦後の皇室論が、思想の変化や転換でないことは明かであろう。そしてこの考えは、学問的な古典の批判や歴史の研究のおのずからな結論であって、あらかじめ立てられた思想的立場からの主張などではないことに注意すべきであろう。（一九七八年三月二十日）》

◉わたしもまた、津田左右吉の『神代史の新しい研究』（一九一三）、『古事記及び日本書紀の新研究』（一九一九）などの初期の何冊かの著作から大きな影響を受けたことは、この章の最初に書いた。しかし、それらを読んでいたとき、わたしは津田左右吉がこの時代から、皇室に対して親愛感を持っていたことに気づかなかった。いや気づけなかったと言っていい。しかし、今こうして、この文庫本の解説を読むと、津田がとりわけ熱烈な尊王論者ではなかったことも解ってくる。日本人の天皇に対する感情を客観的に分析しようとしていたんだな、と改めて感じた。しかし、その親愛感は、やはり「万世一系」という観念に導かれているのだな、とも思う。天皇の代名詞として、「万世一系」という言葉が使われるようになったのは、やはり、明治以降ではなかったろうか。ただし、わたしが本文中でも触れたように、現在生きているすべての人間は、父母、祖父母というふうに、先祖を辿っていくことができる。親がいないと子どもは生まれない。そしてその人間の先祖は弥生時代や縄文時代まで遡りうる。だから、人類は、全員が万世一系なのである。しかし、先祖のほうから考えると、子どもができなかった夫婦や、子どもを喪った夫婦など、家系が断絶した家も多かった。この家系を守るために、「家」の存続のために養子を迎える家系もあり、天皇家のばあいで言えば、妻を大勢かかえることによって、子孫の誕生を保証した、そんな例もあったろう。また系譜が長子へ継承されるのが基本原則だとしても、兄弟に継承されたり、あるいはいとこや叔父へと継承された例もある。わたしは「万世一系」を批難しているわけではもちろんない。ただ、それは天皇家のみの特性ではないのだ。施政者が、われわれ国民と天皇を親愛感で結びつけようとする根拠が「万世一系」にあるのだとしたら、それはおかしい、と思うのだ。本当に日本人が天皇に親愛感を持つのだとすれば、もっと別の理解しやすい根拠が欲しいと考えているのだ。ある天皇の我が身を惜しまぬ奉仕活動などをみると、なんとなく親愛感も持つであろう。民衆に好かれる天皇も大勢いたかもしれない。しかし、何度も言ったように、天皇は民衆との関わりを持たないのが、明治以前までのありようで、明治以降、初めて、天皇を写真や映像で、かつ、時には自分の直截の視界のなかで、天皇に出遇うこともありえたであろう。明治以降の天皇像そのものを、それ以前の時代にバックさせることは無理なのである。わたしは古代の一条天皇の伝記のような本を読んだことがあるが、なんとなく親しみを感じている。それは藤原道長と一条天皇が外祖父とひとりの青年として交わり、そこには「家族」のような、「擬制の家族」ではあるが、そんな雰囲気が漂う時間があった。しかし、民衆が天皇とそのような出遇い、関係を築くことはありえなかった。

◎そして持論に戻れば、そして重複が多いのであるが、われわれ民衆と天皇のあいだには、明治以前においてはなんの関係もなかったのである。天皇と「補完関係」を持った人びとだけが関係を持ったのであった。それらの人びとはごく少数であって、古代なら摂関家の貴族や、成長時代の武家のリーダーたちであり、親愛感のような感情を民衆が持たされることになったのは、明治以降であったろう。そう考えると、われらの津田左右吉先生、大知識人の大先生もまた、われわれ民衆同様、明治以降の「天皇の（擬制の）民衆化」という、政府の方針のもとに展開されれた日本近代史の流れのなかに、しっかりと位置づけられていたことが明らかになる。この天皇の民衆との接触を拡大すること、これが知識社会をも包含する大きな政策、政略であったことも明らかにならざるをえないのである。ああ、日本国！　といったところで、この津田およびわたしの天皇制の構造の分析にいったん、終始符を打つことになる。

以下に津田左右吉の『文学に現れたる我が国民思想の研究』（岩波書店、一九七七）に関して、原稿をまとめたのであるが、校閲者から各天皇が、すでにほかの引用書と重複していると指摘されたので、残念ながら、この原稿を没にすることにした。文学に現れる国民思想とは、言ってみれば、「共同幻想」と言うことだ。思想家の吉本隆明氏は『共同幻想論』の中で、共同幻想を「国家」と規定していたが、わたしは共同幻想は「表現」の世界にも出現する。そのひとつが、わが日本の文学だと言うことで、津田左右吉とわたしは同様に考えている。そして津田の思想では、結局〈天皇〉に行きつくわけだ。その点を深く考えてみたかったわけである。

◉第十三章

第二次世界大戦後の時、あるいはそれ以降、天皇と沖縄はどのように関係してきたのか?

●テクスト

『沖縄と天皇』

●出典

『沖縄と天皇』安仁屋政昭、大城保英、杉本信夫、田港朝昭、平良宗潤、渡久地明、仲地哲夫、福原兼雄、牧港篤三、宮城義弘、山川宗秀編著、あけぼの出版、一九八七

「沖縄と天皇」

◉沖縄は、明治以降、いわれなき差別を日本や、日本人から受けて来たように思われるが、それはどうしてだったのか。歴史的には中世初期から、日本列島から相当な南部の海洋に浮かぶ、沖縄、すなわち琉球国は、中国、朝鮮、日本などとの海洋交易に従事するれっきとした独立国であったのだ。歴代の王がいて、主として、中国との交流を中心に、中国の生産物を朝鮮、日本、その他のアジア諸国と貿易をして栄えてきたのであった。ところが、江戸時代の前期、薩摩藩（のちの鹿児島県）に征服され、薩摩の属国のように位置づけられてきたのだが、薩摩はこの島を江戸幕府に差し出した。この辺、「徳川実紀」に詳しいが、結局、幕府は琉球諸島を薩摩藩の自由にしていい、という認可を与え、そのまま明治時代へと同じ構造で世の中は移行してきたのだ。日本人は、沖縄は日本の属国であるかのように捉え、その辺から、いわれなき差別感がつきまとってきたのだと思う。そして、第二次大戦中は、アメリカ軍の侵攻は太平洋の南部から北上して来て、沖縄に上陸。悲惨な戦争が終始し、「本土決戦」というかけ声もかけ声のまま、日本が敗戦国となった時、早くも米ソの冷戦構造が明確になり始め、アメリカ軍は日本列島の西方への警備のため、アメリカ軍を沖縄に駐留させることになり、天皇とマッカーサーとの間に、さまざまな密約、公約が取り交わされ、一九七二年に日本に返還されるまで、アメリカの公然とした領土になっていた。

◎わたしは、その返還の時、沖縄は日本の属国として、日本国の一部になるのでなく、絶対、独立するべきだ、沖縄国なり、琉球国として独立国家になるべきだ、と思ったものだが、結局そうはならず、日本国への「復帰」ということになり、沖縄県となって、日本国の一部になってしまったのだ。沖縄人たち自身が、独立運動を展開するべきではないか、と歯がゆくこの展開を、東京から眺めていた。

◎二〇一四年に、松島泰勝氏の『琉球独立論——琉球民族のマニフェスト』（バジリコ株式会社）が出た時、飛びつくようにしてこれを買い需めた。そしてむさぼるように読み、彼らの活動に参加したい、と希望したのだが、この頃作られたらしい、「琉球民族独立総合研究学会」に参加したい、と考えたのだが、一介の市井の人間である自分が、この学会で何をすればいいのか、わたし個人が発表者になるほどには、沖縄研究をしていないし、などと考えて逡巡していたことを思い出す。結局、沖縄／琉球のために何もしない傍観者のまま、今日に到っている。

◎以下に、この本の前書きにあたる「沖縄からのメッセージ」の文章を引用してみたいと思う。ここに、この本の内容がほぼ、集約的に書かれているのだ。

●沖縄からのメッセージ

★沖縄海邦国体〔単に沖縄国体でいいのだが、海洋のただ中で開かれる国体なので、こうよばれたのであろう。戦前の用語「国体」の意味ではなく、「国民体育大会」である。一九八七年開催〕の準備が具体的に動きだすと、国体と天皇を意識的にむすびつけ、それを政治的に利用する動きがあらわれました〔各国体にはある時期から天皇あるいは天皇夫妻が臨席するようになっていた〕。その先頭にたったのが沖縄県では知事・西銘順治であり、それにつらなる人びとです。一九八五年（昭和六〇年）一〇月、天皇への地方事情説明に上京した西銘知事は、天皇に「陛下のご臨席の栄を賜り沖縄の戦後をおわらせていただきたい」と海邦国体への出席を直接要請しました。

◎西銘知事（当時）の要請に対して、昭和天皇はぜひ出席したいと受諾し、一九八七年（昭和六十二）

の天皇誕生日に、天皇は記者会見し、《県の発展と県民の幸福のためにつとめるようはげましたい》と述べ、沖縄国体への出席を公式に発表した。ここまで書くと、天皇としては当然の決断であり、なんの問題もないであろう。しかし、天皇と沖縄の間には、相当に危うい関係があったので、天皇のこの表明は、沖縄県民の怒りを買ったのである。
★沖縄県民の間からは当然、反発の声があがりました。「天皇がきたぐらいで、沖縄の戦後処理がおわるのか」「沖縄県民に、〝あやまりたい〟というならまだしも、〝なぐさめたい〟とはどういうことか」。国体への天皇出席は、県民に、過酷をきわめた沖縄戦を逆に思いおこさせ、天皇の戦争責任追及にあらたな火をつける結果になりました。
◎上述したように、本土決戦どころか、沖縄が日本国への米軍の攻撃の最後の地となり、そのあと、広島、長崎への原爆投下によって日本は降伏を明らかにした。沖縄では米軍による過剰な攻撃と県民の虐殺、婦女子への暴行などが繰り返され、沖縄の人びとは、日本国の悲惨な敗戦時の悲劇をまずは、代表して体験したのである。そしてその後の、米軍の沖縄駐留……。
★敗戦直後の一九四七年（昭和二二年）、天皇はマッカーサーに手紙をおくり、沖縄と沖縄県民をアメリカの占領支配にゆだねることを積極的に希望しました。また、一九五一年一〇月の一二国会では、沖縄がサンフランシスコ講和条約と日米安保条約によって日本からきりはなされ、アメリカ軍の全面占領支配にゆだねられたことについて、「誠に喜びに堪えない」ということばまでのべています。天皇はいま、このことにまったく口をつぐんだままです。
◎この私の本の最後の「あとがきにかえて」でも書いたのだが、戦後すぐに、天皇はマッカーサーに会見し、みずからは退位などしないままに、天皇国家の存続を相談しているわけだが、ハードに言うなら、この「鉄面皮」的ありようは、ふつうの人間にはありえないもので、さすがに天皇は、帝王学的教育を受けて育っただけのことはあるな、と嘆息せざるをえなかった。
★沖縄には、日本に駐留するアメリカ軍基地の七五%（専用施設）が集中し、陸海空で年間のべ五〇〇〇日をこえる演習がくりかえさてれています。沖縄本島北部の山々は実弾砲撃演習でくりかえし焼かれ、海はいたるところに軍事制限水域がしかれ、船舶の自由航行を大きくさまたげています。また空も、その四〇%がいまなお日本の主権がおよばないアメリカの軍事空域、いわゆる〝空の軍事基地〟に占領されたままです。
◎この海の軍事制限水域に関しては識らないが、たとえば関東地区の空域に関しても、日本の航空機は地上五〇〇〇メートル以下を飛行することが禁じられていること、こんな空域は日本列島のあちこちに設けられていることは、矢部宏治氏の『日本はなぜ、「基地」と「原発」を止められないのか』（集英社インターナショナル、二〇一四年）という本が指摘している。五〇〇〇メートル以下の空域は米軍専用の空間になっているのである。

★さる太平洋戦争で島ごと地上戦にまきこまれ、身近な人たちの三人にひとりが殺された沖縄県民、そして、いまなおアメリカ軍基地にくるしめられている沖縄県民のいたみは、天皇がきたぐらいでいやされるものではありません。「沖縄から基地がなくならないかぎり、沖縄の戦後も天皇の戦争責任もおわらない」。沖縄県民がこころから訴えたいのは、このことです。
◎現在施工中の、沖縄の辺野古の海の埋め立ても米軍専用の基地のためのものであり、沖縄住民の反対も、日本政府はへの河童、埋め立て作業を止めていない。民主党の首相だった鳩山氏が、県外移設を提唱したが、本土のどこの県、どこの地域が肩代わりしてくれたろうか。そのうち、民主党も分解してしまい、自民党政府はしっかりと工事を進めているのだ。
★日本はいま、日米安保条約のもとで米ソにつぐ世界第三の軍事大国にのしあがり、日米共同作戦、自衛隊の実戦部隊化の動きをつよめています。自民党政府や右翼、反動陣営は「日本は単一民族」「日本の伝統」をしきりに強調しながら、一方では教育の右傾化、国家機密法による言論統制、憲法改悪、はては徴兵制度の論議まで、危険な動きをこれまでになくつよめています。
◎今日、ソ連は喪くなってロシアに戻ったし、中国の軍事力も強大になっているので、世界第三の勢力かどうか不明だが、ともかく、日本国憲法の第二章、第九条が謳っている、「国権の発動たる戦争と、武力による威嚇又は武力の行使は、国際紛争を解決する手段としては、永久にこれを放棄する」、「陸海空軍その他の戦力は、これを保持しない」、「国の交戦権は、これを認めない」としているにもかかわらず、たぶんに冷戦構造の進行ゆえにまずは警察予備隊なるものを作り、米軍から武器その他を供与され、それは自衛隊へと変貌して、戦争準備は十二分に整いつつあるのが現状だ。
★「日の丸」「君が代」、そして天皇の政治利用がこれらの動きと連動して、しかも権力を動員してすすめられているところに、いま大きな注意をはらう必要があります。
◎国旗掲揚ということは、わたしの小学校時代、しょっちゅう行なわれていたし、ヨレヨレの使い古した日の丸の旗が、風がなければダラーンとぶら下がっていた。その光景は眼に馴れてしまい、知らずなじんでしまったのであろうか、自分のばあい。国旗というのは、日本以外のどの国も持ってきたし、「日の丸」そのものは抽象的であって、なにかを象徴している「記号」であることに気がつかなかったのだ。
★日本の戦後史は、沖縄をぬきにして考えることはできません。連合国による日本占領から対日講和条約による日本の「独立」にいたる政治過程、戦後改革、経済復興、日米安保体制までアメリカが沖縄を軍事占領支配してきた歴史とふかくかかわって展開してきました。まさに、「沖縄は日本の縮図」であり、さらには、朝鮮戦争、ベトナム戦争をはじめ中東・ペルシャ湾にいたるアメリカの軍事戦略は、沖縄を軸にして動いてきました。

★沖縄は、日本を真に理解するキーワードです。この本では、「沖縄と天皇」を中心テーマにすえて、明治・大正・昭和における政治と軍事の根本問題を沖縄からてらし出しています。私たちは、主権在民を基本に平和と人権をまもってきた沖縄県民の姿を、ひろく全国民に紹介したいと思います。そして、これからの日本を背負っていく若い世代に、平和と民主主義を愛するこころをひきつぎ発展させるよう訴えます。

◎沖縄のことは「おもろさうし」を読んだり、言語学、民俗学の伊波普猷の本を読んだりしてきたのだが、本当に沖縄の側に立って考える、ということはしなかったようでやや、恥ずかしく思っている。高円寺駅の北側にあった沖縄料理の飲み屋「だちびん」にはよく行った。そこでいつも、じゃみせんを手にしながら沖縄のことを語っている男がいた。沖縄のどこから来たんですか、と声をかけると、与那国島です、と答え、十年くらいまえに沖縄に旅行した時。与那国に行ってみた。周囲二十数キロかの小さな島だったが、小高い山に登るとそこから台湾が視えるという。じっと眼を凝らすと、ぼおっとした黒っぽい島影が望めた。あまり特別の感慨も催さなかったが、ここはもう、日本ではないな、ある、やはり海洋中の島であり、かつては琉球とよばれ、今は沖縄とよばれる領域であり、自分がよそ者である、という物悲しい気分にもなった。島の中央部の丘のような地域は、自衛隊の基地になるらしく、「基地建設反対」と書いた白い旗が、丘を取り囲むように林立していて、風に揺らめいていたのが印象的であった。

●沖縄占領を巡る昭和天皇の意志

(第一章　沖縄をアメリカに売り渡した天皇)

★一九四五年（昭和二〇年）三月二六日、アメリカ軍の慶良間《けらま》諸島上陸で、沖縄戦という悲劇の幕が切っておとされました。つづいて八月、広島、長崎に世界ではじめての原爆が投下されたのです。

★沖縄戦では、沖縄本島をはじめ六〇余の島々に五四万八〇〇〇余のアメリカ軍がおしよせ、空と海から砲爆撃をくわえました。そして、地上戦においては山野も形をかえるほどのすさまじい破壊がおこなわれました。沖縄県民はこうした戦闘にくわえ、マラリア、飢え、天皇の軍隊の残虐行為によって、軍人をはるかに上回る死傷者を出したのです。それでもなお、天皇はみずからの意志で戦争を継続し、「国体の護持」(最初に書いた「国体」ではない!)、いわゆる天皇制をまもるために、沖縄を〝すて石〟にしたのです。

◎解説する必要もないであろう。あの小さな沖縄諸島に五十四万人余のアメリカ兵が上陸し、島や島民を粉々にしたのである。足の踏み場もないという状況下で起こった悲惨な光景であったろう。自分などは、戦後の一応、民主教育の場で育ったので、「国体」という言葉は、ずっと後に識ったもので、あまりに抽象的でまず、説明を聞かなければ解らない単語であった。ちなみに広辞苑には、《主権または統治権の所在により区別した国家体制》とあって、これでは理解不能である。そして《第二次大戦前・戦中の日本では天皇制を指した》例として《「―の護持」》(つまり「国体の護持」のように使うということだろう)、とあって、漸くまあ天皇制および、天皇制の護持、というのか、と解るのだが、「国体」の文字を見せられても、国の体、ということか、くらいにしか理解し得ないであろう。広辞苑はほかの意味として、「漢書」の例から、《国家の状態、くにがら、くにぶり》とも説明し、また「漢書」の別の例をあげて、国家の体面。国の体裁、と書き、新井白石「折たく柴の記」の「国体にしかるべからず」を紹介しているのだが、国家の体面から考えて、そうあるべきではない、と言っているのであろうか。不思議な言葉を一般化したものだ、明治政府は。

★日本の敗戦後は、アメリカはカイロ宣言の領土不拡大の方針と矛盾なく沖縄を支配しなければなりませんでした。一九四七年(昭和二二年)七月、マッカーサーが「沖縄人が日本人でない以上、日本は米国の沖縄占領にたいして反対しないようだ」といっているのは、沖縄が日本固有の領土でないことを強調したかったのでしょう。
◎日本占領の時、連合軍総司令官だったアメリカ人マッカーサーはなぜ、沖縄人は日本人ではない、と言ったのだろう。ルース・ベネディクトの『菊と刀』は、敗戦後の日本統治にそなえた指針のために書かれた本であったから、沖縄のことに触れていたろうか。手もとの『定訳　菊と刀――日本文化の型』（長谷川松治訳、社会思想社、一九六七）をぱらぱらと覗いてみたが、この本には索引がなく、かんたんに沖縄を捜せなかったのだが、「天皇論」、「日本文化論」などはあったが、やはり見あたらなかった。わたしの「沖縄よ独立しろ論」から言えば、沖縄は固有の国であったから、マッカーサーと同じ意見になる。それは冗談であるが、ともかく、マッカーサーは前に引用したこの本の前書き「沖縄からのメッセージ」にあったように、天皇から、沖縄と沖縄人をアメリカによる支配下に置いて欲しい、と言われれば、そんなふうに考えてもまちがっていなかった。
★一九七九年（昭和五四年）に公開されたアメリカの外交文書に「琉球諸島《りゅうきゅう》の将来にかんする日本の天皇の見解」というのがあります。これは、対日占領軍総司令部の政治顧問シーボルトが、一九四七年（昭和二二年）九月二二日づけでアメリカ国務長官マーシャルにあてた文書です。／この「天皇の見解」は、宮内庁御用掛《ごようがかり》の寺崎英成が、直接シーボルトをたずねて天皇の意志をつたえたものです。この文書によると、天皇は「アメリカが沖縄その他の琉球諸島の軍事占領をつづけるよう」希望しており、日本国民もそれを歓迎するだろうという見解であると書いています。
◎天皇自身、沖縄は日本の領土であると考え、沖縄人をわが同朋とは考えていなかったことは明らかであろう。東京人が埼玉県や千葉県の人を無意識的に、田舎者として小ばかにしているように、同じ関東人という発想が弱いことはなんとなく感じるのであるが、それ以上に、戦前まで日本の統治者であった天皇が心の中で沖縄人を排除していたように感じられるのだ。現在問題になっている尖閣諸島だが、これを中国の領土ではなく、日本の領土であると疑いなく考えている人たちは、もしそうだとしても、尖閣諸島は沖縄の離島のひとつである、ということをあまり深くは考えていないであろう。わたしは、竹島にしても尖閣諸島にしても、そこに長く日本人なり沖縄人が住んできたのだ、という歴史が明らかでなければ、その主張は正しくはないであろうと考えている。だから、逆もまた同じで、中国人や朝鮮・韓国人が住んでいたか、は問われねばならない。

★一九五二年(昭和二七年)四月二八日に発効したサンフランシスコ条約の第三条で、沖縄は、日本に「潜在主権」を残すという形で、アメリカ軍の全面支配下にはいりました。事態はまさに天皇が希望した方向ですすみました。その結果沖縄は、アメリカの戦争のための自由出撃基地として使用され、そこに住む八〇万(当時)の日本人は、基地被害と異民族支配の重圧にたえなければなりませんでした。

★一九五一年(昭和二六年)一〇月一一日、サンフランシスコ講和条約を審議した一二国会の開会式で、天皇は、「平和条約の調印がようやくおわったことは、諸君とともに誠に喜びにたえない」「全国民諸君が、この機会に、終戦以来わが国に寄せられた連合諸国の好意と援助とにたいして感謝の念を新たにしたい」とは発言しました。

◎まさしく、天皇は、沖縄人を売り渡した、そして自分自身の位置を確保し、この条約の成立にみずからが関わっていることを失念しているかのようにふるまっているのである。そして、「敗戦」という言葉を隠して、「終戦」という言葉に置き換え、あたかもみずから戦争をやめた、あるいは自然に戦争は終わった、というイメージにすり替えてしまったのである。もっとも「終戦」という言葉を天皇が初めて使ったのかどうかは、自分には解らない。以下に、沖縄の不当で不幸なできごとや抗議活動について触れている。

●国体護持のための沖縄戦

（第二章　沖縄を〝すて石〟にした天皇）

★アメリカ軍の主力は、四月七日ごろから首里の日本軍陣地をめざして総攻撃をはじめました。四〇日におよぶ宜野湾・浦添・首里の戦闘で、日本軍は主戦力の八割をうしないました。戦線にまきこまれた住民は、日米両軍の砲煙弾雨のなかで死んでいきました。

◎首里や宜野湾、浦添は現在の沖縄本島の最大の地域である那覇市とその近辺で、住民も一番多いところであった。日本軍と米軍の容赦のない戦闘は、日本軍の主戦力の八割を喪ったし、この地域の住民たちを戦闘の犠牲として巻きこんでいった。それにもかかわらず、

★沖縄戦は、日本の支配者たちにとって、「時間かせぎ」の戦闘にすぎなかったことがわかります。アメリカ軍を沖縄にクギづけにしておいて、もはや決定的となっていた日本の敗戦について、連合国側とうまく交渉し、天皇を頂点とする国の体制をまもることが、支配者たちの最大の関心でした。そのために、必要以上に戦闘をながびかせ、必要以上に戦線を拡大し、住民の犠牲を大きくしたのでした。

◎まさしく、敗戦国日本が、アメリカに差し出した「犠牲獣」であり、彼らには無惨な死だけが最初から待っていたのだ。

★沖縄戦のとき、沖縄を防衛する日本軍（第三二軍）は、陸軍が約八万六〇〇〇人、海軍が約一万人、防衛隊や学徒隊〔沖縄で徴兵された民間人と学徒たちであった〕をあわせても約一一万人で、進攻アメリカ軍五四万八〇〇〇人の五分の一にすぎませんでした。

◎最初から、敗北を予定している日本軍であった。そのくせ、この沖縄での戦争をなるべく長持ちさせ、時間稼ぎをやっていたのだ、日本の政府、軍隊、そして天皇は。

★一九四四年（昭和一九年）の夏ごろから全島要塞《ようさい》

化の作業が強化されました。
◎沖縄本島から宮古島、石垣島でも航空基地が作られていった。
★沖縄守備隊は、兵力不足をおぎなうために、在郷軍人（兵籍にある者）を徹底的に召集しました。さらに、これを補充するために、『陸軍防衛召集規則』にもとづいて「防衛召集」をおこないました。これが、防衛隊です。
◎まさに沖縄人総動員といった悲惨な情況を見せている。
★防衛隊員の年齢は、一七歳から四五歳までとなっていましたが、現地部隊の要求する員数をそろえるには、一五歳以下の少年や六〇歳以上の老人や身体障害者まで、根こそぎかりださなければなりませんでした。天皇の軍隊は「身命をなげうって皇国にむくいるときだ、しりごみするものは非国民だ、スパイだ」といって、県民を戦場にひっぱりだしました。
◎天皇と皇国を守ることが、沖縄県民の少年や少女から老人までに強制されていたわけだ。
★この防衛隊を先例として、一九四五年（昭和二〇年）六月二二日に、『義勇兵役法《ぎゆうへいえきほう》』が交付されています。これによると、一五歳から六〇歳までの男子、一七歳から四〇歳までの女子はすべて国民義勇戦闘隊に編入されることになっています。戦時立法は、ついに女性に兵役義務をおわせるところまでいきついたのです。日本の軍隊史上、はじめてのことです。
★県下の中等学校・女学校・青年学校などの生徒たちも戦場に動員されることになりました。鉄血勤皇隊（学徒隊）、護郷隊、義勇隊、特志看護隊、救護班などとよばれました。
★鉄血勤皇隊！　明確に天皇に忠実な少年少女隊、ということでしょう。国家と天皇に名を借りた犠牲の少年たち、ということになるでしょう。
★このうち学徒隊は師範学校女子部・一高女の「ひめゆり隊」など男女生徒二三二六人を戦場に動員し、一二二九人の死者をだしています。
◎ひめゆり学徒隊は、映画などでその勇姿と悲惨な最期が紹介され有名であった。

●スパイという名の国民監視
（第三章　天皇の軍隊）

★沖縄戦のとき、住民はスパイのうたがいで殺され、自決を強要されました。／沖縄県民が、じっさいにスパイを働いたからではありません。これには、特別の理由がありました。

◎その理由について、当時、『軍機保護法』や『国防保安法』などの法律が作られ、国民の目と耳と口をふさぎ、いっさいの批判を封じこめ、国民を戦争に総動員してきました、と本文にある。

★「勝った、勝った」の大本営発表に疑問をもったり、軍隊の命令にしたがわなかったりすると、たちまちスパイにされてしまうのです。天皇制政府のいうスパイは外国の諜報員《ちょうほう》でなく、国民そのものでした。

★スパイのうたがいで第一にあげられたのは、戦争に批判的であった社会主義者や自由主義者です。うたがいをかけられたら、憲兵や特高《とっこう》警察にマークされただけでなく、共同体のなかでも、家族をふくめてきびしく監視されました。

◎最初、「スパイ」という言葉に違和感を覚えたが、この本では、隣人同士の監視、密告ということで、江戸時代の「五人組」が、五人くらいの共同体におけるたがいの監視システムでもあったから、構造的によく似ている。

★キリスト教徒もスパイとして監視されました。天皇家を頂点とする国家神道に忠誠をちかわないものは、すべて「非国民」とされました。

★〔沖縄独特の〕ユタ（生霊死霊の口寄せをする女性）もスパイのうたがいをかけられました。ユタの弾圧は、非科学的な迷信がはびこることをおそれたからではありません。非科学性・神がかり的性格という点では、「紀元二六〇〇年」行事や「神国日本」といったスローガンに象徴される国家主義イデオロギーもまた同列であったのです。

◎沖縄ではノロやユタという、巫女がいて、人びとの心の悩みに答えたり、死者の霊を呼び出して過去を探るような、土着的呪術宗教があった。青森あたりのイタコも口寄せとよばれる巫女であった。現代の韓国でも、同じような巫堂《ムーダン》とよばれるシャーマンの女性たちが活動している光景が韓国テレビドラマなどにも出て来る。

★もっともいたましいのは、朝鮮人です。沖縄戦では、朝鮮から一万人以上の若者たちが「軍夫」としてつれられてきていました。「水勤隊」(特設水上勤務隊)とよばれて、港湾荷役や砲弾はこび、陣地構築の作業をさせられていました。沖縄戦がおわったとき、一〇〇〇人ぐらいしか生き残っていなかったといわれています。

◎明治以降、戦前・戦中まで、日本の属国化されていた朝鮮からも、日本軍のための使役に彼らは連行されていたのだ。彼らは南方の諸島にも運ばれ、軍隊の下級の仕事を割り当てられていたのだ。

★一九四五年(昭和二〇年)八月一五日の正午、よく聞きとれない天皇自身の「終戦の詔書」放送によって、国民は日本の降伏を知らされました。／詔書のなかで天皇は、四国共同宣言(ポツダム宣言)を「非常の措置」としてうけいれ「忍ビ難キヲ忍ビ以テ万世ノ為メニ太平ヲ開カム」としたとのべ、敗戦の事実をあいまいにしたまま、天皇の力で無事に戦争がおわったことを強調しました。侵略戦争を命令し、アジア太平洋の諸民族にはかりしれない惨禍をもたらし、国民を死と飢餓地獄におとしいれた天皇と政府の責任については、まったくふれませんでした。

◎こうして、日本は終戦を迎えるのであるが、天皇は、政府は「敗戦」という言葉を隠蔽して、さらにこの戦争の最高責任者であったみずからの罪を曖昧化してしまったのである。

★そして最後に、「朕《ちん》ハ茲ニ国体ヲ護持シ得テ」「爾《なんじ》臣民《しんみん》ト共ニ在リ」と、降伏という異常な事態にもかかわらず天皇制が存続することを、国民にしっかりと認識させようとしました。

◎敗戦下においても天皇の呼称は相変わらず「朕」であり、国民は、おまえら臣民なのであった。要するに国民は天皇の家来に過ぎなかったのだ(本書、

第十章参照）。

★沖縄戦で十数万人の死者を出し、さらには広島・長崎で人類はじまって以来の惨禍をこうむったにもかかわらず、日本の支配層はなお戦争終結をひきのばしていました。終戦交渉のなかで、日本の戦争指導者たちが最後までおし通したのが「国体護持」でした。

◎この最後の「国体」護持の「国体」とは「天皇」そのものであろう！

●教科書には載せない戦争責任（第六章　終わらない沖縄の戦後）

★〔戦後の高校日本史の教科書に触れたあとで〕一方、この沖縄戦をふくむ太平洋戦争（あるいは一五年戦争）〔東南アジア、太平洋諸島におけるアメリカを初めとする連合軍との戦争〕のなかで、天皇はどこに登場するかといえば、いずれの教科書でも天皇は戦争のはじまりには姿をみせず、戦争をおわらせる場面に顔をみせるということです。

◎要するに、天皇は戦争の開始に関しては自分は関係なかった、そして戦争を収束したのは自分なのだ、と言いたかった。これを日本の教科書は代弁したわけだ。とくに検定教科書という領域は、戦後のある時代から急激に右傾化していったのである。戦後の教育はGHQ民政局の指導もあって民主化していたのだが、冷戦構造の始まりのあたりから、今度は逆方向を辿るようになったのだ。文部省（当時）の検定が厳しくなり、自由主義的な教科書は学校教育から排除されるようになった、ということだ。もっとも、ここでの問題はやはり天皇制の方向性を批判している。

★この敗戦について、天皇はのちになって、内外記者団との会見で、「開戦の時から、いつやめるか、いつやめるかと、やめる時期をいつも考えていました」とかたっています。それは「日本国民が戦争による食糧不足や多くの損失にあえいでいた、戦争の継続は国民に一層の悲惨さをもたらすだけだと考えた」ためであり、結局、「戦争終結の際、私は首相が閣内で意見をまとめることができず、私に意見を求めたからです。私は自分の意見を述べ、それに基づいて決断しました」とのべ、平和をもたらしたのは天皇自身であることを主張しています。

◎虚偽と自己肯定の弁舌が巧みであった、天皇は。

★天皇は東京大空襲の跡を視察しても、沖縄にアメリカ軍が上陸しても、ただちに戦争をやめることは考えていませんでした。ポツダム宣言受諾のおくれが、広島・長崎への原爆投下をもたらしたのもよく知られています。／しかも、天皇は「原子爆弾が投下されたことは遺憾に思っていますが、こういう戦争中のことですから、どうも広島市民にたいしては気の毒であるが、やむを得ないことと私は思っています」とかたり、終戦ひきのばしの責任をたなあげし、アメリカの原爆投下すら容認しています。

◎この広島市民への態度に関して、われわれはいったいどう言っていいのか。気の毒だが、しかたがなかった、とはなんという言い草であろうか。しかし広島市も原爆死没者追悼の日のような機会に、天皇が広島に来ることをたとえ上っ面だけの表現だったにしても、歓迎していたのだから、どうしようもないわれわれ日本国民だった、と言うほかないであろう。

★教科書では、こうした天皇の立場と発言を肯定し、戦争責任を不問に付しているといえます。

◎この点は教科書会社もまた、利潤追求の企業であったから、文部省の検定をパスする必要があった。と弁護していると、あらゆる企業のそのような活動は不問にふされてしまうのであるが。もっとたちが悪いのは、この教科書の書き手だった大学の教授たちで、教科書会社の要請によって、天皇の責任を問うことからしだいに遠ざかっていったのである。

●開かれた皇室と沖縄の日本化

（第八章　いまなぜ天皇か）

★ポツダム宣言を受諾したものの、日本の支配層は民主改革に反対し、天皇制をまもるために全力をあげました。マッカーサーは、「天皇は軍隊二〇個師団にあたいする」として占領政策をすすめていくうえで天皇を政治的に利用する方針をとりました。

◎日本の支配層が大きく保守化したのも、マッカーサーの占領方針が変わったからである。最初期は学校教育の民主化をGHQは推し進めたし、共産党の復活を支持し、首相も吉田茂から社会党の片山哲、日本民主党の芦田均がふたり、ほんの短期間であったが出たこともあったのだ。しかし、一九五〇年、朝鮮戦争が始まるとマッカーサーはその国連軍司令官かなにかに任じられ、むしろ反民主主義的方向性へと変換した。日本社会は混乱し、すぐに保守系の吉田茂首相の時代に逆行したが、日本社会に根付いた民主主義の種子はかなりの程度に育ってきたとは思う。しかし他方、日本社会の逆行もすすんで、その後、民主勢力がトップに立ったのは、ごく近年の一回きりで民主党の鳩山由紀夫らが首相になったが、あとは保守性政府に逆戻りしている。

★マッカーサーは、日本軍を円滑にはやく解体するには、天皇の権威を利用するのがもっともよく、また、占領政策を実行するにも、天皇とこれまでの政治機構を利用するのが得策であると考えました。アメリカ政府もこの点ではマッカーサーの考えと一致していました。このためには、天皇の戦争責任をあいまいにすることが必要でした。当時、内外の情勢は、天皇制にたいしてきわめてきびしく、アメリカをはじめ連合国の世論は、天皇を戦争犯罪人として裁判にかけることを求めていました。

◎だれがどう考えても、天皇の戦争責任をそのまま、裁くことなく放置することはできなかったであろう。戦後の一九四六年に開かれた東京裁判、正確には、極東国際軍事裁判の席に、天皇を被告としてよぶことを当然と考えたであろうが、結局、天皇はよばれず、関東軍参謀長を経て、陸相、内相を兼ねていた東条英機がA級戦犯として、もちろん彼自身、第二次世界大戦のリーダーであったのだが、天皇の身代わりのようにして、絞首刑によって刑場の露となったのである。多くのA級戦犯も同様の命運を辿ったのだが。
★〔天皇制存続のために計画、実行されたのだが〕そこで出されたのが一九四六年（昭和二一年）一月一日の「新日本建設に関する詔書」いわゆる、天皇の「人間宣言」であり、この人間天皇が、新憲法では象徴天皇として位置づけられ、内外の批判をかわすことになりました。
◎「人間宣言」と言われるくらいだから、それ以前の天皇は神かなにか得たいのしれない存在であったのだ。それはともかく、ある種のマジックによって、天皇は「神」から「人間」へと、と変貌させられ、戦争促進天皇から、「平和天皇」へと変身していったのである。
★一九五二年（昭和二七年）四月二八日、対日講和条約が発効し、七年にわたる占領がおわりました。沖縄を分離して「独立」を達成した〔日本の〕支配層は、日本を反共の防波堤とするアメリカのアジア政策により、国民主権と戦争放棄をうたう憲法に反し、天皇元首化と再軍備の道をあゆみはじめました。天皇の公的行為として、たとえば国民体育大会・全国植樹祭、全国戦没者追悼式に出席し、国民との接触をふかめるようになりました。
◎この記述の冒頭から「七年にわたる占領がおわりました」までの文章にはやや過誤があるように思われる。『日本歴史大事典』によると、一九五二年四月発効は「日米行政協定」とあり、その内容は米軍の基地その他に関してまったく好き放題の政策を容認しているものであり、どうも違っている。児玉幸多編の「日本史年表・地図」（吉川弘文館）も同様で、「七年にわたる占領が終わった」という記述が理解不能である。しかし、それ以降の日本政治のある領域での過剰な超保守化、右傾化はまちがいなく、とりわけ国体への天皇出席やその他は上述されている通りである。全国戦没者追悼式、というのはその当時は知らなかったが、小学校のある級友が、なんだか嬉しそうに東京に行くんだ、とはしゃいでおり、一週間程度欠席になったが、その級友の父親は戦没者だったというから、この天皇も出席した追悼式に旅費、宿泊費などただで、参加するべく上京したのではなかったか。それほど親しい人ではなかったので、あとで詳しく聞くことはできなかったのだが。そして彼が親天皇派になったかどうかなど、まったくしらない。

★新日本の象徴として皇太子が登場し〔平成天皇であろう〕、成年式と立太子礼ののち、天皇名代としてエリザベス英女王の戴冠式に出席、ヨーロッパ旅行をおこないました。とくに皇太子と正田美智子との婚約・結婚は国民の間に「ひらかれた皇室」というイメージをあたえ、天皇制への支持をつよめました。

◎わたしが前章までのいくつかの章のなかで、現在の天皇制維持にマスメディアが大きな役割を果たしている、と書いたのだが、この皇太子夫妻の登場は、のちの皇后が庶民出身だということが強調され、おふたり自身に罪があったわけでは、まったくないが、マスメディアは毎日のように彼らの軽井沢でテニスを愉しむ光景その他の映像や写真を、国民に提供してきたと思う。閉じられた皇室、天皇と皇族女性とのみの結婚が、民間人との結婚というかたちで、開かれた皇室というイメージを形成した。たぶん、超保守派の人びとを困惑させたであろう。もっとも彼らにとって皇室は、一種の道具であったであろうが。

★新安保条約は、在日アメリカ軍基地が存続するばかりでなく、日本の軍事力増強と、在日アメリカ軍への攻撃に日米共同で反撃することを日本に義務づけるものでした。それは、アジアにおけるアメリカの戦争に日本がまきこまれること、日本は自衛隊を増強し、アメリカとの軍事同盟を強化してアジアに進出することを意味していました。

◎このことも、まさしくアメリカないしGHQの民主世界への展開という方針の転換から起こったことで、その背景には米ソの冷戦構造が横たわっていた。ソ連が崩壊しロシア国になって、この国家も方向転換した時代もほのみえていたのだが、プーチンの時代になって、軍事国家へと逆行している。アメリカは民主党と共和党が、それぞれ政権を取るたびに、進歩と保守化が交代劇を演じて現在に至り、アメリカ人あるいは白人優位主義のトランプがひっこんだか、と思われたのだが、隠然たる勢力を保存し、再浮上しようとしている、という説もある。世界の進行はままならない。純粋に民主的な世界はもはや、達成できないのであろうか。

★天皇を頂点とする国民統合の路線を確立するために、政府・自民党は強引に既成事実をつみあげてきました。祖国愛と天皇への敬愛はおなじだとする「期待される人間像」の発表（一九六六年一〇月）、紀元節と神話を復活した「建国記念の日」の実施（一九六七年二月）、アジア侵略への反省を欠いた「明治百年祭」挙行（一九六八年一〇月）、そして「靖国神社法案」の提出（一九六九年六月）などはその一例です。

◎国民はなんの日であろうと、全国的な祭日の時は、労働から解放される休日であって、その詳しい内容などは無関係に、ディズニーランドへ家族総出ででかけたりしている。ただ、「靖国神社法案」以降か、各代の首相は「建国記念の日」だか、いそいそと靖国神社参拝へと足を運ぶのである、と言っても、たぶん首相用公用車でもって。

★一九七〇年代になると、天皇は訪欧、訪米、在位五〇年式典、内外記者団との公式会見などで政治性のつよい行動や発言をくりかえすようになります。それは、一方で「平和」「親善」の名のもとに日米軍事同盟を美化し、他方で過去の戦争と圧政の歴史を賛美し、今日の日本の軍国主義化を正当化しようとするものでした。

◎昭和天皇はまさしくそのような天皇であり、たぶんに、日本の政治的上層の反民主主義的な人びとの目論見を知ったうえで、これらを実行していたであろう。そして、訪欧、訪米、在位五〇年式典などへの出席は、欧米人や日本人のまえに登場することで、自分の個人的人気も上昇するであろうことを、よく知っていたと思われる。

★これと並行して小中学校学習指導要領での「君が

代」の国歌指定（一九七七年七月）、「建国記念の日奉祝式典」の総理府後援（一九七八年二月）、元号《げんごう》法制化（一九七九年六月）、そして、中曽根首相らの靖国神社公式参拝（一九八五年八月）、「かがやける昭和の天皇在位六〇年」キャンペーンもおこなわれました。これらの一連の動きは、長期的にみれば、憲法改悪による天皇元首化への道をひらくものにほかなりません。

◎この『沖縄と天皇』が書かれた時代と現代を較べると、さすがに天皇の元首化などを考える人びとは、おおはばに減少したように思われるのだが、こんな見解は、甘ちゃん野郎の楽観などであろうか。

★一九六一年（昭和三六年）六月になると、あたらしい状況ができてきました。池田〔首相〕・ケネディ〔大統領〕会談の結果、「祝祭日に公共物での日の丸掲揚」がみとめられることになりました。日米安保条約の改定をへて事態は大きくかわったのです。もっとも大きな変化は、アメリカと日本が沖縄を共同管理するかたちで、日米安保体制の「キーストーン（かなめ）」としての沖縄基地が維持されるようになったことです。このころから、「琉球政府」にたいする日本政府の財政援助も年ごとにふえていきました。日米共同管理の時代になって、日米両政府は「日の丸」をたくみに利用したのです。

◎日本という国家が真に独立的な国家であったとすれば、アメリカ追従型の政治は行なわれなかったのではないか、とわたしなどは考えているのだが、ともかく、アメリカの民主党的発想と、自民党政府の保守的発想は「＝」で結ばれるようになったようだ。日の丸などなくても日本は日本だ、と思うのだが。もし戦後日本が真に国旗というものを需めたのであれば、そのデザインを全国民から募って、新たな国旗を作り出すべきではなかったか。

★このころになると、〔沖縄の日本への〕復帰運動は「日の丸をおしたてて行進」という時代ではなくなりました。一九六〇年四月には、沖縄県祖国復帰協議会が結成され、集会では労働組合の赤旗がめだつようになりました。

◎これは持論であるが、沖縄は独立国家であったのだから、新たに独立し直せばよかったのであり、日本を祖国とよんで復帰する、という発想は自分にはついていけない。赤旗は結構、大いに組合活動をすればよかったであろう。ただ、当時の沖縄はアメリカの桎梏を逃れて、日本化することが唯一の方向だ、と多くの沖縄人が考えていたのであろう。

★一九六九年（昭和四四年）一一月、佐藤〔首相〕・ニクソン〔大統領〕会談の結果、「両三年のうちに沖縄の施政権を〔日本に〕返還すること」がきまり、同年一二月、「日の丸」掲揚にかんする規制は廃止されました。

◎敗戦国日本が、統治者であったアメリカのお情けで、それまでのさまざまな拘束から解放されていった、というわけだが、本当に真の解放だったのかどうか。沖縄でも同様であり、アメリカから解放されることは、当然、沖縄の独立であり、日の丸や国旗掲揚などでもめている必要はまったくなく、沖縄人も必要なら、沖縄で国旗を作るべきだった、と思うのだが。

この本の著者も同じ発想を持っており、つぎのように書いている。

★沖縄県民にとって「日の丸」「君が代」は、戦争で肉親をうばった〝血〟の象徴であり天皇の軍隊・旧日本軍による県民虐殺の象徴です。それがいま、ふたたび「自国の国旗及び国歌」だからとおしつけられることに、たえられない苦痛と怒りを感じるのは当然のことです。

◎ところが、当時の沖縄県教育長は、この県民の苦痛や怒りを無視して、「日の丸」「君が代」を学校教育の場におしつけたのだ、と著者は怒っている。

●沖縄海邦国体

（第一〇章　国民体育大会（国体）と天皇）

★国体〔国民体育大会〕は一九四六年（昭和二一年）一一月、京都ではじめてひらかれました。

◎昭和二十一年といえば、敗戦の翌年であり、戦争の間、スポーツなど行なわれていたのだろうか、という疑問さえ起こってくるが、昭和二十年十月ころから大日本体育協会（日本体育協会を経て、現、日本スポーツ協会）の数人の理事が毎週集まって国体開催の準備が始まったのだという。ある意味で不思議な気がする。スポーツなどに、熱中していられた時代なのだろうか。戦後の復興への活動が第一に求められていた時代ではないのか。この本では、この国体の母体となったものは、戦前の「明治神宮大会」の流れをくむものである、と書き、よく解らないが、純粋にスポーツ活動の開始やその全国大会という以前に戦前的な思想のイメージを感じさせるのである。早い時期に天皇が参観するような性質の大会になるわけだが、どうもきなくさい出発点ではなかったろうか。

★〔第一回の〕京都大会の開会式が、天皇出席や入場行進もなく、このように素朴な形でおこなわれた背景には、GHQが「集団的行動や宗教的行動」を禁止していたこと、「国旗掲揚・国歌の吹奏」を禁止していたこともありました。

◎このように、素朴に身体の能力を競いあう体育大会であれば、全国の敗戦国民を元気づけるためにも、その開催には意味があったと思う。しかし、たぶんに保守的な方向性を回復もしくは展開していくのでは、という気がかりも感じている国民もいたに違いない。

★大戦後の一九四六年（昭和二一年）二月一九日からはじまった天皇の全国巡回〔巡幸〕は、一〇月二三日、福井県をかわきりに北陸地方巡回になりました。

◎この福井県をかわきりにうんぬん、という記述は過誤であり、実は天皇はまず、横浜を訪れている。そして、この項の後半では、同年同日に《神奈川をかわきりに》と書かれているのだ。こんな誤謬の記述が起こることは考えられないので、これは、北陸地方への巡幸は、福井から始まった、と書いているものと、解釈しておこう。

★天皇の北陸巡回の予定が発表されると、大日本体育協会の清瀬三郎理事長は、宮内府〔宮内庁の前身〕の田島長官を通じて国体開会式への〔天皇の出席〕要請をおこない、九月一七日に内諾を得ました。ここに非公式ながら国体史上初の天皇出席が実現しました。
◎わが日本人は、敗戦間もない頃で天皇への国民感情も安定していなかったであろう時期に、こういう大会への天皇出席を要請したのであろうか。この構造は、保守的な上層部の行動のうえに成立したものであろうが、たぶんに多くの国民が、この天皇来臨をむしろ歓迎したに違いない。天皇制はこのようにして維持され、強固なものになっていくのだ。
★石川国体への天皇出席が決定すると、「奉迎」のための体制づくりがはじまりました。／当時、「日の丸」使用はGHQによって禁止されており、その使用の可否については地方軍政部の管轄下にありました。国体開会式での「日の丸」掲揚について、GHQと折衝した石川県の体育担当事務官・宮崎正雄氏は「GHQは地方の軍政隊に一任してあるとにげ、地方は本部の許可が必要といっていつまでも決定しない。最終的には石川軍政隊長ギーボルト中佐からOKをとることができた」と、当時のことを書いています。
★この件について、当時大会に参加した役員のひとりが「禁制の国旗掲揚も申請の許可をまたずに掲揚された」「いつの間にか日の丸の旗があがり、期せずして大観衆が『君が代』を斉唱した」と『国体のあゆみ』に書いているあたり、あまり公にされなかったものと思われます。
◎わが日本人の「日の丸」や「君が代」への偏愛という国民感情が表われているようで、何とも言いようがない。情けない、というのか、これが日本人なんだよ、とでもいった諦念を抱いてしまう。GHQも地方へ行くと、その統制力を弱めたのか、アメリカ人のひとりとして国旗や国歌への愛慕の情を禁止することができなかったのであろうか。
★石川国体でのことは、天皇の中国地方訪問に同行したGHQ民政局員ポールケントが、天皇の列車が兵庫で多数の「日の丸」にむかえられた事件で、宮内省を出頭させ事件の報告書を提出するようにせまったのとはきわだったちがいです。
◎やはり東京のGHQ本部と地方の民政局では、少しだけ、そのハードさが違っていたようである。いずれにせよ、「日の丸」と「君が代」を捨てきれない、というか、日本の天皇愛好主義的性格の強固さが、印象的に過ぎる、戦後間もない頃の日本の風景であった。
★敗戦後の民情視察と称しておこなわれた天皇の全国巡回は、一九四六年（昭和二一年）二月一九日神奈川をかわきりに、一九四七年（昭和二二年）一二月の岡山県をもって終了します。なぜ天皇は、そのさい、一五年戦争で無残な戦場体験をした沖縄を無視したのでしょうか。
◎なぜ、天皇は沖縄を無視したのか、と書いている。全国巡幸は一九四七年の岡山で終了したが、その後、四九年に再開され、そして五四年まで断続的に行われた。しかし、沖縄は見捨てたままになって、現在に及んでいるのだ。やはり、日本人のひとりとしての天皇は、沖縄をある種、差別していた、と言うしかないのである。
★天皇は「国体の護持」、いわゆる天皇制をまもるためにアメリカによる沖縄の半永久使用を認め、「日本国民もそれを希望している」かのような書簡をマッカーサーにおくり、みずからの保身のために沖縄を〃すて石〃にしたのです。／天皇を見て涙をながし、「日の丸」の旗をふって「ばんざい」をさけんだ当時の他府県の状況と沖縄県民のそれとは、あまりにもちがいすぎるものがありました。
◎この文章にたいしてコメントする必要はない。まさにその通りであった。
★天皇は戦後沖縄にこれなかったし、みずからもくる意志などまったくなかったのです。「天皇来県は国体開催基準要項にそった行為であり、先催県〔先に国体を開いた県ということか〕にならったもので政治的意図はない」といわれても、「天皇陛下のご臨席の栄を賜り沖縄の戦後をおわらせていただきたい」と要請した西銘沖縄県知事のことばのなかには、沖縄の戦後処理という政治課題に天皇を利用しようとする意図がありありです。
◎天皇は今さらどうでもいいのであって、沖縄人がやるべきことは、戦後の国会や首相やGHQに出向いて抗議活動をすることであった。もちろん、そんなことはやっていたのだが、相手にされず、もはや天皇しかいない、と西銘知事は思ったのだろうか。天皇が日本国の政治にはもはやタッチできなかったのであり、それは戦後の一瞬、マッカーサーとの間に連絡ができた短い時期だけだったのではないだろうか。憲法によって、象徴天皇という位置だけは与えられ、政治の場所からは排除された、と思うのだが。
★天皇は、国体出席のために沖縄を訪問するにあたり、「県民の長年の苦労をねぎらいたい」と発言していますが、みずからの戦中・戦後の責任については、まったくふれていません。
◎以下に、沖縄海邦国体と天皇についての話が少しあるが、これで充分であろう。日本が初めて敗戦国になった第二次世界大戦後、天皇は、その戦争にかんしてのみずからの責任を一切とらなかった。そしてマッカーサーおよびアメリカの方針も、極東裁判の場に天皇を被告として召喚することはなく、国民に向かって一言のお詫びもなかったことは、沖縄人への謝罪の言葉がいっさいなかったことと、まったく同一の天皇像を提示している、と言えよう。

●他人と意見を異にする自由
(沖縄からこそ——あとがきにかえて)

★明治の琉球処分以来、政府の沖縄にたいする認識は、つよい偏見と差別感に根ざしていました。専制天皇を頂点とする中央集権国家をつくりあげていった明治政府にとって、沖縄県民は、「まつろわぬ民(化外《けがい》の民)」でした。/歴代の政府は、沖縄の歴史の独自性を否定し、沖縄県民の同化(皇民化)と中央への画一化を大きな課題としてきました。/皇民化の政策は、沖縄県民を差別することによって強化されました。
◎文中にある、沖縄県民の皇民化という問題は根が深いのである。日本国家の、列島内の異民族たちの皇民化という課題は、古く古代に遡る。そのような活動は前述したかもしれない、神話のヤマトタケルの東西への征討活動に象徴されていた。とりわけ、列島の西部から西南部（熊本県や鹿児島県が想定される）にいた熊襲建《くまそたける》との戦いから始まり、列島東部では具体的人物名は出てこないが、その東征の旅は、闘いの熾烈さを象徴するかのように種々の困難の話に象徴されている。その結果かどうか、大氷雨《おおひさめ》に打たれたヤマトタケルは負傷し、その結果、伊勢まで辿り着いて死に、白鳥になって故郷へと帰る、という物語に結晶した。以前から東国にいたのは蝦夷《えみし》たちであったが、彼らとの本格的闘争（皇民化）は、蝦夷の抵抗がとどまることなく、その後の人びとにも継承され、源氏の武官的貴族たちなどが、有名な前九年・後三年の闘争へと展開した。南九州の隼人や熊襲たち、とくに隼人は案外早く皇民化したようで、ヤマト朝廷に仕えている。そんな歴史を背景に、皇民化はついに沖縄にまで及んだわけだ。
◎日本人の、沖縄人への差別意識をわたしが最初に感じたのは、古い話になるが、学生時代に一時期住んだ学生寮で、風呂場でいっしょだった他の学部の寮生たちが何人かで、あいつは沖縄出身らしいな、などとつまはじきするようにひそひそ声で話しているのを聞いた時が初めてであった。同じく三年生の時、一年生の男がわたしに、ぼくは北海道から来たのですが、実はアイヌ系なんですよ、と、はにかむように言うのを聞いたことがあったが、その時はアイヌ人の歴史に関する知識もまったくなく、そうか、とただ、その色白で濃く黒い頭髪を見ながら呟いただけであったが、彼のほうはアイヌ人の受けて来た差別感を内心に抱えていたのであろう。そんな日本列島の南部の人たちや、東北部から北海道まで棲んでいた蝦夷の子孫たち、この両者はともに縄文人の子孫であったことを識るようになったのは、ずいぶんのちのことである。そして、新来の弥生人の子孫たちは、彼らが先に稲作や鉄器という一大文明の体現者として日本列島に現れ、畿内のあたりを中心に北九州から関東まで、稲作地帯を拡げながら拡大し、先住民族の縄文人たちは南と北へと棲み分けていったのである。文明の利器を所有している弥生人たちは、先住の縄文人たちの子孫を差別するようになっていった歴史をわれわれ日本人社会は、持ってきたのだ。話が少し唐突になってしまったのであるが。沖縄人への差別は根深かったことを言いたかったのである。

◎日本社会の近・現代の沖縄や沖縄人への差別感というのは、やはり、南方の日本の属国、という沖縄への認識が大きかったと思う。アメリカとの戦争が本格化した時、日本はこの南方の海洋の小国の重要性に改めて気づかされたとも言える。しかし、沖縄は気の毒に、本土決戦、内地戦争の、代理の地になって、米軍の過酷で残虐な攻撃を、日本国に代わって引き受けた、いや、引き受けさせられたわけだ。日本は広島、長崎への原爆投下という過剰な攻撃をうけたし、各都市を砲弾が覆いつくす大空襲という悲惨な日々を送ったが、しかし、沖縄がまず、日本国の犠牲獣としてアメリカに蹂躙されたわけだ。申しわけなかったです、と言って下を向くしかないのである、わが祖国、日本の人間は。

★しかし、沖縄県民にかぎらず、民衆はもともと、皇室の尊厳などというものとは無縁です。教育勅語の「爾臣民《ナンジシンミン》」というよびかけにたいして、沖縄の老農夫が「わしらは難儀臣民《なんぎしんみん》だ」といったというのは、決して皮肉ではなく民衆の実感でした。沖縄の民衆は、郷土の同胞にたいする愛情と、天皇制国歌権力に忠誠をつくすことを同列には考えませんでした。

◎民衆と天皇はなんの関係もない、は、自分の持論でもあり、沖縄人たちも突然のように天皇をつきつけられて、困惑したであろう。

★ところで、「天皇にたいする忠誠心のない沖縄県民」は、今日でも健在です。自民党とこれにつらなる人びとは、「愛国心のない沖縄県民」を糾弾するといった調子の非難の声をあげています。日本全体の世論は、「日の丸」「君が代」を国旗・国歌としてみとめ、天皇にたいする尊崇の念も年ごとにたかまっているのに、なぜ沖縄県民はいつまでも過去にこだわるのだ、といった批判もあります。

◎天皇に対する忠誠心のない、日本人も少なからずいるであろう。たしかに、「日の丸」、「君が代」にたいしては、わたしなども鈍感であった。しかし、多くの日本人も天皇を尊崇などしていないであろう。沖縄の人たちよ、ご安心あれ!

★私たちは、「他人と意見を異にする自由」をしっかりと手にしておきたいものです。過去の歴史にてらしてあきらかな通り、「君が代」「天皇」にたいする拒絶の姿勢は、ほこるべきものです。沖縄国体に天皇が来県して、「なぐさめのことば」をかけたからといって、天皇と天皇制が沖縄県民にくわえた圧政と屈辱の歴史を消し去ることはできません。「天皇の戦争責任と戦後責任の追及」は沖縄県民の歴史的な課題です。

◎最初のフレーズは大賛成。わたしも、他人と意見をことにして生きたいと思っているひとりです。ただし、わたしも日本の多くの人びとも、「君が代」や「天皇」にたいしてしっかり拒絶の姿勢はとれないままであろう。あまりにも、そういった体制に馴らされてしまっており、心で拒絶しても軀はそのまま言うことを聞くかどうか。社会の馴れという習慣は恐ろしいものである。

◉現在、尖閣諸島の領有権をめぐって、日本の領土である、とする主張が多いように思われる。しかし、上述したごとく、その島がどこかの国の領土だ、というばあい、そのどこかの国の人たちがその島に住んでいた、とか、そこで漁労、農業などに従事していた、という歴史的経過がなければ、どこかの国の領土である、とは主張できないと思うのだ。もし、この諸島が沖縄に属することが明解になったとすれば、それは沖縄の領土であって、わが日本国の領土ではありえない。こんな時、日本は、沖縄がわが日本国のひとつの県であるから、沖縄の領土であれば、それは日本国の領土だ、と主張できよう。しかし、江戸時代に沖縄、かつての琉球が薩摩の侵攻を受け、薩摩の属国のようになって、独立国琉球は喪くなった。薩摩は江戸幕府に琉球諸島を差し出したのであるが、幕府はこれを薩摩に返したのだ。沖縄が日本国に属する、という主張はこの三段階の歴史的過程を確認すれば、その主張はそれほど、明解ではなくなる。琉球は、中世、近世中期まで、東アジアの交易立国であって、中国との交易を中心に、南アジアや朝鮮半島、日本などとも交易する国家であったのだ。わたしは、沖縄に関心を持つようになってから、第二次世界大戦後の沖縄は独立国なのであって、日本の属国などではない、と考えて来た。一九七二年（昭和四十七）五月、アメリカの領土的地平から、日本国に返還されることになり、沖縄県として再生した。しかしその当時、わたしは、日本なんかに復帰するんじゃない！　沖縄は、独立国としてみずからの道を歩むべきだ、と必死で思ったものだ。当時、沖縄には固有の産業もなく、島ではサトウキビしか取れないなどとされていたが、貧乏国でいいではないか。また中・近世のように海洋の交、立国として再生する道もあったではないか、と思ったのであるが、現実に沖縄独立のための運動へと向かったわけでもなく、ただ、ひたすら呟いていただけで、沖縄独立！　などと大きな声で主張する資格はない。

◉この本を読んでも、第二次大戦時、日本国の犠牲になった人びとの嗟嘆と時に強い意思の発露に出遇って嬉しくなったり、哀しくなったりしただけであった。残念だった。天皇の戦争責任に関しては、沖縄と日本の人びとに対して、心から謝罪して欲しいと思ったこともあるが、この章でいくつか拾い上げたように、天皇という人は責任、のような地平とは無縁の人であり、彼になにかを要求することの虚しさが、心を冷やして来るのが解っただけであった。そのような天皇や天皇制について、さまざまな本を読みながら、時代時代の天皇に出遇ってきたわけだが、明治以前の天皇たちのほうが、明治以降の天皇に較べて、遙にましな、時に人間的な天皇もいたことが想起され、明治以降、ひたすら政府御用達とでもいったように、トップに立つだけの無意味な存在になってしまったように思われる。沖縄人たちの眼に映った天皇の映像は、そのもっとも典型的なありようをみせつけていたのでは、なかったろうか。

◉最後に、この著の執筆者の執筆当時の肩書を紹介しておこう（敬称略）。

安仁屋政昭、沖縄国際大学教授、沖縄県歴史教育者協議会会員（以下、沖歴協、と略す）／大城保英、高校教諭、沖縄県平和委員会事務局長／杉本信夫、作曲家／田港朝昭、琉球大学教授、沖歴協／平良宗潤、高校教諭、沖歴協／渡久地明、高校教諭／仲地哲夫、沖縄国際大学助教授、南島文化研究所専任所員／福原兼雄、高校教諭、沖歴協／牧港篤三、沖縄文化協会会長、ジャーナリスト／宮城義弘、「亜熱帯」会員。ジャーナリスト／山川宗秀、高校教諭、沖歴協

◉あとがきにかえて

「天皇学入門」のためのスケッチ

1――「天皇学」開始への道程

◉わたしが「天皇論集成」のような本を纏めてみたいと漠然と考えるようになったのは、去年あたり（二〇二〇年）、平成天皇が退位し、皇太子がつぎの天皇として即位するということになって、マスメディアが騒ぎ始めたころ、ふと浮かんだアイディアであり、そう考えるとじつは非常に底の浅い、浮わついた発想であったと言わざるをえない。しかし、日本古代史や中世史、あるいは日本文化論に関心を持ち、それなりの勉強をしてきた自分には、天皇制が日本史や文化に与えてきた影響には、無関心ではいられなかったのである。そして、日本の天皇制も、あるいは女性天皇を選ばざるをえないようなそんな展開もありそうで、天皇制の今後にも、やはり関心はあった。そしてそれ以前、二〇一八年十一月十九日の朝日新聞の「天声人語」につぎのような記述があることを発見したことも、ある種の要因になっていた。そこにはまず、《「につほんのていわうさま」（天皇）を北京に住まわせることにした――。豊臣秀吉の世界戦略が記された史料を福井県小浜市で見た。朝鮮征服の後にアジアをどう支配するか、側近に書かせて正室〔秀吉の正妻〕に送った書状である》。と、この連載だが、毎日内容とたぶん著者も変る一段組のエッセイの冒頭に書かれていたのだ。「日本の帝王、すなわち天皇を北京に住まわせることにした」という、驚異の秀吉の書簡に関する記事であった。えっ、秀吉という男はとてつもないことを考えていたのだな、と仰天せざるを得なかった。記事によると、この書簡が発見されたのは江戸後期で、地元（小浜市）の豪商宅で、屏風の下張りにされていたのだが、最近、専門家による修復が終わったらしい。永井荷風作と言われる「四畳半襖《ふすま》の下張」の話は、野坂昭如氏の戯作的小説かエッセイで紹介されていたので、「屏風の下張り」というのはよく解る。屏風や襖は分厚いので、木や竹など薄い板で作った枠組みの戸に、旧家などでは不要になった古文書などを襖紙の下に張りこんで厚みや強さを補強するのだが、中世史の網野善彦さんも、若狭地方や能登半島の輪島のあたりの旧家所蔵の古文書の調査で、古文書が襖や屏風などの下張りになっていたものなども苦労しながら蒐集した話を書いていた。しかし、ここで驚いたのは、その下張りそのものではなく、秀吉の発言であった。秀吉の二回にわたる朝鮮侵攻の話は高校の教科書にも載っていたし、史実であったが、その後の構想に、日本の天皇を北京に派遣するという発想があったというのは、さすがの教科書には、いや一般の本にも書かれていなかった。

◎わたしは、もう少し詳しいことが知りたいと考え、思い切って小浜市役所の教育委員会に電話し、新聞の話を伝え、この文章の書かれた屏風の全文が読みたいのだが、と言うと、何日かして、そのコピーを教育委員会の方が送ってくださったのだ。これによると、「山中橘内書状」（安土桃山時代、小浜市教育委員会所蔵、組屋家文書）と題され、説明文に、《豊臣秀吉の右筆山中橘内（長俊）が、〔九州の〕名護屋の陣中から大坂にいる北政所の侍女に宛て、秀吉の唐〔中国〕入り構想を子細に伝える書状である。この文書は、江戸時代に〔若狭の小浜藩の〕組屋家の屏風の下張りに使われていたのを、伴信友が見出して紹介した》とあった。有名な国学者の伴信友（小浜の藩士であったという）が発見したという、屏風の本文は当時の筆書き文字で書かれており、いわゆる古文書であってもちろん自分には読めないのだが、京都大学名誉教授の藤井譲治という方が、解説し、漢字交じりのひらがな文書にして、小浜市が開催した「幕末小浜藩—近代日本を創生した人々の思い—」展の図録に掲載されていた。全文を紹介すると長くなるので、この「唐入り」に関するところを拾って、ひらがな文書でなく、その解釈の文章を紹介する。濁点などを補わせていただいた。

《上様〔秀吉〕が御渡海なされる船どもを、急ぎ戻して、諸勢〔朝鮮侵攻に参加した武将たちであろう〕を召し寄せ、大唐〔中国〕へ時日を移さず〔急いで〕差し遣わされ、当年中に北京の都へ行くとの御意です》。

《大唐を平定次第、大唐を関白秀次〔秀吉の猶子〕にお渡しなさるとのことですので、》。

《日本の帝王様を唐の都に据えさせられるので、その用意をするよう、仰せあげられ、》。
◎この「天皇学入門」と名づけた拙著でも、「太閤記」における天皇記事を紹介したのだが、「太閤記」の後半に朝鮮侵攻のために小西行長や加藤清正らを派遣すべく、九州肥前の名護屋の陣まで秀吉が見送りに行き、毎晩宴会を開いたようすが描かれていたように思っていた。そして続いて朝鮮半島全域を制覇した軍勢を中国へも向かわせようとしたのだが、何かの理由で取りやめたように書かれていた。しかし、上の屏風の文書によると、日本の天皇〔帝王様〕を、日本国のまさに「帝王」として北京に派遣し、居住させ、ここで中国人たちに近世日本の凄さや偉大さを誇示し、かつ中国の諸活動を監視させようとでも考えたのであろうか。「唐」は中国の古い時代の国家で、日本の平安時代ころの大国であるが、日本では、無知だったのか、無関心だったのか、ルーズだったのか、その後何度も、王朝と国家名が変わった中国の通称名を「唐」で通してきたのだ。秀吉のころだと、「明《みん》」であったのだが、日本では相変わらず「大唐」とよんでいた。文中の北京は、「ほんきん」と当時言っていたようだ。いつ頃から、「ペキン」と現地音で読むようになったのだろうか。
◎この当時の天皇という存在については、織田信長や豊臣秀吉の一生を書いた「信長記」と「信長公記」、そして「太閤記」という本を参照したが、むかし読んだ水上勉の小説では、信長が、衰退の極みにあった天皇にある程度のお金を渡して保護したように書いていた。まあ、そのような窮乏生活を、当時の天皇は強いられていたのだと思う。江戸時代も同じく徳川幕府のお情けで生活していたのだ。江戸幕府から、たぶん、天皇と朝廷に、十四万石くらいだったかが支給されていた。十四万石と言えば、中級の大名くらいの収入があったわけで、江戸時代の天皇は、ある程度、豊かな生活をしていたと思う。ただし、朝廷貴族の生き残りもいたので、お金は天皇が独占できたわけではないと思うが。天皇の経済生活を論じたような本に出遇うことがなかったため、わたしも正確には把握できていないのだ。ただし明治以降は日本一の大金持ちに変貌を遂げるのであるが。後述する歴史学の井上清氏の本を参照されたい。

◎天皇に関するこのような、戦国時代終末期の生々しい記録に出遇ったこともあり、「天皇学入門」と名づけた本を纏めてみたいと考えるようになったのであったが、しかしのちに述べるように、この試みは決して浮薄なものではなく、天皇の時代的な位置づけという、いわば日本人の思想体系のあるひとこまを望見するような発想ではあったと思う。わたしはこの何年か、日本中世史を勉強してきたのであるが、とりわけ中世を代表する文学のひとつである「平家物語」が描いた世界というのは、天皇がその王権を半分は新興の武士階級に譲っていくという波乱の時代の幕開けの時であり、日本史の大きな転換期でもあったわけだ。そして、この武士集団の登場をどう捉えるかということで、中世史学者の黒田俊雄氏の「権門体制論」を肯定するか、批判するか、という違いがこの研究領域に関して存在することを、中世史研究者として出発したころの本郷和人氏の『天皇はなぜ生き残ったか』(新潮選書、二〇〇九)や『武士から王へ――お上の物語』(ちくま新書、二〇〇七)、『新・中世王権論――武門の覇者の系譜』(新人物往来社、二〇〇四)などで識った。要するに、武士団の登場の意義を日本史の転換期のように捉えるか、あるいは、多くの権門(天皇や大貴族たち、大寺社など)の領域に武門という枠が加わったに過ぎない、と考えるか、という違いであった。

◎わたしは、武士のような武力を主力とする権力が登場したことの意味は大きく、それ以来、武門の勢力が日本国家の主人公になったことは、鎌倉幕府や室町幕府の時代、戦国時代、徳川幕府時代を考えると、当然の展開であり、進行であったと考える。武力の大小がひとつの国家のみならず、世界のありようをさえ左右したことは第一次、二次世界大戦を考えればすぐ理解できると思うのだ。と、話が大きくなってしまったが、そうでなく、日本という小国家の天皇王権の行方を観察してみたいというのが、この本を纏めるきっかけであった。そこで「平家物語」に話を戻すと、この文学が描いた時代における天皇と東国武士団の関わりのなかでは、天皇の側で言えば、後白河法皇がほぼ主役であり、その子、高倉天皇は影が薄いまま早逝し、また、後白河の孫であった新天皇の安徳は幼年のまま海中へと沈んでいったような時代であり、今後の天皇ないし天皇制はどうなっていくのか、を考えさせるきっかけにもなった社会であった。ただ、かつては日本古代史も勉強していたので、天智、天武、持統天皇のあたりはある程度把握しているつもりなのだが、これらの天皇はまだ神話的天皇の延長上にあったとはいえ、やはり実在した天皇ではあり、わたしの考える「天皇」の始原であり、「天皇学」の嚆矢となる存在であった。しかし、いまさら、天智や天武天皇に戻るのはどうか、と考えて、「続日本紀」から作業を開始したわけである。

◎「天皇学」と言っても実は、古代から現代までの主として物語や日記などの文学と、その他の歴史記述に現れた天皇を再見する作業であって、みずからの「天皇論」を構築したいと思ったわけではない。古典の文献に天皇がどう描かれているかを観察することで、当時の社会のいわば「共同幻想」を再現する、そんなことを考えたのである。天皇制が存続した古代から中世、近世、近代、現代まで時代のいろんな記述を辿れば、そこに、われわれ日本人の天皇に対する共同幻想が理解できるのではないか。と考えて現実に始めた作業は、「日本書紀」に続く「六国史」の二番めである「続日本紀」における天皇の描写を捜しながら、おもしろそうな記事を抜粋し、これを解説しつつ、個人的な見解も併せて書いていくという形式であった。ただし「六国史」もやりだすと長い時間がかかるのではしょったのだが、この時代の天皇を観察することで、日本国家における天皇制の展開と定着を、しっかりと勉強できたであろう。ともかく、つぎに、平安時代の藤原道長の「御堂関白記」を読み、同様の作業をすることにした。そして、「今昔物語集」を読む、そんな作業を二、三年続ければ、古代から現代まで、わたしたち日本人が天皇をどう捉えてきたかということが、時代によって違っていたのかそうでなかったのか、あるいは天皇の社会的位置づけ、つまり神として捉えたのか、人間の王として捉えたのか、などが解明できるであろうと考えたのである。そのような考察のための文献はやまのようにあるのだが、まあ、よく知られた本やわたし自身が一度は読んでいる本などを何冊か選んで、古代から現代まで、というぐあいに一歩一歩進行して行こうと考えたわけである。

◎ただし、上記のような作業をやり始める直前から、日本人というときの主人公である「民衆」社会は、天皇とは無縁であったのではないのかな、と漠然と感じていたのであるが、では天皇という存在を実感できた人たちというのはだれかというと、古代で言えば、これは天皇を囲繞する人たち、男女の皇族や大貴族や上級官人たちや、内侍とよばれた天皇や皇后たちの世話をした女性（女房）たちであったろう。かれらが天皇を包みこんである特殊な世界を形成していた。かつまたそれによってさまざまな権益や余得を手中にできた人たちであろうと考えていたのだが、それはあたり！　であり、「今昔物語集」のように珍しく民衆社会を描いたような本には天皇は現れないのではないか、と思っていたのだ。しかし、「今昔物語」を再読してみると、この本は貴族や武士たちの世界も描いていたから、天皇もぽつぽつと現れるのであった。民衆そのものが文学のなかに描かれるようになるのは、私見では江戸時代中・後期を待たねばならない。しかしその時代は天皇衰退期の最後の時であり、明治に時代が変わると同時して、天皇の位置づけは大転換したのだ。

2――〈わたし〉の、天皇とのある種の関わりから

◎そこでまず、わたしが現実に天皇となんらかの関りを感じた、という経験を想い出してみることにした。直接的な関係があったわけではまったくないし、文化勲章のようなものを頂戴して天皇の尊顔を直接拝するようなそんな機会はもちろん皆無であったから（冗談である）、これは記憶のなかでのぼんやりとした天皇像、なにか「天皇」という存在を現実に感じたそんな経験を想起してみたのだ。ただし、遠い記憶のなかから引っ張り出したことであるから、まちがった記憶であったかもしれないことを断っておきたい。そして、そのような記憶でさえ、あまりなかったというのが実感だが、それは上記のような天皇と無縁の「民衆」に、自分という存在はすっぽりと当てはまるのであったから当然かもしれない。戦前に生まれ育った人たちは、後述するような「教育勅語」や「軍人勅諭」などの教育によって、天皇との距離は、戦後育ちの自分などとは比較にならないほど近かったことは当然である。現代では天皇を囲繞する貴族たちはいないが、内閣の人びとや宮内庁のような機関は天皇制の存続と同在しているし、むしろ戦後の天皇は「マスメディア」を通して民衆社会に溶けこんでいるが、天皇と直截の関係を持った人たちはやはり少数であろう。正月元旦に皇居にゆき、天皇の新年のあいさつを目前に聞き、バンザイを叫びながら見た人びとはかなりいるであろう。わたしのなかでの体験は、観念的な関係とでも

言うしかないが、直接、拝顔の名誉に与ったことも後述するように、一度はあったのだ。つまり〈時空〉をともにしたのであった。

◉その①

◎わたしが小学一年生か、あるいは幼稚園児だったころだろうか（あとで調べると昭和二十二年）、ある雨の降る暗い夕方、わたしたちは、住んでいた田舎町の一番繁華な通り、といっても商店がぽつぽつと並んだ、町では一番広い道路の片側に並ばされ、前日、母親に作ってもらった日本国旗の小旗を持って何かが出現するのを待っていたのだ。相当長い時間が経過したようにも思う。わたしたちの待つ、雨にそぼ濡れ、夕闇が近づいたその大通りを、黒っぽい大型の自動車が登場し、ゆっくりと音もなく通り過ぎて行ったのであった。車は、小学校の先生がかけた合図の声で、わたしたちが一勢に小旗を振っているその前を、後輪から水をはねながらしずしずと通り過ぎて行った。車のガラス窓は閉じられ、そこに黒のソフトを被り眼鏡をかけた人物がやはり黒っぽい服から白いシャツにネクタイを僅かに見せながら、一、二分ほどでわれわれの眼前を通り過ぎてゆき、そしてわれわれはそこで解散になった。その前後の記憶は何もない。

◎これは、現在考えてみると、天皇の戦後間もないころの全国巡幸の途次であったのだ。敗戦後の日本人たちを慰撫し、激励するべく、天皇は各地を巡幸した。そんな場面にわたしの幼少時、出くわしたというわけだ。雨が降っていなければ天皇は車の窓を開けて、ソフトを脱いでそれを振りながら微笑むくらいの、優雅さとサービス精神はあったのかもしれないが、各地を巡幸して来ると夕刻にはたぶん、疲労の極みにあったのだろう。天皇らしき人物は並んで小旗を振る小学生たちを見ようともせず、笑顔も見せず、むしろ不機嫌な感じで通過していったような気がする。

◎この戦後の天皇の全国巡幸について、小説家の野坂昭如と批評家、活動家の菅孝行の対談集『天皇制にこだわる——天皇依存症の研究』（明石書店、一九八六）に詳しい。とりわけ野坂氏がみずからの体験をまじえて熱弁をふるって、天皇批判というか、どうしても天皇が嫌いにならない日本人の「天皇観」を分析し、おふたりで遠慮のない話を繰り広げているという趣旨の本であった。明石書店は被差別社会の問題などを鋭く描く本もたくさん出している出版社であり、菅氏はそこから『現代の部落差別と天皇制』をはじめとして、何冊か天皇論、被差別社会論などの本を出している人で、お名まえはよく識っていたが実際にその著書を読んだことはなかった。野坂氏は小説家として敬愛していた人物であり、長めの髪に黒いサングラスの英姿は、わたしを彼のファンにさせるべく誘っていた。だから、その小説作品はほとんどを読破していたと思うのだが、天皇について発言していることはまったく識らなかった。この本のあるところに、つぎのようにあった。

《**菅**　天皇が巡幸を始めた時は、まだ新憲法になっていないですね、一九四六年ですから。ということは、生き神のまんまで人間宣言をやった。それで、全国巡幸をやって民心の掌握をやって、新しい国家体制を整えた。旧天皇制の権威を使い切っておいて新憲法に橋渡しししているわけですね。その計算高さというかね、国体護持の専門家ともいうべき天皇と重臣・側近の腕力、あれはなかなか大したものだと思いますね。

野坂　確か一九四六年の二月頃に、天皇は横浜に行っている。それが、第一回ですね。横浜は、もう焼けている。そこのところに天皇が行けば、普通だったら暴民が何するかわからないという怯えを持っていいと思うのだけれども、全然そうは思わないで行っちゃっていますね。あれは、天皇家にそなわる、あるいは神的（笑）勘なんでしょうか、それとも宮内省、内務省の情報収集の凄さか。だって、ムッソリーニの最後は知っているんですからね。

菅　朕と汝ら国民とは深い親愛の絆で結ばれている

んだから大丈夫だっていうわけでしょう。また、なんとこれが「大丈夫」だったんですね、本当に。

野坂　背広に中折帽と、服装が変わっているということもあるかも知れないが、みんな親しみを感じているんですね。わざと寸法の合わない服を用意したとも聞きますが（笑）》。

◎以下、ふたりは天皇批判を繰り返すわけだが、野坂氏は日本人が天皇が好きだったと強調している。それはともかく、一九四六年といえば、敗戦の翌年であり、まだ東京をはじめとする都市はほとんどが焼け野原と化していた時代であり、そこを、第二次世界大戦、大東亜戦争の責任者でありながら、一言のお詫びもないまま、あるいは責任をとって天皇を退位するとかまったくしないまま、全国の敗戦国民を慰撫する巡幸を始めたというのも確かに凄い話であった。野坂氏が、発言中にムッソリーニの最後うんぬん、と言っているのは多分、野坂氏の思い違いでイタリアの独裁者ムッソリーニは第二次大戦後、街頭で殺されたのでなく、国家的に犯罪者として銃殺されている。しかし、野坂氏らが言うように、天皇を迎えた民衆は暴力を振るうどころか、戦争の責任をとれ！　とか、この貧窮をなんとかしてくれ！とかいった、なんの抗議の言葉もなく天皇を迎えていたようなのだ。天皇を「心からお迎え」していたのかもしれない。天皇を否定しきれないどころか、むしろ戦争に勝利できなかった国民自身が天皇に詫びてでもいるかのような、そんなイメージが日本人の共同幻想のなかにあったのであろう。それは野坂氏の言う通りであったという気がする。しかしそれは、民衆の責任では決してない。明治以降の政府や社会全体が、天皇を民衆の前に押し出し、だれもがその存在を崇敬するような意識を徹底的に刷りこまれるべく、強制され訓練されてきたのだ。明治以前の天皇を、御所（禁裏）のあった京都の周辺の畿内に住む一般の人びとでさえその存在を知らなかったことは、幕末に「王政復古」を唱えて畿内を周遊した天誅組という集団の活動を描いた小説があったが、当時、畿内に住む人びとでさえ「天皇だ」と言われても、天皇が何者であるか、まったく知らなかったという。「禁裏」という天皇の居所を示す言葉に、「禁」という字や「裏」という字がついているのはなぜだろう。裏は内部、奥のほうということで、赦された人以外はこの地域に接近ないし、侵入することを固く禁じられていた、ということだろうか。天皇の居室に近づくことができたのは側近と上級の女官であり、ほかの人たちは禁じられていた、であろう。それはともかく、殿上人という存在にならなければ、官吏であろうと格の低い人びとは天皇に接近できなかった。もちろん、民衆は内裏に入ることもできなかったであろう。

◎天皇が民衆にとってもっとも近くなった大きな要因のひとつは、明治二十三年に作られて学校教育に取り入れられた「教育勅語」と、明治十五年(一八八二)公布され軍隊教育の基本であった「軍人勅諭」であろう。「教育勅語」は戦後、学校教育の場から姿を消すことになり、戦後育ちのわたしなどは、全くその存在を知らずに小、中学校時代を過ごしたのであったが、明治以降、教育の現場で、国民道徳の基本的なイデオロギーとして活用されたのだ。その内容は、

《朕《ちん》惟《おも》フニ、我《わ》ガ皇祖皇宗《こうそこうそう》、国ヲ肇《はじ》ムルコト宏遠《こうえん》ニ、徳ヲ樹《た》ツルコト深厚《しんこう》ナリ。我ガ臣民、克《よ》ク忠ニ克《よ》ク孝ニ、億兆心《おくちょうこころ》ヲ一《いつ》ニシテ、世々《よよ》厥《そ》ノ美《び》ヲ済《な》セルハ、此レ我ガ国体ノ精華《せいか》ニシテ、教育ノ淵源《えんげん》、亦実《またじつ》ニ此《ここ》ニ存ス。(以下略)》(『昭和天皇の学ばれた 教育勅語』[東宮御学問所御用係]杉浦重剛、[解説・編集]所功、勉誠出版、二〇〇二、より引用、総ルビを改めたところがある)

◎と始まり、儒教的な「忠」や「孝」の精神を説いているが、しかしこれは天皇の国民への発言、いわば命令のような形式で書かれており、教育の場で機会あるごとに読むことを子どもたちに義務づけてきたのである。これを学校で音読するたびに、彼ら、彼女たちは天皇を思い出さずにはおれなかった。

「朕」という奇妙な自称とともに、たぶん、日本の少年少女たちは頭の中に、「天皇」なるものを、しっかりと植えつけられて育ったのだ（ただし、戦後教育の中で育ったわたしや他の人びとなどは、さすがに「教育勅語」などは識らずに育ったのであるが）。この引用書の解説をみると、昭和天皇に関する評伝が数多く出版されていること、その主な著書を見ると、《ほとんど誰もが、先帝〔昭和天皇か〕の誠実な御人柄と真摯《しんし》な御生涯に敬意を払っており、さらに「類稀《たぐいまれ》な二十世紀の名君」（阿川弘之氏）〔小説家、引用者註〕と高く評価する声さえ少なくない。それは決して日本国内の皇室に好意的な人々だけでなく、むしろ旧敵対国〔欧米諸国ということか〕の責任者たちも賞賛していることを確認しておこう》とある。著者自身の願望があらわになったかの解説であろう。そして天皇はGHQのマッカーサーを訪ねて、つぎのように語ったという。その典拠はマッカーサーの『回想記』と外務大臣重光葵《まもる》の記録などによるという。《私は（日本）国民が戦争遂行にあたって政治・軍事の両面で行ったすべての決定と行動に対する全責任を負う者として、私自身をあなたの代表する（連合軍）諸国の裁決に委《ゆだ》ねるためお訪ねした》。

◎と、仰せられたとある。この発言はマッカーサーに対して言うのでなく、まずは日本国民に対して言うべき言葉であったろう。そして、みずからの責任を、自分自身でなく、連合国の採決にゆだねるというのは責任逃れもはなはだしくないであろうか。国民のまえで頭をさげ「責任をとって退位します」と発言するのが、天皇がまずするべきだった基本的言動ではなかったろうか、と思われるのだが。この引用書の著者杉浦重剛は名だたる右翼チック精神の人であった。

◎そしてまた、「教育勅語」とともに、一般社会には「御真影」なるものが学校に配布されており、戦後もわたしが町の旧家などを訪れると、応接間の欄間などに黒っぽい色の木枠入り、画面を斜め飾りの帯がついたような、ではなく天皇たちが金縁のタスキをかけていたのだったか、ともかく、枠とガラスで守られた天皇と皇后の写真がふたつ並んで飾られており、天皇はここでも崇拝の対象となっていたのだ。わたしの父親は、戦後の中学校の校長をしていて、社会党を支持していると言っていたにもかかわらず、夕食時、酩酊するとにこにこ笑いながら、わたしの夢は天皇陛下と向かい合って座り、酒を酌み交わすことなんだ、と言っていたのだが、さすがに中学生か高校生だったわたしの心に、なんとなく失望感を与えるとともに、こんな空想は戦前なら不敬罪にあたるのではないか、と秘かに危惧したようにさえ憶えている。社会党支持と言い、学校の民主教育を指導、統括していたはずの男がこんな発言をしていたのも、明治以降の天皇の権力拡大化と国民の意識への刷りこみの結果ではなかったろうか。野坂氏らの対談にあったように、天皇を批判できないばかりか、どこかで天皇に好意を抱いている日本人の、紛れもないひとりであったのだ、わたしの父親は。それに対して母親が天皇を話題にしたことはなかったような気がする。

◎要因のもうひとつは「軍人勅諭」によって軍隊社会で強制された倫理観であり、徴兵制度によって軍隊に入れられた民衆の多くは、天皇の名によって統括され、制御され、戦争への参加を強要されていたであろう。この社会でも、民衆は否応なく天皇への尊厳の徹底を強制されていたのだ。天皇の存在は、日本の社会のなかで日本民衆の心のなかに、二重にも三重にも積層されていったのである。われわれ日本人にとって、天皇は江戸時代以前から較べると、非常に身近になったのだと言える。どちらを見ても、あるいは近い過去や未来に天皇は厳然として存在していた。戦後も幾分、その濃度は表層的には薄まったかもしれないが、根っこのところにはしっかり、天皇はいた！　のであった。

◉その②

◎わたしは、二十代の終わりころから、ある美術大学の非常勤講師となって、ある学科に週一回は出かけていたのだが、この学科の共同研究室では、専任の先生や非常勤講師や助手さんたちを集めて、春と秋のある日、一泊の旅行が企画され、出不精のわたしも当時は若かったせいかよく参加していた。ある旅行のさい、箱根の庭園か公園を訪れたときのことだと思う。大きな石碑があり、そこには、「恩賜箱根公園」と書かれた石碑が立っていた。その「恩賜」という言葉にはじめて出遇ったわたしは、へえ、ここは「おんちょう公園」と読むのかな、などと若い助手さんたちに語りかけたのだ。するとわたしの背後にいたある親しかった年配の先生が、安達さん、これはね「おんし公園」と読むんですよ、天皇陛下から頂いた土地なので恩賜公園と言うんです、と諭してくれたのだ。まちがいを指摘されて恥ずかしかったが、そうか、と思った。無知であることは知識への入口なのだから。しかしあとから思ったのは、なぜ、天皇からもらったものには、「恩賜」のような形容がされるのだろうか、ということだった。中世史の文献史料を読むと、天皇からなにかを「賜わる」という記述は頻出する。天皇は神であり王であるのだから、まあ、賜わるくらいはいいだろう。だけど、「恩」という漢字が頭につくのは、それらの文献の中に、あまり見たことがなかったと言える。明治時代の初め、蘭学（江戸中期以降、オランダ語によって西洋の学術を研究した学問）者の西周《にしあまね》によってヨーロッパ語の単語が、たとえば「フィロソフィー」が「哲学」のように二字の漢字熟語に翻訳されてしだいに一般化していった、と何かの本に書かれていたのだが、「恩賜」などもこの頃の造語であったのではないだろうか。そのもとのヨーロッパ語がどういうものか、王から何かを貰うという単語があったのだろうか、それは解らないが、「恩にきせる」とか、あまり好ましくない言い方もある。手もとの電子辞書の類語例解辞典によると、「恩賜」でひいてみると、「拝領」とあり、たしかにこれは解る。偉い人、身分の高い人からなにかを貰うことであり、英語だと、an Imperial gift とあって、Imperialとあるから、ヨーロッパでも王が「皇帝」とよばれていた時代に、やはり皇帝からなにかを貰うことはあったであろう。これ以上のことは解らないが、ともかく「拝領」より、「恩賜」のほうが、天皇制国家の造語としてふさわしいような気がするのだ。

◎マイペディアの「軍人訓戒」の項には、「軍人勅諭」の先駆となったとされ、《一八七八年軍人に対して陸軍卿山県有朋の名で発布された訓戒。西周が起草、天皇の絶対神聖、軍隊の中立化を説き》とある。西周は単なる学者のように思っていたが、これを読むと、紛れもなく明治以降の御用学者ではないか、と改めて思ったのであった。ここにある「軍隊の中立化」とは何だろう。福沢諭吉の本を読むと、彼が明治初期の議会開設に対して否定的な傾向があったのだが、軍隊が、議会の決定によって右になったり、左になったりするような機関であっては困る、という趣旨の発想であった。軍部がいろんな党派から自立している、といった表現があったので、だれもが軍部には介入できない、という軍部の中立性を言っているのだろう。しかし、それがために、第一次、二次世界大戦時のように、軍部の独走を許してしまったということもあったのではないだろうか。

◎しかし問題は用語そのものも重要だが、天皇がなぜ、人民に公園として恩賜するような大きな土地を、箱根のある地域に持っていたのか、ということだった。このわたしの疑問に関しては、歴史学者の井上清『天皇・天皇制の歴史』(明石書店、一九八六)を参照することにする。「I　いま、なぜ天皇制を問題とするか」につぎのようにあった(引用文中、〃〃でくくられたところは、この引用文では〈〉で代用した)。

《旧憲法(明治時代にできた憲法/大日本帝国憲法)の天皇は、国庫から毎年定額の皇室経費を支給されるほか、その数千倍の財産を所有した。天皇の財産は、日本最良の山林のほとんどすべて、数万ヘクタールの耕地と牧場、一〇〇万ヘクタール以上の未開の山林原野、多くの宮殿、日本の金融・産業における支配的な銀行・会社の株式、公社債、植民地収奪のための国策会社の株式、美術品、宝石、現金等からなる。天皇はいかなる大地主も足元にも及ばない日本最大の大地主であり、また三井家や岩崎家に勝るとも劣らない大資本家であった》。

《新憲法〔戦後にできた憲法／日本国憲法〕では、「皇室財産は国に属する。すべての皇室の費用は予算に計上して国会の決議を経なければならない」と定めた。これにより前記の皇室財産はその九〇%以上が財産税として国家に納められ、残りもほとんど全部が国有とされた。また皇室に財産を譲渡し、あるいは皇室が財産を譲り受け、または他人に与えることは、国会の議決に基づかねばならない、皇室の自由にはできないと、憲法に定められた。こうして天皇の国家からの経済的独立は失われた》。

◎まずは、戦前の天皇が日本一の大土地所有者であったこと、かつ大資本家であったという指摘には驚かざるをえない。この大土地は新憲法のもとでは、「国家」つまり日本国に返還されたと考えられる。全国の所有者のいない山林や土地は、かつては天皇のものであったが、戦後は日本国の土地になったわけだ。そうすると、恩賜公園なるものはどうなるのか。天皇に残された私有地であったものが、町や市に寄付されるさい、国会で論議されたことがあったかどうか、不勉強にして何も知らないが、推測すれば、これら恩賜公園というものは戦前に、天皇の所有地が町村に寄贈され、そのさい、恩賜、という言葉が形容詞として冠せられたのではなかっただろうか。戦後の天皇は各地を巡幸するくらいが関の山であって、私有地を寄贈する余裕はなかったのではないかと思われる。もはや人民に下賜するような土地は持っていなかったに違いない。井上清は名うての左翼チック歴史家であり、六〇年安保闘争のころはみずから闘争の担い手として活動されたのではなかったか。

◎ちなみに、この引用書は、戦前の天皇制の軍国主義的性格を研究する本なので、恩賜公園などについては語ってくれていない。そこで天皇と敗戦に関する項を参照してみよう。「Ⅳ　現代の天皇・天皇制」につぎのようにある。

《日本の降伏はもっぱら天皇とそのまわりの最高位の軍人、官僚、重臣たちによって、国民にはまったく秘密のうちに決定された。人民は天皇の降伏をうながす積極的な力には全然ならなかった。戦争末期には、大衆の間に厭戦気分がひろがっていただけである。そして敗戦降伏により、天皇制が崩壊にひんしたとき、直ちに革命闘争に立ち上がる人民勢力は現れなかった》。

《降伏の日、天皇自身の発意により、皇族の陸軍大将を首相とする内閣がつくられた。その首相の第一声は、〈一億国民総ざんげ〉であった。彼は天皇や将軍や政治家たちの反省を一言もいわず、すべての責任を国民に転嫁して、こんなことを平然としていうのであった》。

◎敗戦当時、日本国民の多くの成年男子は兵隊として中国や南方諸島におり、日本国に残っていたのは長い窮乏生活に疲れた女性たち、そして老人や子どもや、学徒動員で労働者とされていた若い男女の学生たちが多かったであろう。そこに、その敗戦疲弊国民たちに、革命的戦闘気分を需めるのは酷のような気もするのである。実際、この本も書くように、戦後のそのような革命的な運動を展開したのは、《戦争中に日本に強制連行されて、鉱山や土木工事で奴隷にまさる苦役を強いられていた朝鮮人・中国人であった。まっ先に獄中の政治犯釈放のたたかいを始めたのも、朝鮮人であった。そのとき日本人の圧倒的多数は〈虚脱状態〉であった。いまこの事実を記述するのも、日本人として恥ずかしいきわみである》とある。井上光晴のいくつかの小説が、このような朝鮮人労働者の炭鉱での過酷な日々を描いていた。また在日小説家金石範の大・大長編『火山島』（文藝春秋、一九八三〜九七）も書いていたが、日本共産党の戦後の再建に大きく寄与したのも在日朝鮮人たちであった。そして、あのマッカーサーのところに、自分を委ねますと言って出かけたという天皇は、みずからのいとこかなにかの親族の皇族軍人を首相として推薦し、内閣をこしらえたという。そしてその軍人皇族首相は、「一億国民総ざんげ」とのたまったという。天皇の無責任さはなんとも言いようもなく救い難さで満ちている。いや、「無責任そのもの」、戦後憲法を皮肉って言えば「無責任の象徴」であった、とでも結論しておこう。井上清の本からの引用を続ける。

◎《アメリカ政府と東京のGHQは、天皇と皇族内閣を利用して、まっ先に日本の軍隊・軍事機構をすべて徹底的に解体した。政府が皇居警備のための部隊をつくろうとしたときも、GHQは直ちに禁止した。軍隊解散がほぼ完了すると、GHQは一〇月四日日本政府に、天皇に関する議論の自由をふくむ言論・出版・集会・結社・信仰の自由、すべての政治犯の釈放、思想警察の全廃、思想警察官・検察官の全員罷免、統制法規の廃止を指令した。皇族内閣は、これを実行すれば国体を保障できないとして、総辞職した》。

◎ここまで読めば、万々歳！　と、快哉を叫ぶことができるだろう。この戦後間もないころ、日本統治のために駐留したGHQには軍政部と民政部（ともに当時の通称）のふたつがあり、最初は、アメリカ大統領ルーズヴェルトのニューディール政策の影響のもとにあると言われた、民主的な思想の人たちのいた民政部の指導が、上記のような規定を作ってくれたことは、マーク・ゲインの『ニッポン日記』だったか、で読んだことがある。現在も生きながらえている日本国憲法も彼らの指導のもとにできあがった。しかし、つかの間に世界は米ソの冷戦構造時代を迎え、日本の戦後の上記の自由で民主的な展望はたちまち衰退していったのである。マッカーサーと軍政を担当する参謀本部の力が強くなり、国家間の紛争を戦争によって解決しない、軍備を保有しないという憲法の精神からしだいに離れて、日本は自衛のための戦力は憲法違反ではない、と主張し、保安隊（警察予備隊の後身）、そして自衛隊を持つことになり、アメリカの戦争予備軍としての機能を保持することになった（現在では、中東などでの戦争の、戦闘の場所そのものには出ないが、現場には後方支援部隊として派遣されているようだ）。

◎アメリカ軍の駐留地は沖縄に集中しているが、そのほか、日本全国に配置された。自衛隊は憲法精神に違反しないためか、長く、災害時の救助活動などに取り組んではいたが、冷戦下のアメリカの軍事的要請に対して、積極的に関わるように変質していった。軍事的機能を陸、海、空軍と、しっかり保管している事実上の軍隊が、救助活動のみに徹しきれるわけではないし、現代の日本政治の方向性はむしろ海外派兵への道まっしぐら、という感じさえ強まっていると言わざるをえないだろう。

◎つぎに、井上清が天皇とマッカーサーの関わりをどう見ていたかを、「Ⅳ　現代の天皇・天皇制、（一）裕仁天皇とマッカーサーの取引」に見てみよう。その①で前述した、天皇とマッカーサーの出遇いのシーンがここでも書かれている。

《占領下の天皇裕仁はどうしていたか。彼はまず戦争責任者、犯罪者として連合国の裁判〔極東軍事裁判、東京裁判〕にかけられることをまぬがれるのに全力をつくした。〔敗戦間もない〕四五年九月二七日天皇はSCAP〔連合国軍最高司令官〕マッカーサーと会見した。このとき彼らの間にどんな会話があったかについて、松浦玲の論文「日本国民の自由意志とマッカーサーの自由意志」（松浦論文集『続日本人にとって天皇とは何であったか』所収、一九七九年）が、厳密に批判した史料に基づいて明らかにしている。それによれば要するに天皇は、マッカーサーに、〈対米戦争を自分は避けようと全力をつくしたが、国民の動向をおさえきれなかった〉などと弁解し、マッカーサーもそれを了解した。天皇はすべての責任を国民におしつけて彼自身の責任をのがれたのである》。

◎前に紹介したマッカーサーの『回想記』や外務大臣重光葵の記録による会見内容と、随分違っている。多分に前者は、この井上本をもとに史料を修正し、やばそうな部分を割愛したのであろう。わたしは上記引用の松浦玲氏の本を読んでいないのだが、天皇は第二次世界大戦の責任を取ろうとしなかったばかりか、その「責任」を国民におしつけ、国民の責任としたのである。これが戦後間もないころの昭和天皇の実像であろう。日本国憲法の第一条の、天皇の「国民統合の象徴」という規定や、第九条はGHQの民政部の指導によるものである。ただし、最近の自分は「国民統合」のシンボルという規定にも疑問を感じている。つまり国民は別に統合しなくてもいいのであって、個人個人が自由に生きればよい。そんなとき、「国民統合」というのはどういうことなのだろうか、という疑問である。なぜ、「統合」のように全体をひとつに纏めるような言葉が憲法の最初に書かれているのだろう。「統合」には全体主義的な雰囲気を醸し出す感じがあるのだ。

◉その③

◎わたしには、実は、と言って別に自慢できるような話ではまったくないのだが、天皇と時空を同じくした経験があったのである。わたしが勤めていた美術大学の助手さんが、永谷マンションの経営者の娘さんであったことがあり、この経営者さんは大相撲のいわゆる「たにまち」であり、桝席をいくつか保持していて、商売上の顧客などを招待するために使っていたらしいのだ。ある時、いや、彼女が勤めていたある時期、研究室で、二、三度、大相撲が桝席で見られるのだが、どなたか行らっしゃる先生はいませんか、と彼女から声がかかったのだ。その時、相撲が好きで、民放でやっていた「大相撲ダイジェスト」という夜半の番組は欠かさず視ていたわたしは真っ先に手をあげた。もうひとりはわたしが親しかった高見教授という近代デザイン史の先生で、彼とはやはり永谷さんの招きで、立浪部屋の朝稽古というのを見学に行ったこともある。これは、朝稽古といっても午前十時ころ、部屋にお邪魔して稽古場を見せてもらい、力士たちが汗だくになって相撲を取っているところを観たあと、親方や一番弟子のお相撲さんたちと、ちゃんこ鍋を囲んでビールなどを飲む席のことだった。なんとも愉しい思い出のひとつである。そして、ある日、国技館が蔵前にあったころだと思うのだが、枡席の客のひとりとなったわけである。国技館の入口を入ると、まずは短い暖簾のかかったお茶屋がひしめいている中を歩いて、観客席のある大きな空間へと案内される。お茶屋でいただいた弁当やビールの小瓶を抱えて桝席に座る。桝席はひとつの枠のなか、すなわち桝のなかに四人が座るようにできていたように記憶している。幕下の取り組み頃から見学し、十両になるころから観客席の桝席は混み始め、幕内に入るとほぼ満員になるのだ。

◎相撲が幕内に入ったころだろうか、マイクで「天皇陛下、御来臨！」とかなんとか大声でよびかけがあった。天皇が大相撲を観戦しに来るのはテレビでよく見かけていたが、天皇夫妻が二階の特別観覧席に現れ着席する時は、観客はほぼ全員が立ち上がってこれを見守るのであった。わたしは立ち上がりたくないな、と思ったのだが、いざとなると気が弱い性分なのでいやいやながら立ち上がったのであった（この立ち上がったのは、君が代の斉唱の時だったかもしれない）。そして二階の観客席の特別席に昭和天皇と皇后は並んで出現し、わたしはそれを文字通り遠望した。このとき、わたしは、天皇と時空を、つまり文字通り時間と空間をまさしくともにしたのであった。距離は随分離れていたのだが。そして天皇の来場するときだったか、退場するときだったか、マイクで「君が代斉唱」の声が場内に響きわたり、「君が代」が厳かに放送され、観衆は立ち上がったまま、これを斉唱するのであった。観客たちはざわめきをやめ、厳粛な面持ちで顔を幾分下にさげて、粛々としてこれを歌うか聞くのであった。このシーンは自分の幻想が作り出したものであったろうか。あまり自信はないのだが。というのはあまりに遠い記憶なものだから。ただ、「君が代」は小学、中学時代にいやというほど聴かされていたから全員、外国人客（当時は少ない気がした）以外は、これを厳かな気持ちで聴いていた。

《君が代は千代に八千代にさざれ石の　巌〔いわお〕となりて苔のむすまで》

◎考えるとばかばかしい歌である。さざれ石とは砂のように細かい石であるとされる。この砂が集まって何年もの間に大きな岩になって苔むしてくる、というのだから、その逆はあってもこれはあり得ない。砂粒を集めて巨岩となるのに、アロンアルファがどれだけ必要だろうか、と冗談も言いたくなる。大きな岩が波風にさらされ、何万年か何千万年か知らないが、しだいに砕けて細かくなっていき、海岸などで砂粒の集合になるというならそれは事実であろう。まあ、それはいいとして、「君が代」というのは、天皇が統治するこの世は、あるいはこの日本は、という意味であろう。この「君が代は」という最初の語を「我が君は」とした和歌が「古今集」にあった。

◎岩波文庫の『古今和歌集』（佐伯梅友校注、一九八一）を見ると、巻七の「賀歌《がのうた》」の三四三番の歌に、「題しらず」「読人しらず」とあり、

《わが君は千代《ちよ》にやちよに　さゞれ石の巌《いはほ》となりて苔《こけ》のむすまで》

とあった。校注者は、脚注に、《「君」は広く用いる語で、天皇をさすとは限らない》と書いているのだが、この言い方はおかしい。確かに「古今集」には「わが君は」を頭句とする歌は、この歌しかないのであるが、だれが読んでも、「わが君は」から、天皇以外の存在を想起するであろうか。自分の恋人に永遠であれ、砂粒が磐になって苔が生えるまで、などと歌うであろうか。明確に天皇が永遠に栄えることを願っている歌であるとしか言いようがない。このふたつの歌を比較すると、「君が代は」は、「わが

君は」という直截の言い回しを幾分和らげて、ぼかしているようにも受け取れる。しかし、国民の意識構造を天皇へと収斂させようとしている時代に、そんなぼかしなどは必要ないばかりか、戦意高揚を弱めるような作業であったろう。むしろ、国民に、読み人知らずの歌ではなく、天皇崇敬のために作られた新たな歌であると思わせたかったはずである。国民に、「古今集」からの引用と思われたくなかったのだ。

◎そして、この曲は明治十三年(一八八〇)作曲、明治二十六年(一八九三)に、全国の小学校に告示して、「祝日大祭日歌詞並楽譜」の冒頭に載せられた(ニッポニカ)。祝祭日の儀式用唱歌として公布され、明治憲法のもとで天皇の治世を祝う国歌として学校教育の場に持ちこまれたのである。しかし、戦後は昭和三十三年(一九五八)には、小学校でも国民の祝日には、国旗掲揚と「君が代」の斉唱の実施が望ましいとされ実行されたが、社会的には新憲法で「主権在民」が確立されているのに、天皇讃歌とも言うべき君が代斉唱などは反対意見も多かったらしい。しかし、平成十一年(一九九九)、「国旗及び国歌に関する法律」が国会で正式に可決されたという。戦後も明治以降の伝統を守って、「国歌」として小、中学校で歌わせてきたというわけだ。象徴天皇制になったというのに、天皇の治世を謳歌しているというのもおかしいが、GHQも文句をつけなかったのかどうか、前掲、井上清の著書にも「君が代」の話は出ていなかった。GHQも国歌までは見逃したか、君が代が天皇の世とは気がつかなかったのだろう。いや、そんな甘い世界ではなく、これを公認したのであろう。しかし、敗戦後、日本もオリンピックに参加するようになったときは、日本選手が金メダルを獲得すれば、勝利国として国旗掲揚とともに、「君が代」は放送されたであろうから、アメリカ人をはじめ外国人たちも聴いていたであろう。やはりGHQも眼をつむったのかもしれない。ただし、オリンピックの会場で「君が代」を聴いた外国人は、意味は解らないから、日本の古典的音曲としてのみ、聴いたのだろう。

◎「君が代は」ではなく、「古今集」そのままに「わが君は」と読む時、想起されるのは「万葉集」の前半にいくつかある柿本人麻呂の歌である。「やすみしし　わが大王《おほきみ》」という書き出しの歌がいくつかあり、「万葉集」を初めて読んだ時、印象に残った。友人たち三人で「万葉集」を読もうと読書会を始めたことがかつてあり、その時は全部読むのは大変だから、人麻呂の歌を中心に読もうよ、ということになり、月に一度集まって読んだ。「万葉集」は、中公文庫本の『折口信夫全集』を読んだときも、折口解読の「万葉集」がその全集の第四巻と五巻に収録されていた。この折口信夫の「万葉集」に関しては、また触れるかもしれない。

◎それはともかく人麻呂の多くの長歌には、激しいというか、動的というのか、文学的というのか、いずれにしろ形容がかっこよく魅かれたのだが、いわゆる「人麻呂歌集」と言われる一連の和歌のほうは、なんだか平凡な気がした。そして以下に引用する「やすみしし」の長歌も幾分、平凡な気がする。たとえば、人麻呂が石見《いはみ》の国から、妻と別れて上京したときの一首を引用してみよう。武田祐吉校註、角川文庫（一九五四）を利用している。

《つのさはふ　石見の海の　言《こと》さへく　韓《から》の埼《さき》なる海石《いくり》にぞ　深海松《ふかみる》生《お》ふる　荒礒《ありそ》にぞ　……》。まだまだ続くのだが、その日本海の海の形容がなんとも凄い。全編を紹介したいのだが長くなるので、ここでやめ、「やすみしし」の歌をあげておこう。

《軽皇子《かるのみこ》の阿騎野《あきの》に宿りたまひし時、柿本朝臣人麻呂の作れる歌

やすみしし　わが大王《おほきみ》　高照らす　日の皇子《みこ》　神《かむ》ながら　神《かむ》さびせすと　太敷《ふとし》かす　京《みやこ》を置きて　こもりくの　泊瀬《はつせ》の山は　真木《まき》立つ　荒山道を　石《いは》が根《ね》禁樹《さへき》おしなべ　坂鳥の　朝越えまして　玉かぎる夕さり来れば　み雪降る　阿騎《あき》の大野に　旗薄《はたすすき》小竹《しの》をおし靡《な》べ　草枕　旅宿《たびやどり》せす　古念《いにしへおも》ひて》

◎詩情を喪わずに訳すのは困難だから、武田祐吉の脚注を参照しながら、大意を要約することにした。歌のまえに、説明書きがあり、軽皇子、のちの文武天皇が奈良県宇陀市の阿騎野に宿ったとき、柿本朝臣人麻呂が作った歌である、という。「やすみしし」はいくつかの人麻呂の長歌の冒頭部や、ほかの人の歌にも出て来るのだが、武田は、枕詞とのみ註しているが、意味はよく解らない。わたしなどは、むかし初めて読んだ時は、死んで今は天上で休んでいる天皇、という意味か、とも思ったのだが、まあ、明確には解らない。喪くなった天皇への哀惜の情を示す枕詞であろうか。大王《おおきみ》とよばれていた天皇によびかけた歌であり、もとは挽歌であることはまちがいないと思うのだが、武田校註本では、「雑歌《ざふか》」と題して区分した歌の所にもこの「やすみしし」は出てくるから、最初、挽歌的に使われていた「やすみしし」がほかにも使われるようになったのかもしれない。生きている天皇ではなく、自分が仕えていた前の天皇ということだろう。「大王」を「おおきみ」と読めたのかどうか、本書第二章ほかで検討した。稲荷山古墳から出土した鉄剣の銘に、「ワカタケル大王」と読める文章が発見されてから、天皇の自称は、「大王」と言ったのではないか、と考えられるようになったのである。

◎この歌を折口本の「万葉集」で見ると、「安治《ヤスミ》しゝ吾《ワゴ》大君」と始まっており、まず、「大王」の字は「大君」にされている。折口が選んだ底本が違うのであろうが、「やすみしし」に関しては、《我が仕へ申す皇子なる》と解読している。折口は、ほかの歌では《我が天皇陛下》、《尊い我が天皇》などと読んでいて、やや恣意的に過ぎるような気もする。「万葉集」のある原本には、「安治」と漢字で書かれていたのだろうか。「安治」を万葉仮名では「やすみ」とは読みにくいのではないだろうか。では熟語だったのか、電子辞書の漢和辞典には、「安治」という熟語は載せていなかった。かんたんに読めば、安んじて治める、安らかに、すなわち静かに治める、そんな意味であろうか。やはりかんたんではない。

◎この歌の大意は、天皇は、神話の、天にいて地上を照す神すなわちアマテラス神の子孫であるから、天から地上世界を治める日の神の息子さんよ。神でありながら、地上に都を造って治めておられる。その地は泊瀬の山を望むあたりにある。その山には樹木が多く茂って、岩だらけの山道を遮るくらいである。光に満ちた朝早く、この坂道を越えてゆき、夜になると雪が降り積もっている阿騎という大きな野原の薄《すすき》や小笹のうえに仮寝の野宿をする。するとこの地を治めるようになった昔のことがさまざまに想起されるのだ。といったことになるだろうか。むしろ、やすみしし天皇から日の神である皇子が支配する、までが枕詞で、当時の人びとの住んでいた奈良盆地の野原や山峡を歌っているように思われる。そうすると、必ずしも天皇の世を祝っているわけではなく、天皇のもとに栄えているこの地域への讃歌であり、その光景に、人の暮らし（険しい山道を越えていくとか）も挿入して歌っているのだ。天皇の支配するわが国、が讃歌の対象になっているのだとも言える。そう考えると、「君が代は」という最初の言葉の趣旨は、天皇が治めているこの世の中という意味であることが理解できるように思われる。そうすると「君が代」の歌の趣旨も、文部省などが考えた天皇讃歌の歌というより、単に天皇の治めている、わが「やまと国」讃歌であったかもしれないなとも思われてくる。日本国がいい国だと思っている人が自分の国の讃歌を歌ってもそれはいいのではないか。

◎「君が代」談義が長くなってしまったのだが、この君が代の歌は、江戸初期にはやったとされる「隆達節」の音曲として唄われたと、広辞苑にあった。隆達節というのは江戸初期のはやり歌で、近世小唄の源流をなしたとある。つまり、三味線を弾きながら歌う短い唄である小唄で歌われたというのだから、料亭のお座敷などで、酒を飲むお客のために頭に手ぬぐいなどを折って乗せた男が三味線で小唄を歌う、あるいは旅籠屋の二階の窓から下を覗くと、店の軒先で流しの三味線ひきの女（鳥追い、と言う）が色っぽく唄う、そんな情景が思い浮かぶのであるが、もしそうだとすると、そんな場で、天皇を歌った唄が歌われるというのはどうか。江戸初期といえば、徳川幕府ができて武士的社会が完成に向かおうという時代である。天皇など誰も知らない時代であったというのに、しかも遊芸の場所で歌われるとは！　あるいは隆達節はもっとちゃんとした芝居小屋などの舞台で「説教節」のごとく歌われるものだったか。そしてその聴きてはもっぱら教養ある武士であった、とそんなふうに考えてみても、天皇の歌というのは理解できない。あるいはまた、単に、関西から流行してきたのか。

◎そう考えてふと思いついたことは、近世の研究をしていたころ、江戸文化というのが、おおまかに一六〇〇年代の初めから一八六八年の明治維新までを言うのだとすれば、近世文化というのは、江戸時代の半ばまでは、京都や大坂が文化の中心地であって、江戸で文化が開花するのは中期から後期にかけて、民衆文化が展開したころであったとされる。隆達節も広辞苑によれば、泉州堺にある日蓮宗の顕本寺の僧、隆達（一五二七〜一六一一）が創った小歌、とあるので、「君が代」は、まずは関西地方で流行したのだ。だからはたして江戸まで伝わったかどうかも不明である。関西、とりわけ京都で流行ったのだと考えれば、世は武士の世界になり、忘れられた天皇は京都で淋しく過ごしている。貧相で貧乏な貴族の生き残りたちに取り囲まれて。そこで天皇の世を忍ぶようなこんな歌が「古今集」やその他の歌集から発見され、隆達が歌いだしたのではなかったろうか。これは単なる推測に過ぎないが、衰退する天皇の時代を想起すると、なんだか切ないものが感じられてくるのだ。それは天皇に限られたわけでなく、ひとたびは盛んだったあるものが、滅んでいくのをみるのは、ちょうど栄華を誇った京都貴族でもあった平家の人たちが、同じ武士の源氏一族に追われて滅んでいく光景に涙した人びとが「平家物語」を作って、「驕《おご》れる者久しからず」と悼んだ、あの心情の再現なのである。わたしがまず想像したような軽い遊芸の小唄という以上に、京都民衆の心情の吐露であったのだ。そう理解することにしよう。

◎以上が、おおまかに言うとわたし個人と天皇の、直接の触れあいの、とも言い難いような過去の思い出である。しかし、天皇に触れた、あるいは天皇を活写した日本の文学、記録、歴史書などを見ていると、上記のような感傷とも関係があったり、なかったり、主観的であったり、客観的であったり、やはり、書くことの目的によって、天皇記述はそれぞれ違っている。やはり、古代のほうが、書きては天皇に近い人びとで、それだけ、天皇へのシンパシーを強く示していたように思われる。古代の記録と言えば六国史になるが、これらの諸本をしっかり読むと、古代の天皇像がもっと明確になるかもしれない、そんなことを今後の「天皇学」の課題のひとつとして考えた。そんなことで、あとがきを終えたいと思う。

●著者略歴
一九四三年生まれ。東京芸術大学美術学部芸術学科卒業。
もと武蔵野美術大学講師。同大学機関紙「武蔵野美術」（季刊）編集長。
○著書
『神々の悲劇——ギリシア神話世界の光と影』北宋社
『日本文化論の方法——異人と文学』右文書院
『漢民族とはだれか——古代中国と日本列島をめぐる民族・社会学的視点』右文書院
『東国武士政権——日記「玉葉」が捉えた鎌倉幕府の展開と、悲劇の武士たち』批評社
○共著
『言葉空間の遠近法——安達史人インタヴュー集』右文書院
『大衆としての現在』『吉本隆明ヴァリアント』北宋社
『金石範《火山島》小説世界を語る』右文書院。ほか

天皇学入門　●われわれ日本人は、天皇をどう捉えてきたのか

2022年6月10日　初版第1刷発行

著者 ――――― 安達史人

発行者 ――――佐藤英之
発行所 ――――批評社
〒113-0033　東京都文京区本郷1-28-36　鳳明ビル2階
Tel.：03-3813-6344　Fax.：03-3813-8990
郵便振替：00180-2-84363
e-mail:book@hihyosya.co.jp
http://hihyosya.co.jp

装釘――――――― 臼井新太郎
編集・校閲――――― 内田光雄
DTP―――――――― 小林茂男

印刷・製本――――― モリモト印刷（株）

ISBN978-4-8265-0732-5 C3021